经典战史回眸 古代战史系列

逐鹿关外

大清王牌八旗军的崛起

李湖光 著

WUHAN UNIVERSITY PRESS

武汉大学出版社

图书在版编目(CIP)数据

逐鹿关外:大清王牌八旗军的崛起/李湖光著. —武汉:武汉大学出版社,2015.7

经典战史回眸·古代战史系列
 ISBN 978-7-307-16034-7

Ⅰ.逐… Ⅱ.李… Ⅲ.八旗兵—军事史—史料 Ⅳ.E294.9

中国版本图书馆 CIP 数据核字(2015)第 121445 号

责任编辑:王军风   责任校对:鄢春梅   版式设计:马 佳

出版发行:**武汉大学出版社** (430072 武昌 珞珈山)
        (电子邮件:cbs22@whu.edu.cn 网址:www.wdp.com.cn)
印刷:武汉中科兴业印务有限公司
开本:720×1000 1/16 印张:20 字数:403 千字
版次:2015 年 7 月第 1 版   2015 年 7 月第 1 次印刷
ISBN 978-7-307-16034-7   定价:44.00 元

目　　录

楔子　无敌神话

熟悉中国古代军事史的人都对"女真满万不可敌"这句话耳熟能详，它赞誉公元十二世纪崛起于关外（泛指山海关以外之地，大致范围相当于今天的东北三省与俄罗斯远东部分区域）"白山黑水"（即长白山和黑龙江）地区的女真族，在兵力处于劣势的情况下竟然能够横扫表面上还很强大的辽国与北宋，建立起统治中国北方大部分地区长达一百年之久的金国，创造了令人瞠目结舌的战争奇迹，以致彪炳史册。

在建立金国的那些女真部落之中，最具实力的是以黑龙江省阿城县为根据地的完颜部。完颜部众基本统一女真诸部之后，在领袖阿骨打的带领下于1114年（辽天庆四年，北宋政和四年）九月干出了一件震惊天下的大事，就是起兵反抗宗主国辽国。

辽国是以契丹族为主体建立的，全盛时期的疆域从西边的蒙古阿尔泰山附近延伸到东边的日本海，从南边的燕山与太行山山脉一带延伸到北边的大兴安岭，是东亚地区一个名副其实的大国。面对这样的庞然大物，阿骨打在力量悬殊的情况之下

毫不畏惧地树起反旗，仅仅凭着最先召集的二千五百人，就敢主动出击，不顾一切地杀向宁江州（今吉林扶余县附近），痛击了优势之敌！同年十一月，他计划召集三千七百名"甲士"再次出征，可是及时赶到前线阵地的只有三分之一的人员，情况不利，但女真人知难而上，又一次在出河店（今黑龙江肇源县附近）奇迹般击败对手，追击至斡邻泺（今吉林南郭尔罗斯公爷府一带），杀得敌人尸横遍野，缴获了大量军械与辎重。尽管前来迎战的辽军号称"步骑十万"，结果却是连战连败，以至于《辽史》嘲讽他们"每遇女真，望风奔溃"。《金史》则做了一个很有预见性的评论，声称："辽人曾经说过'女真兵若满万，则不可敌'"，然而一直到出河店之战结束后，女真兵的人数方才开始"满万"。言下之意是"女真兵尚未满万，已经无人可敌，假若这支军队满万，谁与争锋"？这是在二十四史等官修史书之中最早论及"女真满万不可敌"的记载，而且一言成谶！在接下来的战事中，女真人果然以过万的兵力摧枯拉朽一般横扫各地，而自身的力量也随之像滚雪球一

▲金代女真人。

般越来越大。经过不懈的努力，继承阿骨打之位的完颜吴乞买于1125年（辽保大五年，北宋宣和七年，金天会三年）初俘虏了辽国的末代皇帝——天祚帝，最终灭亡了辽国。

天祚帝绝非唯一一个被女真人俘虏的君主，北宋的二帝也在不久之后成为了阶下囚。1125年（北宋宣和七年，金天会三年）年底，金国开始发动了灭宋战争，派军越过燕山与太行山山脉，南渡黄河、逐鹿中原，在短短的两三年之内先后两次包围北宋首都开封，最后于1127年（北宋靖康二年，金天会五年）年初成功夺取该城，俘获了宋徽宗、宋钦宗两父子与一大批皇亲国戚、文武百官。其后，金军押送着长长的俘虏队伍凯旋北返，北宋灭亡。不过，金军的战绩虽然辉煌，却并不完美，因为他们未能将北宋王室一网打

尽，竟让康王赵构成为漏网之鱼。而渡江南下的赵构建立了南宋小朝廷，在朝不虑夕的情况下苦撑危局。

在这一场跌宕起伏、高潮迭起的宋金战争中，金军最抢眼、最广为人知的精锐部队是"铁浮屠"与"拐子马"。

"铁浮屠"之中的"浮屠"两字，本是佛塔的意思。顾名思义，所谓的"铁浮屠"，就是形容那些全身披上重甲的士兵，好像铁塔般魁梧，故又可称之为"铁塔兵"。他们头上戴着的两重铁制兜鍪（这东西周匝皆有长檐，下面还垫着毡子，能够对脑袋起到很好的保护作用）尤其令人印象深刻。这类士卒临阵主要承担攻坚的任务，他们在步行进攻时常常用"皮索"或"铁钩"将数人连在一起，既能显示同生共死之意，又能防止有人临阵退缩。例如在1140年（南宋绍兴十年，

金天眷三年）发生在长江以北的顺昌之战中，"铁浮屠"军人的强悍表现让一些亲历战阵的宋人震撼不已，相关的报告被收录入《三朝北盟会编》这部宋代的史学名著之中。此外，这类士卒后来还出现在陕川战场上，《宋史》在给抗金将领吴玠、吴璘兄弟俩立传时对此有过记载。

在金军之中，还有另外一支部队也是人人皆穿戴铠甲，所以极易被人误认为是"铁浮屠"，不过，这支队伍全由骑兵组成，就连骑士跨下的战马亦披挂着铠甲，故此又有"铁骑"之誉。据说他们发动进攻时常常以数人为一组驾驭着战马并列向前，像一堵移动的墙壁那样推进，具有雷霆万钧之势，会给对手造成莫大的心理压力。这支精锐部队的成员全部是女真

▲金代骑马武士。

人，一般布置在阵营的左、右翼。由于在宋人的一些地方俗语中，左、右两翼又可称之为"两拐子"，故此，这支金军骑兵被宋人赋予了"拐子马"的称号。

话又说回来，善战的金军虽然在比较短的时间内灭亡了辽国与北宋这两个大国，取得了让世人目瞪口呆的战绩，但绝非"满万不可敌"，它在随后的日子里征伐南宋时，就屡遭挫折，关于这一点，《宋史》与《金史》不乏记录。当时，痛定思痛的南宋君臣经过整军备武，使得部队的战斗力获得提升，因而在战场上多次击败兵力过万的女真军队，当中表现最出色的将领是岳飞，而"岳家军"大破"拐子马"的故事也在历史的长河中脍炙人口。正是在岳飞等名将的力挽狂澜之下，才使得风雨飘摇的南宋政权屡次转危为安，得以苟安一隅。金军战斗力衰退的原因有很多，其中之一显然与开国宿将相继离开人世有关，但不管怎么样，金国最终还是保住了对辽、宋开战的大部分战果，直到百余年后才覆灭。

对于金军，即使是曾经战胜过他们的对手，也不得不承认他们的战斗力不容小觑，《宋史》记载吴璘说过

的一番话就很有代表性，这位久经沙场的老将曾经镇守北疆和困扰北宋近百年的西夏军队交过手，后来又参加了抗金，他将这两个对手加以对比，冷静地分析道："我跟随兄长吴玠与西夏军队较量时，两军每一次战斗持续的时间都不长，通常在一进一退之间就分出了胜负。至于金人，则具有'更进迭退，忍耐坚久'的特点，他们军令如山，将士有必死之心，每一次战斗非累日而难以决出胜负，而且'胜不遽追，败不至乱'。这样强劲的对手在我以前的征战生涯中未尝见过。"管中窥豹，可见一斑。由此可知女真人绝非浪得虚名，他们在战争舞台上的精彩表演远胜于由党项人组成的西夏军队。西夏后来向金国称臣朝贡，也算是历史的必然。

按照传统的看法，金国之所以由盛转衰，立国未满百年而灭亡，是由于女真人的后裔进入中原之后受到汉文化的影响，逐渐被汉人同化，他们原先剽悍的气质也随之变得柔弱起来，因而战斗力一日不如一日，最终步西夏的后尘亡于蒙古人的铁蹄之下。蒙古大汗忽必烈在登基之前经常与身边的博学多才之士讨论及总结历史的经验教训，并说过"金以儒亡"这样的话，可见不管这种说法正确与否，它确实源远流长，产生过一定的影响。

金国先后将二百多万女真人迁移入中原。这个国家灭亡之后，留在中原的女真族慢慢被汉族同化了，也有部分人融入蒙古与朝鲜等族之中。然而，留在关外故乡的女真人还有不少——据统计，在元代，那里的女真人还有二百多万。他们仍然过着原先的生活，顽强地保存着本民族的文化，保持着尚武的本色。虽然这些没有"汉化"的女真人暂时就如一盘散沙般缺乏凝聚力，但他们有朝一日如能加强团结，重新崛起，那么，"女真满万不可敌"这个沉寂已久的神话完全可能会沉渣泛起，在世间重新流行起来！

光阴似箭，岁月如梭。"女真满万不可敌"的神话后来确实重现于世，可这时已经距离金国灭亡三四百年了。灭亡金国与南宋的蒙古贵族也早就被发动起义的汉人驱逐出塞外，而中国历史上最后一个由汉人执政的大一统王朝——明朝，也已经建立起来。到了明朝末年，清太祖努尔哈赤以金国的后裔自居，又一次于关外的"白山黑水"地区崛起，把人世间闹了个天翻地覆，真是"长江后浪推前浪，一代新人换旧人"。努尔哈赤在扩张时不可避免地与明朝这个立国二百多年的老牌帝国发生了血腥的碰撞，并在沙场上接二连三地取得辉煌的胜利，将山海关以外之地搞得血雨腥风、哀鸿遍野。因而，"女真满万不可敌"的说法又被以史为鉴的人们从故纸堆中翻出来，一传十、十传百，以致这个重复古人的论调一时之间甚嚣尘上，天下汹汹。那时，很多明人在讨论关外的战局时都会提及"女真满万不可敌"，还有文人将这个说法写入书中，出版发行。比如张鼐、程开祜、彭大翼、沈国元等人，就分别在《辽夷传》、《筹辽硕画》、《山堂肆考》、《两朝从信录》等著作中，不厌其烦地散播着这个说法。甚至，到了清朝取代明朝之后，这种说法仍长盛不衰，例如清代中后期的著名学者魏源在《圣武记》中就原封不动地照搬了这句话。直到清朝灭亡之后，民国时期著名的学者孟森还在自己的《明清史讲义》中固执地说道："古云'女真兵满万不可敌……'"可见，数百年来，这句话根深蒂固地存在于很多文化人的脑海里。

根据专家的统计，明朝的人口数量最高时可能已经过亿，并拥有数以百万计的军队。由此可见，反明的女真兵假若真的"满万不可敌"，那么，其战斗力可说是"以一敌百"，甚至有过之而无不及，简直到了匪夷所思的地步。可是，有很多人愿意相信这个说法并非空穴来风，他们认定世界上真实存在过这样的常胜之师。

为何那么多人将十二世纪的女真与十六七世纪的女真混为一谈，仍旧沿用"女真满万不可敌"来评价努尔哈赤及其部队呢？非常之人必做非常之事，这一切将要从头细说。

第 一 章　八 旗 缔 造

探本溯源，"女真"这个词最早出现于唐初，它在不同的地域与不同的族群之间传播，在互相传译时难免使读音发生变化，由此产生了"朱理真"、"诸申"、"主儿扯惕"等等不一而足的叫法。后来，在官书的传抄中为了避开辽代兴宗耶律宗真之讳又曾经将"女真"改为

▲明代女真人。

"女直"。它据说由古代的"肃慎"、"挹娄"、"勿吉"、"靺鞨"等部落发展而成，但其实是一个包含了很多不同部族的共同体，最后形成了这个广义的概念。由于在十二世纪前期建立了金国，女真人此后备受瞩目。到了明代的时候，女真族以及其他生活于关外地区的非蒙古部落又常常被明人混淆在一起，全部当作金国女真人的后裔来看待。

清太祖努尔哈赤家族的历史源远流长，他的祖先最早可追溯到明初的猛哥帖木儿（后来被追尊为"肇祖原皇帝"），此前的都是一些带有神话色彩的传说。猛哥帖木儿本是翰朵怜军民万户府的头目，居住在松花江与黑龙江的交汇之处，与胡里改军民万户府毗邻而居（翰朵怜与胡里改这两个军民万户府均是元代设立的军事机构，其成员一向被视为女真人）。当时，生活在关外各地的林林总总的女真人，有的从事传统的渔猎与畜牧业，有的逐渐开始务农，有的同时兼农业、牧业和渔业。故此，部落与部落之间的经济、文化的发展水平并不一样。元末明初天下大乱，元政府在关外的统治秩序逐渐瓦解，

翰朵怜军民万户府与胡里改军民万户府的部众把握时机离开北部的苦寒之地，一起结伴南迁，进行了数千里的艰苦跋涉，终于靠近了经济更加发达的朝鲜与辽东地区。其中，猛哥帖木儿所部迁移到了图门江下游的浑春江，居于朝鲜北部庆源与镜城一带，而胡里改军民万户府的部众在首领阿哈出的带领下迁移到了奉州（今吉林以南）。

明朝取代了元朝之后，将关外纳入了统治范围。并在开国之初招抚了关外地区的大量女真部落，先后建立了一百八十多个卫所（明代的军事机构），任命了大批部落酋长为官，这些官衔的名称有都督、都指挥使、卫指挥使、千、百户、镇抚等等，这些职位一般都是父死子继、世代承袭的。明朝还一度在关外设立了"奴儿干都指挥使"，它位于黑龙江下游东岸特林，成了这个地方的最高军政统治机构，统率归附的蒙古、女真部落。女真酋长一旦接受朝廷的招抚，便拥有了与明朝进行经济交流的权利，他们凭着朝廷颁发的敕书（或者印信），能够顺利通过明军在边陲地区设立的关卡，定期前往京师朝贡。他们献上土特产，并获得朝廷的赏赐。那时候，明朝为了显示泱泱大国的风度，刻意厚待朝贡者，赏赐的财物常常超过朝贡物品的几倍，因而女真酋长们的每一次朝贡行动都能获利而归。他们还可以凭着采集的人参、猎取的各种动物皮毛以及饲养的马匹等物产与明朝边境军民展开贸易，以获得耕牛、农具等生产与生活的必需

品。为了便于管理，朝廷把一些活动于长白山、黑龙江、乌苏里江、松花江、牡丹江等广大地区的非蒙古部落都视为女真人，并逐渐把这些大小不等的部落笼统地分为建州女真、海西女真与野人女真三大部分。据统计，到明朝中后期，朝廷发给女真诸部的敕书已达到一千五百道，其中建州女真五百道，海西女真一千道，可见双方通过朝贡、互市等方式进行的贸易规模随着时间的推移得到不断的发展。而那些接近明边境的女真部落普遍受到汉文化的影响，他们的饮食习惯、衣着材料与居住的房屋都与明人相近。

南迁的阿哈出与猛哥帖木儿，都成为了建州女真的首领。阿哈出成了明朝设置的建州卫的第一任指挥使，而昔日与他毗邻而居的猛哥帖木儿在1405年（永乐三年）也成为了建州卫指挥使。猛哥帖木儿在接受朝廷招抚的同一年九月亲自前往京师朝贡，得到了明朝皇帝朱棣的亲自接见。随后，他将部众从朝鲜北部迁移到了奉州附近，与阿哈出为邻。后来，朝廷另设建州左卫，由猛哥帖木儿掌卫事。猛哥帖木儿对明朝非常忠顺，曾经带着部下跟随朱棣征伐长城以北的残元势力——鞑靼。事后，他为了防备鞑靼报复，一度避祸于朝鲜会州。明朝对猛哥帖木儿的忠顺深为嘉奖，一再对其进行封官晋爵，先后升其为都督佥事、右都督之职，他的弟弟凡察也官居都指挥佥事。

清太祖努尔哈赤的祖先有不少人死于非命，这些不正常的死亡总是与明军脱离

不了干系，其中有的是尽忠而死，有的是叛逆而死，而第一个为此丧命的正是猛哥帖木儿。事情的起因是一度臣服于朝廷的鞑靼千户杨木答兀野性未驯，骚扰边疆军民、虏掠牲畜，然后逃往翰木河流域。辽东都指挥佥事裴俊带领一百六十多人前往招讨，不料在1433年（宣德八年）八月十五日被杨木答兀纠集了三百多人拦截在路途中。猛哥帖木儿与他的弟弟凡察及儿子阿谷先后赴援，终于带着明军杀出重围，安全返回。可是同年十月风波再起，杨木答兀召集八百多人前来寻仇。猛哥帖木儿与儿子阿谷陷入困境，同时战死，他的另一个儿子董山在混乱中被趁火打劫的"野人"部落所虏，简直是家破人亡。幸而死里逃生的凡察在敌人退军之后收集伤亡惨重的部属重振旗鼓，成为了建州左卫的新首领。

猛哥帖木儿是效忠明朝而死的，他的儿子董山却是背叛明朝而死。董山被俘后因及时交出赎金而重获自由，此后，他与叔父凡察一起迁移至灶突山下（辽宁省新宾县附近）的苏子河口，与移居到此处的建州卫首脑李满住（阿哈出的孙子）合住。明朝为了给董山安排一个职位，于1442年（正统七年）二月把建州左卫一分为二，增设了建州右卫，由董山掌左卫，凡察掌右卫，从此，建州有了三个卫。这些卫所的四周群山环绕，在军事上易守难攻，使自身安全得到保障。随着岁月的流逝，建州三卫的势力日益壮大起来。明朝却逐渐由盛转衰，特别是1449年（正统十四年）在怀来附近的土木堡发生了一件"举朝震骇"的大事，数十万北征的明军被入境骚扰的蒙古瓦剌部打得一败涂地，就连随军出征的明朝第六位皇帝明英宗也成为了俘虏，致使明朝国威几乎尽丧。形势的变化使得建州三卫的首领们改变了态度，他们早就对边关明军平日勒索女真钱财等不法行为有所不满，现在乘机作乱，多次进入朝鲜与明朝境内抢掠人口、牲畜与财物。例如，《明英宗实录》记载了当时辽东总兵向朝廷的一次奏报，内容称开原、沈阳、抚顺千户所这些地方在1450年（景泰元年）五月遭到了外敌的入境劫掠，为首的有李满住、凡察、董山、剌塔（海西女真头目）等人，参与的除了建州女真之外，还有海西与野人女真，他们与蒙古人互相呼应，出动的人数竟达"一万五千余人"（这是明代的史书中首次明确记载来犯的女真人超过万名。即使辽东总兵的奏报有所夸大，但女真人敢于公开向明朝挑战，不具备一定的动员能力是不行的）。按照史书的统计，边患最严重的时候，女真人竟然在一年之内入犯九十七次，"杀掳人口十万余"。尽管来犯的女真人成千上万，但基本上仍是各个部落的松散的联合体，内部的凝聚力不是很坚固，并且从未在战场上歼灭过明军的主力。故此，与传说中的"女真满万不可敌"还有十万八千里的距离。实际上，带头进犯明境的建州女真，他们的人口总数还不是很多，朝鲜的史书《李朝实录》指出，李满住所部在1451年（景泰二年）有一千七百余户，而凡察、董山所部的人口就少一些，仅有六百余户。

本来，几个世纪之前兴起的金朝已在关外地区建起了不少的铁矿以及相应的冶铁手工业，聚集了一批掳掠而来的汉人工匠，具有打造出各种精良兵器的能力。可是，金朝的灭亡对于关外的女真诸部来说是一次历史倒退，他们在兵荒马乱中又回复到了不能冶铁的落后状态。那时，女真人很多兵器非常原始、简陋，他们削木做马镫，以石块、动物的角或骨骼为箭镞，不但比不上明军，而且与朝鲜人相比也有不小差距。要想更新装备，需要依赖从外面输入铁器，因而女真人总是想办法靠打猎与采集得来的各种土特产与汉人或朝鲜人交换各种铁制军械。可是，明朝限制铁器输出，甚至有时连铁铧、铁铲与针剪等生产工具也在禁售之列，由此导致女真人非常不满，成为他们进犯的借口之一。

震怒不已的明朝君臣开始采取种种手段打击女真人，首当其冲的是建州诸卫。朝廷派人招抚董山，诱令入贡。董山误以为朝廷既往不咎，带着右卫首领纳郎哈（这时凡察已死，由其孙纳郎哈袭位）等数百人以貂皮等土特产朝贡，结果遭到明臣的训诫与痛责。其后，明将赵辅把董山及其部属一百一十五人拘留于辽东广宁。不甘束手待擒的董山持刀反抗，但被明军镇压，致使一些女真人死于非命，另外一些人被擒（不久，董山伏诛，纳郎哈被送入锦衣卫大狱）。紧接着，赵辅于1467年（成化三年）九月二十四日指挥五万人

马，会同一万朝鲜军队，分路围剿。无力硬拼的女真部落立刻作鸟兽散，经过一个多月的围剿，两军总共杀死包括李满住父子在内的建州女真千余人，焚烧了大量庐舍，缴获的"牛马器仗"等物资多不胜数。此役，建州三卫的酋长们或被捕，或受诛，令建州女真受到惨痛的损失，元气大伤，在随后的五六十年一直未能恢复过来。

董山是历史上第一个被明军杀死的努尔哈赤的祖先，这时虽然距离明亡清兴还有一百多年，但已提前种下了明清仇恨的种子。明朝摧毁了建州女真的老巢之后，转而放弃"大棒"政策，改用"胡萝卜"进行安抚，让建州诸卫酋长们的家属袭职。董山的儿子妥罗与孙子脱原保为了保住自己的身份与地位，不得不老老实实地做明朝的附庸，再也不敢有非分之想。他俩先后被明朝任命为建州左卫指挥使，并多次入京朝贡，以示尽忠。可是到了嘉靖年间，左卫的首领却变成了家世不明的章成。这类"统系失坠"的事也发生于其他的卫，例如李满住的后裔在嘉靖初年还掌建州卫之事，其后也销声匿迹了，表明关外局势逐渐起了沧海桑田一般的变化，以建州三卫为主的部落联盟在激烈的内部斗争中已经分化瓦解。同时，新出现了浑河、完颜、栋鄂等一批部落。

董山还有一个儿子叫锡宝斋篇古，他是努尔哈赤的四世祖，虽然没有做过建州左卫的一把手，但也被明朝任命为都指挥佥事。锡宝斋篇古的儿子福满是努尔哈赤

的曾祖父（后来被清朝追上谥号为"兴祖直皇帝"），他共生了六个儿子，其中第四子觉昌安（后来被追尊为"景祖翼皇帝"）是努尔哈赤的祖父。觉昌安居住在赫图阿拉（辽宁省新宾县附近），他才智出众，能召集众兄弟一起抵御附近部落的欺侮，使家族逐步得到复兴，其势力扩张至苏子河以西二百里范围内。他带领族人努力发展生产，经常携带着人参等土特产到明朝与朝鲜境内贩卖，获得越来越多的经济利益。当积蓄了足够的钱财之后，他就千方百计更新自己部属的武器装备，试图通过各种途径从外面购买铁制品。由于

明朝官方限制铁器的出售，他们在很多时候就转求于朝鲜。他们还把获得的铁锅、铁铧等物品打碎再熔化，加工成铁制兵器，在此期间，建州与海西女真诸部的生产力已经得到不同程度的发展，能够产铁，并拥有自己的工匠，但自产的铁器仍然供不应求。尽管如此，在他们装备的兵器之中，昔日用木头与骨头制作的马镫、箭镞等物已经逐渐被淘汰。铁制军械得到了广泛使用，甚至连那些"斤两重、面积大"的盔甲也改用铁制，并在军队中得到推广，战斗力也得到相应的增强。

觉昌安共有五个儿子，他的第四子塔

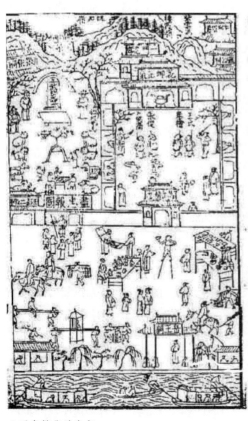

▲明代繁华的城市。

克世（后来被追尊为"显祖宣皇帝"）是努尔哈赤的父亲。觉昌安据说接受过明朝封予的"建州左卫都督佥事"，塔克世当过"建州左卫指挥"，都与朝廷的关系比较好。也就是说，从猛哥帖木儿开始，他的子子孙孙效忠明朝已超过二百多年，尽管其间双方的关系有过波折，但彼此始终没有改变宗主国与附庸的关系。

这时，蒙古势力在辽东的影响越来越大。早在明朝成化年间起就逐渐控制漠南蒙古的鞑靼诸部，已经在嘉靖年间分裂为两大部（左、右两翼）。其中，左翼迫于右翼的压力，从宣府、大同的边外的传统牧地东迁辽河河套，与活动在辽东的一些蒙古、女真土著部落互相勾结，把整个关外搞得天翻地覆，使明军疲于奔命。乱世出英雄，不少女真酋长乘乱崛起，亦有人建国称汗。

值得一提的是，女真人的崛起还与经济因素有关系。明朝到了中后期的嘉靖、万历年间，社会风气发生了重大变化，从开国之初的崇尚俭朴逐步变成追求奢侈，造成这种原因当然离不开商品经济的日趋发达。特别是随着西欧于15世纪成功开辟新航路，东西方之间的文化、贸易交流开始大量增加。中国向世界输出巨额的丝绸和瓷器，而产自日本与美洲的白银经马尼拉、澳门等地大量流入中国（这些海外输入的白银比明朝半个世纪的产量还要多。到后来，有的学者认为，美洲出产的贵金属，有超过三分之一甚至"一半之多"经过各种贸易渠道进入了中国。详见

美国历史研究者魏斐德的《洪业——清朝开国史》）。白银的大量涌入助长了国内方兴未艾的消费浪潮，并在社会各阶层当中形成了金钱至上的氛围。此后，无论是上层的官绅士子、还是市井的爆发户都乐于追求时髦，讲究享受。他们日常的饮食、服饰、住所与室内的摆设都更加浮华。来自关外的人参、貂皮、鹿茸、珍珠（东珠）等奢侈品大行其道、充斥于世。特别是人参，尤其受到人们的格外喜爱，成了紧俏货。人参号称百草之王，有极佳的药用价值，我国古代人参的产地主要在太行山区域与关外的长白山、大兴安岭等地，产于太行山的上党参到了明代已经濒临灭绝，因而人们的消耗以关外人参为主。明人对人参的无厌求取刺激了女真地区采参业的发展，一些女真人为此放弃了农业与渔猎，专门从事采参。采参者一般在夏季五月来到不见天日的深山密林之中进行搜集，他们披星戴月、餐风露宿，有时还会发生意外，因为迷路等原因而死于非命。不过，含辛茹苦的劳作也能换回不薄的报酬，根据明朝档案的记录，1584年（万历十二年），一些女真部落在开原镇北关与广顺关的马市上一次就卖出人参三千六百七十九斤，当时的价格是每斤值银九两（人参最初是论"斤"计算的，可是经过无节制的挖掘而导致"物以稀为贵"，多年以后用"两"来计算），仅仅此项他们就得到了三万二千五百多两银子。如果算上卖出的貂皮等特产，他们的收入还不止这个数。收入激增者变得越来

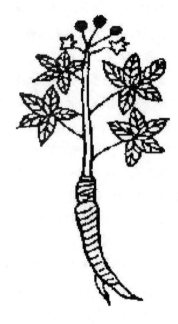

▲《本草纲目》中的人参。

越财大气粗。相反，某些挖不到人参、捕不到貂鼠的女真人由于心理不平衡，时不时会骚扰一下马市，甚至强行抢夺财物，使边境形势更加复杂。

　　明朝官兵本来就有经商的传统，边防军人利用"近水楼台先得月"的便利大肆插手边境贸易，他们经常横行马市，强买强卖，严重干扰了正常的经济秩序。例如《明神宗实录》记载1579年（万历七年），宽奠参将徐国辅的弟弟徐国臣企图压价收购人参而殴打女真人，致使怀恨在心的女真人入塞抢掠，为祸不轻。总而言之，稍有生意头脑的明朝边境军民无不尽量想办法从女真人手里低价收购人参，再在内地高价出售。在内地，名贵的人参甚至成了货币的代用品，成了官场与生意场上热门的交际物。如果人参长成人形，价

值更高，这与中国传统文化中"以形补形"的食疗法有关。谈迁的《枣林杂俎》记载，后来镇守辽东的总兵官李如松曾送给朝中"某侍郎"一株人参，重达十六斤，"形似小儿"，可谓参中极品，羡煞旁人。

　　关内的白银正源源不断地流向辽东一隅之地，使那里变得空前繁荣昌盛，发财的机会好像无处不在，让一切财迷心窍之人垂涎欲滴。正所谓"天下熙熙，皆为利来"！为了争夺人参等特产的资源，各方势力无不"八仙过海，各显神通"，有时难免兵戎相见。镇守边关的明朝官员、蒙古鞑靼左翼与女真诸部纷纷牵涉其中。明朝辽东地方官员一向与活动于关外地区的蒙古土著以及女真部落打惯了交道，对不请自来的鞑靼左翼非常反感。这时，活动在山西、陕甘边外地区的鞑靼右翼已经和明朝达成和解，双方通过朝贡、互市等形式开展规模宏大的经济交流。但迁移到辽河河套的鞑靼左翼却继续受到明朝的经济封锁，彼此处于敌对的状态中。左翼诸部的首领们肯定不甘心，为了打开明蒙贸易的大门，他们采取了极端的手段，企求用战争来胁迫明朝改变政策，因而常常出兵进入辽东境内烧杀掳掠，甚至祸及与辽东相邻的蓟镇，使这些地区硝烟弥漫、烽火不息。

　　不少女真部落在这个混乱时期乘机发展起来，并扩张势力。这一次，抢先出风头的不是建州女真，而是海西女真（相对关外的其他女真部落而言，海西女真与金

中著名的酋长有叶赫部的竹孔革、哈达部的速黑忒等人，他们相继臣服于明朝，被明朝授予职衔。特别要指出的是，速黑忒所部占据了一个做生意的有利位置，它就在广顺关之外。明朝在那里开设了一个边贸市场，并与速黑忒维持着非常密切的贸易关系，因而哈达部有时被明人代称为"南关"。南关长期忠顺地为明朝守边，是明军控制关外地区的得力助手。速黑忒的儿子王忠、孙子王台等人相继得到朝廷的扶持。特别是在王台掌权之时，部落的势力达到了旺盛的顶点，控制的地盘扩展至"延袤几千余里"，他成了女真人之中第一个自称为汗的强者。除了南关之外，还有一个"北关"，这个地方与叶赫部有关。叶赫部的头目竹孔革由于与明朝打交道时叛服无常而被速黑忒的儿子王忠杀死，之后，竹孔革的后代清佳砮、杨吉砮等人移居于镇北关之外与明朝做生意，因而叶赫部又被明人代称为"北关"。北关的势力与南关比较起来相形见绌。而清佳砮、杨吉砮在与朝廷打交道时也不如南关首领忠顺，显得桀骜不驯。

在海西女真叱咤风云的同时，建州女真也逐渐出现了名闻一时的领袖，其中的佼佼者有王杲（王杲做过建州右卫都督。努尔哈赤的父亲与祖父在这一时期尽管拥有一定的势力，但还未能成为独当一面

▲《三才图会》中的明代蒙古人（代称：匈奴）。

代女真的传承关系最明确，但也混入了别的部族，这反映了民族融合乃大势所趋）。很多海西女真部落原本居住在呼兰河流域，后来陆续经松花江南迁，聚居于明朝开原以北的广大区域，形成了著名的"扈伦（扈伦是'呼兰'的变音）四部"，当中包括乌拉部、哈达部、叶赫部、辉发部。这些部落的西面与蒙古朵颜三卫为邻，东面与建州女真接壤，在地理上处于交通枢纽的位置。海西女真部落之

的风云人物，他俩实际上要听王杲的号令）、王兀堂（做过建州左卫都督），建州诸部经常在抚顺关等地与明朝互市，王杲等人对明朝的态度是时叛时服。

至于野人女真，因为他们的居住地与海西女真、建州女真"相近"，所以被明人视为同类，不过，他们的生产力还很落后，以捕鱼、狩猎与采集森林中的果子、蘑菇等物为主，生活水平也很低下。这些部落分散居住在外兴安岭、黑龙江下游、库页岛等偏远地方，和明朝的联系经常要通过海西女真与建州女真，因而"朝贡不常"，故此在边关互市贸易中的影响力比较低。

女真诸部四分五裂，互相勾心斗角，经常进行弱肉强食的兼并战争。明朝对女真的政策主要是分而治之，既注意扶持忠顺的部落，也重视打击那些桀骜不驯的酋长。尤其是在万历年间一代名相张居正主持政局之时，他任用武将世家出身的李成梁镇辽，使辽东政局一度步入了"由乱入治"的轨道。李成梁是辽东铁岭卫人，他的祖籍在朝鲜，先人居住于朝鲜境内的楚山地区（由于上述地区在元末明初为女真人占据，因而有的学者认为李氏本为女真族，体内流着的是彪悍的血液）。李成梁的祖先李膺尼在明朝开国之初渡江归附，成为辽东的军户，历任总旗、副千户，而他的儿子从军后因功获得世授铁岭卫指挥金事的资格，从此，李氏一族便成为了武将世家。但是到了李成梁这一代，家道已经中衰，致使他因没有钱财贿赂京官而迟

迟未能承袭指挥金事之职，直到中年以后获得巡按御史李辅的赏识才能得偿所愿，于1566年（嘉靖四十五年）袭职，开始了军旅生涯，并凭着战功升任辽东险山参将、副将等职。当时，辽东局势混乱不堪，鞑靼左翼察哈尔部的土蛮汗、内喀尔喀部的速巴亥、朵颜部的董狐狸与女真诸部的清佳砮、杨吉砮、王杲等人时常入塞作奸犯科，《明史》称从1560年（嘉靖三十九年）到1570年（隆庆四年）的"十年之间"，先后坐镇辽东的三员大将皆战死。这使得李成梁得以青云直上，他临危受命接任总兵之位，依靠过人的表现成为了辽东举足轻重的军政要员。两年之后，明神宗继位，因为新君年纪尚幼，所以在随后长达十年的时间里由内阁首辅张居正主持大局。锐意改革的张居正从政治、经济、军事各方面入手，对过去的顽疾进行了大刀阔斧的治理。为了巩固辽东边防，他积极整军备武，鼎力支持能征善战的李成梁，一有战功必加以厚赏，若有过失则及时诫勉，通过恩威兼施之法使李成梁不致辜负朝廷的期望，并放胆大干一场。李成梁为了报答张居正的知遇之恩，亦屡次在边境痛击来犯之敌，历年立下的功勋冠于诸将之上，被史书誉为"师出必捷，威振绝域"。

为了维护辽东地区的社会稳定与经济秩序，李成梁多次捣毁鞑靼左翼察哈尔部的老巢。例如1571年（隆庆五年），察哈尔部首脑土蛮大举入塞，与前来阻击的明军狭路相逢于卓山。李成梁指挥副将赵

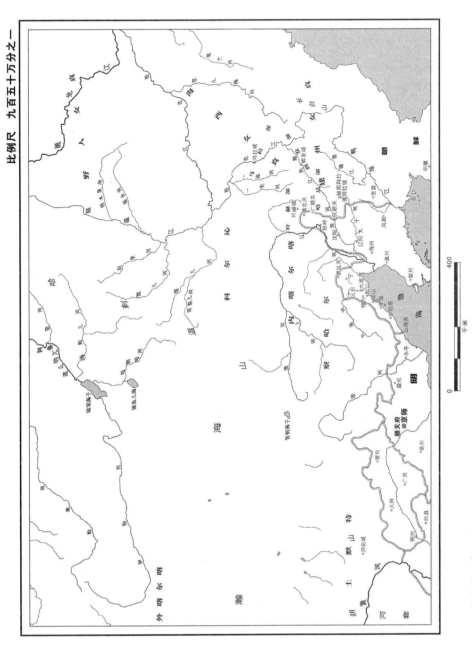

▲明末关外形势图。

完夹击敌人，先断其首尾。主力再乘胜抵其巢穴，以亡八人、伤三百零二人、损失二十二匹战马的代价毙敌头目二人，斩首五百八十余级。李成梁除了在本土防御之外，有时还主动出塞打击敌人，甚至深入塞外二百余里袭击敌人的老窝。一个典型的例子是在1579年(万历七年)十月，土蛮与内喀尔喀部的速巴亥会合于红土城，声言入侵海州，而分兵骚扰锦州、义州，李成梁在大清堡伏击敌人，接着乘胜出塞二百余里，直抵察哈尔部的大营，出其不意地痛击对手，斩首四百七十一级，夺取一大批马、牛、羊、骆驼等牲畜，缴获了难以计算的物资。在长年累月发生的大大小小的战事中，李成梁击毙了不少敌方将领，其中比较有影响的一次是发生在1582年（万历十年）三月，他的军队在镇夷堡设伏，痛击了入侵的内喀尔喀人马，参将李平胡当场将"为患辽左二十年"的内喀尔喀部落首领速巴亥射倒于马下，再由家丁李有名割取首级。蒙古人大败而还，明军在追击中再斩获百余个脑袋，赢得了辉煌的胜利。屡获战功的李成梁不断升官晋爵，最后获封为"宁远伯"，成为统治阶级的新贵。史称"边帅武功之盛，二百年来未有也"。

他不但反击来犯的鞑靼人，同时也对付女真人。建州女真知名领袖王杲、王兀堂都受过他的打击。1574年（万历二年）七月，王杲与部属在抚顺关进行贡市时，出于利益纷争而诱杀了抚顺备御裴承祖，并在入冬后继续纠集人马侵扰边境。

李成梁一面檄令副将杨腾、游击王惟屏分屯要害之处，一面指挥参将曹簠挑战敌人。在明军四面的围攻之下，溃退的女真纷纷汇聚于王杲的营寨之中，仗着地形险要而坚守不出。李成梁用火器强攻，连破数栅，然后乘风纵火，烧毁五百多间房屋以及大批物资，先后斩首一千一百余级。王杲在逃亡的过程中到处藏匿，企图躲避明军的追杀，最后走到南关时被忠于明朝的海西女真首领王台所执。不久，王杲被王台当作礼物献给明军，死于极刑。王杲败死后，建州女真另一领袖王兀堂在边境做买卖时又与明军发生磨擦，并同李成梁交过手，最终因屡受重创而一蹶不振。

海西女真也受到李成梁的讨伐。北关首领清佳砮、杨吉砮经过长期的耐心等待，终于伺机逼死了与之有杀父之仇的王台，还打算斩草除根，除掉王台的儿子虎儿罕。明朝及时伸出援手支持虎儿罕，要求清佳砮、杨吉砮痛改前非，停止骚扰四邻。可是清佳砮、杨吉砮不听劝告，反而想与朝廷拼个鱼死网破，扬言要攻击开原、铁岭与沈阳等地，并继续与鞑靼左翼诸部勾结，准备大打出手。可是在明军严阵以待的情况下一时不敢轻举妄动。随后，辽东边臣为了缓和双方紧张的关系，同意恢复镇北关一度停止的互市贸易。这一年的十二月，清佳砮、杨吉砮带着二千骑兵前来做生意，但地方官员只允许他们带三百骑进入城内。清佳砮、杨吉砮入城之后态度依旧桀骜不驯，结果与巡抚李松爆发冲突，最终被预先埋伏于城内的

▲北镇的李成梁石牌坊（老照片）。

明军当场打死。李成梁率领另一路军队在中固待命，他听到镇北关方向响起炮声，立即赶赴战场，截击北关余部，斩首一千二百五十多人，俘获一千零七十三匹马，乘胜围其老巢。北关残部被迫请降，发誓永受明朝约束。李成梁才凯旋班师。

李成梁在辽东气焰熏天，建州、海西等女真部落无不笼罩在其阴影之下，努尔哈赤也不例外。这位将要改写历史的大人物生于1559年（嘉靖三十八年），《清太祖实录》说他生得"凤眼大耳，面如冠玉，身体高耸，骨格雄伟"，举止投足时，好像"龙行虎步"一般威武而严肃，每当一开口说话便显得"言词明爽，声音响亮"，而且智商很高，能够"一听不忘，一见即识"，上述种种溢美之词当然是后人的阿谀奉承，仿佛努尔哈赤从出生开始就已经注定要做皇帝似的。事实却并非如此，努尔哈赤早年的人生历经不但没有过人之处，而且屡受挫折。他在十岁时母亲病死，父亲塔克世新娶的继母纳喇氏对他很不好，时常在塔克世之前搬弄是

▲明代与《三国演义》有关的绘图——赤壁大战。

外，他很多事都要亲力亲为，以维持生计。为此，他在长期狩猎生涯中练成了一身高超的武艺，至于平日里的耕种与采集，更是每一个成年男子养家糊口的拿手本领。努尔哈赤经常深入深山老林中干一些挖参、捕貂的活儿，当获得的土特产达到一定的数量时，便携带着它们到抚顺的马市中出售。随着与汉人打交道的次数日渐增多，他逐渐通晓了汉语，能阅读《三国演义》《水浒传》等书，对汉人的文化风俗有了一定的了解，使自己的视野更加开阔。然而，努尔哈赤频繁出没于明朝边城不可能仅仅为了生意往来，他不可避免地卷入了女真诸部与明军的斗争中。他与死于明军之手的建州领袖王杲有亲戚关系，因为他的外祖父阿台就是王杲的儿子。

非。这位未来的开国皇帝不甘受继母虐待，开始锻炼独立生活的能力。他虽然是贵族出身，拥有自己的奴仆，然而那时女真人的生产力过于低下，生活水平远远落后于明朝，因而女真贵族普遍不能像关内的官绅地主一样脱离劳动生产而坐享荣华富贵，他们在关外的苦寒之地经常要与奴仆一起从事各种劳动。努尔哈赤也不例

而阿台娶了努尔哈赤的姑妈为妻，双方真是亲上加亲。努尔哈赤在十余岁的时候，与同母所生的三弟速尔哈赤一起投靠外祖父，成为王杲与阿台的部属。王杲反明失败被处死，而努尔哈赤兄弟俩亦成为了李成梁的俘虏。时人记载，那时年仅十五六岁的努尔哈赤跑到骑着战马的李成梁之前，抱着马脚请求一死，李成梁见其可

怜，不但没有加以杀害，反而将其留在帐下如养子一般对待。自从做了李成梁的侍从之后，努尔哈赤表现得很抢眼，凡是战斗，"必先登"，因而"屡立功"，受到李成梁的青睐。据说每当李成梁出入京师之时，都要携带着努尔哈赤，可见对其非常信任。

努尔哈赤的身份实际等同于人质，从某种意义上使得李成梁与他祖、父的关系更加密切。而他祖、父所部也对明朝更加忠顺。可是"天下无不散之筵席"，努尔哈赤为李成梁效劳了好几年之后突然辞归了，具体的原因众说纷纭，比较可信的说法是他接到了父亲的来信，要求他回家成亲。李成梁之所以同意放人，可能是想在建州女真内部安排自己的心腹，以便将来能更好地驾驭女真诸部。

努尔哈赤回家仍旧遭受继母的白眼。在继母的挑唆之下，父子俩终于分家。尽管努尔哈赤获得的财产不多，可他成亲时已经十九岁了，既有能力，也有志气独立生活。

世事难测，几年后一场突如其来的横祸使努尔哈赤的命运发生了急剧的改变。原来，王杲的儿子阿台为了替父报仇，联合了一些反明的女真酋长卷土重来，他憎恨把自己父亲献给明朝的南关首领王台，便乘王台已死的机会攻打王台的儿子虎儿罕，使关外地区演出了一幕建州女真挑战海西女真的暴力血腥剧。其后，阿台又带领手下入侵明境，于1582年（万历十年）底连犯孤山、汛河地区，并与出塞还击的李成梁大战于曹子谷，结果被明军斩首一千多，损失战马五百匹。阿台没有就此罢手，他接着在1583年（万历十一年）二月打到沈阳附近，一直闯到了城南的浑河。李成梁就像救火队一样哪里有险情就往哪里跑，这一次，他匆忙赶到虎皮驿（今沈阳以南十里河一带）增援，谁知扑了个空。虚晃一枪的阿台神出鬼没地往抚顺方向跑去，一路打劫，饱掠而归。阿台接二连三的骚扰，使李成梁不胜其烦，遂决定调集重兵捣毁其巢穴，打算一了百了地解决问题。大队明军迅速动员起来，从虎皮驿出塞百余里，杀向王台老巢的所在地——古勒山寨（今辽宁新宾上夹河乡附近）。古勒山寨位于地形险要的山区，寨子三面为悬崖峭壁，仅有一条道路可以通行。阿台倚仗地利，在山寨的周围筑起濠沟，决意死守到底。两虎相争，必有一伤！具有丰富作战经验的李成梁在出塞时历来有利用当地土著带路的传统，现在也不例外，早已在事前征调一些亲明的女真人做向导。努尔哈赤的祖父觉昌安与父亲塔克世过去都曾经给明军带过路，这次是否也牵涉其中呢？各种明清史料的记载很不一样，有的说觉昌安与塔克世仍像以往那样做了明军的"带路党"；有的说觉昌安因不肯与阿台同流合污一起反明而被囚禁于古勒寨中，塔克世为了救父而不惜冒险亲赴战场；还有的说觉昌安的孙女是阿台的妻子，他为了救孙女而与儿子塔克世共履险地。总之，各有各的说法，莫衷一是。但可以肯定的是，觉昌安与塔克世这两个人都不约而同地介入了这场战事，他们当时都在战区之内，并身处充满着刀光剑影的第一线。战斗打响前夕，胸有成竹的李成梁兵分两路，自己带着部分人马攻打主要目标古勒山寨，而另遣一路偏师解决阿海（阿台的同伙）所盘踞的一个小山寨。战斗打响后，作为偏师的那一路明军很快杀死了不堪一击的阿海，转而与李成梁会合，一起包围古勒山寨。由于山寨易守难攻，明军一时难以得手。李

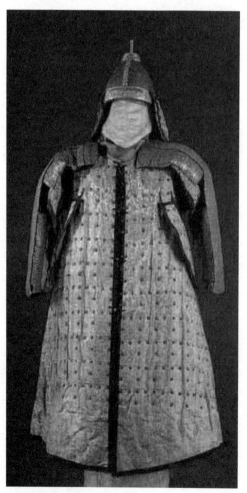

▲努尔哈赤的铠甲。

成梁随机应变，采取软硬兼施之策，一面命令带路的女真图伦城主尼堪外兰在城外喊话招降，一面命令部队准备火攻。尼堪外兰害怕招降不力而受明军的责备，便在城外嘶声裂肺地胡乱叫喊，忽悠城里的人，其中一句"谁能杀死阿台，就让谁做寨主"的话起了立竿见影的奇效。阿台的手下信以为真，群起而动杀死阿台，打开寨门投降。然而，如箭在弦的明军一触即发，不分青红皂白就对出寨之人大打出手，斩首二千三百余级，还放火焚烧寨里的房屋。一时之间，在冲天烈焰的映照之下到处血光四溅，寨中的男女老幼惨遭屠戮，连觉昌安与塔克世也双双死于乱兵之中。

噩耗传来，年方二十五岁的努尔哈赤悲痛欲绝，经过交涉，他派出部下夷伯插来到李成梁的军中领回了父亲的尸首，而他的祖父在混乱中尸骨无存，难以寻觅。为了讨回公道，努尔哈赤上书朝廷，质问祖父与父亲为何无故被杀。朝廷的答复是误杀，为了弥补过失，可以让努尔哈赤承袭都指挥使之职，给予敕书三十道与三十匹马，此事就算了结。

至此，努尔哈赤共有五位有名有姓的先人死于明军的手上，分别是五世祖董山、外曾祖父王杲、外祖父阿台、祖父觉昌安与父亲塔克世。至于那些疏远的族人以及一些未能在史书中留下姓名的亲戚朋友，就不知还有多少了。如此深仇大恨，他绝不会善罢甘休，可由于力量过于弱小，不得不暂且将仇恨埋藏于心底，不敢

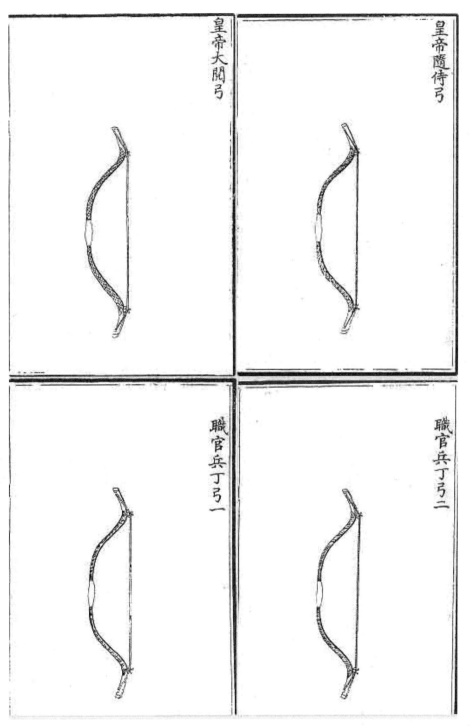

皇帝大閱弓

皇帝隨侍弓

職官兵丁弓一

職官兵丁弓二

▲清代《皇朝礼品图式》中的弓。

王公鈚箭圖

王公梅鍼箭圖

職官兵丁鈚箭圖

職官兵丁梅鍼箭圖

▲《大清会典》中的梅针箭与鈚箭。

公开向明军叫板，只能把怒火发泄到参与讨伐阿台的"带路党"尼堪外兰的身上。

图伦城主尼堪外兰在歼灭阿台一役中的卖力表现得到了明朝的赞赏，尽管此人的兵力不多，但明朝有意扶持其为建州左卫的首领，并为其在班嘉筑城。附近很多趋炎附势的女真部落酋长眼看尼堪外兰红极一时，纷纷打算归附此人以沾光。然而，努尔哈赤不服，他始终认为祖、父之死与尼堪外兰的挑拨离间有关，因而不惜冒天下之大不韪，公开向明朝索取尼堪外兰，实际等于向朝廷暗示攻打尼堪外兰的战事即将到来。明朝镇守边关的将领警告努尔哈赤不要乱来，显然不把这个毛头小子放在眼内。谁也没有想到，固执的努尔哈赤不听劝告，毅然以"十三副遗甲"起兵，决意与尼堪外兰死磕，从此开始了轰轰烈烈的建军大业。

努尔哈赤起兵之初，部下不满百人，装备亦非常简陋，仅有铠甲十三副。由于力量有限，他不可避免地要亲自操刀上阵，所幸的是，他平日勤于练武，技艺精湛。据《清太祖实录》记载，有一次，他和东果部一位名叫纽妄肩的善射者比试箭术，靶子是百余步之外的柳树。纽妄肩挽弓射出五箭，仅中三箭，而且上下不一。他却五发五中，射出的箭均集于一处，相去不过五寸，不但打得非常准，力度还很大，需要凿木才能取出箭来。

努尔哈赤的射术如此精湛，这不是偶然的，因为弓箭是女真诸部最主要的狩猎武器之一，每一个男人都必须自幼加以练习。他们较早使用的弓是角弓，这类弓以榆木做弓胎，以桑木为两䏂，再在表面辅以牛角、鹿角，饰以桦皮等物，固以筋、胶。弓弦则用兽皮制作。后来，制弓技术经过不断的发展与完善，采用的材料也更加丰富，增加了檘木、巨竹、蚕丝、漆等物，质量也越来越好。根据《大清会典》所载，弓有一至六等，而弓力的强弱要视胎面的厚薄与筋胶的重量而定，其中，一等弓为十六至十八"力"，二等弓为十三至十五"力"，三等弓为十至十二"力"，四等弓为七至九"力"，五等弓为四至六"力"，六等弓为一至三"力"。这里所说的"力"，意思是"弓力"，每一"力"为九斤十四两（一说为九斤四两）。体格强壮、臂力过人者能开最强劲的弓力，一般人能挽六力弓就算合格。军用箭也是各式各样，就以军中常用的铍箭、梅针箭为例，铍箭的箭镞较阔，杀伤力大；而梅针箭的箭镞又尖又细，专门用于射击身披铠甲之敌，它能穿过甲片与甲片之间的间隙，确有奇效。至于努尔哈赤到底能开多少弓力？史无明载，不过他的儿子皇太极所用的弓就号称"壮士弗不开"，乾隆帝为此赋诗赞美道"弓知劲百钧"。皇太极的儿子顺治是入关后的第一位皇帝，他的御用弓标明为"七力"，而此后的多位清帝均有御用弓遗留于世，比如康熙能开"七力半"至"十一力"的弓，雍正能开"四力半"的弓，乾隆所用的弓从"三力"至"七力半"不等。由此可见，努尔哈赤的家族世世代代重视射术，并提倡身体力行。

由于艺高胆大，努尔哈赤多次化险为夷。例如在起兵之初的一天晚上，他在休息时发现家中的侍婢迟迟不去睡，还在灶台燃起一盏忽燃忽灭的灯，因而不禁心生疑虑，马上在衣服里面穿上短甲，手持弓刀假装出外找厕所方便一下，看看周围有没有异常。步出家门之后，他隐约看见在远处一排排木栅的旁边有一个人影逐渐逼近，便立即发出一箭，中其肩部，接着再向贼人的脚部补射一箭，令其不能逃跑，然后上前用刀背将其击昏，拿出绳子捆绑起来。这时，亲朋戚友闻声纷纷赶到，他们全都建议努尔哈赤杀掉贼人。但深谋远虑的努尔哈赤却认为假若杀掉这个家伙，会带来后患，因为这个家伙可能有主人，他的主人完全可以手下被杀为借口而兴师动众前来抢夺粮食，一旦粮食被抢，致使自己的部属吃不饱肚子，必定人心离散，后果不堪设想。而且，别的部落会认为首先杀人挑衅的一方理亏，如此就失去了舆论的支持。既然小不忍则乱大谋，不如干脆将其释放，一了百了。可见，他对周边窥伺的强敌保持着清醒的头脑与足够的警惕。

深知自己的力量有限的努尔哈赤想请同族的亲友帮忙报仇，可大多数亲友不想与外表强大的尼堪外兰结怨，竟作壁上观，仅有同宗的诺米纳愿意帮忙。就在努尔哈赤起兵的前夕，诺米纳在其弟奈哈答的劝阻之下突然背约而拒绝参战。努尔哈赤尽管找不到什么同盟者，但他毫不畏惧，毅然披着铠甲，手持弓、刀，于1583年（万历十一年）五月发兵，直取尼堪外兰的图伦城。出乎意料之外的是，狐假虎威的尼堪外兰在没有明军支援的情况下显得不堪一击，很快便放弃抵抗携带着家人逃往班嘉城。初战告捷让努尔哈赤在世人之前戳穿了尼堪外兰这只纸老虎貌似强大的外表，暴露出其虚弱的本质，不但使其在女真诸部中声誉扫地，连明朝也对这个"烂泥扶不上墙"的家伙失去了兴趣。

趁热打铁的努尔哈赤于同年八月追击至班嘉城，想不到诺米纳与其弟奈哈答担心努尔哈赤借复仇之机扩张势力，竟然暗中给尼堪外兰通风报信，致使这次军事行动扑了个空。紧追不舍的努尔哈赤尾随着逃亡的尼堪外兰来到抚顺所东南的河口台。当时，明军继续坐山观虎斗，不但没有向尼堪外兰伸出援手，反而派兵到边关阻挡其进入境内避祸。前无退路，后有追兵的尼堪外兰正要束手待毙之际，努尔哈赤却突然莫明其妙地退兵了。原来，信息不灵的努尔哈赤误以为在前面阻挡尼堪外兰的明军将要向自己发起进攻，慌忙指挥手下后退，阴差阳错地让尼堪外兰捡回了一条命（慌作一团的尼堪外兰后来逃到鄂勒珲这个地方勉强栖身，苟延残喘）。当天夜里，尼堪外兰的一位手下来到努尔哈赤的宿营地投降，透露了很多有价值的情报。至此，努尔哈赤才明白出现在边境的明军并非敌人，自己一时大意错失诛杀仇人的良机，他在撤返时恨声连连地说：

"诺米纳与奈哈答这两个家伙如果不暗中泄密，尼堪外兰必被活捉。"不久之后，他又与诺米纳兄弟发生争执，遂决定先下手为强，拿此两人开刀，可是不能硬拼，只能智取，因而故意提出要与诺米纳一起攻打其他人的城堡，就等这个头脑简单的家伙进入圈套之中。诺米纳果然中计，答应出兵，但不肯打头阵。努尔哈赤对此早有预料，乘机说："你既然不愿打头阵，可以把盔甲与军械借给我，由我的手下打头阵。"诺米纳不知是计，反而认为自己会坐收渔翁之利，当即同意将所有的军用器械借出来。努尔哈赤等到盔甲与兵器一到手，马上掉转矛头，命令部属捕杀了诺米纳兄弟，并夺取了这两人的地盘萨尔浒城。至于诺米纳那些溃散的部众，如果愿意投降，努尔哈赤就归还其妻子儿女，仍令他们居于萨尔浒。

努尔哈赤夺取萨尔浒靠的是"兵不厌诈"的谋略，表明他绝非一介武夫。不过，直到现在为止，这位年轻的领袖与他的手下还没有打过硬仗，他们碰到的第一次硬仗是进攻兆嘉城之战。

兆嘉城的城主叫理岱，他属于建州女

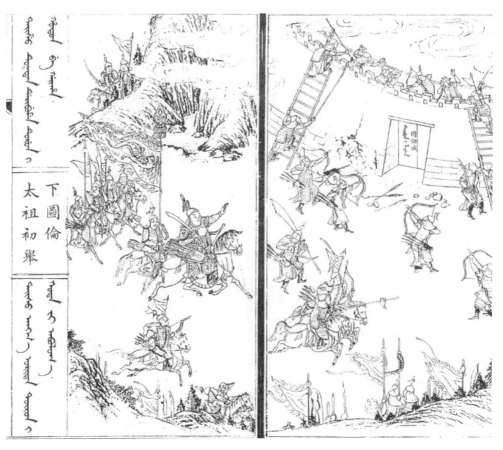

▲《满洲实录》中的进攻图伦城图。

真浑河部。事实上，努尔哈赤在复仇的同时已经不知不觉地开始了统一女真的宏伟大业，那时，战斗多数发生在山区，以攻防战为主，这与女真部落善于在山区险要之处建筑固定的城寨有关。在四分五裂的女真诸部里面，比较有影响的部落有十余个，分别是：

建州女真的苏克素护河部、浑河部、完颜部、栋鄂部（毛怜卫）、哲阵部。

海西女真的乌拉部、南关（哈达部）、北关（叶赫部）、辉发部。

长白山女真的讷殷部、珠舍里部、鸭绿江部。

东海女真的窝集部、瓦尔喀部、库尔喀部。

其中，讷殷、鸭绿江、瓦尔喀等部落究竟属于哪一类女真存在着争议，有人把他们之中的某些部落划归于野人女真，还有人认为这些部落虽然在历史上从未隶属过建州三卫，但其实与建州女真同类。也许，在部落与部落的长期融合过程中演变成了你中有我、我中有你的局面。总之，谁也没有能耐把如此众多的部落一口气吞下来，只能一个一个地吃掉，显然，统一女真的事业不能一蹴而就。

努尔哈赤以复仇为名擅开战端，觊觎

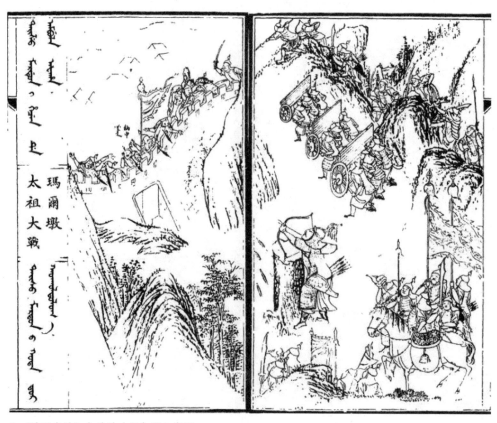

▲《满洲实录》中的进攻玛尔墩山寨图。

别的部落，这种扩张行为遭到了家族内部一些世叔伯与堂兄弟的反对，一些人不满他破坏女真部落的秩序，另一些人则妒嫉他的势力日益强大，为此不惜与外部势力一起阻挠他的军事行动。努尔哈赤一时之间成为了众矢之的，只好暂时放过尼堪外兰，转而与这些新的反对势力作斗争。在此期间，浑河部兆嘉城的城主理岱勾结南关女真的人马，洗劫了努尔哈赤的瑚济寨。这些乌合之众在归途中被努尔哈赤派出的十二名精兵追上，四十多人被当场打死，并失去全部的掠夺之物。 侥幸不死的理岱逃回兆嘉城龟缩不出，他预料对方必来报复，可自己的部队野战能力较差，只好依赖死守。1584年（万历十二年）正月，努尔哈赤果然兴师前来问罪，不巧偏偏遇上了大雪，而兆嘉城所在的噶哈岭山高路险，难以前行，努尔哈赤与部属不得不"凿山为磴"，一个紧接一个地鱼贯而上，还用绳子系于马的身上用力往山顶拖拽，硬是到达了目的地，显示出了异常强劲的战斗意志。可是，兆嘉城内的理岱早已严阵以待。有人奉劝努尔哈赤退兵，以免啃硬骨头，但不甘心前功尽弃的努尔哈赤坚决地督兵猛攻，结果顺利克城，活捉了理岱。他起兵以来的第一次硬仗以胜利告终。

努尔哈赤极为注意给部队增添新装备，以加强攻击能力，他在同年六月的玛尔墩山寨（位于辽宁新宾县玛尔墩岭）之战中，首次动用了攻坚利器——战车。战车又叫"楯车"，它有左右两轮，由人推着前行，而车架前面竖立着一块外面裹着牛皮以及铁皮的横板，能有效地掩护后面跟进的士卒。努尔哈赤使用战车进攻玛尔墩山寨是为了替被仇家暗算的妹夫噶哈善报仇，因为参与谋害噶哈善的凶手就躲藏

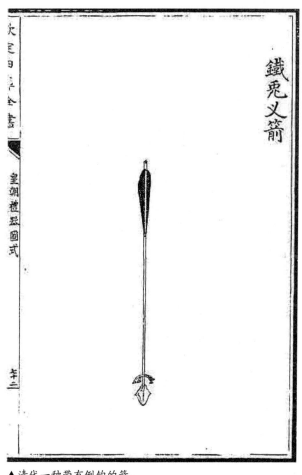

▲清代一种带有倒钩的箭。

在内。这一战，他先以三辆车在陡峻的山地中并列前进，作为开路先锋掩护后面的四百士卒。当道路越来越狭隘时，便改以一车在前，二车在后，一直迫近城下。每当城上抛下檑木滚石时，士卒们便纷纷躲藏于车后。而战车也在激烈的战斗中被击毁了两辆。努尔哈赤指挥部队用箭仰射城上之人，打死了不少，经过日以继夜的厮杀，他的手下直到第四天才凭着一次出色的夜袭成功登上城头。

努尔哈赤总是在战斗的关键时刻以身作则，奋不顾身地冲杀在最前线。正所谓"上得山多终遇虎"，为此，他难免负伤，血洒疆场。其中发生在1584年（万历十二年）九月的一场激战差点儿让他送了命，当时，他率兵五百主动攻击了建州女真栋鄂部的齐吉达城，不料遭到城内四百守军的拼命抵抗而迟迟未能得手，只是把城外的悬楼与房屋全部焚毁。不久，突如其来的大雪使进攻陷于停顿。努尔哈赤不想空手而回，他以"既兴兵至此，当乘兹以蹂躏一方"的想法又主动出击别的目标，选中了栋鄂部的瓮郭洛城。由于瓮郭洛城的人事先得到情报加强了戒备，让努尔哈赤的偷袭落了空，唯有选择强攻。他一面命令下属放火焚烧城外的悬楼与房子，一面登上一间房子的屋脊，用弓箭与城内敌人对射。正打得如火如荼之时，突然，他被一位名叫鹅儿古尼的神箭手一箭射中头部，只能忍痛拔出穿透盔甲深入肉中的利箭，在血流至脚的情况下，仍弯弓作战不已。这时，一位叫做老科的敌人在

烈焰浓烟的掩护下从暗处射来一支带有双钩的利箭，正中他的脖子，穿过他的颈下的锁子甲围领而发出毛骨悚然的响声，致使他身受重伤，再也难以战斗下去。部属们见势不妙，俱欲登上屋顶扶他下来。他连忙阻止："你们不要接近我，恐敌人察觉，待我自己从容而下"，言毕，用手捂着血流如注的伤口艰难地下屋，先伏于两人的肩上，再昏倒于地。懊悔不已的部属立即带他撤离战场。当晚，他昏迷数次，每次苏醒时抓紧时间饮水，直到次日，伤口的血才渐渐停止流淌，虽然捡回了一条命，但也等于从鬼门关走了一趟。他痊愈之后，再率兵来攻，这次由于准备充分，很快便拿下了瓮郭洛城。众将士欲杀曾经击伤努尔哈赤的鹅儿古尼与老科，努尔哈赤阻止道："这两人射我，是各为其主之故，那时谁不想获胜？我现在释放他俩，将来遇到敌人，他俩会为我拼命！像这样的高手，在打斗中死于锋镝之下尚且可惜，怎可忍心因为曾经打伤过我而滥杀之！"说罢，当即释放两人，并赐以官爵。从这件事可以看出他招贤纳良、求才若渴的心情。

1585年（万历十三年）二月，努尔哈赤亲率五十人（仅一半人有盔甲）前往界藩寨抢掠财物，不料对方早已有备，竟无所获。他们往南撤返时在太栾岗附近碰见了由界藩、萨尔浒、东家、巴尔达四城酋长带来的四百敌军，其中内申、把木尼两位酋长首先扑过来厮杀。努尔哈赤立即单骑迎战，在鞭子被砍断的情况下奋力挥

刀还击，一下子把内申劈为两截，接着迅速转身弯弓放箭，将把木尼射于马下。敌军虽众，但带头的两位酋长既死，便皆失去了斗志，纷纷后退到很远的地方站立、观望。努尔哈赤不敢掉以轻心，毕竟对方人多势众，稍有疏忽，后果不堪设想。他身边的部属悄悄提醒道："马俱瘦弱，怎么办？"这句话的潜台词是羸弱马匹不能胜任即将发生的激烈角逐。由于山路崎岖，此地的确也不太适合骑兵作战。另外，即使大伙一齐骑马拼命往回跑，所有的人都不一定能全身而退。努尔哈赤为了解开困局而心生一计，说："你们可以全部下马，假装以弓稍拂雪，摆出拾箭的模样，徐徐牵马而退，等到退过山岭之后再以盐水、炒面喂马，解其疲惫，我则殿后作为疑兵。"言毕，令部下先行离开。他独自一人站立于内申的尸体旁边警戒。内申的部下呼喊道："人已死，你为何还不离去，难道还想吃他的肉吗？你走吧，让我辈收回主人的尸体。"努尔哈赤故意回应："内申是我的仇敌，我幸而杀死了他，他的肉也可以吃。"话音未落，他已向后退却。为了防止追击，他让瘦弱之人先撤，自己率领七人隐蔽于偏僻之处，故意露出头盔，做出埋伏的样子。内申的部下又呼喊道："你们留有伏兵，我们已经看出来了。两位主人既然已被你们杀死，还想杀尽我们？"于是，努尔哈赤假装在踪迹败露的情况下极不情愿地撤走，终于带着所有的人安然无恙地返回了。

后来的治史者多数认为努尔哈赤所部

凭"骑射"崛起，但女真部落的聚居点多数位于山区附近，这会对骑兵的作用造成一定的限制，太栾岗之战便是一例。

同年四月，努尔哈赤率五百马步兵征伐哲陈部，正巧遇上浑河发大水，不得不令大部人马返回，只留下五十名绵甲兵与三十名铁甲兵继续前进。托漠河、章佳、巴尔达、萨尔浒、界藩等五城首领得到密报，遂决定联合抵抗。努尔哈赤虽然事先安排了一名哨兵在队伍的后面警戒，可是这位发现敌情的哨兵却在归途中迷了路，未能及时把情况传送回来。而努尔哈赤仗恃有哨兵在后，完全没料到会有八百多敌人突然杀来。等到敌人沿着界藩、浑河至南山一线布阵时，已经近在咫尺了。努尔哈赤的一些部属惊慌失措起来，特别是夹陈、桑古里这两位远房亲戚竟然吓得把身上的铠甲解下来递给他人，不敢迎战。努尔哈赤怒道："你俩在家，经常在族人面前称王称霸，如今看见敌兵，为何怯战，解甲递与他人？"话音未落，他亲自执旗策马而进，眼见敌兵不动，遂跳下来站在地上，将马逐回。随后，他带领弟弟穆尔哈奇以及杨布禄、鹅凌刚这两位家人步行作战，几个人一起携手闯入重围，奋力射箭，在混乱中杀死敌兵二十人。奇迹发生了，八百人竟然抵挡不住四人，争先恐后地渡过浑河而逃。此刻，努尔哈赤由于久战疲惫，喘息不定，便想脱下脑袋上面沉重的兜鍪，争取时间休息一下。他嫌解开铠甲的速度不够快，竟以手指扭断其纽扣。不一会儿，部属纷纷赶到，这些坐享其成的家伙跃跃欲试，提议乘势追杀敌军，再也没有了怯战的情绪。努尔哈赤怒气未息，闭口不应。当他稍事休息之后，重整盔甲，又进行追击，陆续杀了四十五名敌人，并与弟弟一直追到界藩。界藩附近有一座险隘的山冈，上面聚集了十五名败兵。努尔哈赤怕被敌人看见，便把盔缨除下来然后隐身于暗处，先射死为首的一人，其弟穆尔哈奇又射死一人。剩余的敌人在慌乱中皆坠崖而死。战斗结束后，努尔哈赤很满意，他评论道："今以四人击败八百之众，实得天助。"

从此战可以看出，努尔哈赤尽管已经起兵数载，但仍未在军中严格区分骑兵与步兵，以各司其职，他本人既可以是骑兵，必要时又可以成为步兵，可一个人的能力是有限的，不能同时胜任不同的角色。当他下马作战时，步行的时间一长，身上的盔甲就成为了沉重的负担，变得碍手碍脚起来，阻碍了对敌人的追击，难免对战绩造成不利的影响。

此后，努尔哈赤继续执行扩张政策，先后攻克或招降了苏克素护河部所属的安图瓜尔佳寨、浑河部所属的拔义浑山城、哲陈部所属的托漠河城，随着势力的发展，兵力亦已增至千人左右。1586年（万历十四年）七月，他认为最后解决仇敌尼堪外兰的时机已经成熟，便带齐人马昼夜不停地杀向尼堪外兰栖身的鄂勒珲城，沿途一些不友好的女真部落皆偃旗息鼓，不敢阻挡，以免引火烧身。当他到达城外，发现四十余名来不及撤入城中的敌人正企图带着妻子觅路而逃，为首者身穿青绵甲，头戴毡帽，与尼堪外兰非常相像。努尔哈赤不假思索，孤身一人冲上前去拦截，在激烈的打斗中负伤三十处，其中有一箭竟然从前胸旁边穿过肩后，露出了滴血的箭镞。但他没有胆怯，犹奋勇射死八人，斩死一人，致使残余敌众四散而逃。当城寨攻克后，发现里面藏有十多名明人，亦一并杀死。然而，尼堪外兰又一次鬼使神差地漏了网，潜逃入了明境之内。努尔哈赤令人传信给明朝的边关官员，强烈要求他们交出仇人。明朝的边关官员知道尼堪外兰再无利用价值，决定予以抛弃，他们顺水推舟乐得做个人情，怂恿努尔哈赤直接派人入境杀掉这个废物。努尔哈赤得知明军不会干涉他的复仇计划，刻不容缓地命令四十名精兵突袭了尼堪外兰的藏身之处，干脆利落地杀死了他，为祖、父报了仇。

尼堪外兰虽死，但努尔哈赤不认为祖、父被杀事件已得到了圆满的解决，因为当时动手杀他祖、父的并非尼堪外兰，而是明军将士，他现在暂时还没有能力向明军叫板，只有将这笔账留待将来再算。

努尔哈赤在复仇的过程中积累了一定的威信，他既然打死了明朝有意扶持为建州左卫首领的尼堪外兰，那么，取而代之就成为顺理成章的事。这时，加强根据地的建设已经提上议事日程，1587年（万历十五年），他在距离呼兰哈达山东南方向约数里的二道河山建起了费阿拉城。整座城以土、木、石块涂以沾泥建筑，耸立在两条河流之间的山坡上，三面为悬崖，只有北面可以通行。据朝鲜人后来的记载，这座城的外面居住了四百户人家，皆是军人。城里又有外城与内城之分，外城范围为十里左右，高达十余尺，城上设置敌楼，但没有雉堞、射台、隔台与壕沟，其中居住着三百户人家，以军队中的将领及努尔哈赤的亲族为主。而内城的范围相当于两个马场般大小，城上有雉堞与隔台，居住了百户人家，皆是努尔哈赤的亲人与亲信。努尔哈赤本人居住于内城里面另设的木栅之中。《李朝实录》记录了当时亲自到过那里的一位朝鲜人的话，他指出明朝为了帮助努尔哈赤建城，还专门派出了画工与瓦匠，可见双方关系比较密切。在此前后，努尔哈赤加大了统一建州女真的力度，夺取了完颜城、洞城等城寨、获得了不少人口。在归附者之中，包括来自酸（地名）地的贵族费英东与栋鄂部贵族何和礼等知名人物，他们后来都成为了努尔哈赤的左右手，是清王朝的开国功臣。到了1588年（万历十六年），努尔哈赤已经基本控制了建州女真的所有部落，势力日益强盛。此后，又陆续对苏子江流域的赵家（兆嘉）城等地动武，巩固与发展自己的势力。

在努尔哈赤统一建州的一系列战斗中，规模都比较小，出动的兵数不过成百上千，而持续的时间也比较短，快则一天，慢则三四天。根据《李朝实录》的记载，他的军队已经重视使用兵种配合作战，其中，有四个兵种经常在营地里面操练。这四个兵种即是环刀军、铁锤军、串赤军、能射军（环刀军、铁锤军、能射军这三个兵种从名称来看都容易理解，串赤军究竟是什么兵种却颇有争议，有人认为"串赤"是女真语"车盾"的转讹音，因而串赤兵是车盾兵，这种说法可供参考）。努尔哈赤的军队虽然今非昔比，可实力还有限，还不敢像先辈王兀堂与王杲等昙花一现的建州女真霸主那样向明朝挑战，他吸取了前人的教训，暂时采取笼络明朝的策略，绝不贪图眼前的利益进行骚扰。

在统一建州女真期间，努尔哈赤基本上对海西女真诸部采取了友好的态度，先与南关领袖王台的孙女结亲，后来又娶了北关首领那林孛罗的胞妹。但海西女真内部纷争不断，南关继续示忠于明朝，而北关的情况有点复杂，自从清佳砮与杨吉砮被明军打死后，他们的儿子卜寨与那林孛罗渐渐强盛起来，多次与南关的歹商（王台的孙子，父亲是虎儿罕）发生磨擦。坐镇辽东的李成梁虽然对努尔哈赤兼并建州女真的行为视若无睹，却没有放松对海西女真与鞑靼左翼诸部的军事压力。他对北关的一举一动都异常关注，绝对不允许出现由北关控制整个海西女真的局面，而是竭力维持南关压制北关的政策。1588年（万历十六年）三月初六，按捺不住的李成梁终于出手了，他率师出发，从开原威远堡出境直捣北关老巢。这次，明军动员了优势的兵力，在四百二十辆战车的配合下前进（这些战车可以乘载云梯及火炮，是攻城利器），一路以风卷残云之势硬闯北关的领地。无力抵抗的卜寨不得不放弃自己的地盘而逃入那林孛罗的城寨中，企图死守下去。那林孛罗的城寨位于陡峭的山坡之上，分为内城与外城。内城为木城，其中修建了一座八角明楼，可用来安置老弱妇孺及财产。外城由石所筑，显得颇为坚固。据统计，全城内外共有四层城墙与一层木栅，此外还挖了三道壕沟，再加上里面数量惊人的守卫者，要想拿下谈何容易！明军没有畏葸不前，想办法击败了敢于出城迎战的少数女真骑兵与甲士，就立即攻城，在两天的围攻过程中，有很多人死于滚木、石块之下，但成功击破其外围的二层城墙，取得了阶段性成果。等到随军的大炮沿着崎岖的山路被人拖上前沿阵地时，李成梁已是稳操胜券。这个外表固若金汤的城寨在来如电闪的铅弹之前显得脆弱不堪，城中的墙壁、柱子被打得破碎断裂、满目疮痍，守城之人更是伤亡惨重，悲泣不已。激烈的攻防战打到现在，明军以死五十三人、伤五百三十五人以及损失一百一十三匹战马的代价，击毙不少敌人，其中斩获敌首五百五十四级，缴获了头盔二百七十五顶、身甲二百八十一副、臂手八千零三副，还俘获了战马九十八匹。最后的结局是，卜寨与那林孛罗为了活命向李成梁屈膝投降，发誓不再叛变，以求得谅解。明军乃班师。

明军在这一次犁庭扫穴的作战中动员了接近两万的兵力。而卜寨与那林孛罗在固守时动员了一切可以动员的力量，据

《万历武功录》记载，城中守卫的"控弦之士"达到数以万计的程度，尽管其中披甲的战士仅有千人，但确实达到了"女真满万"的地步。特别需要指出的是，海西女真与金代女真有着比较直接的传承关系，被视为是金国遗裔，本来完全有资格继承"女真满万不可敌"的历史荣誉。不过，如今"女真满万不可敌"的神话破灭了，因为螳臂不能当车！

假设李成梁这一次讨伐的不是卜寨与那林孛罗，而是羽翼未丰的努尔哈赤，那么，后者在来势汹汹的明军之前即使比那林孛罗打得更好，可能最终也不会有什么好果子吃。尽管努尔哈赤的部队发展得很快，史载"骁骑已盈数千"，但毕竟双方实力的对比仍很悬殊。然而这一切都不可能发生，原因是努尔哈赤同李成梁的关系很不一般，就像后来巡抚辽东的熊廷弼说的那样："建州诸夷"一直以来都是分裂的，而"合之则自奴酋（指努尔哈赤）始，使之合之，则自李宁远（指李成梁）始"，意思是说在幕后支持努尔哈赤统一建州女真的就是李成梁。李成梁这样做的目的之一也许是希望努尔哈赤统一建州女真之后能在一定程度上牵制那些叛背无常的海西部落，成为明朝边境上的忠诚卫士。

此时，努尔哈赤的敕书已经增加到了五百道，与明朝进行经济往来的物品也不断增多。他在统一建州诸部的过程中，逐渐控制了抚顺、清河、宽奠、暖阳等四处关口，在这些地方与明朝军民进行互市交

易，出售的土特产包括人参、明珠、黑狐、玄狐、红狐、貂鼠、猞狸狲、虎豹、海獭、水獭、青鼠、黄鼠等皮。史载，建州女真由此收入增加，"民殷国富"。努尔哈赤为了讨好明朝，约束部属不准犯边，还打死了与明军作对的木扎河部的女真酋长，送还了一批被掠走的汉人，因而受到明朝君臣的赞赏。朝廷于1589年（万历十七年）九月将其从都指挥使之职提升为建州左卫都督佥事。从次年起，努尔哈赤开始亲自朝贡，以示忠诚。这一年的四月，他带着一百零八人到北京进贡关外的土特产，此后，他分别在1593年（万历二十一年）、1597年（万历二十五年）、1598年（万历二十六年）、1601年（万历二十九年）、1608年（万历三十六年）、1611年（万历三十九年）入贡了七次，他一直到正式建国与明朝分庭抗礼的前夕，还在1615年（万历四十三年）派人进行了最后一次的朝贡。

努尔哈赤的所作所为表明，他在时机尚未成熟之前是不会与明朝闹翻进而大打出手的，可他的部属与辽东明人已经心存芥蒂，《满文老档》记载"昔太平之时，诸申（指女真）与汉人互市往来，且不论汉官之妻，即是平民之妻，亦不得被诸申所见，且轻蔑诸申之官员，欺凌殴打，不准立于其门。而汉人之小官及平民等往诸申处，却可径入众贝勒（贵族的称谓）大臣之家，同席饮宴，尽礼款待。"深刻揭示了女真人牢记着本族曾经受过的屈辱，

他们对明人充满了猜疑与警惕，与明朝分道扬镳是迟早的事。

李成梁重创北关的军事行动确实起到了敲山震虎的作用，无论是海西女真还是建州女真，在几年的时间里都偃旗息鼓，不再轻举妄动。只有桀骜不驯的鞑靼左翼诸部还继续骚扰明朝，明军时不时亦展开反击，偶尔也会深入敌境捣巢。然而，到了1591年（万历十九年）闰三月，李成梁策划的一次捣巢行动仅杀二百八十名鞑靼人，自身的损失却达数千，因而遭到了朝中多位文臣的弹劾。这时，张居正早已死去，李成梁由于没有得力上司的监督，已逐渐开始贪赃枉法，并经常在战绩上干一些弄虚作假的事，早已有不少把柄在言官的手中，被告以"欺罔"之罪也是咎由自取。在连受弹劾的情况下，他已是"不安其位"，多次以患病为由辞职。到了十一月，朝廷终于解除了镇辽二十二年的李成梁之职。他从此开始了十年的退隐生涯。李成梁离职之后，朝廷派出多位将领出任辽东总兵，但均不太称职，《明史》记载"十年之间，更易八帅"，边帅如走马灯般换人的后果是"边备益弛"。而在此期间，发生了日本侵略朝鲜的大事。明朝为了援助藩属国，果断派兵开入朝鲜半岛阻击北上的日本军队，从1592年（万历二十年）起，进行了长达六年的"抗倭（指日本侵略者）援朝"斗争，与此同时，对关外地区鞑靼、女真诸部的军事压力相应有所减弱。

在李成梁被言官搞得焦头烂额即将离

职的这段时间里，女真诸部又开始蠢蠢欲动了。基本统一了建州女真的努尔哈赤重新执行扩张之策，把扩张的方向转移到了北方的长白山鸭绿江部，于1591年（万历十九年）派兵吞并了这个弱小的部落。他的胜利破坏了各方势力均衡的现状，在关外女真诸部中引起了强烈的反应。特别是海西女真的诸位酋长，对此犹为惶恐不安，暗中酝酿着联合起来与之抗争。北关首领那林孛罗开始遣使警告努尔哈赤，认为乌拉、南关、北关、辉发与建州，都是一家，岂有五王并立之理？声称"你们人多，我们人少，可将额勒敏、扎库木二处，选择一处让给我"。努尔哈赤强硬地拒绝了，他指出建州与呼伦（指海西女真）不能混为一谈，"你们国家的地方大，我不能强行夺取，我国的地方大，你们也不能夺取。何况一国的土地不等于牲畜，岂有随便瓜分之理"？就这样，那林孛罗的勒索行为碰了壁，但此人仍不甘心，竟然召集了南关与辉发两部，共同派出使者来见努尔哈赤，发出了赤裸裸的战争威胁，扬言若不服从割地，彼此会成为仇敌。其中那林孛罗的使者更大言不惭地称："我们的兵能践踏你的土地，你的兵敢进入我们的土地吗？"努尔哈赤大怒，忍不住抽刀断案，质问道："你的主子弟兄两人，何尝亲自上阵与对手在马上进行过短兵相接，并且打得甲胄碎烂？"他还当着南关使者的面驳斥那林孛罗的使者，说道："当年南关内乱、你们乘人之危进行掠劫，如今又想依样画葫芦把我当作另

一个容易制服的目标。你们的土地，四周果然都有边墙阻隔么？我即使白天不能前往，夜里亦能到达你那里，你能把我怎么样？"最后，努尔哈赤当众揭开了那林孛罗的陈疮旧疤，"当年我的父亲被大明误杀，大明补偿给我敕书三十道，马三十匹，并送还尸首，封授我为官，每年给予银两、蟒缎等财物，你主子之父亦被大明所杀，其尸骸可否收回？"经过一番痛快淋漓的驳斥，他觉得意犹未尽，把这番话写成书信，欲让人携带到那林孛罗面前朗读，可惜的是，他的信使未能完成任务，因为信件在途中被那林孛罗的弟弟卜寨没收了。

双方剑拔弩张之际，不少部落酋长选择支持外表强大的那林孛罗，例如长白山女真所属的讷殷部、珠舍里部勾结北关劫掠了建州东界叶臣所居的洞寨。努尔哈赤得知这个消息之后，恨声连连，他认为讷殷、珠舍里这两部与建州同源，想不到却远附北关，趁火打劫。假以时日，非兼并两部不可！

山雨欲来风满楼，一场对关外地区所有的女真部落影响深远的大战在李成梁离职后必将爆发，在此之前，发生了一次前哨战。1593年（万历二十一年）六月，北关的卜寨与那林孛罗，纠集了南关的首领孟革布禄（歹商的叔父）、乌拉部酋长满太、辉发部酋长拜音达里等人，突然袭击了建州的户布恰寨，抢掠了一番后撤退。努尔哈赤马上报复，带兵迅速进入了南关境内，攻击了富尔佳齐寨，在回师

时，他独自殿后，以阻拦南关援兵。不久，南关追兵赶到了，冲锋在前的共有四名骑士，最前面的一人举着刀朝着努尔哈赤猛扑过来，另外三人紧跟在后并马而进。以一敌四的努尔哈赤能否取胜呢？《清太祖实录》绘声绘色地记载这位未来的开国皇帝生怕自己的脸会被冲在最前面的那个人砍伤，但是，由于"时敌在右，不便于射"，因而不得不在生死关头"转弓过马首"，也就是将左手拿着的弓以最快的速度从马首的左边移到右边，再用不太自然的姿势射出保命的一箭。这一箭虽然没有射中敌人，不过幸运地射中了敌人的马腹，致使敌马惊跃起来，暂时解了燃眉之急。值得注意的是，《清太祖实录》记载的这一段内容本来是想吹捧努尔哈赤武艺高强，不料事与愿违，反而暴露了努尔哈赤的弱点，他并非像传说中的那样英明神武，因为他的双手似乎不能"左右开弓"，仅会开单手弓，所以不能右手持弓、左手拿箭，从容射杀来犯之敌。而"左右开弓"通常是衡量古代猛将的标准之一。

说时迟，那时快！冲锋在前的第一名南关骑士虽然因战马惊跃而举刀劈了一个空，但紧跟在后的三名同伴已经一齐杀到。这时，努尔哈赤的坐骑也突然跃了起来，使他几乎坠于地下，幸而右脚用力扳着马鞍，仍得以骑在马背之上。在这千钧一发之际，他又发出了一箭，竟把对面一名南关骑士射下马来。无巧不成书，这位中箭的骑士正是南关的首领孟革布禄。

孟革布禄的家人立刻让出坐骑给主人逃命。孟革布禄逃跑之后，南关追兵无心恋战，被努尔哈赤带着三名骑兵与二十余名步兵打了个落花流水，死了十二人，还让对方缴获了六副铠甲与十八匹马。

通过首次与海西女真部落的作战，努尔哈赤摸了一下敌军的底细，对敌人的作战方式有所了解，并获得了宝贵的战斗经验，准备迎接即将到来的大决战。

不久，一场精心策划的大决战于同年九月爆发了。北关的卜寨、那林孛罗，南关的孟革布禄，乌拉部的布占泰（满太的弟弟）、辉发的拜音达里，这些海西女真的酋长们带兵与嫩江蒙古科尔沁部首领翁阿岱、刚代、莽古、明安以及锡伯部、卦勒察部会师，另外，长白山女真的珠舍里部首领裕楞额、讷殷部首领搜稳塞克什也前来参战，共九处人马，分三路而来侵犯建州女真。努尔哈赤闻报，不敢怠慢，派出哨探侦察。探子回报时自称往东行了百余里，到达一处山岭，只见乌鸦群噪，扑面而来，却不见任何敌人。努尔哈赤经过思考，断定对手没有从东面来，遂转而命令探子密切注意西面的加哈至浑河那一带。当探子奉命来到浑河时，果然在夕阳的余晖下见到河的北岸有大批敌兵，敌营之中燃起的火光如星星般密集。令人意外的是，来犯之敌吃完饭后没有在当地留宿，而是立即起行，越过夏鸡岭一路前来。努尔哈赤接到探子十万火急的飞报后，已近五更，他终于知道了敌人的确切行踪，放下了久悬的心，于是传谕诸将，准备天明出兵迎敌。接着，他争取时间休息，以养精蓄锐接受挑战。

次日早上，有备而战的努尔哈赤率兵来到拖索寨的渡口，命令部下将所有的臂手、顿项解除下来留于此地。臂手与顿项是用来保护胳膊和颈部的铠甲，努尔哈赤认为这些东西会使身体在打斗中受到束缚，难以克敌，因而将之弃如屣。这表明，他预感到即将到来的决战会在山区中进行，而轻装上阵正是为了增加胜算，即使身体存在受伤的危险也在所不惜！

全军轻装前进来到扎喀关，守将奈虎、山坦前来报告，声称北关的大队人马已提前一步来到，因一时攻不下此地的关城，转而进攻附近的赫济格城。众人听见皆惶恐不已，只有一位随后赶到的军人处变不惊，这位军人名叫狼塔里，他登山遥望敌军阵势之后向努尔哈赤立下军令状："如果说来犯之敌很多，我方将士亦不少。昔日与明军交战，他们的士兵漫山遍野，我军只有二三百，尚败其众，如今我军胆气益壮、骁勇善战，必击败来犯之敌，若不胜，我甘于被军法处置。"于是，众心稍安。

这时天色已晚，努尔哈赤忙于派出探子侦察敌情，他的意思是如果敌军有撤退的迹象，就干脆于晚上抢先发起攻击，否则留待明日再战。哨探回报称敌军正在搬运粮草、扎营立寨，并无退意。于是，努尔哈赤亦下令部队宿营。夜深时分，北关部队跑来一名逃兵，供称北关在这次军事行动中出兵一万，南关、乌拉与辉发三部

出兵一万，此外，蒙古科尔沁等部落也是出兵一万，总人数为三万，在兵力上占了优势。迎战的建州女真诸将听后，又皆尽大惊失色，因为他们有生以来第一次面对这么多敌人。

那么，建州女真又有多少人马呢？尽管史无明载，但可以根据蛛丝马迹作出一个大致的估计。根据朝鲜《李朝实录》的记载，努尔哈赤在此前一年因为担心侵朝日军会乘势进入与朝鲜"界限相连"的建州女真，曾经主动请缨，表示愿意入朝拒敌，据说建州"原有马兵三四万，步兵四五万，皆精勇惯战"，可从中选出三万精兵渡江参战，然而却被朝鲜方面以"夷情巨测"等理由拒绝。即使朝鲜史书对努尔哈赤手下人马的数目有所夸大，但努尔哈赤在一年之后动员过万兵力迎战九部联军仍是可能的，因为他已基本统一建州女真，而且时间长达五年，控制的人口数量不会比北关少。在此之前，北关首领那林孛罗遣使向努尔哈赤索取土地时说过"你们人多，我们人少"这样的话，可算佐证。如果北关都能在这次军事行动中出兵一万，那么就没理由怀疑努尔哈赤动员不了同等数量的人，而努尔哈赤的部属狼塔里也刚刚在战场上说过"来犯之敌很多，我方将士亦不少"这样的话，显示双方兵力相差不会过于悬殊。

事实上，这么多女真部落的兵马啸聚在战场上，这在整个明代女真历史上是空前的。

大战在即，努尔哈赤见部下暴露出畏

惧的情绪，及时做起了思想工作，说："你们不必忧愁，我不会让你们陷入苦战。我先立于险要之地，再诱敌来战，如果敌人不来的话，我军则全部下马步行，四面列阵，徐徐展开进攻。来犯之敌首领众多，杂乱不一，谅此等乌合之众，临战时会退缩不前，必须由头目带领着前进，我军在迎战时只要击伤其一两个头目，敌兵必逃。我军虽少，全力一战，定可获胜。"这全是久经沙场的经验之谈，其中专打敌军头目的做法，显然是吸收了三个月之前在南关境内击伤孟革布禄的经验教训而总结出来的。这些原则在未来的战争中还将反复应用。

两军遥相对峙度过了一个不寻常的夜晚，到了第二天曙光初照时，战场上再度响起了杀声。北关军队继续进攻赫济格城。努尔哈赤指挥军队立阵于赫济格城对面的古勒山，占据了险要之处，并派出上百名士兵诱敌来战。北关果然中计，停止攻城，调兵来战，但一交手就被努尔哈赤手下杀死九人，不得不稍为后退。北关的卜寨、金台石(那林孛罗之弟)在受挫后赶紧与蒙古科尔沁部的首领们会合以壮声势。这群乌合之众重新发动了进攻，而冲在最前面的头目将成为努尔哈赤重点打击的目标。可是还没有等到努尔哈赤下达攻击的命令，冲锋在最前面的一个敌人突然撞到了道旁的树木，从马上跌了下来，这个倒霉的家伙正是卜寨。卜寨这一倒就再也没有机会站起来，他当场被飞奔而来的建州士卒打死。真是"一石击起千层浪"，卜寨的惨死引起了强烈的反应，他的同伴金台石等人见状痛哭起来，皆尽丧胆，竟然不顾其兵，各自四散而走。这伙人跑得非常狼狈，其中慌不择路的科尔沁部首领明安竟然误入歧途而马失前蹄，最后被迫放弃坐骑，改乘骟马逃出。

努尔哈赤乘机纵兵追击，打得敌军的尸体填满了沟渠，一直追到了南关境内钑哈寨以南一个叫做吾黑运的地方。当天夜里，建州将士还"结绳拦路"，也就是在敌方骑兵经过的地方拉起"绊马索"，好让马失前蹄的敌人从马上摔下来，再予以捕杀。追击残兵败将的行动持续到第二天，取得不俗的战果，连乌拉部的首领布占泰也成为了俘虏。此战，努尔哈赤杀敌四千，获马三千匹，盔甲千副，自此威名大震，成为了众望所归的新一代风云人物。海西女真诸部的酋长经此一败，再不敢互相纠集前来挑战努尔哈赤，他们很难逃脱被各个击破的命运。

面对努尔哈赤咄咄逼人的扩张之势，一些无力抵抗的弱小部落只能低声下气地表示友好，甚至愿意接受他的招抚。在古勒山大战结束不到一个月的时间里，努尔哈赤便招降了长白山女真的珠舍里部。他趁热打铁，于同年的闰十一月派出上千将士围攻长白山女真讷殷部所属的佛多和山，历时三月而拿下。蒙古科尔沁部首领明安与喀尔喀部首领劳扎也向建州女真派遣使者示好，努尔哈赤对此予以接受，他非常乐意与蒙古各部落的首领加强联系，拉拢蒙古部落有助于孤立海西女真。

1595年（万历二十三年）六月，努尔哈赤主动对海西女真出手，挥师讨伐辉发部，夺取多壁城，斩其守将而回。这一次，南关、北关与乌拉部的酋长都不敢干涉，眼睁睁地看着努尔哈赤吞并自己的邻居。

如今唯一能阻止努尔哈赤兼并异己势力的只有明朝。表面上看，自从宿将李成梁去职后，忙于"抗倭援朝"的明朝实际上已经逐渐对关外的女真诸部失去了控制，然而猛虎虽去余威尚在，李成梁的很多亲属以及老部下都还在军队任职，故尚能在关外维持着一定的影响力。朝廷官员力图维持现状，不希望有人破坏对女真地区实行已久的"分而治之"的政策，他们既然不想讨伐努尔哈赤，只能对其加以安抚。朝廷与努尔哈赤打交道有时还需要赋闲在家的李成梁出面。在此期间发生了一件蹊跷之事，已不在其位的李成梁，竟以努尔哈赤"保塞有功"为理由，奏请封其为二品龙虎将军。过去，在女真各部的酋长中，只有南关大名鼎鼎的首领王台得到过这一崇高的头衔，可惜王台的子孙不争气，致使南关日益衰落。现在，李成梁以官爵来拉拢努尔哈赤的行为可能代表了一部分明朝大臣的想法，即在女真诸部的酋长中重新物色一位忠诚的代理人，而迄今为止未与明军发生过冲突的努尔哈赤无疑成了最佳人选。最终，努尔哈赤成功得到这一殊荣。根据《皇明通纪辑要》的记载，他受封的时间为1595年（万历二十三年）八月。这时，他侵犯辉发部刚

刚过了两个月而已。本来，获得古勒山大捷的努尔哈赤在关外女真地区已经处于无敌状态，他完全可以放开手脚再大干一场，但他升为龙虎将军之后可能不想过分刺激明朝，同时，海西诸部等敌对势力也摆出和解的姿态，因而放缓了武力扩张的步伐，使建州与海西诸部又勉强维持了几年和平。同年，努尔哈赤与朝鲜发生了纠纷，起因是朝鲜边将斩杀了进入境内采参的女真人，为此，他准备兴师问罪。可是，明朝应朝鲜的请求调停，建州只得遵命罢兵。总之，努尔哈赤暂时不想搞什么大动作，他在积蓄力量，等候时机。

1596年（万历二十四年）七月，努尔哈赤遣返了在古勒山之战中被俘的布占泰。布占泰回部落后适逢其兄长满太刚刚死去，便取而代之成为乌拉部首领。掌权之后的布占泰在次年将妹妹嫁给努尔哈赤的弟弟速尔哈赤为妻，接着，他又娶了速尔哈赤的女儿，使双方关系亲上加亲。次年，他联系南关、北关与辉发共同遣使建州，提出彼此之间摒弃前嫌，重建友好关系。努尔哈赤痛快地答应了。大家按照女真的传统习俗选择了一个好日子举行议式，歃血为盟，并相继发誓，以表诚意。努尔哈赤深知彼此之间存在着利益冲突，他对建州与海西诸部能否永久和好没有多少信心，甚至认定即使在海西女真内部也不太可能会保持长期和平，因而在宣誓时警告海西诸部的人应当忠实地履行盟誓。他以三年为期，声称如果有人违反誓约，"我必统兵讨伐！"从这番杀气腾腾的话

中可以看出，这个脆弱的联盟一开始已不被看好。

努尔哈赤一直想控制关外女真的贸易大权，他费尽心机盘算着如何减少海西诸部与明朝的贸易数量，特别是明朝那些与北关、南关毗邻的边贸市场，一直是关外特产与中原货物的贸易散集地，因此成了努尔哈赤的心头之患。为此，他既与活动在混同江口的蒙古部落加强联系，又拉拢乌拉，尽量使北部的货源绕过北、南两关，转而运送建州。后来，他又行贿明朝边境官员，用暗箱操作的手段使来自中原的大量货物绕过开原，转而运往与建州联系密切的清河、抚顺与辽阳等地，由此造成北、南两关生意惨淡。北、南两关的衰落又使乌拉等北部酋长在商业贸易上更加依赖建州。其后，努尔哈赤过桥抽板，乘机削价收购乌拉等部的土特产，由此得罪了越来越多的海西部落酋长。

乌拉酋长布占泰不想过分依赖努尔哈赤，转而加强了与北关的联系，协助北关招降了东海女真瓦尔喀部安楚拉库路与内河路的酋长。努尔哈赤心有不甘，于1598年（万历二十六年）正月命令幼弟巴雅喇、长子褚英与噶盖、费英东等得力助手，领兵一千，出征安楚拉库路。建州军队星夜疾驰而至，取得屯寨二十处，获取人畜万余而回。褚英的出色表现显示努尔哈赤的多位子侄已长大成人，即将成为栋梁之材，在未来的战争中发挥越来越重要的作用。

内部纷争始终不断的海西女真不能团结一致对付建州。北关自恃在海西诸部中人多势众，阴谋吞并势弱的南关，两关部队在1599年（万历二十七年）互相交战了几次，致使和平联盟不到两年便遭到破坏。"鹬蚌相争，渔翁得利。"南关首领孟革布禄为了自保而求援于努尔哈赤，并愿意以子为质。努尔哈赤深知这时是进军海西女真的良机，立刻派噶盖、费英东带二千兵支援南关。南关"引狼入室"的行为震动了整个海西女真，北关首领那林孛罗通过明朝开原的"通事"（翻译人员）传给了孟革布禄一封信，信中表示只要孟革布禄逮捕建州来援之将，杀尽建州援兵，并赎回质子，那么，彼此可以结亲，"仍旧和好"。孟革布禄经过权衡利害，暗中想与北关重归于好，计划遣代表到开原与北关谈判。

努尔哈赤闻讯之后，决定一不做，二不休，于同年九月与弟弟速尔哈赤一起率领主力攻打南关。以一千兵做先锋的速尔哈赤发现出城迎战的南关守军做好了准备，难以奇袭，便按兵不动。这种怯战行为遭到了努尔哈赤的怒斥，他要求速尔哈赤带部属退下，让路给后继部队发动进攻。可是，速尔哈赤所部未能迅速撤下来，后继部队不得不兜路而绕城前进，导致不少人被城上的守军射伤。尽管如此，建州军队经过激战，还是拿下了这座城，大将扬古利生擒了孟革布禄。不久，孟革布禄被杀，他名下的其他城寨也全部归降，南关遂亡。

南关可是明朝的长期贸易伙伴，它的

灭亡使朝廷大为震惊，甚至惊动了明神宗。这位居于深宫之中的皇帝遣使前往建州严词责问，勒令努尔哈赤立刻释放孟革布禄的儿子武尔古岱，让他返回南关重建家园。努尔哈赤自忖实力不足与明朝对抗，哪敢违抗，只能忍气吞声地放武尔古岱回家去。但他强行让武尔古岱娶了自己的三女儿，以便利用翁婿关系遥控南关。不久，又以北关屡次侵掠南关为由，向明朝申诉，制造南关难以自立的舆论，为重新吞并南关做准备。到了1601年（万历二十九年）春，南关遭遇饥荒，人皆无食，武尔古岱向明朝的开原城借粮却被拒绝。很多人迫于无奈以家中的妻子、奴仆及牲畜换取粮食。努尔哈赤见时机已到，以招抚流离失所的老百姓为理由，重新控制了南关。

南关是第一个被建州灭掉的海西女真部落，海西女真诸部的其他酋长无不人人自危。毗邻的朝鲜也感受到了一丝"唇亡齿寒"的气氛，《李朝实录》记载"老酋（指努尔哈赤）声势已张，威行于西北，诸胡莫不慴伏，凭陵桀骜，已有难制之渐。"

就在努尔哈赤一口吞掉南关的这一年，李成梁重出江湖了。自从这位老将离职之后，朝廷先后在国内外进行了三次大规模的用兵，史称"万历三大征"，其一是1592年（万历二十年）的宁夏平叛之役；其二是从1592年（万历二十年）起到1598年（万历二十六年）为止，断断续续打了六年的抗倭援朝之役；其三

是自1599（万历二十七年）延至1600年（万历二十八年）的播州平叛之役。《明史》记载宁夏用兵，"费帑金二百余万"，朝鲜用兵"费帑金七百余万"，播州用兵"又费帑金二三百万"。接踵而至的三大征虽然以牺牲不少将士的性命为代价取得胜利，但消耗了张居正主政期间因成功进行经济改革而积累下来的大量财富，造成"国用大匮"、入不敷出的不良后果。在此期间，辽东明军仍旧要抗击外患，可是取得的战绩比起李成梁主持大局时差得远了，其中竟然连李成梁的大儿子李如松也以身殉职。李如松是在出任辽东总兵时于1598年（万历二十六年）四月出塞讨伐鞑靼察哈尔部而不幸中伏阵亡的。此后，继任的几任总兵都强差人意，朝廷只好请这位众望所归的老将复出再镇辽东。李成梁以七十六岁的高龄临危受命，于1601年（万历二十九年）八月走马赴任。他在重镇辽东期间，又犯了贪赃枉法的老毛病，勾结税使太监高淮胡作非为，四处敛财，因而被时人所诟病。更重要的是，他不再像以往那样针锋相对地打击外敌，而是采取息事宁人的态度，尽量与外敌和平相处。这时，与明朝长期为敌的鞑靼左翼酋长土蛮、长昂及把兔儿已经相继去世，蒙古人对辽东的进犯日渐稀少。辽东地方当局也调整了对蒙古的政策，利用开原、广宁附近的边贸市场，向蒙古人收购马匹、木材等物，以怀柔鞑靼诸部。鞑靼诸部争相赴市获取利润，不太愿意冒险入塞抢掠了。而关外地区的女真

诸部，在李成梁重新复出的几年时间里虽然也会发生内斗，但是规模有限，致使该地区出现"和平"的假象。

努尔哈赤在此前后加紧筹备建立国家政权，而加强经济建设是其中一项重要的内容。例如他特别重视冶金业的发展，在自己的地盘内"炒铁、开金银矿"，努力提高手工业水平，既能减少对明朝铁器与军械的依赖，又能让财政收入得到相应的增加。此外，他也注意促进本民族文化的发展，于1599年（万历二十七年）首先倡议创制本民族的文字。由于金朝仿照汉字制定的女真文已经逐渐失传，他让人仿照蒙古字制定了新的女真文，从而增加了本民族自身的凝聚力（后来，他的继承者进一步完善了新式女真文，将之改造成更加适合广泛使用的"满文"，在清朝的文化发展史上占有一席之地）。

要想建立强大的国家政权，必先要建立一支强大的军队，而具有女真传统特色的军事制度已经在紧锣密鼓地组建当中。这种军事制度起源于女真人历史悠久的狩猎制度。过去，女真人在集体行猎时，每人各自出箭一枝，十人之中选出一人做总领，其余九人听总领之命各照方向而行，不许错乱。按照女真语的说法，这样的组织叫做"牛录"，其总领叫做"牛录额真"（"牛录"是"大箭"的意思，"额真"是"主"的意思，统称"大箭主"）。到了努尔哈赤崛起之后，逐步对牛录制度加以改革，使之既能在和平时期进行生产，又能在战时执行军事任务，

成为一种军政合一的社会组织。史载，他吞并南关之后，由于控制的人口数量比以往增多，便下令平均每三百人设立一个牛录额真（但在现实中不可能让每个牛录都凑足三百人，其中有的人数多一些，有的少一些）。每个牛录之里面只有少数人是披甲的职业兵，大多数人只能算预备役，即使遇到重大战事也不会动员所有的人参战，一般只是出动三分之一或三分之二，其余的留在家中继续从事生产以及服各种徭役。后来，他又规定每五牛录设立一"甲喇额真"（"甲喇"本义为"草木、竹类等植物枝干中间的节"，用来比喻"甲喇额真"这个处于"牛录额真"与"固山额真"之间的官职），每五个"甲喇额真"设立一个"固山额真"（"固山"为"旗"之意，"固山额真"就是"旗主"），每个"固山额真"都有两位副职，即是"梅勒额真"（"梅勒"为"两侧"之意，形象地把"梅勒额真"比喻为站在旗主两侧的副手）。也就是说，在这个军事制度之中，最高级的组织是由"固山额真"统领的"旗"。在理想的情况下，每旗大约有二十五个牛录，共七千五百人左右。1601年（万历二十九年），努尔哈赤把所有的牛录组织都隶属于最初建立的四个旗之中，而这四个旗分别以黄、白、红、蓝四种颜色的旗帜为标志（关于努尔哈赤创建四旗的时间，各种史料所载不一，专家们的见解也互存分歧，本书以《大清会典则例》记录的时间为准）。

努尔哈赤在创建四旗的同一年，还酝酿着把大本营从费阿拉迁移到自己的祖居之地赫图阿拉，他动用了大批役夫前往该地动工，经过两三年的努力，在山坡之上建成了一座粗具规模的内城，它共有四个城门，城墙主要用片石、青砖、椽木等物筑成，再辅以泥土，加以夯实，显得比较坚固。此城总面积达到二十四万余平方米，比起费阿拉城要大得多。1603年（万历三十一年），努尔哈赤迁居赫图阿拉后，继续对这座城市加以扩建，先后修建了外城与一些宗教寺庙，城中除了居住着他的亲人以及部属之外，最令人瞩目的是安置了大量从事手工业的工匠，其中铁匠打造出来的精良军械，使建州军队如虎添翼。

这时，乌拉部首领布占泰，表面上维持与努尔哈赤的姻亲关系，暗中却处心积虑地想和建州部一争雄长，他策划向图门江进军，收编夹江而居的女真地方土著，并于1603年（万历三十一年）九月出兵数千越江而过，夺取了朝鲜境内的庆源、钟城、稳城等城寨，招抚了生活在当地的一批女真人。努尔哈赤早已对那个地方虎视眈眈，因而与布占泰爆发冲突只是迟早问题。但他养精蓄锐几年之后首先讨伐的对象并非乌拉，而是北关。起因是努尔哈赤的妻子纳喇氏患上不治之症，她本是北关首领那林孛罗的胞妹，临终前想见母亲一面，当这个请求传到北关时，却被顾虑重重的那林孛罗拒绝了，仅派来一位家人敷衍了事。为此，努尔哈赤痛恨不已，

视北关为敌国，于1604年（万历三十二年）正月初八派军进攻北关，夺取了张城与阿气郎城，取得二城七寨的二千多人畜，即班师。

明军没有介入女真诸部的内讧。复出数年的李成梁在军事上碌碌无为，真是"盛名之下，其实难副"。造成这种结果的原因主要有如下几条：首先是朝廷存在着积重难返的重文轻武之风，即使是李成梁这样地位高的武将，亦要受总督、巡抚等文官的掣肘。其次是李成梁父子多次出镇辽东引来不少人的猜忌，朝中的言官们为了防止李家势力的坐大，时常对李成梁的所作所为进行品头论足，甚至弹劾，令老态龙钟的李成梁难免心灰意冷，做起事来诸多顾忌。此外，李成梁旧部之中的能战之兵在长年累月的南征北战中损失严重。例如《万历野获编》认为以李如松为首的李家军仅仅在朝鲜碧蹄馆与日军作战时就有二千家丁被歼，这个记录不一定真实，但从一个侧面反映了"十年征战几人回"的残酷现实。李成梁的儿子李如松、家将李平胡等能征善战之人先后死于沙场，剩余下来的多数是李如柏等"纵情声色"的纨绔子弟，意味着李氏家族已经由盛转衰。与此同时，辽东军队的整体状况已是一日不如一日，统军的各级文武官员办事效率低，热衷于互相倾轧。军中赏罚不明，将士们早已难复当年之勇。最明显的例子是由于国库入不敷出，时不时会拖欠前线的粮饷，使得敝衣枵腹的军人难免士气低落。

辽东政局经过几年的沉寂之后，终于平地一声雷，发生了一件日后有损李成梁声誉的"宽奠弃地"事件。此事说来话长，当年李成梁血气未衰时，为了加强对女真诸部的控制，曾经于1573年（万历元年）将辽东边墙之内的六个城堡迁移到边墙之外的张其哈佃、宽奠、长佃、双敦、长岭散等处，向外辟地数百里，呈现了渗透进女真腹地之势，同时派出将领长期驻守，威慑一些野性未驯的女真部落，取得良好的效果。史称"抚顺以北，清河以南"的女真部落"皆遵约束"。到了李成梁第二次镇辽之时，这个位于鸭绿江以西、毗连建州女真的地方经过明人三十年来的开荒与耕种，已经生活着"六万余人"（其中有不少是违反明朝法规而逃出境外的流亡者），变成了土地肥沃，"延袤八百里"的好地方。可是，重镇辽东数载的李成梁突然以宽奠等地"孤悬难守"为理由，与总督蹇达、巡抚赵楫等人一起向朝廷建议放弃此地。朝廷一时偏听偏信，予以批准。辽东地方当局在1605年（万历三十三年）派兵数千"尽徙居民于内地"，驱赶那些不愿离去之民，将所有的"室房积累，焚略一空"，为此死伤了不少人。李成梁等人反以招回逃人之功，

▲恩格德尔来上尊号图。

竟然在第二年八月"增秩受赏"。

明朝弃地后,努尔哈赤成了最大的得益者,他不但近水楼台先得月,控制了上述地方,而且还因参与招抚及遣返流民,意外地得到朝廷的赏赐。

通过"宽奠"事件,努尔哈赤充分了解到明朝政府的腐败无能,在此前后,他对蒙古的苦心经营也有了重大进展,鞑靼左翼喀尔喀巴约特部酋长恩格德尔等人已于1606年(万历三十四年)尊他为"昆都伦(恭敬之意)汗"。在这种有利的外部环境之下,他决定放开手脚与乌拉部首领布占泰算总账,平静了一段时间的女真局势突然失控,发生了大规模的战事,导火线是双方争夺的东海瓦尔喀部蜚优城(位于今吉林珲春附近)。原本忠于布占泰的蜚优城城主策穆特赫于1607年(万历三十五年)正月表示愿意率部前来建州改投努尔哈赤的旗下。努尔哈赤命令弟弟速尔哈赤、长子褚英、次子代善与大将军费英东、扈尔汉、扬古利等率兵三千前往蜚优城迎接来降的瓦尔喀部众。他们到达目的地后,收集了四周屯寨的五百户人家,由费英东、扈尔汉、扬古利领兵三百作为先头部队护送而还。不料在途中经过钟城附近的乌碣岭时,突然遭到布占泰手下一万多人的拦截。扈尔汉赶快将五百户眷属安置于山岭之上,以百名士兵看守,另派二百士兵在附近列营,与敌军相持,同时令人返回报告滞留在后的速尔哈赤等人,请求增援。经过一夜的对峙,到了次日白天,双方开始短暂交战。乌拉军在向扬古利所部发起一次虎头蛇尾的进攻中仅仅死去七人,便忙不迭地退却了,并撤过图门江,驻扎于对岸的山上,不敢再来。傍晚时分,速尔哈赤等人终于带着主力赶到了,意味着建州军队转守为攻的时间已到,褚英与代善两人策马争先,各自领兵五百抢着渡江而过,直冲向山上的敌营。血腥的厮杀持续了不长的时间,乌拉军首领博克多(布占泰的叔父)就被代善用左手捉住头盔杀死,致使群龙无首的乌拉军全线崩溃,连博克多的儿子也死于乱军之中,另外,常柱父子与胡里布等三员将领被生擒。在这场战斗中,以寡敌众的建州军杀敌三千,获得三千副铠甲与五千匹马。可是,统帅速尔哈赤却表现不佳,在冲锋时,他所属的五百兵落后了,未能及时参与攻山以及追击残敌,使一些敌人成了漏网之鱼。不过,变幻不定的天气帮了建州军队的忙,本来晴朗的天突然阴云密布,下起了大雪,冻死了很多四处躲藏的乌拉伤兵。

战后,努尔哈赤没有追究速尔哈赤的责任,但公开指责常书与纳奇布这两个部属。原来,努尔哈赤在发兵之前曾经嘱咐二人说道,"我的儿子若骑马而战,你们应充当护卫,若下马步战,你们应为之执马。"可是常书、纳奇布二人有负所托,没有陪同褚英与代善两贝勒前进破敌,而是与百名手下跟着速尔哈赤在山下袖手旁观,因而被努尔哈赤定为死罪。速尔哈赤为此恳求道:"若杀二将,即杀我也。"努尔哈赤只得作出让步,赦宥两人的死罪，改罚常书白银百两，夺取纳奇布所属部众。正所谓"一山难容二虎"，努尔哈赤兄弟俩现在已经心存芥蒂，将来也难免手足相残，从此以后，努尔哈赤不再让速尔哈赤领兵打仗。

雄心万丈的努尔哈赤势必与明朝的利益发生冲突，使彼此关系恶化起来，他竟在1607年（万历三十五年）二月停止了对明朝的朝贡，扬言："抢了吧！"暗示将不再效忠于明朝。而双方在边境上的互市亦逐渐停止。然而，努尔哈赤经过再三思考，没有迫不及待地把矛头转向明朝，而是继续把统一女真的大业放在第一位。五月，他令幼弟巴雅喇，大将额亦都、费英东、扈尔汉等，率兵一千，往征依附乌拉的东海女真窝集部，取赫席赫、鄂漠和、苏鲁佛纳赫三处，获得人畜二千而回。此后，他仍没有放松对海西女真的经略，但暂时放过了实力相对较强的乌拉，转而把目标对准羸弱的辉发。辉发在海西诸部中的疆域仅次于乌拉，可是内部凝聚力不强，其首领拜音达里的性格比较残忍嗜杀，在部落中不能服众，致使很多族人投靠了北关。拜音达里为了镇压内部的反对者，向努尔哈赤借兵，表示愿以属下七大臣之子为质。努尔哈赤立即出兵一千帮助他平乱。然而，拜音达里渡过难关之后有意疏远努尔哈赤，企图在建州与北关之间做墙头草而达到左右逢源的目的。努尔哈赤心有不甘，决定以此为借口讨伐辉发，他于九月九日率兵出发，五日后到达拜音达里位于扈尔奇山上（今吉林辉南县

朝阳镇东北附近）的大本营，仅用了一天就攻克这座修筑有三层城墙的城寨。仗打得如此顺利的原因在于努尔哈赤事先派遣百余手下冒充商人混入城中做内应，战斗一打响这些内应便伺机打开城门放建州兵进入里面。就这样，努尔哈赤捕杀了拜音达里父子，屠戮守城之兵，招降其民，辉发从此灭亡。此后，建州军队在攻城时更加重视间谍的作用，因为事先派人潜伏在被围的城中有时确实能起到事半功倍之效。

到目前为止，在海西四个主要部落之中，南关与辉发这两个部落已经覆灭，而乌拉的处境在努尔哈赤的虎视眈眈之下也朝不保夕。只有北关由于距离遥远尚能苟安一时。

明朝对努尔哈赤的过火行为再也不能坐视不管了，朝中有人要求出兵讨伐建州。1607年（万历三十五年）十二月，辽东巡按肖淳提出召集大军，分作五路出击，就像当年围剿清佳砮、杨吉砮、王杲、阿台等人一样围剿努尔哈赤，目的是为了"消患未萌"。兵部对此表示同意，但需要时间准备。

不懂收敛的努尔哈赤于1608年（万历三十六年）三月再攻乌拉，他命令儿子褚英与侄儿阿敏共同领兵五千攻克了乌拉的宜罕山城（吉林龙潭山城），毙敌千余人，获甲三百副，将所有的居民与牲畜囊括一空，挟持南归。乌拉首领布占泰带领援兵开出乌拉城约二十里，遥见建州军有不可阻挡之势，遂怯战而回。

此时的明朝仍然没有出兵干涉，那些宽衣大袖之辈继续在庙堂之上讨论对付努尔哈赤的良策。在这一年的二月、三月间，蓟辽总督塞达与礼部官员杨宗伯先后向朝廷反映努尔哈赤野心勃勃，四处扩张，不但兼并同族，而且还染指周边的朝鲜与蒙古部落，同时又在边境贸易中无事生非。本来开原等地的边贸市场仅允许交易马匹，暂停了人参的买卖，但努尔哈赤企图强行兜售人参，并"强裁参斤，倍勒高价"，还在其他经济问题上纠缠不休，使边关将领不胜其烦。现在有不少人已经对努尔哈赤起了杀心，然而，部分官员反对贸然动武。例如《明经世文编》就收录了杨宗伯的反战疏文，他自称对历史做过调查，阅读过《辽史》与《金史》，并引述辽代之人曾经说的话，即是那句著名的"女真兵若满万则不可敌"。他以古讽今，认为如今努尔哈赤所部精兵超过三万，实力已能傲视辽东明军。相反，辽东镇的官军虽然在兵册上有八万名额，但真正堪战的亲兵不满八千，因而不可立即出动问罪之师，应该先礼后兵，派人进行调解，如果努尔哈赤"悔罪"，则准其改过自新，不然再进行声讨也未迟。

尽管一直到这时为止，明军还没有和建州女真交过锋，到底谁强谁弱还是一个谜。但是，某些埋首于故纸堆中的明朝文官已经引经据典开始公开讨论"女真满万不可敌"的问题了，似乎这是一个经得住时间考验的颠扑不破的真理。可是，缺乏逻辑思维的文官不知道"女真满万不可

敌"是一个自相矛盾的"伪命题"，假如两支满万的女真军队打起内战来，那么，双方怎么可能会同时获胜呢？只要有一支军队失败，就足以证明"女真满万不可敌"是胡说八道，即使双方以平局收场，由于没有赢家，也同样能证明这句话是荒谬的。铁的事实已经证明，海西女真不止一次在满万的情况下打了败仗。也许，从文官口里说出的"女真满万不可敌"仅仅是指建州女真，可要将屡战屡败的海西诸部排除出女真的范围之外，实在难以让人信服。总之，这些以讹传讹的错误言论只会起到"长别人志气，灭自己威风"的作用。一旦类似的说法在前线流传开来，无疑会影响明军将士的斗志。

兵部为紧张的形势火上加油，于五月上奏称努尔哈赤骚扰朝鲜，攻击乌拉。朝廷暂时的对策是命令地方官员派人"宣谕努酋各守边疆，毋相侵扰"。

努尔哈赤在地方要员、礼部与兵部的相继参劾之下，俨然成了一个不守法纪、图谋作乱之人，只待出动军队除之而后快。照这种形势发展下去，建州部与辽东明军必将兵戎相见，努尔哈赤也必将与李成梁在战场上一争雄长。

然而李成梁无意大动干戈，他在这一年的六月发挥了自己残存的影响力，与赵辑一起出面，要把努尔哈赤与速尔哈赤召到抚顺进行诫勉谈话，以图和解。众所周知，努尔哈赤的祖先董山曾经在一百四十年前的成化年间与明军发生过矛盾，董山误以为朝廷会既往不咎，带人朝贡，结果

被明军捕杀于广宁。历史有时是会重复的，现在，明朝地方当局虽然摆出了和解的姿态，可是也完全可以乘努尔哈赤入境之机将其杀死，然后围剿建州。不过，如果以史为鉴的努尔哈赤担心自身的安全而拒绝进入明朝，那就等于向世人表示他不想和解，因而难免会与有提携之恩的李成梁在战场上拼个你死我活。到底何去何从？努尔哈赤权衡再三，觉得还未到与明朝反目成仇的时候，他最终凭着"虽万千人吾往矣"的勇气，镇定自若地和弟弟速尔哈赤一齐来到抚顺，不惜身入险境，以死中求生。事实证明，努尔哈赤的赌注下对了！赵辑与李成梁也没有让努尔哈赤失望，保证了他的人身安全。可是，自视甚高的李成梁没有接见努尔哈赤兄弟俩，而是派辽阳管副总兵事的参将吴希汉于六月二十一日与他们会面。双方宰白马祭天，刻誓词于碑。根据《清太祖实录》在多年以后的追记，碑文称："各守皇帝边境，敢有窃逾者，无论满洲（指建州女真）与汉人，见之即杀。若见面不杀，殃及于不杀之人。大明国若负此盟，广宁巡抚、总兵，辽阳道副将，开原道参将等官，必受其殃。若满洲国负此盟，满洲必受其殃。"不论这个碑文是否准确，但双方曾经约定管束边民不要擅自逾越边界这一点倒是真的。就这样，努尔哈赤兄弟俩重新向朝廷效忠，表示愿意补齐过去两年拖欠的贡赋，修复双方的关系。这年的年底，努尔哈赤亲自到北京朝贡，给明朝君臣留下了恭顺忠诚的印象，有效地减轻了他们的疑虑。

辽东边防将领与努尔哈赤立誓刻碑，有使建州占领宽奠等地变得合法的嫌疑。李成梁放弃宽奠等地本来就属于决策错误，时间一长，朝中自然有人追究他的责任，并极力加以抨击。当中最有代表性的人物是兵科给事中宋一韩，他于1608年（万历三十六年）六月上疏，以如椽之笔从经济方面着眼，令人信服地分析李成梁放弃宽奠等地的意图，指出生活在该地的明人由于与女真人毗邻而居，更容易得到"参、貂"等关外特产，从而打破了边关将官对这些特产的垄断局面，妨碍了军方的财路。久而久之，各方经济利益的冲突导致"争扰渐起"。而李成梁害怕由此而产生"边衅"，造成边境不稳，便在受到"建酋（指努尔哈赤）"贿赂的情况下简单粗暴地解决问题，强行迫使边民迁回内地，将那里拱手送予建州。甚至，当时的官场之中还有一些流言，说李成梁割地给建州，是想借努尔哈赤之力夺取朝鲜，然后在那里设立"群县"，直接由明朝管辖。当然，没有明朝政府的首肯，这样的计划即使真的存在也只能是纸上谈兵。

朝野汹汹，追究弃地的呼声越来越高，把李成梁搞得左支右绌、难以应付。朝廷在舆论的压力之下削夺了他的兵权，使之"解任回京"。他第二次镇辽，历时七年多，现在以不太光彩的方式下台。

对宽奠弃地事件的调查还在继续。辽东巡按御史熊廷弼奉命亲临其境调查真相，他于1609年（万历三十七年）二月作出了自己的判断，认为李成梁以宽奠等地为累赘，早就存在弃地的思想，又怕遭人议论，因而指使边境的通事（翻译官）在境内散布有关努尔哈赤要将汉人从女真故地赶走的消息，接着又以防止发生边衅为借口，提议放弃宽奠等地，此举的后果是"夷志日骄"，看轻了朝廷。故此，轻弃国土的李成梁等人，其罪非轻。

至此，努尔哈赤面临着要将宽奠等地交还明朝的强大压力，他在过去的两年中由于与明朝的关系闹僵，致使大量人参卖不出去，堆积在仓库之中，史称"浥烂至十余万斤"。这样多的新鲜人参因潮湿而霉烂，使建州在经济上损失惨重，如今好不容易才与明朝改善了关系，他不想再次发生变数，经过考虑之后便在表面上同意将新得到的部分土地交还给明朝，后来却敷衍了事，交回的仅仅是"吐佃子峡"等"密箐峻险"的"不可耕之地"，而"横江之二百里"以及"鸦鹊关之七十余里"等肥沃之地"皆不吐"。这是明朝在十余年的时间里第二次企图迫使努尔哈赤吐出吞并的土地（第一次是南关），而努尔哈赤在强大的压力之下不得不暂且忍气吞声，他只是把仇恨埋藏于心底，等待将来再与对方算清所有的账。

禁止人参输入的措施的确是明朝制裁女真人的有效办法。过去，女真诸部到明境售卖的基本是新鲜的人参，这些人参用水浸润过，外表显得容光焕发，如果滞销，时间一长就会变质腐烂。为了避免损失，迫于无奈的女真人常常会在腐烂之前

削价出售。某些精明的明朝商人抓住女真贩子的心理，不肯爽爽快快地购买，而是推三阻四，专等对方减价贱卖。更可怕的是，明朝政府有时出于政治上的目的会在边贸市场禁止买卖人参，结果可能会使急于出售的女真贩子血本无归。努尔哈赤为此曾经苦心积虑地想出了一个解决方法，把采集的新鲜人参煮熟晒干，这样一来，它就不那么容易变质腐败了，可以放在仓库中慢慢出售，甚至还可以囤货居奇，提高价格。可是，努尔哈赤的想法一开始没有被身边的人理解与接受，但他没有气馁，而是继续摸索把人参煮熟晒干的技术，当这种技术逐渐成熟的时候，便容易在部落中推广了。到那时，明朝就很难以依靠禁售人参的政策逼使女真人就范了。

在明朝迫使努尔哈赤归还弃地的这一段时间里，努尔哈赤与三弟速尔哈赤的关系几近决裂。速尔哈赤长期以来一直被外界视为是建州部的第二号人物，可他在乌碣岭之战中发挥失常后实际上已被逐渐削夺了兵权，因而心有不甘，与自己的三个儿子密谋自立。明朝乘机实施分化瓦解之策，利用努尔哈赤和速尔哈赤来北京朝贡之机，于1608年（万历三十六年）十二月公开对外宣传速尔哈赤是新成立的"建州右卫"的首领，企图把努尔哈赤辖下的建州部众一分为二。

不想受制于人的速尔哈赤终于和兄长闹翻了，他于1609年（万历三十七年）初不辞而别，离开了赫图阿拉，跑到了黑扯木企图另起炉灶，要建立"建州右

卫"。努尔哈赤怒不可遏，没收了速尔哈赤的所有财产，杀死了他的两个儿子，但放过了他的次子阿敏。无力自立的速尔哈赤被迫重返兄长的身边，表态愿意悔改。努尔哈赤没有原谅这个弟弟，把他永久禁锢起来，导致这位政治上的失势者于1611年（万历三十九年）死于囚室之中，年仅四十八岁。速尔哈赤有一个女儿嫁给李成梁的儿子李如柏为妾，政治立场一向被视之为"亲明"，不同于暗中酝酿着反明的努尔哈赤。他的突然死去，让明朝感到震惊，曾经专门派出使者前往吊唁。不过，明朝不会为了速尔哈赤而与努尔哈赤反目，双方关系表面上波澜不惊，似乎没什么事发生一样。在此前后，明朝还应努尔哈赤的请求而专门遣使谕告属国朝鲜，要朝鲜将擅入其境内的瓦尔喀部女真人送还建州。朝鲜果然听从命令，送回了千余户女真人。

乌拉首领布占泰自上台以来两次与建州作战均以失败告终，他自知无力抵抗外侮，只得放下自尊向努尔哈赤求和，自己主动承担背盟的罪过，表示今后要痛改前非。获得了努尔哈赤的谅解之后，他再娶了努尔哈赤的第四个女儿穆库什，以加强双方的政治联姻。布占泰的求和只是权宜之计，他先后娶了多个努尔哈赤家族的女人为妻，可婚姻生活过得不是很美满，有一次因为家庭矛盾，他用一种骨木所制的鲍箭射向自己其中一个妻子娥恩姐（努尔哈赤的侄女），这种箭不会致命，但有强烈的侮辱意味。更有甚者，他竟敢与努尔哈赤争女人，坚持要娶努尔哈赤早已下了聘礼的北关女人（此女的父亲是北关首领卜寨，她本来与努尔哈赤订亲，但尚未过门便因北关与建州的关系变差而搁置了婚事），这让努尔哈赤很没面子。此外，他继续出兵东海女真，与建州争夺窝集部的虎儿哈卫，直接威胁到了努尔哈赤的切身利益。

忍无可忍的努尔哈赤于1612年（万历四十年）九月二十二日与五子莽古尔泰、八子皇太极一起领兵前往讨伐，经过七天的行军，直闯乌拉腹地，沿着松花江而下，以破竹之势连克金州等六城，直抵于河西岸，在距离布占泰所居的乌拉城仅有两里的地方安营扎寨，并分兵四出，焚烧敌人的粮食。布占泰领兵出城迎战，来到江边，见沿岸的建州将士"盔甲鲜明，兵马雄壮"，手下皆面无人色，失去斗志，不敢在白天与之对阵，好不容易支撑到夜晚，便悄悄回城歇息。两军就这样对峙了三日，建州军队始终没有进攻乌拉城，这是因为努尔哈赤觉得乌拉地域辽阔，而乌拉城修建得较为坚固，很难一口将其吞掉，他对请战的莽古尔泰与皇太极解释道："欲伐大树，岂能骤然将其砍断，应该先用斧子慢慢砍伐，等其树杆渐渐变得微细，然后才能折断。欲讨伐一个相等的国家，岂能一下子就将其灭亡，应该先将其所属的各城尽行削平，独存其都城。就好像没有仆人，怎能做得了主人？没有百姓，何以为君？"努尔哈赤的这番话对二十一岁的皇太极影响很大，皇太极后来登基时就是按照"欲伐大树，先剪附枝"的战略与明朝对敌的。暂时不想攻打乌拉城的建州军队摧毁了所得的六城，焚烧了所有的房屋与积谷，沿江而返。布占泰多次乘船至江中恳求努尔哈赤罢兵。努尔哈赤首先谴责了布占泰过去的所作所为，接着提出重归于好的条件，即让布占泰与他的心腹部下都将儿子交出来做人质。其后，建州主力返回休整，不过，这支军队临走之前还在附近的山上修建了一座木城，留下一千兵驻守在那里监视着布占泰。

可是时间过了一天又一天，转眼已是数月，布占泰始终没有把儿子送到建州来，相反，他把自己与心腹手下的儿子全送往北关做人质，企图与北关联手对付建州。为此，他强娶了北关已聘给努尔哈赤的女人，囚禁了努尔哈赤的女儿与侄女。至此，双方的矛盾已经彻底激化，努尔哈赤于1613年（万历四十一年）正月冒着严寒亲自带领三万军队再征乌拉，随行的诸将包括努尔哈赤的大儿子褚英、侄子阿敏以及费英东、何和礼、安费扬古、厄亦都等人，可谓猛将如云。他们于十七日初战告捷，攻取孙逊扎泰、郭多、鄂谟三城。次日，布占泰倾囊而出以兵三万越过富尔哈城迎战。

这时，集结在战场上的双方军队已经超过六万，论规模早已超过了二十年前的古勒山大战。努尔哈赤首次指挥这样大规模的战事，他最初对于能否全歼敌人心存疑虑，但眼见旗下诸将纷纷请战，遂改变

了主意，说道："两军交战，我同我的孩儿们以及诸位大将必须身先士卒，冲锋在前。我自己无所畏惧，只是顾惜你们当中可能会有人受伤。"接着，他怒目而视、慷慨激昂地说："承蒙上天的眷助，我自幼亲历战阵，面对优势之敌常常孤身突入，与对手弓矢相交，兵刃相接，不知经过多少次鏖战，如今大家既然要战，就应当立即决战！"言毕，他披上铠甲准备打仗。建州将士接到决战的命令皆尽欢呼雀跃，如雷的叫声震天动地，所有人都披上了铠甲。总攻即将发起了，努尔哈赤不忘抓紧时间谕告全军，称："倘若蒙得上天保佑，能击败敌兵，将士们可乘势而进，夺门取城"，他指挥着气势如虹的军队一路疾进。在前面，三万乌拉军人全部步行，列阵以待。当建州军队进至两军相距百余步之外时亦纷纷下马而步行作战。努尔哈赤看见双方对射的箭遮天盖地，如"风发雪落"，又嗖嗖作响，"声如群蜂"。一阵阵直冲云霄的杀气让他心中感到极不耐烦，遂不顾一切地向前冲杀，以尽快分出胜负。最后，奋不顾身的建州将士前仆后继，如摧枯拉朽一般大败乌拉军，使之"十损六七"，其余的"抛戈弃甲，四散而逃"。一切就像努尔哈赤事先计划的那样，他的手下不给敌人喘息之机，乘胜追击，以风驰电掣的速度夺得乌拉城的城门，一举控制了全城。

当努尔哈赤登城而坐于西门楼之上时，已经胜券在握。这一刻，布占泰带领数十名残兵败将正慌不择路地企图撤退回

城，他骤见城上树起敌人的旗帜，不禁大惊，遂转身回奔，不料途中被褚英所部拦截，折损大半人员，剩余的皆溃散，只剩下自己孤身一人前往投靠北关。大获全胜的建州军队杀敌一万、夺取盔甲七千副、俘获了大批马匹。此后，乌拉灭亡，其残存的城邑全部归附建州，而成为俘虏的百姓被努尔哈赤编为一万户，携之以归。

海西四部之中，南关、辉发与乌拉先后被建州吞并，剩下的北关也危在旦夕。越来越多的人已经看出来，女真统一的局面已是不可逆转。统一的女真必然打破关外的势力平衡，对蒙古与朝鲜造成威胁，甚至祸及明朝。时刻关心女真局势的朝鲜君臣当时就指出努尔哈赤兼并乌拉之后，"始强大，有窥辽左（指明朝辽东）之志矣"。这个评论很有远见。

努尔哈赤的统一大业主要依靠武力来进行，后人往往称赞清朝依靠"骑射"起家。所谓"骑射"，最常见的解释是骑士在奔驰的马上用箭射击目标。无可否认的是，这是具有狩猎传统的女真人所擅长的武艺。后来清朝的多位统治者亦将"骑射"当作国策在本族中推行，以保持民族特性，避免汉化。但实际上，建州女真在统一其他的女真部落时之所以屡战屡胜，主要是因为拥有一支强大的步兵。尽管在建州军队里面的骑兵也不少，但由于受到"白山黑水"地区山多林密等地理形势的限制，这些骑兵常常要下马充当步兵作战，故此，步兵出尽风头是历史的必然。

一般而言，古代的步兵可分为重装步兵与轻装步兵两种。重装步兵主要使用长枪、大刀与盾牌等近战兵器，可以排成密集的横队，形成人肉盾牌，他们全身上下披挂着沉重的铠甲，具有极佳的防护能力，但在进行激烈的运动时由于身体的负荷过重，会对运动速度造成一定的限制，因此在崎岖的山地上作战，时间一长容易疲惫。轻装步兵作战时主要使用弓箭进行远距离的射击，而所用的弓以短梢为主，虽然威力比不上长梢弓，但用起来更加省力，就像《满文老档》记载努尔哈赤所说的："弓梢长且硬，差矣。弓软而长射之，则身不劳也。"他们身上的铠甲通常比重装步兵的轻，很多人甚至无甲，由于身体的负荷相对比较轻，在崎岖的山地上作战不太容易疲惫。

在统一女真诸部的战争中，建州步兵发挥的作用比骑兵大，而轻装步兵的作用又比重装步兵大。对此，努尔哈赤本人深有体会，最显著的例子是他在1585年（万历十三年）四月出征哲陈部时，毅然下马步行用弓箭射击，因身上的盔甲过于沉重，致使久战疲惫，不得不伺机解开铠甲争取时间休息一下。此后，他吸取了教训，在1593年（万历二十一年）九月发生具有历史转折意义的古勒山决战中，命令所有部下将身上的臂手、顿项解除下来，以便轻装上阵，并要求部队在对阵时要全部下马步行，徐徐展开进攻。在1613年（万历四十一年）正月发生的这一场规模宏大的消灭乌拉之战中，建州军队已经装备了一批适应轻装步兵的"短甲"，故努尔哈赤在临阵之前不再要求部队解除躯体上多余的铠甲，以减轻负担。那些跳下马来步行作战的建州军队凭着手中的弓箭在对射时重创了敌军，为胜利奠定了基础。需要说明的是，在建州军队之中，骑兵与步兵等各兵种并非总是泾渭分明，截然不同，大多数的情况下是你中有我，我中有你。必要时，下马的骑兵，或者解除铠甲的重装步兵，这些人拿起弓箭就立即摇身一变成为轻装步兵。

现在，与建州女真作对的海西部落只剩下北关了。根据明人的观察，北关试图用骑兵对抗建州的步兵。明末史籍《剿奴议撮》指出"……奴（指努尔哈赤）步善腾山短战，马兵弱；北关马兵最悍，步兵弱。故奴畏北骑，北畏奴步。北关白羊骨（卜寨的儿子，又叫布扬古）辈曰：'我畏奴步，奴畏我骑，力相抗也，技相敌也'"。也就是说，努尔哈赤的步兵最擅长山地战，但骑兵比不上北关。为此，北关首领白羊骨误以为用自己的骑兵完全可以抗击努尔哈赤的步兵，这种错误的想法显然没有吸收古勒山决战与乌拉灭亡之役的教训，为北关的灭亡埋下了伏笔。

北关收容布占泰无异于引火烧身，努尔哈赤为此先后三次遣使前往索取，但北关置若罔闻。这时，北关的首领已经易人，其政治中枢位于今吉林省四平市西北梨树县叶赫镇，按传统分为两城管治。卜寨的儿子白羊骨主管西

▲轻装步兵。

城。而那林孛罗死后，他的弟弟金台石管理东城。自从1588年（万历十六年）经过李成梁犁庭扫闾的打击后，北关的历任首领不敢再对明朝不恭，而为了牵制日益强大的建州，他们也不得不巴结明朝以为外援。

努尔哈赤用和平的手段索取不了布占泰，转而动武了。他在九月初六日领兵四万亲征北关，杀向张城与吉当刚城。由于事前泄露消息，早有准备的北关已把两城的部众全部迁走，唯有附近的兀苏城居民因发生痘疫（指天花这种传染病）而不能迁移，以免病源扩散。当"师众如林，不绝如流，盔甲鲜明，如三冬冰雪"的建州军队来到兀苏城外时，全城的人马上投降了。努尔哈赤扫荡了张城与吉当刚城邻近的那一带地区，总共焚毁了十几处城寨，然后班师。

金台石、白羊骨慌忙派人携带书信向明朝投诉，认为建州尽取南关、辉发、乌拉之后，再侵北关，目的是"欲削平诸部"，然后侵略明朝，取辽阳为都城，以开原、铁岭为牧地。明朝君臣不一定全信金台石与白羊骨的话，可是，稍有常识的人都清楚，一旦让建州灭掉北关，那么努尔哈赤将控制女真诸部与明朝进行互市交易的所有关口，完成了他长期梦寐以求的掌握关外女真贸易大权的心愿，并有可能全部垄断参、貂等女真土特产的货源，再加上他已经掌握人参晒干等先进的储存技术，到那时，就可以用囤货居奇等手段来操纵市场价格了。这无疑会相对减少明朝

军民在边境贸易中的收入，同时损害那些涉及地方生意的官员的切身利益。朝廷很快做出了决定，一面紧急调派游击马时楠等将领率领一千铳炮手，保卫北关东、西二城；一面遣使警告努尔哈赤适可而止，不可越雷池一步。

努尔哈赤知道吞并北关的军事行动已触及明朝最后的底线，他认为立即与明朝决裂的时机仍未成熟，写了一封信自辩称无意冒犯明朝，亲自来到抚顺交给明军守将李永芳，意图平息明朝君臣的疑虑。与此同时，明朝又谴责建州越界耕种，努尔哈赤情愿牺牲一些经济利益而平息事态，他为此撤去了在边界上新添加的一些牧、耕之地。此外，他又表示愿意把第十一子阿布海送往明朝做人质。不久，阿布海在阿都、乾骨里等三十多名建州将士的护送之下抵达广宁。辽东巡抚张涛上奏称已经证实阿布海为努尔哈赤第三妾所生之子，可将其留于广宁，或者，转送北京也行。但兵部认为真假难辨，留下来恐怕受其欺骗，不如遣返。虽然此事已经结束，可辽东巡抚张涛已被努尔哈赤示忠的行动所麻痹，为他的所作所为辩护，使朝廷放松了应有警惕。

此后，努尔哈赤继续委曲求全，讨好辽东官员，同时，他励精图治，以待将来。他在频频告捷的统一战争获得了不少人口，遂于1615年（万历四十三年）对军队进行整编，将四旗扩大为八旗。新编四个旗所用的旗帜是参考原来的黄、白、蓝、红四旗而制成的，也即是在原有旗帜

的周围镶上边，成为镶黄、镶白、镶蓝与镶红等旗。 军政合一的八旗仍然以牛录制为基础，平均每一旗有七千五百人，而八旗可达六万人左右。实际上，八旗已将统治区域之内的所有男丁包括了进来（除了老幼病残之外），形成了具有女真特色的户籍制度，旗内成员不得擅自迁居，有私事外出需要得到批准。就像《大清会典》所说的："按照行军的旗色，以定户籍。"可见，八旗已经把整个社会都军事化了。旗里的成员以女真人为主，还有少量蒙古人。八旗的官衙在平日里相当于地方政府的行政机构，管理着旗内成员的生活与生产，还负责战备训练，并派遣部分人员到一些军事要害之地驻守。按照《清朝文献通考》的说法，原则上"凡隶于旗者，皆可以为兵"，可是一般情况下只是抽出部分人丁执行军事任务。

▲正黄、正白、正蓝、正红四旗。

分管八旗的全部是努尔哈赤的子侄，并且具有世袭管理旗务之权，使这个政权带有浓厚的"家务"色彩。而所有的奴仆、牲畜与其他的财物也同样分为八份，分别隶属于各"家"，因而又出现了"八家"的说法。努尔哈赤后来硬性规定了"但得一物，八家均分"的家法。管旗的贵族成员有权与努尔哈赤"共议国政"，参与决策。至于那些功臣、异姓族长也成为管理各个牛录的负责人。在牛录的成员之中，有资格"披甲"一般是一家之主。而披甲者通常需要自备车械、喂养战马。频繁地服役容易对经济造成负担，有人为此贫困不堪，连妻子也娶不起。不过，也有人利用战争的机会四处抢掠而发了横财。

八旗出师时通常分为左右两翼，左翼为镶黄、正白、镶白、正蓝，右翼为正黄、正红、镶红、镶蓝。八旗的颜色可以对应中国传统文化的五行方向，比如黄色属土，故两黄旗居北，蕴藏土克水的意思；白色属金，故两白旗居东，蕴藏金克木的意思；红色属火，故两红旗居西，蕴藏火克金的意思；蓝色属水，故两蓝旗居南，蕴藏水克火的意思。另外，八旗又可对照东、东南、南、西南、西、西北、北、东北等八个方位，蕴含八卦之意。将八旗的方向、位置与中国的传统文化沾上边，可能是古代文人有意对此进行的润色，不意味着八旗军的战斗力会因这些玄

妙的学问而登上一个新的台阶。总之，八旗的队形可根据不同的地势做出相应的调整，他们既能够并列成横队，整齐地走在广阔的地方，又可以合并为纵队，按次序通过狭窄之处。他们排列各种队形时，每个士兵不得喧哗，也不会乱走乱动，显得训练有素。

在努尔哈赤初起兵之时，跟随他东征西讨的军人们还没有兵种的区别，只是在装备上有的"有甲"，有的"无甲"；有的"有马"，有的"无马"。到了组建八旗的时候，由于他多年来重视的冶金业发展较快，已最大限度地减少对明朝与朝鲜出产的铁器的依赖，故此，旗中军人不但武器精良，而且普遍装备了铠甲，并水到渠成地产生了三个兵种，即是"长厚甲"兵、"短甲"兵与"精兵"。根据《满文老档》与《清太祖实录》等史书的记载，八旗军在战时以五个牛录为一队，冲杀在第一线的是身披"长厚甲"（又称"重铠"）的"前锋"，他们手持长矛与长柄大刀，配以短柄刀剑，用短兵相接的方式与敌人贴身格斗。而那些身披"短甲"（又称"两截甲"或"轻网甲"）之人，手里拿着弓力为"七斗"之弓，紧跟在前锋的后面，"非五十步不射"。[①]此外，还有一支由预备队组成的"精兵"，这些人在战时全部呆在阵后待命，一旦发现哪个地点出现不利于己方的战斗态势，就快马加鞭前往接应。

---

① 详见明人于燕芳：《剿奴议撮》。

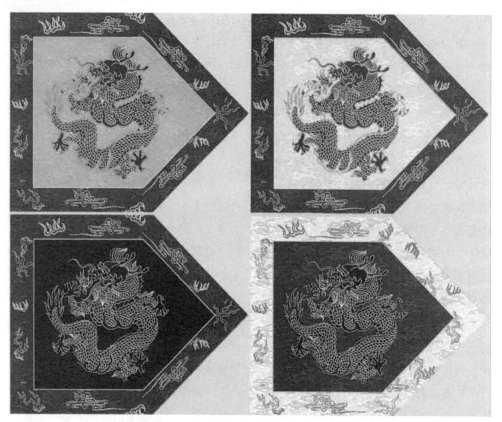

▲镶黄、镶白、镶蓝、镶红四旗。

这三个兵种互相配合，协调作战。可是，《清太祖实录》等史书没有确切地说明这些兵种究竟是骑兵还是步兵，也许在他们当中，既有骑兵，也有步兵，但以骑兵为主。

可以判断，大多数"长厚甲"兵既可以上马冲锋，又可以下马步行作战，实际上同时扮演着"重装骑兵"与"重装步兵"的角色。按照现代一些学者的观点，典型的重装骑兵具有极强的防护能力，骑兵与跨下的战马都裹在厚厚的铠甲里面，最适合于在平原冲锋陷阵，用刀劈、枪刺等方法强行从敌人的防线中撕开一道口

子。五百多年之前，在中原叱咤风云的金军"拐子马"就属于重装骑兵。如今，自命为金朝女真人后裔的八旗将士，也拥有了自己的重装骑兵，虽然所有的战马不一定都有铠甲，但骑士肯定披挂厚甲，有些人的铠甲甚至厚达两层以上，他们的装备尽管与"拐子马"不太一样，可在战时的任务都差不多，都以冲锋陷阵为主。有时为了争取时间，重装骑兵可驾驭马匹迅速到达作战地点，然后下马变成重装步兵执行任务，能够弥补重装步兵由于披挂过多、负担过重而导致步行速度缓慢的缺点。本来，重装步兵的强项是站在原地排

列成行进行防御，但对于努尔哈赤这样的常胜军来说，重装步兵打防御战的机会极少，而是经常要参与进攻，这与五百多年之前金军的"铁浮屠"颇为相似。另外，八旗的重装步兵走在最前面可以起到盾牌的作用，掩护紧跟其后的"短甲"兵。

相对而言，"短甲"兵身上的铠甲比起"长厚甲"兵要少，重量也要轻，因而防护能力比较弱，故此，他们的主要武器不是用来面对面拼杀的刀枪剑戟，而是远距离射击的弓箭。他们上马时是灵活机动、轻快迅疾的"轻装骑兵"，但破阵能力远在重装骑兵之下。他们下马便成了不易疲惫的"轻装步兵"，比起重装步兵更适合于在山地作战，曾经在努尔哈赤统一女真诸部时大出风头。

至于"精兵"，作为一支精锐的预备队。里面有不少人是从"长厚甲"兵与"短甲"兵之中抽调而出的，因而同时擅长后两者的战法，至于战时具体采取哪一种战法则要视情况而定。

八旗军虽然有三个兵种，但在此后相当长的一段时间里，基本划分为两大部分，即"营兵"与"巴雅喇"。"营兵"包括"长厚甲"兵与"短甲"兵两大部分。"巴雅喇"则是"精兵"的女真名称，它始见于史书是在1618年（明万历四十六年，后金天命三年），而汉语通常称之为"护军"。护军的战斗力比营兵更胜一筹，因为这支部队主要由每个牛录（包括包衣牛录）之中最精锐的战士组成，在战时由统帅直接指挥，常常在决定胜负的关键时刻投入战场，以起到关键的作用。经过长期的发展，护军形成两级编制，"护军纛额真（护军统领）"等同于八旗中的旗一级；"护军甲喇额真（护军参领）"等同于八旗中的甲喇一级。护军参领以下又设有"护军校"等职。

特别要提及的是，护军最初还负责哨探，军中不少人是哨兵。满文史籍记载八旗军"每出兵征战，两军（指敌我双方）所派哨探，皆为聪睿恭敬汗（指努尔哈赤）之哨兵先行探得敌方，两哨兵交战，亦是聪睿恭敬汗之人得胜矣"。从这些溢美之词可以看出，哨兵不但是八旗军征战时的"千里眼"与"顺风耳"，而且负有消灭敌军哨兵的责任，力图使敌军成为"瞎子"与"聋子"。可见，哨兵在战时将会起到极为重要的作用，因而一直得到上层统治者异乎寻常的重视。以致到多年以后，护军中的哨兵要独自组建新的兵种——"前锋"（女真语叫做"葛布什贤超哈"）。前锋将领称为"前锋统领"（主将）与"梅勒章京"（副将）。即使是前锋的士卒，由于与护军士卒一样同属精锐部队，其待遇比一般八旗兵要好。

努尔哈赤扩建八旗，完成了建军大业，接着他举贤任能，又设立了五员"理国政听讼大臣"与十员"都堂"，由后者辅助前者管理政务。凡有诉讼之事，先由都堂审理，再报告给五大臣。五大臣鞫问清楚，上报给努尔哈赤的子侄。如此循序渐进地作出判决。然后，经"五日一朝"的努尔哈赤批准生效。在这个最高权力机构的治理之下，既让民情得以上达，又令下层各级官员不敢随便徇私舞弊，非常有利于社会秩序的稳定。在此期间，努尔哈赤继续征讨着散居于北部的野人女真，招抚降民，壮大实力。正是由于境内形势大好，呈现出一派蒸蒸日上的景象，他才敢于在没有完成统一女真大业的情况下于次年毅然成立了"金国"，又称"后金"（史称"后金"），建元"天命"，正式即位称汗。这一年，他已经五十八岁，虽然已近暮年，但雄心壮志仍未稍减。此前，他处死了心怀异志、企图独揽大权的长子褚英，如今又从数十位子侄之中选出四名贝勒在身边时常参与决策，其中，次子代善为大贝勒，侄子阿敏为二贝勒，五子莽古尔泰为三贝勒，八子皇太极为四贝勒。几年之后，努尔哈赤干脆让四大贝勒按月值班，轮流掌管国中一切机务，目的是培养未来的接班人。

"后金"这个国名显示努尔哈赤以金朝的后裔自居，隐含着与明朝分庭抗礼之意。而同样来自"白山黑水"的八旗军早已过万，这支军队在即将开始的新一轮战争中是否还能继续"女真满万不可敌"的神话？这一切必将会在未来见分晓。

尽管努尔哈赤建国称汗之后在女真诸部中的身份与昔日相比早有天壤之别，但一些在思想上拐不过弯来的明朝地方官员仍习惯于对他颐指气使，把他当作一个永远处于从属地位的酋长来看待。在1616年（明万历四十四年，后金天命元年）发生的"伐木之争"就说明了这一点。过

去，双方曾经在边界立碑，共同约定要管束边民，禁止他们擅自越界，但明朝每年都有一些人铤而走险进入女真辖区之内干一些挖掘人参、砍伐木材的事，努尔哈赤曾经对此睁一只眼闭一只眼，可现在既已建国称汗正是趾高气扬的时候，忍不住动了真格，于这一年的六月派兵杀死了擅自进入境内砍伐树木的五十多名明朝军民。这时适逢辽东巡抚李维翰刚刚上任，他不由分说马上拘留了后金派来道贺的使者，并"移文责问"努尔哈赤，勒令其交出杀人凶手，否则要将事情闹大。努尔哈赤在抗辩无效的情况下为了使者的安全，不得不低声下气公开表示愿意悔罪认罚，但暗中采取调包计从狱中取出十名北关俘虏，解送到明境冒充杀人凶手做替死鬼，以委屈求全的态度平息了这一纷争。堂堂金国大汗上任伊始即遭此奇耻大辱，努尔哈赤怎可甘心，在新仇旧恨的刺激下，让他重新产生了与明朝决裂的想法。为此，他已预有准备，抓紧时间出兵招抚偏远地区一些弱小的女真部落，攻击的范围已经扩展至生活在黑龙江中下游的"野人女真"。八旗军所过之处，那些大大小小的村寨纷纷归附，使后金的领土不断扩大，人口不断增加。由于军事实力的强大，努尔哈赤越来越充满了自信，他经过权衡利弊之后认定与明朝闹翻也绝无亡国之虞，即使因此而遭受明朝的经济制裁，关闭边贸市场，但后金还可以间接通过蒙古诸部向明朝境内转售土物产，甚至能够采用走私等不法手段来弥补商业上的损失。只要明朝

境内还存在对人参、貂皮等奢侈品贪得无厌的需求，女真人堆积在仓库中的货就永远不愁买不出去。况且，依靠武力抢掠可在短时间内获得巨大的利益，特别是在入侵者具有必胜把握的情况下，他们将得到用钱买不来的土地与人口。就这样，后金对明朝开战如箭在弦上，不得不发！

第二章 全面战争

1618年（明万历四十六年，后金天命三年）正月，努尔哈赤正式宣布："吾意已决，今岁必征大明国。"他敦促手下喂养马匹，整顿盔甲兵器，还专门抽调七百人伐木以制作攻城器械。全面战争爆发的日子一天比一天近，努尔哈赤抓紧时机向全军颁布了攻战之策，其中包括了一些野战与攻城的办法，这些都是他数十年来作战经验的总结。例如，他认为在野战时"我众敌寡"，应该先让主力埋伏于隐僻的处所，再派出少量士兵为饵，诱敌入伏。假如敌人没有中计，则详细观察敌人城池的远近，再作决定。如果敌人远离驻扎的城池，那么应该竭尽全力对其进行袭击及追击。如果敌人距离驻扎的城池比较近，则不必竭尽全力发起进攻，只要迫使敌军乱哄哄地撤退回城就可以了，等到敌军在城门口挤作一团，互相堵塞时，就是尾随其后进行掩杀的良机。倘若"敌众我寡"之时，我军一二固山（旗）等少数人马应该立即后退寻觅主力，然后再伺机与敌对阵。如果我军的兵力不多不少，分布于两三处，则按照实际情况酌情处理。至于攻城的办法，当观形察势，容易攻下的

地方立即攻下，否则切勿进攻，以免有损威名。军中每一个牛录都有五十名披甲者，当中可留十人守城，四十人出战。在出战的四十人里，再抽调二十人制作两副云梯准备攻打城池。努尔哈赤特别指出军中存在的一个不良现象，就是在攻城时经常有一两个人脱离部队抢先前进，可这样

▲努尔哈赤之像。

做会造成非死即伤的后果，他强调犯了这种错误的人有伤不行赏，战死不算功。但是，首先拆毁城墙的人，一定算立下首功，可报固山额真（旗主）记录在案。等到众将士拆毁城墙的行动完毕之后，固山额真要吹螺为号，命令各处人马一起前进。为了严明军纪，他要求自出兵之日起，至班师之日止，每一个士兵都不能离开本管牛录之旗，违者一定执拿详问。总之，尽量以最小的损失获得最大的战果，最好是"不损己兵，而能胜敌"。

四月十三日，后金正式举兵反明，努尔哈赤以"七大恨"告天，作为与明朝开战的理由。所谓"七大恨"，是指他数十年来一直耿耿于怀的七件恨事。根据《明实录》等相关史籍最早的记载，他的第一恨是埋怨朝廷无故杀其祖、父；第二恨是明军发兵保护北关，阻止女真的统一大业；第三恨是叆阳、清河等地的汉人潜出境外采矿、打猎，杀害女真人；第四恨是明朝偏袒北关，将努尔哈赤二十年前已给聘礼的女人改嫁给蒙古人；第五恨是明军驱逐边境的女真人，禁止女真人收割种植在三岔、柴河、抚安三堡附近的庄稼；第六恨是明朝偏听北关之言，反过来用种种恶言侮辱努尔哈赤；第七恨是明朝在努尔哈赤夺取南关之后强迫他交出土地，为此致使不少南关百姓被北关抢去。"七大恨"无异于一篇新账旧账一起算的讨明檄文，同时，努尔哈赤又强调与明朝的恩怨远远不止七件，其他的"小忿"难以枚举。从此后金与明朝决裂，双方不再是臣属关系。

八旗军按照传统的仪式拜祭了神灵之后，以步骑二万兵分两路先行踏上征途，一路以左翼四旗为主，向东州堡进军；另一路以努尔哈赤亲自率领的右翼四旗为主，直取抚顺。努尔哈赤采取皇太极之计，先派一些人扮作商人前往抚顺售卖人参、貂皮与马匹，再伺机潜伏于城中，意图配合随后到达的主力攻城，以起到内外夹击之效。当天晚上，金军主力在一个名叫"臭泥泊"的旷野之处安营而宿。努尔哈赤为了稳定人心，与恩格得里与萨哈连这两位蒙古额附（"女婿"的意思）秉烛夜谈，他有感而发地讲了"先朝金史"，赫然以金朝后人自居，最后自称："此次兴兵，非欲图大位，乃是因为明朝屡次招惹我，致我忿恨，难以容忍，无可奈何之下故愤而兴师。"显示他反明之初没有角逐天下的野心，只是想在关外一隅称王称霸而已。可是夜里天气反常，忽晴忽雨，努尔哈赤心中忐忑不安，召来诸贝勒、大臣商讨对策，他提出军队不便冒着阴雨的天气行军，想退兵。原因之一是与八旗军装备的弓有关，因为制弓时需要采用动物的筋、胶，这些东西淋雨之后可能会变软，从而影响射程。

这个想法遭到大贝勒代善的强烈反对，"我国与大明长期和好，因对方胡作非为故成仇隙，兴师已至其境，如果退兵，那么以后与大明和好还是为敌？况且即使退兵也不能隐瞒曾经兴兵之举，现在天虽下雨，但我军备有雨衣，而弓箭等武器亦各有雨具防护，此外还担心那些东西会被淋湿？相反，天下起雨来，会使明军松懈，他们怎么也想不到我军会选择这个时候出兵，总之，此时下雨有利于我，不利于敌。"努尔哈赤听后觉得很有道理，传令军队乘夜起行。不久雨渐渐停歇，云开月霁，后金各分队旌旗蔽空，一队一队地散布在百里的范围之内，在十五日早晨对抚顺形成包围之势。这次军事行动果然起到了出奇不意的效果，毫无思想准备的明军完全措手不及。努尔哈赤致书守将李永芳，劝其投降，但没有收到明确的答复，不久，他发觉城上的守军正在备战，便下令部队竖起云梯开始攻城。身穿官服站于城上的李永芳稍为抵抗之后知道大势已去，决定不做以卵击石、自取灭亡的事，便骑马出城投降。李永芳是第一位屈膝投降的明军将领，他后来受到重用，负责管理降户，并娶了努尔哈赤第七子阿巴泰的长女为妻，得以跻身于后金的统治阶层，摇身一变成为额附。

八旗军出手不凡，在一天之内轻而易举地连下抚顺以及附近的东州、马根单两城，此外，还取得周围的五百余座寨、堡。努尔哈赤为防后患，派出四千军人拆毁抚顺城，他把所得的三十万人畜分散赏给诸军，鉴于没有遇到激烈的抵抗，他下令军队不要屠杀当地的百姓，并将降民编为一千户。在这些降民之中，有一些知识分子为后金所用，范文同就是一例，此人是明正德年间兵部尚书范鏓的曾孙，因是名臣之后，故得到努尔哈赤的善待，他从

此甘心投附后金，为之效犬马之劳。在后金的俘虏之中，还有来自山东、山西、涿州、苏州、杭州、益州、河东、河西等处的商贾，努尔哈赤释放了十六名这样的人，让他们携带着七大恨的檄文给明政府，以示宣战之意。《清太祖实录》在记叙后金夺取抚顺的经过时，出现了一句有争议的话，称努尔哈赤先命"六万"士兵押送所得的降民与牲畜返国，他另外再带着"四万"人殿后。类似的数据在《满文老档》中也可看到。根据这个数据，后金先后参战的人数达到了十万。可是，努尔哈赤在1615年（万历四十三年）建成八旗之时，平均每一旗为七千五百人，总数仅为六万人左右。时间过了三年，后金在此期间没有大规模招降纳叛，不太可能一下子会让八旗的人口总数增至十万。但必须指出的是，后金参战的除了普通旗人，还有奴婢（清书中称为"阿哈"或"包衣"，他们当中成分不一，包括女真人、汉人、蒙古人与朝鲜人等）。《建州闻见录》记载一些士兵的家中"有奴四、五人"，每当出征之时，这些奴婢便争着赴战，目的是为了抢掠财物。普通士兵尚且如此，至于那些官员、贵族与汗王，他们的奴婢数量按身份地位而依次增加，当中出征的人数必定不少。更加有意思的是，连身为奴婢者也可以拥有奴婢，也同样有上阵的可能。至于后金建国初期的奴婢总数，却是史无明载，但他们的人数大于旗人总数应是确凿无疑的。由此不难理解，后金在首次征明中何以能够动员数量如此

庞大的军队。假若八旗果真以十万之众，扑向抚顺这座小小的边城，可谓"牛刀杀鸡"，胜之不武，故仍不排除这个数字有所夸大。不管怎么说，有一点可以肯定的是，努尔哈赤不掌握相当规模的人口，是不敢轻易向明朝叫板的。由于抚顺之战是后金与明朝第一次正式较量，出动的兵力过多了，也是容易理解的。

尽管这场战争从表面上看，明朝的总兵力远远超过后金，但是辽东全镇额定的兵员只有六万，他们大部分散布于各地的城、堡与驿站之中，能应急的野战军才两万多人，而在这两万人当中，真正具有战斗力的仅有数千家丁。家丁能够异军突起与明朝军制日益腐朽有关。那时，军队屯田的制度早已被因商品经济发达而导致的土地兼并所破坏，而越来越多的正规军由于待遇不高以及军事徭役沉重等原因选择了逃亡，为此朝廷不得不从民间招募人员补充兵源以维持战斗力。各级将领们为了能够在战时拿出一支队伍来给自己卖命，通过各种渠道专门招揽一些骑射娴熟的劲卒以作心腹之用，由此唤之为"家丁"。家丁的成分比较复杂，既有卫所的士卒，也有逃兵、流民，他们的待遇高于普通士卒，可以领取双份薪水，甚至有些人的薪水竟然高至十倍。豢养家丁的成本虽然不菲，但难不倒那些利用职权巧取豪夺田产的将领，也难不倒那些勾结商人通过垄断边关贸易来积累资本的将领。就算是穷困潦倒的将领，还可以通过克扣正规军的粮饷来给家丁发工资。将领们种种本末倒置的行为简直视正规军为无用之物。可惜的是，家丁虽然是各支正规军里面的核心力量，可由于豢养的成本过于昂贵，从而使人数受到限制，他们在各支部队之中所占的比例，从十分之一到三分之一不等，一旦遇到燎原大火只能起到杯水车薪的作用。就以战斗力最强的李家将为例，他们豢养的家丁在长年累月的征战中损失惨重，从而导致兵力不足的问题到了雪上加霜的地步。

总之，在局部地区发生的战事中，后金常常能集中优势兵力逐一击破分散驻防的明军，但这样"一而再、再而三"地"以多打少"，并不能显示出八旗将士超凡脱俗的过人之处，也使得"女真满万不可敌"这个神话显得名不副实。综上所述，后金反明的具体情况与公元十二世纪在关外挑战辽国的女真完颜部完全不同，后者才是真正的以少胜多，是"女真满万不可敌"的始作俑者。

后金全军班师的时间是二十一日，努尔哈赤殿后时将军队驻扎于距离明境二十里的舍里甸，以防后路。辽东巡抚李维翰得到抚顺失守的消息，慌忙从各地纠集一万明军应变，他们在镇守广宁的总兵张承胤、镇守辽阳的副将颇廷相、镇守海州的参将蒲世芳等人的带领下，分五路赶来增援。由于兵力处于劣势，明军不敢逼近八旗军，只是远远地在后面尾随观望。

八旗哨兵将明军的动向及时报告给大贝勒代善、二贝勒阿敏与四贝勒皇太极，三位贝勒一面下令所有的士兵披甲备战，一面上报努尔哈赤。努尔哈赤对明军惯于弄虚作假、欺上罔下的腐败情况早已有所了解，准确地判断道"他们来这里不过想摆出一副驱逐我军出边境的样子，以欺骗其君，其实是想避免与我军作战"。因而叫人传命给前线，让诸贝勒按兵不动，注意观察敌情。不久，诸贝勒请战："敌军如果继续在原地等待，我军应当迎战，如果他们不在原地等待而往回撤，我军应当乘势袭击其后，不然我军默默而回，敌人必定以为我们怯战。"努尔哈赤觉得言之有理，遂督促殿后的各旗军队立即展开反击。他在过去统一女真诸部的战争中从未遇到过明军这样的对手，而明军一个显著的不同之处是装备了大量的火器。

明军装备的火器包括管形火器、燃烧性火器与爆炸性火器。管形火器之中威力巨大、应用广泛的是那些用金属制作的铳（有时又叫"枪"）与炮，它们在管子里面装入火药与弹丸等物，利用火药燃烧产生的推动作用将弹丸发射出去。常用的国产管形火器有神枪、三眼铳、虎蹲炮等等。就拿铳来说，为了增加威力，人们不断加以改良，有时会在火药之前垫上一块木块来防止铳管泄气，以增加射程，亦可在木块的前面放入一支箭，变着花样杀伤敌人。各种方法不一而足。到了明朝中期，明军又使用了从西方引进的鸟铳、佛朗（狼）机等西式铳炮。其中，鸟铳属于火绳枪，它与国产铳的重要区别是拥有先进的发火装置，只需使用食指扣动铳管下面的板机，铳管侧面的金属杆便会带动前端那条燃烧的火绳一起绕轴转动，最后落下来点燃铳管中的引信，射出弹丸。由于

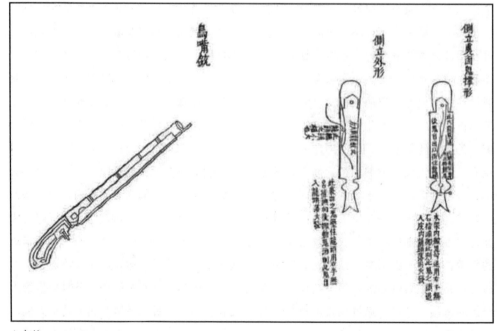

▲鸟铳。

射手可以用双手握住火绳枪，而不需要像发射国产铳那样专门腾出一只手来点燃火药的引信，所以更加方便瞄准。为此，它的铳管前端设置了准星、后部增加了照门，射手的眼睛通过准星与照门对着目标，便形成了三点一线，从而提高了射击的准确度。火绳枪种类繁多，具体有噜密铳、轩辕铳、迅雷铳等，其中明军装备比较多的是鸟铳，这种武器平射时射程一般为八十步，仰射为三四百步。上述火绳枪都是从铳管的前端装入火药与弹丸，但是佛朗机这种西式火炮却"反其道而行之"，从炮膛的后部装弹，那里有一个敞开的装弹室，能够迅速地装载与卸出弹药。这些弹药事先已被装载在几个细小的炮管里面，战时轮流放入装弹室，发射的速度比起前装炮要快。最初从欧洲传来中国的一些佛朗机长达五六尺，最大的射程可达一里以上，有效射程可达到一百步左右。后来经过明军的仿制与改进，这种武器又发展出了佛朗机式流星炮、马上佛朗机、百出佛朗机等等，以方便不同地区的水陆部队使用，到后来，连一些单兵使用的铳，也仿照佛朗机的形式改成从后部装弹。此外，明军装备的还有火箭等燃烧性火器与地雷等爆炸性火器，但它们在战场上的总体表现不像铳与炮那么抢眼。那时，各式铳发射的多数是小口径的弹丸，而大部分炮发射的也以散弹为主，至于那些可发射大弹丸的巨炮，由于过于笨重，在部队中很少装备。

这次来援的明军虽然拥有不少战马，但在山区之中不得不下马步行作战。布置在阵营最前列的是两千多门大大小小的铳炮，这些当作拳头部队来使用的铳炮手实际上相当于轻装步兵，他们即将与八旗军中最擅长山地战的轻装步兵一较高下——因为崎岖的山路与茂盛的树木正可使轻装步兵的作用得到淋漓尽致的发挥。八旗

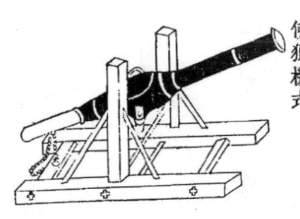

▲佛朗机。

的轻装步兵善于使用弓箭，弓箭的缺点是弓手在反复操作的过程中容易疲惫，但优势是射速快，还可以向天仰射，让箭以弧形的飞行轨迹越过障碍物，打击躲藏在障碍物后面的敌人。相反，明军的大部分铳炮只适合向前平射，很难像弓箭那样仰射。而且，明军的铳炮还有射速慢以及长时间发射会过热与爆膛等缺点，优点在于射程远，威力大，质量上乘者甚至"可穿透二三层铁甲"，同时，铳炮手在反复操作的过程中不易疲惫。

八旗军与明军有史以来的第一场野战终于正式开始，当时明军兵分三处抢先占据了山上的险要之处，挖掘壕沟，布列火器，纷纷射击。由于发生了一件意想不到

的事使得战局很快明朗化了，这就是风向突然逆转，将明军发射火器产生的大量浓烟往回吹，致使明军阵地之前硝烟弥漫，严重影响了铳手与炮手的视线，混乱中，至少有七名炮手被自己人误射而死。八旗军乘此良机顺风发起冲锋，以锐不可当之势连破明军三处阵营，一直追杀四十里，杀得尸横遍野，血流成河。经此一战，八旗军在与明军铳炮手的较量中获得了宝贵的经验，顺风进攻这一招在后来的战斗中反复使用。

望风披靡的明军"十损七八"，死者之中包括总兵张承胤、参将蒲世芳等五十余员军官。此外，共有九千匹战马与七千副盔甲成为对手的战利品，至于丢弃的其

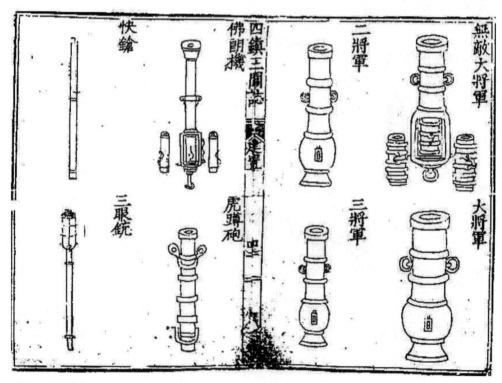

▲明军装备的各类铳炮。

▲放铳图。

他器械已无法计算。关于八旗军伤亡总数，明朝官方史料没有记载，而《清实录》称八旗军"止折小卒二名"，损失微乎其微。那么，《清实录》的离奇的伤亡数据是否可信呢？那就需要分析一番了。对一支军队来说，由于需要对伤亡者的家属进行抚恤，因而其自身统计的伤亡数字比敌方记载的更加准确和可靠，不过，有时出于政治上的考虑，统治者会在公开出版的书籍上任意增减伤亡数字，《清实录》之类的书就存在这种现象，例如它记载1637年（明崇祯十年，清崇德二年）四月出征明朝皮岛时，含糊其词地写道："阵亡四十人，骸骨莫能辨识。"然而，当代学者刘建新、刘景宪与郭成康等人找

到了一份有幸保存至今的《盛京满文原档》，在这张原始资料中清楚说明清军在四月份攻打皮岛中阵亡二百六十人，这个统计数字比《清实录》的记载多出六倍以上。必须指出的是，这张详细的阵亡清单的未尾注有"不写入档子"的批语，由此可知，清朝史官在编辑"档子"时所用的原始资料是经过精心挑选的。举一反三，主要依据档子修撰的《清实录》，其里面的伤亡数字就值得怀疑了。可是，后来有一些人把清代官书的政治宣传奉为圭臬，认定八旗军所向披靡，作战时总是"敌人的伤亡最大最大，自己的损失最小最小"，那自然是荒谬可笑的。

安全返回赫图阿拉的努尔哈赤从抚顺

之战中尝到了胜利的甜头，他又率兵接二连三侵入明境掳掠，并越过抚顺，于十九日攻克抚安堡、花豹冲与三岔儿等大大小小的十一个城堡。次日又招降了崔三屯，还掳掠了周围拒绝投降的百姓。八旗主力在三岔儿堡留驻六日，各旗平均分取所得的人畜，他们临撤军之前还沿屯搜索与挖掘粮窖，唯恐有所遗漏。到了七月二十日，八旗再次出兵，取道鸦鹊关围攻清河堡（今辽宁本溪清河）。清河堡是明朝为防范建州女真早就设置的重要据点，有近万名驻军，其中一千余人为炮手，现在，所有的守军都已撤回城堡里面，准备固守到底。二十二日，发起强攻的八旗兵使用大木板抵御明军的火器、弓箭与滚木、飞石，拼命靠近城墙，一些人竖起云梯攀援而上，另一些人在下面挖墙角，他们想方设法地突进城中，冒着枪林弹雨在巷战中歼灭了大部分守军。指挥守城的参将邹储贤并非贪生怕死之辈，他坚决拒绝了李永芳的招降，义无反顾地与城堡共存亡，最后战死于城南。协助守城的游击张旆亦以身殉职。

努尔哈赤攻下清河之后，继续向明朝的辽东首府辽阳进军，走了两日之后，他又以行踪泄露的名义撤回，可能是觉得攻打这样的大城市，还没有必胜的把握。八旗军沿着南路班师，途中没有碰到任何阻击的明军，所以也没有发生战斗。当努尔哈赤经过清河附近的一堵墙与碱场时，发现这两座城堡里面的军民早已弃城而走，便下令将它们的城墙拆毁，然后把搜索得

来的粮食运回。在此期间，部分明军的反击也牵制了努尔哈赤的进军，其中，副将贺世贤在清河失守的当日领兵五千从叆阳出境，攻击了后金的新栋鄂寨，杀死七名壮丁以及百余妇孺而还。

后金频繁入侵，连番得手，让辽东地区人心惶惶。生活于叆阳、宽奠等处的军民，因与后金接壤而充满了"草木皆兵"的气氛，开始出现了逃亡潮。个别擅离职守的将领为此掉了脑袋。

努尔哈赤悍然举兵的消息传至北京，措手不及的明朝君臣惊骇万分，他们不约而同地意识到辽东的防务急需整顿。自从十多年前重新出山的李成梁解任之后，辽东地区的防务每况愈下，继任者杜松驭军无方，因部队杀良冒功而被朝廷罢职，前后在位仅九个月而已（兵部抨击他利用职权插手边贸，压价收购人参与貂皮以谋取私利，种种不端的行为很不得人心。可见，边关总兵之位确为肥缺）。此后，出任此职的有王威、麻贵等人（王威在位时间不足一年，麻贵干了两年左右），皆因各种原因匆匆弃职。总兵一职在数年之间频繁换人，很容易产生兵不识将，将不识兵的恶果。其中只有张承胤做得比较久，出任总兵的时间超过了六年，可如今战死沙场，留下一个烂摊子，不知由谁接手才最合适。鉴于局势持续恶化，朝廷迫于无奈不得不于1618年（明万历四十六年，后金天命三年）四月让李家将重掌帅印。不过，这次统军的不再是李成梁，而是李成梁的次子李如柏。李如柏虽然曾经跟随

其兄李如松抗倭援朝，有参战经历，但由于身体不太好，竟以疾辞归，然后在家休养二十余年。朝廷让他出山，与其说看重的是他的指挥能力，倒不如说看重的是他作为李家次子的声望与地位。可惜的是，李如柏早已被岁月消磨了意志，史称他"放情酒色，无复少年英锐"，而父兄旧部亦存者寥寥，早就今非昔比。当八旗军兵临清河之际，李如柏不敢迎战，而是率领主力驻防于懿路，守卫李家将的根据地铁岭。因为铁岭这个边防重镇正是李成梁的老家，也是李家将的大本营。史载李氏一族发迹之后，"子弟尽列崇阶，仆隶无不荣显"，因而"贵极而骄"，逐渐变得"奢侈无度"，他们染指军费、插手边贸，各种敛财的手法层出不穷，以致号称尽得"全辽商民之利"，早已富得流油，并在铁岭修筑了"甲于一时"的第宅。这个城市经过李家将的长期经营，"繁华反胜内地"。《辽左见闻录》对这个地方进行过绘声绘色的描述：当游人尚未接近铁岭时，在城外只见树林障天，不见城郭；当距离城市越来越近时，又看到城墙外面的民居鳞次栉比，范围达到十余里之宽；当进入这个繁荣昌盛的地方时，给人留下深刻印象的是无处不在的妓女。据说她们的数目达到二千名，每人各以香囊数十缀于袜带，并用珠宝贯连，因而一条带子的价值可达三四十金，致使游人在数十步外即觉得香气袭人，真是"穷奢极丽"。这些风尘女子重要的客源无疑是那些南来北往的商贩，她们的发展壮大实际与人参、

貂皮这些奢侈品的买卖有着极大的关系。就在铁岭或存或亡的紧要关头，名满天下的李成梁竟已撒手人寰，虽然他去世的时间各种史籍记载不一，但根据流传至今的《李氏谱系》所述，他是在李如柏出镇辽东的同一年去世，享年九十三岁。李成梁的死对努尔哈赤而言是一个好消息，从此，这位后金霸主做起事来更加无拘无束。

李如柏在清河之战的表现让朝廷失望，朝中君臣知道仅凭"李家将"之力难以与后金抗衡，便更加积极地增强辽东地区的防御力量，除了需要在本地招募二万新兵之外，还要从关内各地抽调一万六千多人，可这一点兵力在前线军队新败之余作用有限。为了声援辽东，朝廷决定新设山海关镇，重新任命杜松为总兵，此外，还策划从其他地方调兵遣将支援。不过，朝中君臣没有摒弃重文轻武的传统，李如柏、杜松等武将仍分别要受蓟辽总督与巡抚等文官的节制。此外，朝廷还特设辽东经略一职，让杨镐出任。杨镐是河南商丘人，他科举进士出身，从知县起一直做到兵部右侍郎兼经略，是一位典型的文官。明朝在这个关键时刻起用杨镐，一方面是按照"以文驭武"的老政策办事，另一方面也与杨镐复杂的背景有关，他有过战争经历，过去分守辽海道时，曾经与武将一起同蒙古人打过仗，并以经略朝鲜军务的身份参加过抗倭援朝，尽管在进攻蔚山一战中表现不佳而被朝廷罢官，可后来他的过失随着朝鲜之役的胜利而被一笔勾销。

1610年（万历三十八年），他得以复出担任辽东巡抚。在任期间曾力荐李如梅为辽东总兵，但遭到朝廷的否决，为此，他竟负气引退。到了后金入侵辽东之时，朝廷君臣认为杨镐"熟谙辽事"，值得赋予重任，不但任命他为辽东经略，而且取代了黯然下台的李维翰重新出任辽东巡抚，可谓权倾一时。实际上，朝廷如此重视杨镐与重新起用李家将镇辽的政策是一致的，因为杨镐与李家将的关系很好。特别是李如梅，曾经与杨镐一起在塞上讨伐过蒙古人，又在朝鲜并肩作过战，算是生死之交。不过，史称李如梅"躁动，非大将之才"，他曾经在十几年前代替战死沙场的大哥李如松短暂做过一年的辽东总兵，最终因"拥兵畏敌"而被夺去兵权（李如梅在稍后死去，葬于铁岭萧家岭，其具体的死亡时间不详），唯独杨镐对李如梅的军事才华深信不疑，竟然在第一次担任辽东巡抚时为了这位好朋友的前途而不惜与朝廷力争。除了李如梅之外，杨镐与李成梁其他儿子也相处得不错，就像明末著名历史学者黄景昉在《国史唯疑》中所说的那样"杨镐素与宁远诸李厚（所谓"宁远诸李"，当然是指宁远伯李成梁诸子了）"。虽然目前在位的辽东总兵是李如梅的二哥李如柏，但不少人相信杨镐这位文官定会与李如柏这位武官很好地合作。

明朝积极备战，各地前往辽东的军队络绎不绝，前线的最高指挥官杨镐也从关内起程赶赴山海关，他的目的地是辽东首府辽阳。为了能够让杨镐专心致志地进行作战部署，朝廷又命周永春为辽东巡抚协助杨镐搞好后勤工作，并调拨辽饷三百万，好让将士无后顾之忧。户部在全国各地增加田赋，每亩加派三厘五毫，力图尽快把援辽资金筹集到手。

朝廷自从万历三大征之后，财政状况一直不太好，故此，朝中不少人期望对后金用兵能够速战速决，以免旷日持久、耗费钱财。大学士方从哲、兵部尚书黄嘉善、兵科给事中赵兴邦等京师文官多次以各种方式敦促杨镐尽快出战。杨镐不得已，在1619年（明万历四十七年，后金天命四年）正月会同总督汪可受、巡抚周永春、巡按陈王庭等身在前方的文官商议，确定了在二月份誓师以及出塞的日期。参战的明军采取"分进合击"之策兵分四路"捣巢"，获得重新起用的原辽东总兵马林取道开原向北；山海关总兵杜松取道抚顺向西；辽东总兵李如柏从清河取道鸦鹘关向南；总兵刘綎取道宽奠从东南方向出塞。根据《明实录》中保存的杨镐奏报与《三朝辽事实录》等明朝方面的史料，各路明军的总数为七八万人左右。《清实录》等清朝方面的官书则夸大其词地宣称来犯的明军有二十万，号称"四十七万"。当代学者孙文良、李治亭经过对各种史料比较研究之后，认为明军总数在八万以上十万以下最为可信，其中分兵出塞的每路明军多则二三万，少则一两万。另外，明朝的附属国朝鲜与北关女真也应邀出兵。渡过鸭绿江助战的朝鲜军据说有一万三千人。相比之下，北关女真出动的人数比较少，只有二千多人。

杨镐作为全军统帅并没有出塞，他手持皇帝赐予的尚方宝剑坐镇辽阳，具有执行军法之权，可斩总兵以下不听号令之官，他上任以来，斩了清河逃将陈大道等人以立威。像这样大规模的军事行动很难瞒得过后金，书生习气很重的杨镐干脆派人通知努尔哈赤，申明王者之师即将前来问罪之意。

明朝紧锣密鼓地准备进行报复性的"大举征剿"。后金也没闲着，大贝勒代善奉命率五千人进驻三道关，加强防御。努尔哈赤本人于1619年（明万历四十七年，后金天命四年）正月初二带着八旗劲旅，征讨受明朝庇护的北关，一举夺取伊特城等大小二十余处屯寨，驻军于距离叶赫城十里之外的地方。明军紧急来援，领军之将是总兵马林，他眼见后金军队声势浩大，自知无必胜的把握，遂不战而退。努尔哈赤经过对敌情的分析之后认为难以迅速攻克坚固的叶赫城，也匆匆结束了这次军事行动。努尔哈赤没有攻击明军，是想与明朝和谈，他提出"罢兵"的具体条件包括：明朝正式封自己为王，并将过去给予女真诸部的一千五百道敕书改授后金，而过去给予建州女真的原额赏金，现在应继续保持，另外还要送给自己以及大臣三千匹缎、三百两金、三千两银。老谋深算的努尔哈赤知道明朝很可能不会理睬这种漫天要价一般的勒索，因而继续密切注视着明军的动向，还于二月十五日抽调一万五千民夫前往界藩等地运石筑城，以

防从抚顺关杀过来的明军，另派四百骑兵作为护卫。不久，杨镐的使者前来宣战，使努尔哈赤得以确定大战即将在近期发生。三月初一，后金哨探发现明军于二十九日夜间手执灯火从抚顺关往东前进，在此前后，南方的栋鄂亦发现有明军活动的迹象。后金统治者经过商议之后，决定采取"凭尔几路来，我只一路去"的战法，先集中兵力迎击抚顺方向的明军，而在南方仅留兵五百以作牵制。努尔哈赤命令代善率部先行，就在后金先头部队前进期间，又有哨探飞报称清河方向发现明军。代善镇定自若地说："清河虽有敌情，但其地狭险，明军不能遽然而至，可以姑且不管他们，我们先往抚顺关迎战"，遂快马加鞭向西疾进。

"萨尔浒"即将成为两军迎头相碰的第一个地方，后来，这场大决战被命名为"萨尔浒之战"。此地位于抚顺以东七十里之处，是通往后金大本营赫拉阿图的必经之地，它的东北方向耸立着铁背山，而浑河、苏子河在附近汇合，是一个山水相连的交通要冲。后金早已对此地倍加留意，此前派了一万五千民夫前往与铁背山接壤的界藩山上筑城，就等明军自投罗网。

途经此地的正是山海关总兵杜松所部。这一路是明军的主力，兵力有所增强，《满洲实录》称其有六万人，但真正的人数可能是两三万人左右（包括数百名朝鲜炮手）。随军参战的武将还有保定总兵王宣、总兵赵梦麟、管游击事都司刘遇

节、参将柴国栋、参将龚念遂、游击王浩、游击张大纪、游击杨钦、游击桂海龙、游击李希泌、管游击事备御杨汝达。监军的文官有分巡兵备副使张铨。他们于二月二十八日从沈阳出发，而总兵秉忠与李光荣分别留在沈阳与广宁策应。按照原定计划，以杜松为首的部队应该在二十九日下午到达抚顺候命，而在此前后，李如柏与马林的部队也应该到达清河与开原这两个指定位置，等到三月初一这天，三路部队分别从西、南、北三个方向共同出塞，直抵浑河，在二道关会师。然而，有勇无谋的主将杜松为了抢头功，却提前一日出塞。原来，李如柏在出师之日运用了激将法，他先把送别酒浇在地上，然后对杜松说："我准备将头功让给你。"杜松岂能示弱，便扬言要生擒敌酋，绝不让他人分功，他临出发时连脚镣手铐等物都准备好了，大有"不破楼兰终不还"之势。为了抢在李如柏的前面到达二道关，他带着部分人马争分夺秒地奔驰百余里，好不容易抵达了浑河。此时天色已暮，军中将士纷纷请求立营休息，以便喘一口气。可是一心要立头功的杜松根本不听，他侦察得知河水不及马腹，遂大喜，立即裸身骑马而渡，并大言不惭地笑着对恳求他穿戴盔甲的手下说道："披甲入阵的不算好汉，我结发（古代男子自成年开始结发）从军，如今已老，尚不知盔甲到底有多重！"主将既然以身作则，部下就不得不跟随其后解衣涉水。当全军来到河中时，水流突然变急了，溺死了不少士卒。杜松

不管三七二十一地勇往直前，沿途杀死十四名敌人，焚毁两寨，终于成为了第一个到达二道关的人。然而，由于杜松所在的先头部队前进过快，已经把其他部队远远抛在后面，因而存在着被后金各个击破的危险。

面对汹涌而来的明军，在界藩山上筑城的一万五千后金民夫抢占了吉林崖，据险而守。而护卫的四百名八旗骑兵采取灵活机动的战术，不断骚扰明军，阻止其前进。

这时，后金先头部队在代善的带领下已经过了扎喀关，并与因祭祀神灵而后至的皇太极会师。皇太极鉴于形势紧急，建议道："我方在界藩山上筑城运石的民夫没有正式装备军械，山上虽然险固，倘若明将不惜代价极力攻打，后果不堪设想。当务之急要赶快前往那里，以免民夫人心惶惶。"代善等人认为此话有理，当即下令所有士兵全部披甲备战，可是来到太拦冈时，代善又感到信心不足，想在此等候努尔哈赤的主力，再作打算。皇太极不乐意地说："为何要立兵于偏僻之处？应当迎敌布阵。运石的民夫见我兵至，亦会奋勇参战。"皇太极的话得到了大臣额亦都的支持，众人见此再无异议，遂前进与明兵对垒，布阵准备作战。

明军这支先头部队已经一分为二，一部抢占了萨尔浒山，另一部正想占据吉林崖，但未能成功。代善、皇太极等人商量后决定派一千兵登上吉林崖与山上的四百护卫会合，以居高临下之势伺机出击，配

合右侧四旗夹攻明军，而左侧四旗则监视萨尔浒方向的明军。这时天色渐晚，努尔哈赤率领主力已经到达，他得知诸贝勒的破敌之策后，认为应该加以修改，可抽调右侧二旗增援左侧四旗，先破萨尔浒山上的明军，此处明军一败，另一处明军自然丧胆，然后再令右侧二旗配合吉林崖上的军民解决残余敌人。

次日，一场生死攸关的决战即将开始，可后金的人马尚未全部集中，先行到达战场的多数是精壮之辈，而那些体力疲弱之人以及远方的驻军皆未赶到。努尔哈赤管不了那么多，下令左侧六旗马上进攻萨尔浒山。后金士兵用弓箭仰射，冒着从

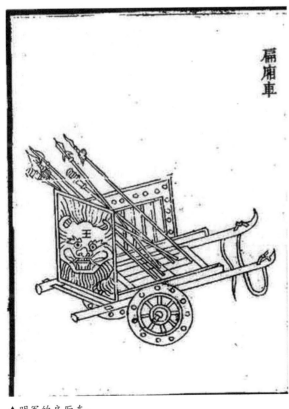

▲明军的扁厢车。

山上射下来的炮火一下子冲上山顶直捣明军阵营，没多久便杀得明军尸横满地，四处成堆。此时，吉林崖上的金兵乘"黑雾障天"之机从山顶居高临下地往下冲击，配合渡过苏子河的右侧二旗前后夹攻明军。明兵拼命发射火炮也未能挽回败局，纷纷向北溃退。总兵杜松、王宣、赵梦麟等皆死于阵中，倒毙的溃逃者一时之间漫山遍野，血流成河。大批遗弃的军械与尸体一起随着浑河的浊流而上下沉浮，如冰雪融解一般旋转而下。八旗向北追击了二十里路，直至硕钦山而还，这时天色已晚，但仍未停止沿途截杀逃窜之兵的行动。

明军向北溃逃的士兵正好与总兵马林的一路人马相遇。《满洲实录》称此路明军有四万人，但真正的人数可能是一万五千人至两万左右。与马林一起进军的武将有管副总兵事游击麻岩、管游击事都司郑国良、管参将事游击丁碧、游击葛世凤、游击赵启祯、参将李应选、守备江万春、管游击事都司窦永澄。监军的文官有兵备道佥事潘宗颜。随行赞理军务的文官有通判董尔砺。这一路军队从北向南于三岔儿堡出边，主将马林在三月初二得知杜松已提前一日出发，为了避免落后于人，慌忙向二道关疾进，刚巧在杜松战死的这一天夜间来到浑河以北宿营。明军在营地的周

围挖凿壕沟，加强防御，并派哨兵"击鼓传铃"，周围巡逻。

马林的驻营地点不久就被后金探知，大贝勒代善在第二天早上领兵三百多前往侦察，为新一轮激战做准备。按照常理，明军应该集中兵力与敌人较量，但马林做了一个奇怪的决定，竟然将部队分散为两部分，自己带领一部分人马退往尚间崖，另一部分兵力在监军潘宗颜的指挥下驻营于尚间崖以西的斐芬山，双方的距离有三里之遥。在此期间，杜松的后继部队在参

▲明军的轻车图。

将龚念遂与游击李希泌的带领下也赶到战场，这支部队拥有车营及骑兵，据说人数上万，尽管他们知道杜松已死，但没有后退，而是在尚间崖旁边一个叫做"乞哄泊"的地方安营布阵，凿壕列炮。

明军分散为三部分正好让北渡浑河的八旗军有机可乘，将之各个击破。努尔哈赤与皇太极求战心切，带着不满千人的士兵首先向龚念遂与李希泌所部发起攻击，其中，一半人下马步行，冒着炮火前进，而另一半人则骑马强行突阵。八旗步骑兵互相配合，很快摧毁了明军的大型战车与坚盾，取得胜利，打死了龚念遂等人。

代善一直监视着尚间崖的动静，他没有忘记派人向努尔哈赤通报敌情。努尔哈赤歼灭"乞哄泊"之敌后，不等皇太极前来会合，便立刻带领四五千名随从纵马向尚间崖疾进，在中午时分抵达代善的所在地。这时，尚间崖上的明军已绕营凿壕三道，壕外布列大炮，炮手皆站立，而大炮之外，又密布骑兵一层，骑兵的前面摆放着一大批铳炮。而马林的大本营设在三道壕沟之内，里面的所有将士皆下马备战。久经沙场的努尔哈赤经过细心观察，胸有成竹地指出如果部队抢占山巅然后从上往

下打，那么明军必败无疑。因为从山上往下冲的好处是使骑兵只能前进而不方便后退，同时，俯冲也有利于射箭。就在八旗军那些披甲的骑兵即将进攻山巅时，情况又发生了变化，明军大营里的士兵纷纷越过壕沟，正与壕外的铳炮手会合。努尔哈赤据此认为明军将要攻下山来，他转而命令先头部队立即停止仰攻山巅，改为下马步行迎战。代善也想向自己的部属传达下马之令，可是没有时间了，因为明军已经冲下山来，在这个紧急关头，他叫喊道，"明军已来战，我军要反击"，遂策马向前冲去。跟在后面的部队完全来不及排列整齐的队伍，几乎处于各自为战的状态——骑马快速者疾驰而往，骑马缓慢者稳步而进，犹如平时打猎拦截野兽一样，一拥而上。八旗军用弓箭与明军的铳炮对射，几经较量，终于占了上风，打得明军四处逃窜，致使尚间崖下，河水皆赤。明军管总兵事游击麻岩等人战死，马林仅以数骑突围而出。

连战连捷的八旗军马不停蹄地回师进攻斐芬山的明军，努尔哈赤这次终于有充分的时间按步就班地布阵，他命令一半的将士下马，让那些身穿重甲者手执长矛与大刀走在前面，而身穿轻甲者则在后面射箭。还有一半的将士骑马殿后，以应付突发事件。明军于山上结营并竖起盾牌，他们在战车的掩护下发射铳炮还击，可仍然阻挡不住向山上仰攻的八旗军，以惨败告终，潘宗颜以身殉职。

北关女真领袖金台石、白羊骨领兵来助明朝，这伙人在中固城（今辽宁开原附近）一带得到明军兵败的消息，不禁大惊失色，忙不迭地撤回老巢。

到目前为止，四路出师的明军已经被后金打垮了两路。这两路明军的惨败并非偶然，他们不约而同地犯了分兵的错误。在浑河以南指挥作战的杜松把部队一分为二，一部抢占了萨尔浒山，另一部围攻吉林崖，最终被后金各个击破；在浑河以北作战的马林同样没有集中兵力，他的部队分散布置在尚间崖、斐芬山与"乞哄泊"这三个地方，结果又一次被后金各个击破。各路明军之所以会重复地犯下分散兵力的错误，原因很复杂，首先要从他们装备的大量铳炮类火器说起。这类火器的一些性能与八旗军最常用的弓箭有着极为显著的区别，除了白炮之类的火炮适合抛射大弹丸之外，大部分铳炮类火器发射的弹丸都比较小，一般只是对准前面的目标平射，很少向天仰射。虽然向天仰射在射击角度合理的情况下可增加射程，但由于射手难以观察弹丸的轨迹，常常弄不清楚射击的效果，因此少用。相反，弓箭仰射时射出的箭比弹丸大得多，因而弓箭手有机会观察利箭在天空的弧形飞行曲线，故能随时调整弓的射击角度，以便让下一箭能更好地飞越障碍物而击中目标（在实战中，弓箭手即使躲藏在阵营的后面，也能够不停地射击，使那些射出的箭在天上向远方延伸，越过一个又一个站立在弓箭手之前的士兵，最后落在阵地的前面，对敌人造成威胁）。综上所述，铳炮手与弓箭手不同，他们受制于铳炮类火器的性能而主要依靠平射，他们进行平射时开火的最佳位置不是在阵后，而是在阵营的最前列。可是，当一支部队里面的铳炮手有很多，而这些铳炮手都一齐集中起来排列在阵营前面的几列时，肯定会使队列变得更长、对地形的要求也更高。就以明军常用的方阵为例，所有铳炮手都拥上前列会使一个实心方阵急剧膨胀成为空心方阵。可在崎岖的山地战之中，要想找到一块合适的平地能够容纳上万人布置空心方阵，绝非易事。同样的困难在布置空心圆阵或者其他大型阵营时也可以遇到。故此，杜松与马林的部队在浑河南北的山区就难以布置一个大阵，他们不得不迁就地形，将部队分散成为两个或者三个小阵，布置在东一处、西一处。理论上，小阵与小阵之间可以互相进行交叉的火力支援，以防敌人乘隙而入。但铳炮类火器的射程普遍比弓箭远（根据史料之中充满争议的记载，一些火炮的最大射程可达数里），为了避免在进行交叉射击时误伤自己人，明军只好增加阵与阵之间的距离。尽管，雄才大略的明成祖早在明初就说过"两阵相对，胜败在于呼吸之间，虽百步不能相救"这样的话，提醒部队临战时不要轻易将兵力分散，以免应援不及。可现在时过境迁，到了明朝中后期，由于北方边防部队长期面对的敌人都是那些出没无常、志在抢掠财物的鞑靼诸部，因而在长城沿线分散兵力、处处设防逐渐成了常态。明军与鞑靼诸部的大多数战斗都是速战速决的，从而

使得边防将士更加重视铳炮类火器所具有的射程远、威力大等优点，相对而言，铳管与炮管因发射时间过长会出现过热与爆膛等缺点就容易遭到忽视。特别是戚继光与俞大猷这两位公元十六世纪的名将更是热衷于使用乘载火器的车营来布置方阵，用以防御入侵的鞑靼人。就以戚继光在主持蓟、昌、保定地区练兵事务时组建的车营、骑营与步营为例，在这些部队中使用火器的人数占了一半以上，并尽量在战时把它们布置到各个阵营的前列，以便形成最猛烈的火力。当部队的规模稍大、兵种稍多，布置的各式方阵（也可以是圆阵，或者别的阵）就不止一个了。这类战法在以前用来对付各自为政、不思进取的鞑靼诸部可能有效，但一旦遇上前所未有的强敌，明军各个阵营难免会被逐一击破。况且，并非所有的明军将帅都像戚继光与俞大猷那样文武双全，会著书立说，他们不少人都是有勇无谋的一介武夫，只擅长于骑马射箭，对如何按照兵书上的规定使用车营与火器布阵则是一知半解。例如《筹辽硕画》记载提督学校御史周师旦在萨尔浒之战后对明军提出了批评，沉痛地指出，当今一些所谓的军事训练，不过是搞形式与走过场、只求形似而已。部队在训练场上摆出一个方阵，表面上井然有序，金鼓声振，旗帜翩翩，可这个阵到底有何妙处？"问之兵，兵不知其故，问之将，将亦不知其故。"一旦遇上敌人，又匆忙把方阵改为"一堵墙"那样的线式队形，挖掘堑壕，布置火器，然而训练不足的士

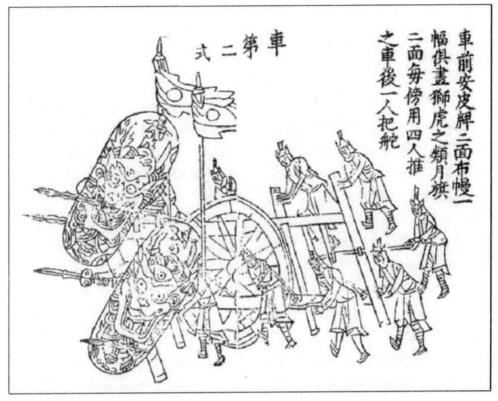

車前安皮牌二面布幔二
幅俱畫獅虎之類月旗
二面每傍用四人推
之車後一人把舵

▲驻守边境的明军战车部队。

兵"脚跟不定，每欲望敌先溃"，怎能不打败仗呢？

反观没有装备火器的后金军队，行阵布阵时对地形的要求就没有多么苛刻了。就算乱成一窝蜂也没关系，毕竟，他们的弓箭手在什么地点都可以射击，既可以骑着马冲在部队的前头进行平射，又可以下马步行躲在重甲兵的后面抛射，真正做到了"召之即来，来之即战"。

连续获胜的努尔哈赤于四月初二傍晚收兵至古尔本安营扎寨时收到侦探的报告，得知南方的两路明军各自从栋鄂与清河向赫图阿拉挺进。他决定南下迎击从栋鄂方向杀过来的明军，先令达尔汉领兵

一千出发，其余人马争取时间休息，以养精蓄锐迎接下一轮大战。第二天早晨，他又命令二贝勒阿敏领兵一千增援先行出发的达尔汉，而主力尾随在后。努尔哈赤与代善等人返回到界藩这个旧战场，杀牛八头祭旗，庆祝已取得的胜利。代善不等祭旗完毕便带着二十人扮作小卒前去打探消息，三贝勒莽古尔泰与四贝勒皇太极也不甘落后，相继上路。代善回到赫图阿拉时已是夜近初更，他在城内的衙门见到了留守于此、并忧心忡忡的一大批后金的上层贵族女性，便抚慰她们道："明军从抚顺与开原方向打过来的两路兵已被打败，现在从栋鄂与清河方向而来的两路兵也到不

了这里，我正等待父命前去接战。"众人之心稍宽。其后，莽古尔泰、皇太极与祭旗完毕的努尔哈赤全都一一回到了赫图阿拉，他们经过商议，决定由代善等人率领主力迎战栋鄂方向的明军，而努尔哈赤与四千人留在赫图阿拉，防范清河方向的明军。

从栋鄂方向杀过来的是刘綎所部，《满洲实录》称此路明军有四万人，但真正的人数可能是一万五千人至两万左右，其中最有战斗力的是刘綎所带的几千家丁。与刘綎一起进军的武将有管游击事都司祖天定、都司姚国辅、都司周文、副将江万化、守备徐九思、备御周翼明，文官有兵备副使兼监军康应乾与赞理军务的黄宗周。此外，这路明军还可以得到朝鲜的协助。越境参战的朝鲜军号称一万三千，由都元帅姜弘立与副元帅金景瑞统领，监军的是管游击事都司乔一琦。二月二十八日出发的刘綎所部，经宽奠堡、固拉库崖直取赫图阿拉，于三月二日来到清河，深入敌境三百余里，在途中连克十余堡，军威大振。沿途的后金居民纷纷逃进山林之中躲避，而一些瘸脚与瞽目之类的残疾人因来不及撤走而惨死于明军的刀下。驻扎于当地的五百名八旗军在托保、厄里纳、厄黑乙这三个牛录额真的带领下企图牵制明军，但寡不敌众，折兵五十。厄里纳、厄黑乙死于阵中，仅剩托保率残兵逃脱。

孤军深入的刘綎一直挺进至清风山，距离赫图阿拉已经越来越近，成功似乎已经在望，可这个时候他哪里知道杜松所部已在浑河附近一败涂地，自己即将与掉转矛头的八旗主力决一死战。

努尔哈赤为歼灭刘綎作了精心的布置。一名乔装打扮的后金间谍从北面飞骑南下，他手里拿着缴获的杜松令箭，冒充明军的传令兵催促刘綎尽快北上会师。刘綎果然中了敌人的"诱敌深入"之计，只是简单地盘问了几句就下令全军加快前进的步伐，就像《明季北略》所评论的那样，刘綎之所以轻易上当是惟恐杜松"独占其功"的心理在作怪。明军按照预定的行军布阵之法，让老弱之人拿着可以阻碍敌军骑兵冲锋的鹿角（这种兵器主要由一些削尖的木棒制成，因形状像鹿的角而得名），以便一旦发现敌情就马上将它们插于地上，然后围绕着军队排列成一圈，就可"转瞬成营"，能起到较好的防御作用。这种稳妥的布阵办法使营内的士兵得以争取时间来布置火器，准备用于挫败敌人的第一轮进攻。而劲骑又可乘机冲出营外格斗，等到疲惫时再回营休息，因而常常立于不败之地。可惜的是，刘綎竟然做出了"自毁长城"的蠢事，他经过二十里的急行军之后遥闻前面响起了炮声，不禁心如火燎，仿佛杜松就快要进入赫图阿拉抢去头功，致使自己的宿将名声受损，为了防止这种情况发生，他下令全军抛弃所有的鹿角而轻装前进，此举无异于亲手把军队送入了虎口。就这样，明军一步一步地走向深渊，再走一里多路就要与埋伏在山谷险隘之处的后金先头部队迎头相碰了。以达尔汉为首的后金先头部队仅有一千人，靠这点兵力要想围歼刘綎所部谈何容易，在这个关键时刻，代善、莽古尔泰与皇太极及时率领主力赶到，至此，八旗军已经胜利在望。

刘綎发现前路有敌军出没，下令士兵抢占阿布答里山这个制高点，转入防御状态。但是明军又一次犯了分兵的错误，只有一半人登上了阿布答里山布阵，另一半人驻于附近的野地。

代善认为应当尽快拿下阿布答里山，他本想亲自出马与明军争夺制高点，然后指挥部队以破竹之势从山上一路杀下来，但在皇太极主动请求出任先锋的情况下，只好顺水推舟地让贤了，可他不忘叮嘱自己即将上阵的弟弟："你不要违背我的话，不得只身入阵，只可立于军队的后面督战。"后金开国者们经常亲临前线，当然知道身先士卒的危险性，这种行为常常要付出血的代价。那时，无论是明军，还是蒙古与女真诸部，都存在着很多冲锋陷阵的将帅，为此，努尔哈赤在过去甚至制定出专打敌军头目的战术原则，认为"领兵前进者，必头目也……但伤其一二头目，彼兵必走"，事实证明这一招在战场上屡试不爽。现在，代善为了避免被明军"以其人之道还治其人之身"，便提醒皇太极，以免让对手有机可乘。然而，血气方刚的皇太极把兄长的叮嘱置之脑后，他指挥八旗右翼兵抢占制高点之后，立即带着三十名精兵就像离弦之箭一样风驰电掣般地从山上冲了下来。时刻关注皇太极动静的代善不失时机地率领八旗左翼兵从山

的西面进行夹击，把阿布答里山的明军打得全线崩溃，四散而走。刘綎慌忙让驻于附近野地的两营士兵赶往阿布答里山增援，不料刚到半途，就被身穿明军服饰的八旗兵所袭击，猝不及防的刘綎在作战中"中流矢，伤左臂。又战，移伤右臂"，直至陷入重围，"内外断绝"，仍鏖战不已。《明史纪事本末补遗·辽左兵端》记载他最后面上中了一刀，被砍去半边面颊，犹左右冲突，竟与养子刘招孙与等人一起战死。

《明史·刘綎传》称："刘綎所用镔铁刀百二十斤，马上轮转如飞，天下称'刘大刀'"，简直就是《三国演义》中描写的猛将的翻版。《三国演义》及《水浒传》等书写定于明代（三国、水浒的故事，都经历了几个世纪的流传和积累，汇集历代文人墨客的智慧，然后在明代分别由罗贯中、施耐庵在此基础上加工写成）。在这两本书中，描写古代战争的场面时，将帅们总是身先士卒，带头冲锋陷阵，所向披靡。这很可能在某种程度上就是明代将帅率军打仗的真实写照。无独有偶，精通汉、蒙古与女真语言的努尔哈赤也喜欢读《三国演义》及《水浒传》，这位后金开国领袖在刚开始的征战生涯中，也经常带头冲锋陷阵。不过，上得山多终遇虎，他经常披坚执锐就必然会在作战中付出血的代价。最显著的例子是在1584年（万历十二年）的攻打瓮郭洛城之战，身先士卒的他被对手用箭射中头部与脖子而昏迷数次，差点丧了命。多年来的浴血

奋战积累的经验教训使努尔哈赤深深知道带头冲锋陷阵的危险性，他曾经告诫自己的儿子不要随便冲杀在前，同时提出了一条专打敌军头目的作战原则，具体方法是在作战中要尽量查清楚哪些人是敌军的头目，确定目标之后，再集中力量打击。从大量的战例判断，打的主要手段是用箭射。在萨尔浒这场大决战中，明军将领杜松这位过去在镇守陕西时亲自与胡骑打了"大小百余战"的猛将如今就死于八旗军的乱箭之下，根据《明季北略》的记载，八旗军攻打吉林崖时，于火光中认出了杜松，"争射之，脔其肉立尽"。稍后，另一名将领刘綎亦在作战中被箭射伤，最后奋战而死。此后，八旗军在与明朝的数十年争战中，屡次使用这种打法，用箭射杀了无数的明军将领，使之成为一种经典战术。明军将领反复死伤于箭下，亦与他们缺乏精良的盔甲有关，致使自身的防护能力大打折扣。明臣徐光启在战后总结经验教训时指出，杜松的脑袋遭到利箭的密集攻击，潘宗颜的背脊也中了一箭，由此可知，就连"总镇监督亦无精良之甲胄，况士卒乎？"由于武备荒废等缘故，明军很多将士的身上只有胸甲与背甲，而其余地方没有片甲遮盖。八旗兵经常在五步之内弯弓，专门射击明军没有任何盔甲保护的面部与胁部，因而频频得手。

刘綎所带的明军虽然在阿布答里山附近溃败，但并不代表这一路军队已经全部覆灭，由于军中存在着根深蒂固的分兵习惯，早已有部分兵力被监军康应乾带到一个名叫富察甸的旷野之地驻扎，这些残余的明军与朝鲜援军会合在一起，准备拒敌。明军皆手执狼筅、竹竿长枪等兵器，身披藤甲与皮甲，朝鲜兵则头戴柳条盔，身披纸甲，他们都在铳炮的掩护下层层布列。不过，明军与朝鲜军并非集合在一起布置成一个大型阵营，而是分散为两个以上的小阵。其中有的小阵在山岭上，有的在岭下平地。

四大贝勒率部先后赶到此地，列阵进攻，先出动数千骑兵纵横驰骋，切断敌军小阵与小阵之间的联系。对手马上作出反应，营中铳炮连发，不料突然大风骤起，刮起的烟尘皆返吹，一时之间天昏地暗，致使铳炮手难辨彼此，开不了火。八旗军乘机发起总攻击，奋力射箭，一齐突阵。但破阵的过程并非一帆风顺，朝鲜史料《燃藜室记述》记载，在牛尾岭布防的朝鲜军"设柜木于阵前，分队放炮，虏骑阻不能突，而屡进屡退……"多次受挫的八旗军为了破阵，竟然以"铁骑随马后，以兵器驱马"，也就是使用重装骑兵驱赶马群做炮灰，让这些可怜的马冒险冲开阻挡在跟前的"柜木"，如决堤之水涌入朝鲜人的阵中"……前者颠，后者蹂躏而进"。八旗军的精锐部队紧随其后，成功强行突入，逐一击败对手，将之砍杀殆尽。康应乾仅以身免。

仗打到现在，大局已定。唯有设营于孤拉苦山上的朝鲜都元帅姜弘立所部五千人尚保存完好，未受攻击，并收容了明军管游击事都司乔一琦率领的一些残兵。姜

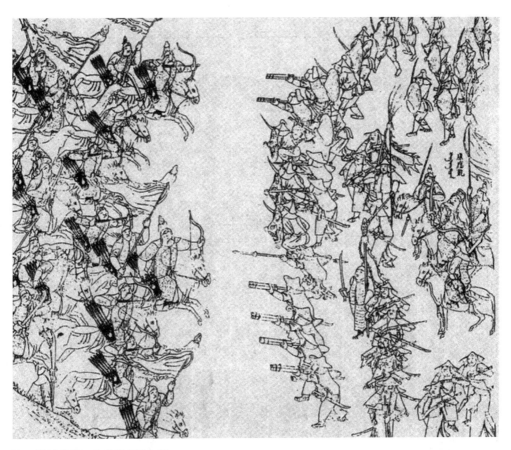

▲《满洲实录》中的萨尔浒之战。

弘立在明军败后早已丧胆，派副元帅金景瑞下山与后金联系投降之事。不愿投降的乔一琦自杀身亡。大获全胜的八旗军在战场驻兵三日，尽收对手的盔甲、兵器以及辎重，于初七日返回赫图阿拉。

身在沈阳的杨镐迟迟才得知杜松、马林两路兵败的消息，不禁大惊失色，紧急下令刘𫄷与李如柏这两路人马撤回，可惜已经太迟了，深入敌境三百余里的刘𫄷早已一去不返，身死异乡。只有从清河出塞的李如柏能侥幸撤回。李如柏所部撤退时，被后金派到呼兰路的二十名哨卒看

见，这些哨卒遂立于山上，或吹螺、或系帽于弓不停地挥动，装作八旗军主力已经杀到的模样。明军大惊，在夺路而回时因自相蹂踏而死了不少人。后金哨卒乘机捕杀了四十余名滞后的明军，获马五十余匹。

回顾这次空前的大决战，四路参战的明军接近十万，其中"文武将吏前后死者三百一十余人，军士四万五千八百余人"，这个数据被后来出任辽东经略的王在晋所采信，写进了他编撰的《三朝辽事实录》之中。明军还损失了两

萨尔浒之战 (公元1622年二—三月)

比例尺 一百万分之一

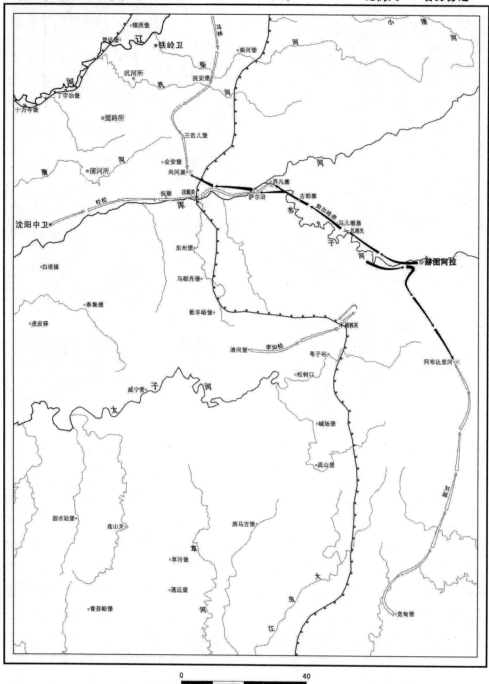

▲ 萨尔浒之战。

万八千匹马、驼与骡子。侥幸生还者有四万二千三百六十余名 。至于后金的损失，《清太祖实录》声称"约折二百人"，这个伤亡数字显然低得离谱、不太可靠。但无可否认的是，后金获得了让人难以置信的胜利。

后金的辉煌胜利并非是"以少胜多"取得的，更不是"女真满万不可敌"的重演。尽管在个别的战斗中，八旗军的兵力可能少于明军，但掩饰不了后金总兵力占优势的事实。前文已经说过，后金在攻打抚顺时可能动员了十万之众，而这一次，在萨尔浒大决战这个生死存亡的紧急关头，这个新兴国家必然不惜一切代价，全力以赴。很难相信，它出动的总兵力会少于十万明军，由于采取"凭尔几路来，我只一路去"的正确打法，后金统治者在集中兵力逐一对付分作四路的明军时，这种优势就更明显了。另外，后金的兵权高度集中于努尔哈赤的家族手中，决策过程简单、有效，在战时令出必行，获胜实非偶然。努尔哈赤如臂使指，迅速集中兵力从这个地方调往那个地方、总是显得游刃有余。

明军不但兵力难占优势，而且军事制度存在着根深蒂固的缺陷。明朝的军事指挥机构如"叠床架屋"般重复设置，呈现出政出多头的弊端。表面上，这支军队的最高统帅是皇帝，可在宫中深居简出的皇帝逐渐失去了乾纲独断的能力，遇到重大问题需要群臣以"廷议"的方式参与决策，因而朝廷一些部门都能分享部分决策

的权力。内阁由于拥有"票拟"（内阁学士代替皇帝在朝臣的奏疏中做批示草稿）的权力，常常企图代表皇帝发号施令。皇帝如果有不同的意见，可以将内阁上送的奏疏扣留起来不处理，或者将奏疏发回内阁重新改写，后一种行为称为"改票"。不管怎么样，内阁的意见总有得到皇帝同意的时候。但是，并非每一个皇帝都能坚持每天勤奋地批示奏疏，代替皇帝在奏疏上用朱笔批准内阁草稿的通常是司礼太监，因而司礼太监有时凭着给皇帝拟旨的机会得以染指决策。皇帝的正式谕旨一般要经过政府部门（兵、吏、工、刑、户、礼等六部尚书）执行，而依照六部尚书设立的兵、吏、工、刑、户、礼等六科"给事中"（虽然官阶为七品，但位卑权重）类似于现代的"智囊团"，他们有权参与审核皇帝的谕旨，如果他们具有反对的意见，可将原旨退还，不予执行，这种权力就叫"封驳权"。由此可知，拥有"批驳权"的兵科给事中也能参与军机。而兵部作为全国最高的军事指挥机构，其在中枢的影响力不容忽视。此外，负责监察作用的御史也时不时地插嘴军事问题。在萨尔浒决战之前，内阁的大学士方从哲、兵部尚书黄嘉善、兵科给事中赵兴邦等人分别通过严词督促、写信劝说与发布命令等种种方式按照自己的意愿在京城遥控指挥前线的最高指挥官杨镐。

杨镐的权力既受控于京官，同时也被地方的军政要员所掣肘。在战前，他需要总督、巡抚、巡按等地方军政要员一起共

同商议作战方略。由于"以文统武"的传统政策已经积重难返，致使军中武官的地位一直很低。有资格参与商讨作战方略的全是文官，各级武官统统被排除在外、不容置喙。科举出身的文官们虽然饱读诗书，可大多缺乏实战经验，所擅长的只是纸上谈兵。就以统帅杨镐为例，他过去所经历的战事大多规模有限，唯一的例外是抗倭援朝时的蔚州之战，此战中，他参与指挥的各路军队为五万左右，可惜以失败而告终。这次萨尔浒大决战，他指挥的明军、朝鲜军与北关女真所部总数达到了史无前例的十万之众，更显得力不从心了。从他制订的作战计划可以看出，在很大程度上照搬了蔚州之战分进合击的经验，他让四路明军分别从西、北、南等多个方向进攻后金的大本营赫图阿拉，唯独在东路

留了一个缺口，也许是想采取"围师必阙"的老办法，迫使对手弃地而逃，从而避免出现蔚州之战那样因对手顽抗而发生旷日持久的攻防战，最终出现变数，导致功败垂成。就像《明史纪事本末·补遗》所评论的：杨镐之意不在战，而在"虚张挞伐，冀取近寨小捷，得塞军书"，他事先把出师日期透露给努尔哈赤，很可能是书生意气用事，幻想对手能主动退避三舍。这种不切实际的想法从一开始就让出塞的明军走向了鬼门关。

总督、巡抚、兵备道等主持地方军政的文官经常走马灯一般地换人。总会有一些武将对那些刚到任职地点，就开始指手画脚的文官不太服气，揭示"以文统武"的政策隐藏着内在的矛盾。《明季北略》记载总兵杜松说过的一句话，就很能说明

▲实行"以文统武"之策的明军。

"文武之争"存在的问题。当时,这位奉命援辽的"西陲名将"经过潞河时,因天热在路旁的邮亭休息,被当地的百姓围观。他干脆解衣裸体示人,露出身上密密麻麻的刀箭伤疤,扬言道:"杜松本是个不识字武夫,惟不学读书人贪财害人。"而《明史纪事本末·补遗》则记载杜松所说的话是"杜松不解书,第不若文人惜死",显然是暗讽文官贪生怕死。明军的另一名总兵刘綎因未能参与商议出师日期而不满,他昔日与杨镐共事朝鲜,向来不和,他在杨镐指定出兵讨伐后金的日期之后曾经提出不同的意见,认为部队对战区的地形不太熟悉,请求稍后出师,杨镐怒道:"国家养士,正为今日,若复临机推阻,有军法从事!"言毕,悬挂一剑于军门,以示恐吓。刘綎不敢再请。

虽然杨镐拥有皇帝赐予的"尚方宝剑",号称能斩"总兵以下不用命者",但无权军法处置武官之中的最高级统兵将领——总兵。总兵对部队具有一定的影响力,常常以此作为与文官讨价还价的筹码。

明朝建国初期的一段时间里,军队在征战时以总兵的权力最重,出任这一职位者一般都是公、侯、伯等贵族勋戚,他们拥有"人事"、"财政"与"军法从事"之权,后因朝廷担忧出现藩镇割据的流弊,逐步削减了总兵的各项权力,使之受控于文官。中央政府经常派遣文官以巡抚、总督等军务衔头出征,这些人有权节制地方上包括总兵在内的一切文武官僚

(而地方上的文官还以兵备道、监军道等各种名目插手军权,对各级驻防武官形成掣肘)。由勋戚武臣出任的总兵在总督等文官之前时常也要在表面上采取恭敬的态度,更不用说那些在明代中后期以流官身份镇守地方的总兵了。《万历野获编》指出"总督与巡抚到任之初,当地身披战袍的总兵要执行叩首之礼。只有当总兵脱下战袍,换上峨冠博带式的儒服,督抚才会以礼相待"。到了明代中后期,总兵名义上是前线军队中的最高武将,但真正能掌握的只有自己的直属部队(通常以"营"为单位,人数有的过千、有的过万,并不一致)。总兵以下的各级武将有副将(又称"副总兵")、参将、游击、守备、指挥等等,他们也同时拥有以"营"为单位的直属部队(这些"营"的具体人数,有的比总兵所辖的"营"要少,有的差不多),平时各自独立地守御一方,日子一长便容易成为与总兵分庭抗礼的地头蛇,遇到棘手之事常常互相扯皮、互相推诿。总兵与守御一方的各级武官虽然有地位高低的分别,却无权力截然高下之制,因为总兵早已普遍失去"军法从事"的权力,从而致使威信下降。就像当代历史学者赵现海先生所指出的那样,这是"明朝中后期军事作战能力下降的原因之一"。相反,八旗军的制度比明军更适应大规模的征战,例如,后金统治者可以从八旗军的各个牛录之中顺利抽调精兵作为预备队(即后来的护军),而在政出多头的明军之中,无论是总督、巡抚等文官,还是总

兵等武官，很少从直属于各级将领的各个军营之中抽调精兵作为预备队，因为这样做的难度比较大。

总之，在明军的指挥机构当中，各级文武官员互相牵制，没有哪一个人能够真正掌握军权，杜松敢于违背杨镐之令先行出关说明了这一点。不过，这种军事体制与四分五裂的蒙古以及女真诸部作战，怎么打都不会有丧师失地、改朝换代之虞。如果所有将帅都有能力像李成梁那样将自己的亲属与家人大量安排在军中任职，逐渐以血缘关系控制各个军营，必能维持一定的凝聚力，经常打胜仗也并非难事。可是，在萨尔浒大决战中，明军遇到的是截然不同的新对手，参战的各支部队与各个总兵来自不同的地方，互不隶属，难以同心协力，以致各自为战，被对手逐一击破。然而，当时身在前线的大多数明军的指挥官并不了解这些，对他们来说，昔日李成梁能出塞直捣黄龙，成功突袭建州女真酋长阿台与海西女真酋长卜寨、那林孛罗等人老巢，就是最好的榜样。杜松、马林、刘綎等总兵无不想效仿先贤，用最快的速度扑向对手的大本营，抢个头功。很多人一厢情愿地认为努尔哈赤会像阿台与卜寨一样龟缩于老巢之内负隅顽抗，以致在野外碰到倾巢而出的后金军队竟然被打了个措手不及。

一些有远见的文官已经看出这种文武互相牵制、指挥机构重复设置的制度削弱了军队的战斗力，因而有意把"人事"、"财政"与"军法从事"之权交回总兵，以期待领兵的武官之中能够重新出现徐达、常遇春这样独当一面的常胜将军。例如后来出任内阁大学士的孙承宗一针见血地指出朝廷以边防重任托付给经略、巡抚等文官，而这些文官却难以自作主张，每日向朝廷询问战守之策，"此极弊也"，如今应该增加武将的权力，选择那些深沉雄健，具备气魄与谋略的人在军中主持大局，而偏裨将校以下的武职由其自行辟置，勿使文吏以鸡毛蒜皮的小事侮辱其尊严。从孙承宗的意见可看出，为了抵御强大的外患，朝野内外重文轻武的风气有所改变，而武官的权力也将得到适当的提升。到了明朝灭亡前后很多总兵已经得到了皇帝赐予的尚方宝剑，重获"人事"、"财政"与"军法从事"之权，甚至能够染指地方事务，以便宜行事。不过，要想势力庞大的文官集团拱手交出手中既得的兵权，任由武官率性而为，那是不现实的，内阁与兵部等充满了文官的中枢机构始终与皇帝保持密切的联系，牢固地掌控着军事决策之权，而前线的总督、巡抚等文官干预军事的制度也没有撤销。

后金取得萨尔浒的胜利之后，打算乘胜追击，长驱直入明朝境内。在大举进攻之前，努尔哈赤下令部属加紧时间喂养羸弱的战马，同时继续在界藩等地筑城，增强防卫，并督促农夫春耕，以准备军粮。为了争取朝鲜，以免在讨伐明朝时腹背受敌，努尔哈赤派遣后金使者携同朝鲜降将张应京一起前往朝鲜半岛，要求朝鲜国王保持中立。尽管朝鲜国王在表面上仍旧效忠于明朝，但他吃一堑，长一智，再也不想出兵介入后金与明朝的战事，以免引火烧身。到了四月份，战端重开，后金对明朝进行试探性攻击，于初九日派出上千八旗骑兵侵入明朝铁岭境内，掠得人畜一千而还。刚刚遭受重大挫折的明军无力反击。六月初十，一切准备就绪的努尔哈赤亲自率兵四万经尚云堡向开原前进，摩拳擦掌要大动干戈。辽东明军已经预感到后金会大举进犯，紧急从关内抽调援兵，连同本地的驻军，纠集了七万之众应急，但因在萨尔浒之役损失了大量能战之兵，一时之间难以恢复元气，故只能将部队分散在各个据点里面打防御战。这就让努尔哈赤又一次有机会施展各个击破的战法了。开原长期是明朝与女真部落进行边境贸易的重要货物集散地，过去，女真南、北两关取道此地把人参、貂皮等土特产源源不断地运往中原，使努尔哈赤垄断边贸的计划长期未能得逞。现在，努尔哈赤把矛头对准这个地方，既打击了明朝，又威慑北关女真，可起到一箭双雕的作用。

在这个生死攸关的时刻，明朝派往开原的主帅韩原善尚未到任，在萨尔浒之战中大败而还的总兵马林负起了守城的责任。他在副将于化龙、参将高贞、游击于守志、备御何懋官等人的协助之下，与署监军道事推官郑之范这个文官一起布置城防，他们仓促应战，增加城上防守力量的同时，又让部分人马出四门之外拒敌。八旗军的主攻方向是东门，参战人员全部下马作战，将城外的明军打得落花流水。士

气低落的明军士卒争先恐后地企图退回城中，致使城门为之堵塞，难以及时关闭。紧跟在后的八旗军立即集中兵力与明军争夺城门，同时派出部分人员试图在战车的掩护下靠近城墙，然后竖起云梯进攻。可是攻城的过程比原先设想的容易得多。很多攻城者不等云梯竖起，就夺门逾城而入，四处驱逐城内的守军。在城外的西、南、北三面布阵的明军见东城已破，无不大惊失色，一哄而散。不少人在逃亡时遭到八旗军的拦截，惨死于门外的壕沟与高粱地之中。马林、于化龙、高贞、于守志、何懋官等人战死，只有郑之范得以逃脱。意得志满的努尔哈赤登上城头南楼，坐在那里督战。不久，三千明军从铁岭方向赶来增援，他们见开原已失，又慌忙撤了回去，整场战事就以后金占领开原告终。八旗军从十六日开始在城内连续三天大肆杀掠，共有数万居民罹难，胜利者夺取了难以估量的财物，前后运了三日犹未运完。最后，努尔哈赤下令拆毁城墙，焚烧城内的公廨与民居，遂班师。

后金把开原夷为平地的暴行令辽东地区一片风声鹤唳，人人自危。然而，努尔哈赤并没有返回赫图阿拉这个大本营，而是驻军于距离明境较近的界藩，随时准备卷土重来。果然，五六万八旗军在一个月后浩浩荡荡地又进入了明境，这一次，他们的目的地是铁岭。铁岭是李成梁的祖居之地，也是李家将的大本营，后金胆敢攻打此地，按常理免不了一番龙虎斗。然而，情况今非昔比，李家将的实力早已一

落千丈，李如柏虽然在萨尔浒决战中拾回了一条命，但他的低劣表现遭到朝臣的交章参劾，竟被撤去总兵一职。顶替李如柏之位的是李成梁的第三子李如桢，原因是当时关外有许多官绅地主认为李氏世镇辽东，在女真人之中具有一定的威望，因而，他们强烈要求军队主帅一职继续由李家之人出任。虽然给事中李奇珍认为继续让李氏一族垄断辽东总兵之位，将来恐怕会造成藩镇割据的不良后果。但辽东巡抚周永春表示支持。兵部尚书黄嘉善在民情沸腾的情况下只好顺水推舟地推荐李如桢做总兵，并在1619年（明万历四十七年，后金天命四年）四月得到了皇帝的正式批准。李如桢本来托父亲的福在京城当了四十年锦衣卫官员，官至都督，可是因为朝廷在近段时间对政府部门的官员进行考核，裁减冗官，他处于下岗待命的状态，正在等候安排，想不到现在阴差阳错地当上了总兵。这位从来没有打过一天仗的家伙却傲气冲天，他自恃家世，竟然目中无人，不肯居于军中的文官之下，还未出关即先行遣使前往总督汪可受之处，要求在相见之日彼此要互行平等之礼。李如桢妄自尊大的态度伤了文官集团的自尊，导致"朝议哗然"，连推荐他做总兵的黄嘉善也坐不住了，公开就此事表明自己的态度，说道："国家让总督管辖总兵，实行'以文驭武'的政策，其中寓有深意。总兵不能与总督平起平坐，二百五十年来一直都是这样的。李如桢如今已经不再是锦衣卫官员，因而不能算皇帝近臣，

他若以总兵的身份与总督相见，应该遵守以往通行的礼数，有什么理由要改变现状呢？"最后，黄嘉善警告李如桢要听经略与总督之命，不要"执拗取罪"。胳膊扭不过大腿的李如桢只好怏怏不乐地走马上任。他到达辽东之后，奉经略杨镐之命守御铁岭这个李氏宗族坟墓所在之地。当地的官绅地主本来以为李如桢出自"辽之巨族"，必定会竭尽全力保卫"辽之巨姓"，绝不会后退。可惜，他们的愿望是美好的，现实却是残酷的，就像《三朝辽事实录》所记载的那样，当初李如柏被罢官之后返回京城居住时，携带了李如榛等一百七十六名同族亲属一齐离开，可谓"倾巢而出"。甚至连跟随李如栢的士兵，他们当中不少人早已将那些带不走的家产全部售卖干净。时人评论道："铁岭之亡，已卜于如柏回京之日矣！"意思是从李如柏回京之前的所作所为，可以看出铁岭必亡于敌手。这个城市之所以能够繁荣昌盛，一是得益于边贸，二是得益于作为李家将的大本营的显赫地位。如今随着后金以泰山压顶之势发起针对明朝的战争，一切即将烟消云散。《明史》记载，当资财雄厚的李家将及其部曲以李如柏被撤职为契机纷纷离开铁岭之后，竟达到了"城中为空"的地步。杨镐虽让李如桢防守铁岭，但不久即以孤城难守为理由，令如桢返回沈阳，仅留下参将丁碧等人，守卫的兵力更加薄弱。后金进攻开原，李如桢无所作为，充分暴露了志大才疏的本色。如今铁岭岌岌可危，这位"将门犬

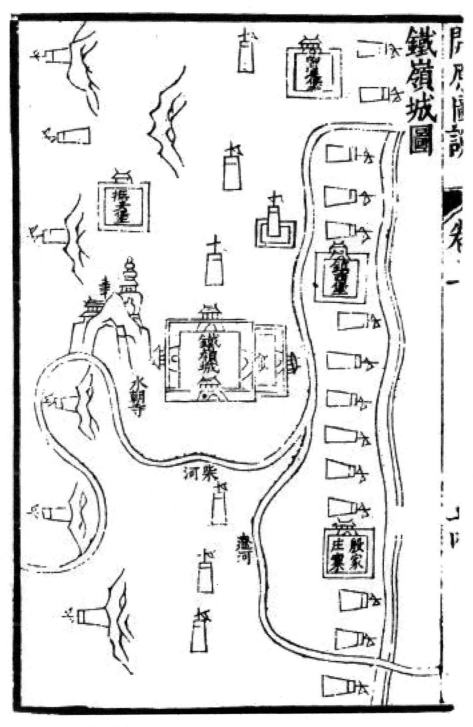

▲《开原图说》中的铁岭。

子"一样是束手无策。

努尔哈赤于七月二十五日率领诸贝勒取道三岔儿堡包围了铁岭，先逼降了城外各个小堡的明兵，然后四处拦截屠杀那些来不及进城之人。八旗军躲藏在战车的后面，一步一步地靠近城墙，强攻城墙的北面。他们不顾守军倾泻下来的利箭、大石与铳炮弹丸，一批批地竖起云梯往上爬，而那些站在下面的人也没有闲着，动手凿开城墙的砖石，力图把它们一块块挖掘出来。最后，这支虎狼之师突入了城中，进行了血腥的杀戮，先后打死了游击喻成名、史凤鸣、李克泰等将领。当晚，努尔哈赤击退了一股乘乱抢掠的蒙古人，巩固了来之不易的战果。铁岭一战，当地军民死伤无数，史称"一城皆忠义"。虽然李氏一族在战前已经有很多人离开，但那些来不及撤退的难免死于锋刃之下。李氏的族谱记录李如桢、李如梓、李一忠、李存忠等二十多人被害。李家军的大本营从此成为废墟。直到数十年后，有人重游此地，犹发现"掘土数寸，即有刀镞、甲胄、骷髅诸物，处处皆然"，凭此可以想象当时战况之激烈。可能有人认为，李成梁对努尔哈赤有提携之恩。努尔哈赤不分良莠地屠戮李成梁家族的人，过

于冷酷无情。可是，当初杀死努尔哈赤祖、父的正是李成梁的手下，努尔哈赤一直对此耿耿于怀，他在向明朝宣战的"七大恨"中不忘重申这一点。如今，铁岭被屠正是体现了他"睚眦必报"的倔强性格。何况，对于努尔哈赤这样胸怀大志的人来说，谁不利于他的国家，就一定消灭谁，就算是他的亲兄弟速尔哈赤与亲儿子褚英，也不在话下。更不必说是毫无血缘关系的李氏一族了。

坐镇沈阳的李如桢于二十五日早晨得知后金进犯，立即与贺世贤等将领赴援，但还没有等他们到达，铁岭已失。李如桢所部在"乘奴（指女真人）惰归"之时，"斩获虏首一百七十六级"。然而，后来有人揭露他们杀死的可能是那些企图在战

▲明神宗之像。

区混水摸鱼的蒙古人。

开原与铁岭的沦陷使得辽阳与沈阳的藩篱尽失，影响了整个辽东的防守。朝廷的大臣不断弹劾李如桢，指责他拥兵不救、观望不前之罪。李如桢尽力为自己辩护，否认对后金的入侵坐视不顾，只是承认"救援不及"，不管他怎样申辩，也改变不了丧师失地的事实，只能面临被撤职的惩罚。朝中的一些言官仍然穷追猛打，不断上疏皇帝请求彻查辽东兵败的责任。有人旧事重提，连李如桢的兄长李如柏也不放过，指控李如柏娶努尔哈赤的侄女为妾一事有通敌之嫌。其后，惶惶不可终日的李如柏于次年自杀身亡。李如桢则被打入死牢，直到十余年后，朝廷因念他父亲过往的功勋，特免其一死，充军了事。名重一时的李家将从此威信扫地、一蹶不振，成为士大夫嘲弄的对象。例如，著名文人夏允彝后来在《幸存录》中评论李家将由盛转衰的原因写道："李家之子弟，纵情于声色之中，平日里骑着马大摇大摆地游览赏玩，而功名随之衰落矣。我曾经就李家将盛衰的问题请教辽东的朋友，朋友回答说：'此乃天意。昔日李成梁、李如松得志之时，与之谈话，顿觉他们娓娓道来时的言辞精确恰当。及至李如柏之辈，既弱且蠢，与其谈话，令人不得要领，这些纨绔子弟毫无其父兄之风，一见便知其必败。'可叹的是，李氏一族之盛衰，竟然关系到辽东政局之兴坏，真是天意！"不过，夏允彝又说"后人议论纷纷，往往怪罪李氏子弟私通外夷，这种说

法则太过苛刻"。鉴于李氏一族在铁岭失守时遭到后金的屠戮，故此，基本可以排除李家将私通八旗军的可能。然而，李家将对后金的崛起负有不可推卸的责任，他们最初企图养寇自重，谁知事与愿违，到后来竟然变成养虎为患，祸及自身，可谓咎由自取。与李家将交情非浅的杨镐也自身难保，在开原、铁岭相继失陷之后被朝廷逮捕，下狱论死，于十年后伏法。

后金征明的军事行动连连得手，先后摧毁了明朝多个边贸城镇，切断北关女真的外援，现在，已经到了彻底解决北关女真问题的时候了。八月十九日，努尔哈赤亲自主持军事会议，制定破敌之策，决定由四大贝勒率领健卒包围白羊骨的西城，而他本人与一批"固山额真"一起率营兵进取金台石的东城。一声令下，八旗军如离弦之箭，以雷霆万钧之势星夜前进。

北关女真得知努尔哈赤起兵的消息，举国震惊，马上坚壁清野。城外的居民或者迁入城内，或者避入山谷。明代史籍《开原图说》记载，北关女真的西城城主白羊骨"部落约五千，精兵二千"，东城城主金台石"部落六千，精兵三千"，两者合计，动员上万的兵力没问题。白羊骨与金台石可不敢奢望"女真满万不可敌"的历史会重演，他们甚至连守住自己的领地也信心不足，需要明朝派军协守。一千明军在游击马时楠的带领下驻守在此地，这点兵力实际上于事无补。

二十二日天刚亮，白羊骨率军开出西城准备迎战远道而来的八旗军。只见八旗

军军容整齐，一副威不可当的样子，他们身上的"盔甲明如冰雪"，树起的"旌旗剑戟如林"，一波接一波仿如潮水涌至，漫山遍野，比比皆是。白羊骨大惊，不敢与之野战，慌忙调兵返回，困守愁城。其后，八旗军在四大贝勒的带领下开始攻打西城。

到了太阳升起之时，努尔哈赤所部也来到了预定的战场，从四面八方围攻金台石所在的东城。八旗军经过抚顺、开原与铁岭等地的攻坚战的锻炼，拿下东城这个小地方简直易如反掌，不一会儿，就破其外城，并陆续把军中的战车与云梯沿着山路推送到最前面去，准备强攻内城。努尔哈赤在总攻发起之前派人劝告金台石投降。金台石不从，言辞强硬地答复："我作为一个男子汉岂能像汉人那样投降，只有靠自己的手'死战而已'"。和谈既然破裂，战斗马上打响，八旗兵冲杀在最前面的士兵除了贴身穿上坚固的铠甲之外，还在外面再披挂一件绵甲，就连头盔的外面也戴上了厚厚的绵帽子，他们有的执盾、有的在战车的掩护下向前推进，跟随在他们后面的是那些身披轻甲的善射之士。霎时间，城下发出的利箭如雨点溅落，逼使城上的守军躲藏在城垛之内，不敢轻易暴露身体。大批八旗兵乘机靠近城南、城西与城北，不管城上掷下的石块与滚下的木头、火药罐，用斧子动手拆城。很快，北面的将士成功破城，二三十人并列登上了城头。后继部队陆续从突破口涌入，只一会儿，打得东城的守军四散而

走。很多士兵躲回了家里。努尔哈赤紧急传命，要求部下勿杀城中居民，要予以招降。

在八旗军的招抚之下，东城的军民纷纷归降。宁死不屈的金台石带着亲属退守坚固的八角楼，他自知难以幸免，遂向包围八角楼的八旗兵提出想见一见他妹妹所生的儿子皇太极。努尔哈赤得报后同意了金台石的请求，当即派人把围攻西城的皇太极召来，让这舅甥俩在火线上会一会面。然而，皇太极也未能说服金台石。这位东城的城主只肯让自己的妻儿下楼投降，自己手拿弓箭，与心腹随从一起重整盔甲，打算一直打到死去为止。他在八旗兵用大斧砍楼的危急关头放火自焚，谁知缺乏坚强的意志，竟在烈焰的烧烤之下如热窝上的蚂蚁团团转，最后不得不主动走下来束手待擒，被努尔哈赤下令用绳子缢死。

东城失守，西城也独木难支。白羊骨心知苦撑不了多久，不断派人与指挥攻城的代善商议投降事宜。代善发下重誓，表示白羊骨若来降，必可保全性命。白羊骨相信了代善的话，开城投降。努尔哈赤却有不同的想法，他认定白羊骨心怀异志，留他一命必有后患，便在当天夜里让手下把他绞死了。

努尔哈赤收编了所有的北关军民，但将驻守东、西二城的一千明军全部杀死。至此，后金基本统一了女真诸部。《清太祖实录》记载这个新兴国家辖下的区域"自东海至辽边，北自蒙古嫩江，南至朝

鲜鸭绿江，同一音语者俱征服，是年诸部始合为一。"

从此，北关女真灭亡，海西女真扈伦四部叱咤风云的历史也画上了句号。它们因竞争不过建州女真，终于被历史无情地淘汰了。根据学者的研究，在后金建国之初的二百三十九个牛录之中，出身于海西女真的牛录额真约有四十七个，比不上建州女真的一半，甚至连东海女真也不及。这与努尔哈赤防范海西女真有关，他将获得的海西女真之人分属于各个旗下，很少独自编成牛录（据统计，以海西女真人为主编成的牛录仅约五十二个，大部分人被分散编入了其他旗的牛录），以保存建州女真的优势。这样一来，海西女真融入了以建州女真为主的八旗之中。

八旗制度进一步完善起来，1620年（明万历四十八年，天命五年）三月，努尔哈赤参考明朝的军制对武官制度进行改革，他将"总额真"（开原之战出现的新职，可统率八旗左翼或右翼）与固山额真授为总兵、梅勒额真授为副将、甲喇额真授为参将或者游击、牛禄额真授为备御，每一牛录另设四名千总（后来，为了管理辽东汉民事务，又一度设置了"都堂"之职，由固山额真之中出类拔萃者出任，具有参加议政的资格）。而总兵、副将、参将、游击、备御等职分别列为三等，致使八旗武官形成了五等十五级，令以后更加方便"论功序爵"了。这些人逐渐成为军事贵族，享有按品级免粮等政治特权。可是，后金始终没有为各级武官建立薪俸制度，主要依靠在对外战争中夺取的土地、人口与财物"照官职、功次，加以赏赉"。根据历史学者郭成康等人的总结，在后金军中，最高的奖赏是"赏赐户口"，就是将那些在战争中掳掠的人口编为牛录，赏给功高者。由于受赏者可凭这类牛录拥有各种特权以及分取各种经济利益，并可传给子孙后代，故被视之为最高的奖赏。立功者还有机会被授予世爵（如系宗室之人，可获得贝勒等爵位）与世职（如系非宗室之人，可获得总兵、副将、参将、游击、备御等职位）。此外，立功者也可得到银、帛、牲畜等财物以及获得"巴图鲁"（"巴图鲁"起源于蒙古语，原意是指"勇"的意思，后来，这个词被女真诸部沿袭，用来称呼那些骁勇善战的壮士）等荣誉称号。就算是奴仆，如果立有战功，就可免除奴籍。由此可知，对外战争不可能马上停下来，因为它与八旗这个军事集团的切身利益直接相关。

第三章 逐 城 争 夺

明朝自与后金作战以来，屡遭挫败。在前线主持大局的经略杨镐为此丢了乌纱帽，成为阶下囚。接替他的是曾经在1608年（万历三十六年）巡按辽东的熊廷弼。年过五旬的熊廷弼虽然是进士出身的文官，却并非手无缚鸡之力的文弱书生，他身长七尺，生得高大威猛，善于射箭，能够左右开弓，为人很有胆略，对军事有一定的研究。由于他在十一年前任巡按辽东一职期间与建州女真打过交道，并向朝廷弹劾当时的巡抚赵楫与总兵李成梁，指控两人放弃宽奠等地之罪，从而引起了朝野的注目，故被认为是熟悉辽东边事的人才。朝廷既然知道熊廷弼过去与李成梁的关系不太和谐，现在又紧急任命这个人为辽东经略来取代杨镐的位置，这一切显示朝中君臣希望熊廷弼接手李家将留下的烂摊子后能拨乱反正。

熊廷弼尚未离开京城走马上任，已经传来开原失守的消息，当他带着皇帝所赐的尚方宝剑赶赴辽东，在途中又得知铁岭沦陷。此时，前线风声鹤唳、草木皆兵，无论是沈阳、辽阳等城市，还是它们周围的城堡村寨，相继出现了一波又一波的逃亡潮，兼程而进的熊廷弼在途中凡是遇见逃亡者，都劝告其重返家园。到任后，他为了稳定军心，马上执行军法，斩掉逃将刘遇节、王捷、王文鼎等人的脑袋，以祭死难之士，同时，诛杀贪污军饷的游击陈伦，并起用以"廉、勤"著称的李怀信为总兵，意图扭转部队极端不正的风气。取代原总兵李如桢之位的李怀信是大同人氏，他长期在延绥、甘肃等北部边境担任总兵，以防御蒙古诸部，打过不少的仗，威名素著。然而，他那一套打法用来对付一盘散沙般的蒙古人可能比较有效，但不一定制服得了后金的八旗军。他现在奉命转战辽东，要想出色完成任务，必须因时导势地采取新的打法，才有取胜的希望。不过，对全军的战略战术进行调整，决策权并非掌握在武官的手里，而是唯文官马首是瞻。熊廷弼当仁不让地肩负起了这一责任。

那时，朝野内外对应该怎么样与后金作战的意见不外乎有三种，一是恢复失地，二是出境进剿，三是固守。前两种意见的倡导者主张明朝在战略上应该继续采取进攻的态势，力求在短时间之内反攻，最好是将战线推进到后金的国境之内。熊廷弼却认为现阶段还没有反攻的能力，因而主张固守，他充分利用在前线主持大局的机会，果断地下令辽东明军全面转入战略防御，为此，他向朝廷申请从内库以及关内长城沿线的驻军中抽调各种军械，以支援辽东地区，同时，又筹建资金打造兵器，其中，有数百门重二百斤以上的大炮以及数百门从六七十斤至百斤不等的火炮以装备部队，这些都是防御的利器。此外，他还制造了数量过千的百子炮，而三眼铳与鸟铳竟达七千余支，至于其余的战车、牌楯、盔甲、臂手、刀枪弓箭等物，更是不可计数。熊廷弼上任之初，各地的兵力明显不足，例如，辽阳城仅剩四五千名老弱残兵与来援的万余川兵，而沈阳守军也只有万余人，但经过他想方设法地招募人员之后，情况已有改善，再加上从关内调来的援兵，总兵力很快就恢复过来，迅速达到了十三万。这样一来，各处的城镇屯堡就有兵可守了。在他的大力督促之下，各个据点无不尽力修缮城墙、挖掘壕沟，力图把城防工程建设得固若金汤，时间仅仅过了短

短的数个月，整个辽东防务焕然一新。

在此期间，后金发起了消灭北关女真之战，辽东明军没有及时派出主力予以援助，引起了朝中一些人的不满。熊廷弼不管别人怎么看，而是继续坚持防御的战略，并借上疏皇帝之机全盘提出自己的战略方案，他自称亲身到过前线探测地形，判断后金入侵的路线有四条，第一条是从东南方向的瑷阳；第二条是从南路的清河方向；第三条是从西路的抚顺方向；第四

▲熊廷弼之像。

条是从北路的柴河、三岔儿之间进犯。因而，他建议增兵防御这四条可资敌用的路线，平均每一路驻军三万，另外还需要在镇江驻军两万以从侧翼牵制来犯之敌，而辽阳、海州、三岔儿河、金州、复州等地也需要加强防务，为此应当将辽东地区的驻军增加到十八万，才能满足需求。这个战略方案的目的是让各个据点起"首尾相应"的作用，如果发生小警，它们可以自行防御，如果有大敌进犯，它们互为应援，尽量"御敌于国门之外"。平时，可以从部队中挑选一批精悍的军人灵活机动地潜出境外打击敌人，使敌人的农、牧业不能进行正常的生产活动。通过这种轮流出击的方式，可使敌疲于奔命，等到反攻的时机成熟，才可以"相机进剿"。

皇帝虽然同意了熊廷弼的战略方案，但朝中的主战派聒噪不已，这些人正在处心积虑地寻求着攻击熊廷弼的借口。恰巧此时后金发动了几次骚扰行动，在付出一定代价的情况下给明军造成了七百余人的损失。朝中的主战派以及个别与熊廷弼有私人恩怨的文官立即发难，在吏科给事中姚宗文的煽动之下，御史顾慥、冯三元、张修德等人先后弹劾熊廷弼出关逾年，却在恢复领土的工作上毫无建树，只让"荷戈之士"去干一些挖掘壕沟、清除淤塞的徭役，还凭着尚方宝剑作威作福，在军中不得人心。各种诽谤之词，无所不用其极，甚至有人认定熊廷弼犯了欺君之罪，扬言不罢此人之官，"辽必不保"！熊廷弼愤而抗辩，无奈他平时因性格刚烈、争强好胜而得罪了不少人，以致到了关键时刻，竟然在朝中找不到愿意帮腔之人，任他声嘶力竭，也敌不过众人的悠悠之口，最后只能败下阵来，表示情愿交还尚方宝剑，辞掉经略一职，请朝廷另择贤能。这时，明神宗已经去世，而登基的明光宗不足一月亦死，转由明熹宗继位。熹宗顺应舆情允许熊廷弼辞职。熊廷弼临走之前，感叹万千："如果批评我拥兵十万，不能斩将擒王，这当然是罪过。然而这种苟求于今时今日，又谈何容易"，他继续举例，指出在抚顺之战中，正是由于后方的盲目催促而使张承胤在前线殒命，而在萨尔浒之战中，又是因为后方的催促而使得出塞部队三路丧师，"臣怎敢重蹈覆辙？"他批评那些在朝堂上议论纷纷的人，皆是纸上谈兵之辈。他们往往不顾形势如何，只是一味以战事拖延的时间过久会浪费国家的钱财为借口促战。当军队因仓促进军而大败，他们才哑口无言。可是，一旦等到前方有人收拾残局，稳定人心之后，处于后方的主战派又故态复萌，哄然促战了。熊廷弼对主战派的批评非常中肯，可是，"冰冻三尺，非一日之寒"，朝廷里面有这样多的人热衷于主战，与传统的历史文化脱离不了关系。众所周知，由于努尔哈赤公开宣扬自己是金国的继承者，故此，明朝很多人潜移默化地把辽东之战与几百年前的宋金战争挂上了钩。而那些对历史稍有了解的明朝官员都知道南宋主和派代表秦桧枉杀抗金名将岳飞的故事，为此，秦桧留下了数百年的骂名。殷鉴不远，那些饱读诗书的文人吸取了历史教训，现在自然谁都不肯轻易示弱，他们总是不顾客观条件，一有机会就极力怂恿前线军队发起进攻，似乎只有这样才能证明自己是真正的爱国者。对于这类志大才疏、沽名钓誉之辈，熊廷弼一针见血地嘲讽道："自从辽东发生战祸以来，前线诸事，很多都出自于朝中大臣的建议，可是'何尝有一效'"？他认为疆场之事，应当由疆场的官员自行处理，不需要远隔千山万水的京官指手画脚，以免起到干扰的反作用。

熊廷弼的抗辩改变不了黯然下台的命运，他离去后，由袁应泰继任经略一职。袁应泰也是进士出身的文官，他在熊廷弼主持辽东大局期间以按察使的身份治兵于永平，由于能够及时给关外提供草料、火药之类的军用物资，故深得熊廷弼的信赖，并一度代替周永春出任辽东巡抚。现在，他又升为经略，而巡抚一职则由薛国用担任。袁应泰就职时许愿道："愿文武诸臣无怀二心"，话虽如此，可在明军内部文武互相牵制的军事制度之下，要做到这一点谈何容易。为了巩固自己在军中的地位，他仿效熊廷弼的做法，在上任之初就以执行军法立威，以皇帝所赐的尚方宝剑，先后惩处了"贪将"何光先等十余人。这时，辽东总兵亦换了几任，李怀信因不能忍受熊廷弼的颐指气使，托病去职，不久，继任的柴国柱以同样的借口弃职归隐。但当时不愁无将可用，因为四方宿将"鳞集辽左"，其中，著名的总兵有

贺世贤、童仲揆、陈策，还有来自四川土司的女将秦良玉的部队。当时，秦良玉遣其兄秦邦屏与其弟秦民屏率数千人作为先头部队已到达前线。

袁应泰顺应主战派的要求，把熊廷弼的战略防御改为战略进攻，他积极准备恢复抚顺等失地，计划出兵十八万，由大将十人统领，盼能起到马到功成之效。但用兵非其所长，故在前线的布置规划颇为粗疏。他有鉴于熊廷弼因过去治军严格而引起不少将士的不满，转而实行宽松之策，希望能笼络人心，可矫枉过正，不利于对部队的严肃整顿。恰巧在此时，游牧在辽东的蒙古诸部发生了饥荒，很多人入塞乞食，使辽东形势更加复杂。

鞑靼左翼作为游牧部落，自然以游牧经济为主。但游牧业与农业相比，更加承受不起自然灾害的打击，每当塞外的气候反常，便有大批牲畜死于狂风暴雨之下。根据竺可桢等专家学者的研究，从十五世纪起，至十九世纪中后期，都属于气温偏低的时期，其中又以明清交替时的十七世纪为最冷，在东北与内蒙古地区，初霜期比现代提早一个月以上，这使得草木凋零，植被提早处于休眠状态，也让牧民储备不了足够的冬季饲草。另一方面，寒冷的气候增加了牧畜的死亡率。在后金侵明的这个大动乱时代，多发的自然灾害使大量蒙古牧民离乡背井，以类似于雇佣兵的身份加入到辽东的争霸战之中，成为明朝与后金争取的对象。

辽东战事初起时，蒙古已经不能置之

度外。尽管蒙古与后金一样，都对明朝构成了威胁，但是，明朝的有识之士认为蒙古人历来"所欲不过抢掠财物而止，无远志"，仅仅是皮肤上的疥癣小恙，相反，女真人却志在夺取土地，甚至企图改朝换代，是致命的心腹大患。因此，明朝早已果断采取了扶持蒙古抑制后金的"以夷制夷"之策，通过开放互市之地与蒙古的鞑靼左翼保持贸易往来，再辅以重金赏赐，以达到结盟的目的，共同抵抗后金。后金的崛起也给蒙古人造成了不小的威胁，特别是努尔哈赤悍然夺取开原等地，等于是抢了蒙古人的饭碗——令鞑靼左翼诸部因丧失传统的互市之地而遭受经济损失（因为开原等地本来是明朝与蒙古藩属福余卫的贸易场所，自从鞑靼左翼迁入辽东，吞并了福余卫之后，便冒充福余卫的名义与明朝贸易，而明朝边将为了减少边患，对此既成事实予以默许）。为此，鞑靼左翼内喀尔喀五部之中一位名叫宰赛的翁吉喇特部头目曾经信誓旦旦地表示一定要夺回被后金占领的开原等处，他斩钉截铁地对明边将说："赐我重赏，夫倘不征后金，上天鉴之。"明朝果然肯出重金，鞑靼左翼便站在明军一边与后金发生了大规模的冲突。就在努尔哈赤攻克铁岭的当天晚上，突然遭到宰赛所部万余人马的偷袭，一时之间被打了个措手不及，根据在萨尔浒之役中被俘的朝鲜官员所留下记载，很多八旗兵还来不及披甲，就伤于锋镝之下。可是，《清太祖实录》却称八旗军在这场突然袭击中只有数十名仆隶受伤，似

乎有缩小伤亡数字的嫌疑。不过，后金毕竟人多势众，很快便组织了反击，击溃来犯的蒙古兵，一直追至辽河，杀死敌人甚众，并生擒了一百六十余名俘虏，其中包括宰赛及其两个儿子。后金将宰赛扣为人质，胁迫内喀尔喀诸部与之结盟，反过来对付明朝。然而，内喀尔喀的大小封建主们一脚踏两船，总是在后金与明朝之间摇摆不定。

袁应泰刚上任不久，碰上了漠南蒙古地区发生大灾，据说，受灾的面积竟达二三千里之广，如何妥善处理入塞乞食的蒙古人成了棘手问题。他不管户部郎中傅国等人的反对，下令招降这些人，这样做的理由是既能增加明军的兵力，又可避免这些饥肠辘辘之众转而投靠后金，为敌所用。在袁应泰的招抚之下，来归的蒙古人一日比一日多，他们被安置于辽阳、沈阳二城，享受着官府按月发给的军饷，解决了温饱问题。然而，蒙古人军纪不佳，他们在城内与民杂居，经常发生奸淫抢掠之事，令老百姓吃了不少苦，从而引起非议。有的反对者认定"非我族类，其心必异"，一旦招降的蒙古人过多，恐怕会被敌人利用为内应，会产生不测之祸。可袁应泰自以为得计，根本听不进反对的声音。

袁应泰优待蒙古降人自然有他的理由。众所周知，蒙古牧民自幼生长于马上，一向以精于"骑射"而名闻于世，是天生的骑兵，而明军要想在最短的时间之内组建一支精锐的骑兵队伍与后金抗衡，

只能临时抱佛脚地招募蒙古人当兵了。过去，明军主要依赖火器兵来对付后金的弓箭手，现在，他们又得到了蒙古骑兵的协助，为打胜仗增添了更多的把握。刚巧在这段时间里，敌对双方在三岔儿发生了一场小规模的冲突，蒙古降人在驱逐入境骚扰的八旗军时战死二十来人，表现得还不错。袁应泰遂以这个战例来释除反对者的疑虑。

塞外的灾荒不可避免地会对后金产生影响，促使这个饱受明朝经济封锁之苦的国家为了摆脱目前的困境而不得不重新选择开战。这一年的十月，后金把首都从界藩迁到了距离辽、沈更近的萨尔浒，这是大规模进攻的预兆。果然，努尔哈赤不等袁应泰完成反攻的准备工作，抢先于次年二月份持续向沈阳东南的奉集堡、西南的虎皮驿以及奉集堡所属的王大屯等地发起试探性攻击。最终，八旗军的总攻于1621年（明天启元年，后金天命六年）三月开始了。努尔哈赤在初十这一天亲率诸贝勒、大臣以及数万大兵直取沈阳。

《筹辽硕画》记载，原先的沈阳的城墙比较低，不过丈余而已，而城墙上面亦不阔，最窄之处仅五六尺。此外，城墙的砖"皆蚀"，"栅塌处可蹬而上"，城防

的漏洞很大。经过熊廷弼在位期间的大力整顿，已将原来离城数尺的旧壕沟填平，同时推倒部分过于狭窄的城墙，使其阔度增至八丈，平均在每丈五宽的地方布置了战车一辆。在《武备志》这本明代的军事百科全书中，收录了熊廷弼所造战车的样式，它有双轮，长约一丈二尺，宽约六尺，需要六人才能推动，还有一人专掌车舵，再辅以铳炮手，车兵的人数可达十多名。车上装载了灭虏炮等铳炮，准备与八旗军的弓箭手对射。一眼看不到边的战车把整座沈阳城围了起来，作出稳守反击的势态。同时，城墙外面新挖了不少深坑，里面插着尖木桩，上面覆盖葛秸，并掩以

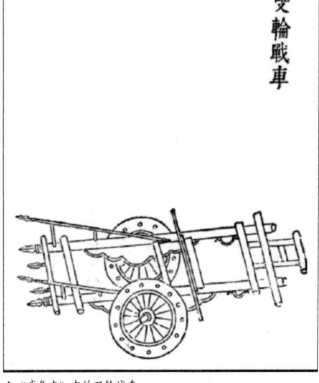

▲《武备志》中的双轮战车。

泥土。此外还挖有数道壕沟，壕沟之外横七竖八地堆放着"合抱大树"，这些大树的枝桠"交相纠结"，达到三五层之厚，仿佛鹿角一般。周围还竖起栅木、尖桩等障碍物，可谓戒备森严。骑兵也有用武之地，他们能够相机逆袭来犯之敌，打乱敌人的作战部署，而最适合执行这一任务的当然是破阵能力最强的重装骑兵。

可是，沈阳城里有两位总兵把守，其中，贺世贤负责城区的东北部分、尤世功负责城区的东南部分。这种分割将领权力的做法容易在军中产生自行其是的副作用。特别是恃勇而轻敌的贺世贤，此人嗜酒如命，在临战前仍每天饮个不停，以致开战之初便中了后金的诱敌之计。明军在十三日这一天驱逐了后金派来侦察的数十骑，并杀死四人，这个小胜利助长了贺世贤的气焰，他骑上战马，亲率上千家丁从东门出城，期望突破敌军阵线，将敌人赶得远远的。佯败的八旗军一路后撤，终于将冒进的贺世贤引入精心布置的陷阱之中，只见无数的精骑刹那间从四面八方涌出来把追击的明军围得如铁桶一般。这些精骑是八旗军的预备队，全部由重装骑兵与轻装骑兵之中的能战之士抽调而成，在战时互相配合起来，非常厉害。局势一下子逆转过来，轮到贺世贤且战且退了，他使用的兵器是铁锏，这是对付八旗重装骑兵的利器，它的特点是分量重，隔着盔甲也能将人活活砸死。不过，他却奈何不了灵活机动的轻装骑兵，成了人家的箭靶。经过拼命的突围，他杀了条血路经沈阳东门返回城内。

城内守军见状无不大骇，在混乱中，

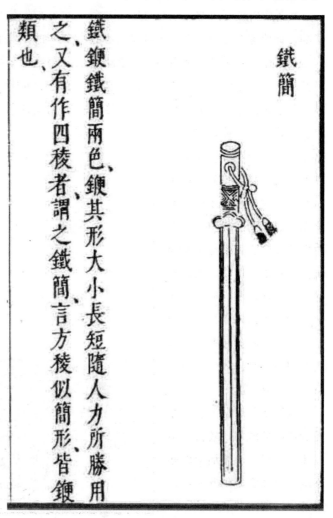

鐵鐧鐵簡兩色、鐧其形大小長短隨人力所勝用之、又有作四稜者謂之鐵簡、言方稜似簡形皆鐧類也、

▲铁锏。

竟让部分八旗骑兵乘机尾随在贺世贤的后面从外面闯了进来，因而城里立即尘土飞扬，爆发了一场激烈的骑兵追逐战。且战且退的贺世贤一路从东门退到西门，然而中了十四箭，身负重伤。

这时八旗军步兵已经猛攻城池东北一隅，并不停地运土填壕，一波一波地往东门冲。城上的守军连放大炮抵抗，可炮管射击的时间过久就会发热，"装药即喷"，难以使用。仗打到这个份上，谁胜谁负，已经昭然若揭。明军收编的很多蒙古人见势不妙，四处乱窜，鼓噪大呼："城陷了"，一些家伙选择了投降，悍然挥刀砍断城外吊桥的绳索，放敌军入

城。形势危急，有人劝贺世贤撤回辽阳，再作打算。贺世贤愤恨说道："我为大将，不能保城，有何面目见袁经略！"言罢，立即挥舞着铁锏，飞驰入敌阵，击杀数人，最后中箭坠马而死。尤世功为了营救贺世贤，也力竭而亡。此战，后金赢得干脆利索，并宣称击败七万明军，杀得"覆尸如堆"。

沈阳失陷时，一支由四川与浙江将士组成的万余援辽军队在总兵童仲揆、陈策的率领下来到距离沈阳七里的浑河。他们原先的目的是与城中守军夹击来犯之敌，如今沈阳既已失陷，有个别人企图班师。但游击周敦吉等人不同意，愤慨地说：

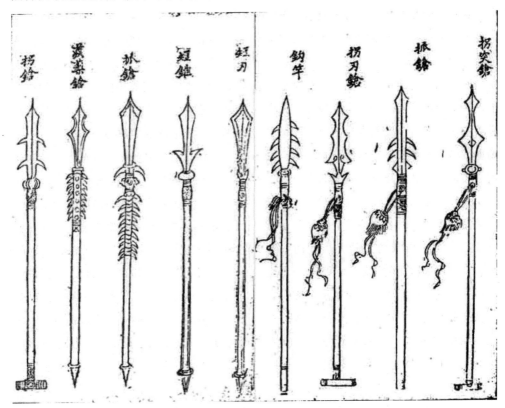

▲明代的各类枪。

"我辈不能救沈阳，那么在此三年究竟为了什么？"在周敦吉的坚持之下，明军诸将统一了意见，决定冒险过河参战。周敦吉与四川都司佥事秦邦屏先行渡河，结营于北岸，童仲揆、陈策与副将戚金、参将张名世统领三千浙军结营于浑河以南五里的地方。

北岸的两营明军以四川兵为主，他们没有携带弓箭，全部手执三庹长（大约五米）的竹竿长枪、身佩大刀利剑，头上除了铁盔之外，还戴有绵盔，身上除了铁甲之外，还穿有绵甲，可谓"双重保护"，是真正的重装步兵。桥南的浙兵拥用大量火器，以轻装步兵的打法见长。如果这两个步兵兵种能互相配合，必定能给八旗军造成很大的威胁。可惜的是，明军又犯了分兵的错误，让敌人有机可乘。

不等北岸的明军布阵完毕，八旗军已经攻到了面前。努尔哈赤本来想让步兵推着战车徐徐而行，发起进攻。但是，军中的重装骑兵不等战车来到便抢着攻击，向前突阵，没想到正巧碰在明军的刀刃上，吃了大亏。原来，重装步兵是对付重装骑兵最为有效的兵种，当明军的重装步兵排列成行，向前伸出仿如猬毛一般的长枪时，既可用来戳马的眼睛、也可刺向骑士的咽喉，确实能让来犯的重装骑兵在付出沉重代价的情况下也难以越雷池一步。根据《明史纪事本末·补遗》的记载，明军击败了四面围攻的后金"铁骑"，连败白旗兵与黄旗兵，"击斩落马者二三千人"。八旗的重装骑兵退而复进，"如是者三"，始终未能攻破四川军的阵地。

在这场已经打了三年的战争中，明军各兵种与对手相比，样样都差强人意，就连刚刚组建的蒙古骑兵在实战中也相形见绌。到目前为止，唯有四川军让人刮目相看，将八旗重装骑兵打得落花流水。必须说明的是，四川兵的重甲长枪并非专门为克制对手的重装骑兵而装备，这支部队以四川土司秦良玉的"白杆兵"为主，而白杆兵的传统兵器正是以白木为杆的长枪，这种枪的枪端有钩，枪尾有环，最适应在西南的山区作战，比如翻山越岭时，士兵们前后相连，走在后面的人可将枪钩插入前行者的枪环之内，大家一起齐心协力地攀登，捷如猿猴。很多人都没有料到，这种兵器在平原上同样好使，竟成了八旗铁骑的克星。可惜的是，白杆兵能克制铁骑，却克制不了其他兵种，而多兵种协同作战一直是八旗军的强项，这也是后金在战场上频繁取胜的秘诀之一。

然而，后金的步兵与战车未能及时参战，解救那些陷入困境的重装骑兵。抚顺降将李永芳为解主忧亲自到明军俘虏之中挑选炮手，他下令"人赏千金"，让这些在沈阳之战被俘的变节者开炮轰击四川军，中者无不立刻粉碎。而精于火器的浙军却远在南岸，难以及时伸出援手。没过多久，战局发生了剧变，重获优势的八旗军乘虚而入，终于大破四川军，杀死了周敦吉、秦邦屏等人，不过，八旗军也损失惨重，《满文老档》承认有一名参将与两名游击成为明军的俘虏，而《清太祖实

沈阳之战作战经过图 (公元1621年三月十三日)

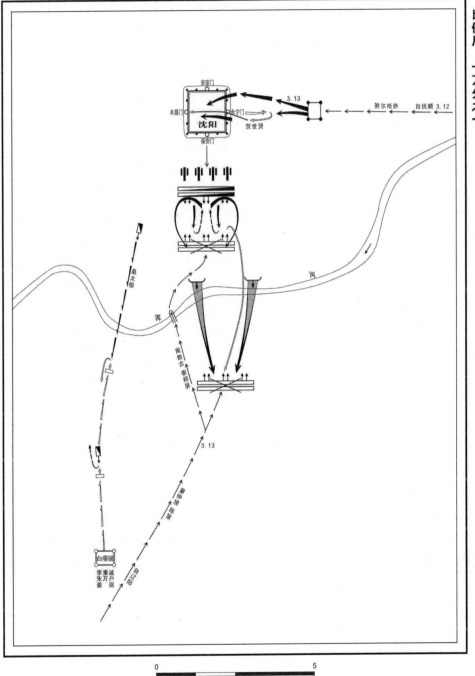

▲沈阳之战作战经过图。

录》则称参将布刚、游击郎革、石生泰等人战死于阵中。上述这些人可能是被明军俘杀的。

四川军残部撤过南岸与浙军会合，可是马上被尾随而至的八旗军包围了数匝。努尔哈赤刚想下达攻击令，想不到一股为数三千的明军在奉集堡总兵李秉诚、武靖营总兵朱万户、姜弼的带领下赶来增援，已经来到了白塔铺，威胁着八旗军的侧后。二百名担任警戒的八旗精兵阻挡不住一千装备了鸟铳的明军哨探，正在溃退回来。努尔哈赤闻报大怒，打算亲自领兵迎敌，但皇太极表示愿意替父出征。左翼四旗兵在皇太极等人的带领下展开反攻，追得明军的先头部队四散而逃，一路掩杀至白塔铺，乘势冲破明军援军大营，狂追四十里，才收兵返回。虽然天色近晚，不过努尔哈赤毫无停战之意，他集中兵力，以楯车为前导，硬闯浙军之营。早有准备的浙军掘壕安营，用蜀秫为障，上面涂以泥巴，作为掩护，企图以凭着战车运载的铳炮坚守下去。这一仗，是双方自爆发战争以来第一次互相使用战车进行较量，明军的弹丸与八旗军的利箭，在天空中你来我往地斗个不停。然而，事实将要再一次证明，明军的铳炮在野战中克制不了八旗军的强弓，浙军大营被突破只是时间的问题。可是浙军没有妥协，他们用尽火药，就与汹涌而来的敌人短兵相接，然而敌众我寡，始终还是避免不了全线崩溃的命运。陈策首先战死，童仲揆想逃跑，但被戚金阻止，乃继续留在营中与敌兵苦斗，

他打到力尽矢竭，还挥刀杀死十七人。最后，在八旗军万箭齐发的情况下，童仲揆、戚金、张名世等人一起阵亡。

《满文老档》记载努尔哈赤在此战结束之后立即祭祀阵亡将士，这个罕见的举动显示八旗军的确伤亡惨重。可见明军虽败犹荣，就像《明实录》所评价的那样："自奴酋（指努尔哈赤）发难，我兵率望风先逃，未闻有婴其锋者。独此战，以万余人当虏数万，杀数千人，虽力屈而死，至今凛凛有生气。"明军战绩主要是四川军取得的，兵部尚书张鹤鸣在战后明言："浑河血战，首功数千，实石砫、酉阳二土司功。"因为秦良玉所部统率有来自四川的石砫、酉阳诸兵，故此《明史》记录了这种说法。根据秦良玉在事后给朝廷的报告，共有"族兵数百、部目千余同时战殒"，而其弟秦民屏率残部突围而出。据说，当时一个侥幸生还的士卒还携带着八旗兵的首级回到了辽阳。按照明朝的规定，凡在阵上获得敌军的首级，皆可领赏。负责勘查军功的巡按张铨照例发给赏金，而这个士卒却痛哭于官衙阶前，声言不愿领赏，只愿为主将报仇。可见，明军并非所有的士卒都是不堪一击的废材，只要统帅运用得当，就可以化腐朽为神奇。

后金夺取沈阳，驻军五日。努尔哈赤在城中论功行赏，将所获的俘虏、牲畜与财物分给参战将士，并让人护送回根据地，还处罚了个别失职的军人，以严明军法。接着，他决定乘胜进军辽阳。

明朝建国初期，辽东地区的最高统治机构"辽东都指挥使司"就设在辽阳，这个兵家必争之地历来是关外地区政治、经济与文化的中心，与其他城市相比，此地显得人口众多，物资丰富。后金发动战争以后，此地又常常成为辽东明军最高指挥机构的所在地，熊廷弼与袁应泰这两任经略就驻在这里。现在，战火已经漫延过来了，它的得失，都将对未来的战局产生深远的影响。明军对辽阳的城防作了精心的部署，重视防御的熊廷弼在主政时曾经在城外挖了三四道壕沟，以防万一。到了袁应泰主持大局的时候，反对把部队集中在城里固守，而主张派出部分人马在城外与

敌军打一场野战。袁应泰的主战态度与很多京官不谋而合，例如兵部尚书崔景荣等人也认为应当在辽阳城外"树栅、挖壕"，然后让大部队出城修筑营盘、排列战车，调集火炮，不分昼夜地打击敌人。这种御敌之法能否奏效，快要在实践中得到检验了。

三月十八日，努尔哈赤带着主力迅速突进辽阳东北的虎皮驿。声势浩大的八旗军在行军时"旌旗蔽日，漫山塞野，首尾不相见"，可是当地的明朝军民早已弃城，撤回了辽阳。

辽阳城内本来有二三万守军，以青州兵及四川兵为主，可是因为抽兵支援沈阳

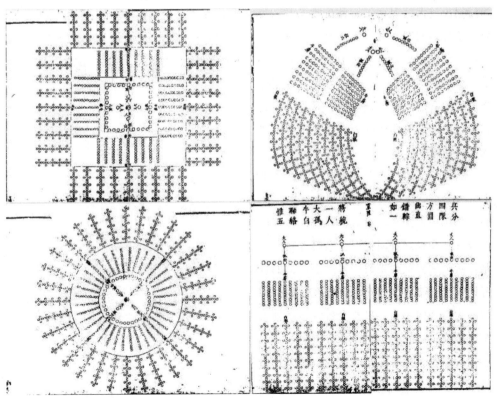

▲《武备要略》中的八旗军直阵、曲阵、圆阵、方阵想像图。

而在浑河一战中损失了很多人，令城内兵力空虚。事后，巡按御史张铨把撤回来的一万川、浙残兵合编为一军，以应付危机四伏的局面。城里的官员还从周围的据点调军回防，同时在城中招募士卒，以致让不少"市人、无赖"混入军营里面滥竽充数。后金来犯的警报传来后，气氛立即紧张起来，守军一面将城外的太子河水从东引入城壕之内，一面堵塞壕沟西边的闸门，以升高水位，并沿壕布列火器，派兵四面防守。袁应泰身穿戎衣，佩带宝剑，亲自带领军队从东门出外，准备渡河设伏迎击敌军，仅留部分四川兵守城。本来，四川兵最适合野战，可惜的是，他们在浑河损失过大，现在只能呆在城里了。然而，城外的明军一直等到夜晚，也没有捞到什么仗打，只好宿于城东北的看花楼一带。这时，军中传言敌人已至盐台，即将绕过辽阳直取山海关，可能会对北京造成威胁。袁应泰对此信以为真，又将各路部队撤了回来。

然而，努尔哈赤没有放过辽阳，他于十九日带着八旗军杀到。当时在辽东督饷的户部郎中傅国正巧在城上观战，他事后在《辽广实录》中回忆自己亲眼目睹的一幕：敌人"先从西南数十里远山上，如雪涛涌天滚滚下"，面对优势之敌，城外的明军大多观望不前，只有少数将领率领家丁布阵准备迎敌。

八旗军在没有任何阻拦的情况下开始抢渡太子河，先头部队在中午时分来到城东南角。全军尚未全部渡过河，就有哨卒回来报告："西北武靖门外有敌兵。"努尔哈赤立即率领左翼兵前往，发现明军总兵李秉诚、侯世禄、梁仲善、姜弼、童仲魁等率兵出城五里布阵，他一见明军想打野战，真是求之不得，便选择明军阵营左边的尾部作为突破口，命令左翼四旗兵首先出击。这时，皇太极带着作为预备队的精锐骑兵来到了前线，按照原定计划，他们的任务是原地待命，一旦发现哪个地点出现险情，就快马加鞭前往接应。可是，心急难耐的皇太极主动请缨参战，努尔哈赤劝阻不了，只好让随后来到的两红旗兵做全军的预备队，并增派麾下的两黄旗兵跟着皇太极一起行动。得偿所愿的皇太极很快便追上了先行出发的左翼四旗兵，他们冒着枪林弹雨齐心协力地奋勇冲杀，一

▲装载灭虏炮的战车。

举突破敌营，乘势追杀六十里，至鞍山始回。在此期间，武靖门冲出一营明军，企图接应城外的败军。担任警戒的两红旗兵及时发觉并迅速出击，逼使这股敌人在退回城时拥挤在城门口，人马自相践踏，积尸累累。战斗一直到晚上才结束，收兵回营的八旗军全部宿于城南七里之处。城外的残余明军由袁应泰召集于一起，屯于门外过夜。

后金在次日天刚亮时就迫不及待地发起了进攻，努尔哈赤知道绕城的沟壕是攻城的一大障碍，他命令右翼四旗采取以袋盛土、搬运石块等方式就地取材堵塞东面的入水口，同时指挥左翼四旗挖掘西面闸门，千方百计想放尽壕沟里面的水，以便闯过这一关。就这样，两军围绕着壕沟展开了激烈的争夺。城东平夷门之外驻有数以万计的明军，他们把铳炮排列为三层，连发不已。袁应泰在后督战，还把自己的家丁组成"虎旅军"前往助阵。不遗余力的后金右翼四旗之兵在楯车的掩护下将搬运来的泥土、石块等物，堵塞了壕沟的入水口，接着绵甲军强渡壕沟，呐喊而进，与明军酣战不休。二百名红号护军（护军有红、白两种，史书有时又称"红号巴雅喇"、"红巴雅喇"或"白号巴雅喇"、"白巴雅喇"，有人认为红巴雅喇即护军，白巴雅喇后来演变成了前锋）及时出手，充分展示了精锐骑兵的实力，一下子就从明军阵营中打开了一个口子，淋漓尽致地发挥了预备队的作用。一千名白旗兵随即从突破口中一拥而入，配合红号护军，驱散了明军骑兵。明军步兵在失去骑兵支援的情况下很难挣扎下去，当他们再受到八旗军中白号护军的夹击时，终于兵败如山倒，很多人在逃走时溺水而亡，壕水尽赤，就连总兵朱成良也战死沙场。无可奈何的袁应泰只得退入城中，与巡按御史张铨商定分区而守，其中，袁应泰守北门，张铨守西门。可是城内人心已散，不少官员开始潜逃。

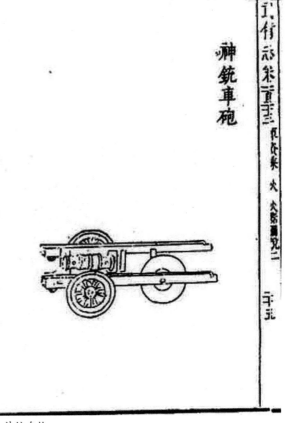

▲神铳车炮。

血腥的厮杀同样发生在西门，天亮后，当城中的居民煮好早餐，正打开西城城门准备送给城外守壕的士兵时，突然遭到了后金游骑的袭击，幸而袁应泰从东门紧急抽调"虎旅军"赶回增援，硬是把敌人挡在城外，然后关闭城门，逃过了一劫。

负责攻打西门的是左翼四旗，按照原定的计划，他们的任务是挖掘西面闸口，以泄尽壕沟之水。可是他们认为任务的难度太大，在征得努尔哈赤同意的情况下，

转而出尽全力争夺闸口附近之桥，意图经此桥进攻西门。他们事前作了精心的准备，先将挨牌列于河西岸，而牌前再捆绑上草人，然后让人拿着挨牌慢慢向城逼近，以此引诱明军发射炮弹。因为他们知道明军的火炮频繁射击会过热，以致火药一装入过热的炮膛就马上喷出，不堪再用。这一招，的确让一些明军铳炮手中了计，可是八旗军的攻势并非一帆风顺，据《满文老档》记载，在城壕争夺战期间至少有五名牛录额真因临阵而逃而被削职。

然而，经过连场的激战之后最终分出了胜负，西门桥一带的明军在后金强大的攻势之下被迫后撤。一些残兵败将还继续以城墙及附近的房屋为掩体抵抗到底，他们不断地发射弹丸、火箭，抛掷火罐，直到打光了弹药，仍是于事无补。西门在暮色苍茫时分变换了主人，八旗军终于竖梯登上了城。

率先登城的八旗兵站在火光冲天的西门城楼，居高临下地俯视城中，只见城内的明朝军民惊惶失措，在街巷之间四处乱转，完全是一片末日来临的景象。在此期间，攻打辽阳城北的右翼四旗士兵还在搬运草木填入壕沟，正处于苦战的状态。努尔哈赤得到西门已克的消息，立即把攻打城北之兵调往西门，进行增援。然而，很多明军仍旧不甘于失

式内牌挨　式外牌挨　挨牌式

▲挨牌。

辽阳之战作战经过图（公元1621年3月19－21日）

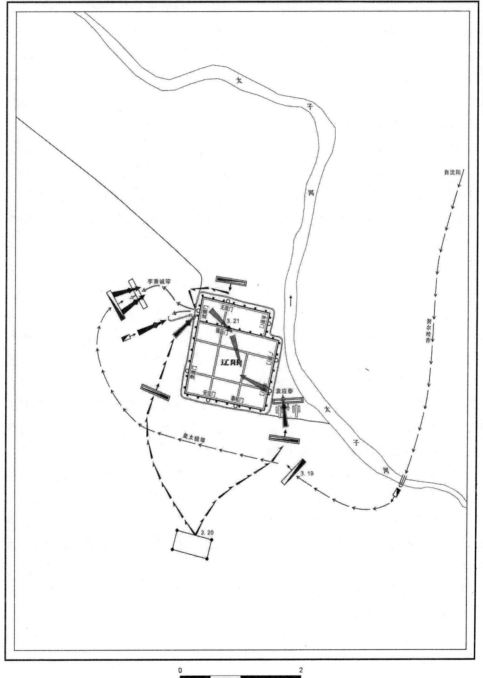

▲辽阳之战作战经过图。

败，在当天夜里举着灯火与八旗兵在西门附近通宵而战，以尽最后的努力挽救这座危城。可叹的是，也有不少贪生怕死之徒做了逃兵。例如监司高出、牛维曜、胡嘉栋及督饷郎中傅国等官员先后缒城而逃。

通宵的恶战持续到黎明，善于贴身近战的四川军坚守在阵地上，企求扭转乾坤。经历过浑河之战的八旗军知道火炮是对付四川军最好的武器，便调兵遣将，"环攻发炮"，立即取得压倒性优势。根据《明实录》的记载，城中炮声隆隆响个不停，四川兵死伤累累，连明军的火药库也中弹起火爆炸。后金这支锋芒毕露的参战部队很可能是李永芳的炮兵，他们曾经在浑河之战击败了四川军，如今在辽阳再立新功。

其后，八旗军右翼四旗登城与左翼四旗会师，并沿城追杀残敌，终于把胜利牢牢地掌握在手中了。

在城东北镇远楼督战的经略袁应泰眼见无力回天，叹息着对张铨说："你没有守城责任，请快离开，我准备死于此地"，遂自缢而死，与他一起殉死的还有妻弟姚居秀。他的仆人唐世明抚尸大哭，纵火焚楼自尽。总兵杨宗业、朱万良、副将梁仲善、参将王豸、房承勋，游击李尚义、张绳武，都司徐国全、王宗盛，备御李廷干等，皆死于乱军之中。

张铨在城上撑到了最后一刻，他甚至亲自发射火箭，企图焚毁敌人的战车，无奈迫于形势，已是"有心杀贼，无力回

天"。当他下城返回官衙后不久就被敌人活捉，在傍晚时分与李永芳见面。李永芳行以叩头之礼，假惺惺地诉说"不得已之故"。张铨不为所动，始终拒绝投降。皇太极援引古例劝说道："昔时宋朝的徽、钦二帝为金国皇帝所擒，尚且屈膝叩见，受封为公侯，我欲保全你的性命，故以此话提醒，为何执迷不悟？"在这里，皇太极把后金入侵明朝等同于宋金战争。然而张铨有不同的看法，他回复道："以徽、钦二帝为首的宋朝乃乱世小朝廷，如今吾皇一统江山、天下独尊，其臣子岂肯屈膝而失大国之体统？"因而请求速死。努尔哈赤知其不服，将之缢杀。

沈、辽之战，后金获得了前所未有的胜利，而在八旗军中，最受人瞩目的不再是以弓箭为武器的轻装步兵，而是重装骑兵。因为战场已经逐渐推移到了地势低平的辽河平原地区，善于打山地战的轻装步兵曾经在抚顺、萨尔浒、瑷阳、清河等"林箐险阻"、"山多漫坡"的地方大放光彩，可在平原与那些纵横驰骋的骑兵相比，自然逊色不少。特别是在沈、辽周围的大片开阔地之中，惯于冲锋陷阵的重装骑兵更是诸兵种中的佼佼者，他们在一系列血战中立下傲人的战功。虽然在浑河之战中一度失利，却在沈阳、辽阳城外扬眉吐气。然而"红花虽好，也要绿叶扶持"，重装骑兵时常需要得到其他兵种的协助。例如《明史纪事本末·补遗》记载八旗军在攻打辽阳东门时，走在战阵最前面的是起到盾牌作用的楯车，这种车的前

面竖起一层大约五六寸厚的木板，"以避铳炮"，战车后面躲藏着弓箭手，他们能够牵制明军布置在第一线的铳炮手。弓箭手的后面是一大批推着小车的步兵，这些人负责运载泥土填平前进路上的沟堑。阵营的最后一层就是号称"铁骑"的重装骑兵，他们"人马皆重铠(即'重甲')"，专等明军发射火炮完毕，尚未来得及重新装填弹药时，就突然从左右两翼杀出来。在实战中，当楯车慢慢向前移动，敌对双方的距离也逐渐缩短，这有利于后金骑兵在最短的时间内进行冲刺。有时，他们的冲刺速度快到让明军来不及将铳炮手替换成能够克制重装骑兵的长枪军，就已一败涂地。

八旗军骑兵给当时在城上观战的明朝户部郎中傅国留下了深刻的印象，他在多年以后回忆战况时指出明军的大炮效果不佳，可能是因为过热的缘故，打过三四发后，"遂无力，不能远"，而敌人骑兵乘机飞驰而至，发起攻击，截断城外明军阵营，再"绕出其后"，予以夹击。整个军事行动如"黑云翳空"、"倏忽四合"，一下子就取得优势。俗话说，"以其人之道，还治其人之身"，如果明军能够建设成一支强大的重装骑兵，对付八旗重装骑兵就更有把握了，但这支军队常常连兵员都不足额，更遑论其他！

八旗重装骑兵强行突阵需要依赖"重铠"的保护。"重铠"主要由抗打击能力很强的钢铁制造。这支军队里面很多人都披挂着沉重的钢铁铠甲（简称"铁甲"），用以保护脑袋、身躯与四肢不受侵害，致使士兵们在外形上好像一座座移动的堡垒，躲藏在里面能够最大限度地使自己安然无虞。

铁甲的历史源远流长。当公元前1500年左右出现了铁制工具的时候，随着技术的革新，为了适应日趋激烈的战争，铁甲便应运而生了，它比起那些用藤、竹、纸、皮革等物制成的铠甲要坚固耐用得多，但缺点是重量比较大。士兵穿上这一身坚硬的金属外壳，有时磕磕碰碰而变得不太灵活，如果负担过于沉重，时间一久难免会气喘如牛。在种类繁多的铁甲之中，比较著名的有锁子甲，它由密密麻麻的小铁环一圈接一圈串连组成。此外，更常见的铁甲是由数不清的方形、圆形等形状不同、大小不一的铁片用绳子、丝带、铁钉这些材料编缀而成。各式各样的铁甲不但在一定程度上能够抵抗刀、枪、剑、戟等近战兵器的砍、割、切、刺，而且也对远射的弓箭起到不错的防御作用。例如美国战史学者杜普伊指出，在西方一直要到公元十六世纪左右，经过改良的复合弓才能射穿锁子甲。不过，在实战中，基于"安全第一"的理由，士兵们为了保险起见可以穿上不同样式的多层铁甲，这往往使手持弓弩的敌人伤透脑筋。类似的情况在东方也同样发生。可是，披挂铁甲的士兵决不能有效地防御所有的兵器。他们会在棒、锤、鞭、铜等砸击类兵器的攻打之下出现伤亡。而且，自从黑火药发明以后，火铳、火炮等逐渐发展起来

鏮子甲图

▲锁子甲。

紧缺而无力购置等等客观因素。更重要的是，从嘉靖年间起对明朝形成重大威胁的"北虏南倭"，无论是在北部长城沿线骚扰不休的蒙古游牧骑兵——北虏，还是在南部沿海地区无恶不作的来自日本的海盗——南倭，都很少集中兵力与明军进行大规模的决战，而主要以多股进犯的方式分散抢劫。这些境外势力的共同特点是不注重攻城略地，而是垂涎于明朝各地的财富，目的是"捞一把就走"。故此，明朝在漫长的边境线上处处设防，各个据点的部队特别重视机动能力，以便"一处报警，全线响应"，为了尽快围追堵截那些分散入侵的敌人，时常要十万火急地长途行军。很多士兵为了在爬山涉水时不过于疲惫而不愿意穿戴铠甲，至于那些沉重的铁甲更是让人望而生畏。

的管形火器往往能射穿多层铁甲，促使这些坚硬的甲壳在浩浩荡荡的历史潮流之下面临被淘汰的命运。但是，由于铳、炮技术长期的不完善，铁甲仍然发挥一定的作用而迟迟不肯退出历史舞台。

在中国，铁甲被不同的军队赋予不同的使命。就拿十六世纪中后期的明军来说，那时很多朝廷的正规军已经不再披挂铁甲甚至不披甲了。以当时镇守北部边疆而天下闻名的"戚家军"为例，根据主帅戚继光亲自编写的《练兵实纪》中的记载，占了部队编制三分之二以上的步兵与战车营里的车兵，都不配备铠甲（除了少数头目之外），披甲的只有一小部分骑兵。明军逐渐放弃铠甲虽然和火器的普及有一定的关系，但同时存在着因军费

然而，铁甲非但没有就此销声匿迹，反而随着女真诸部在关外"白山黑水"地区的崛起而重新受到人们的重视，并在战争中大放异彩。努尔哈赤对肥沃的土地有着浓厚的兴趣，也非常重视攻城略地，就此而言，他进犯辽东地区时采取的战略与"北虏南倭"有根本的区别。这位军事天

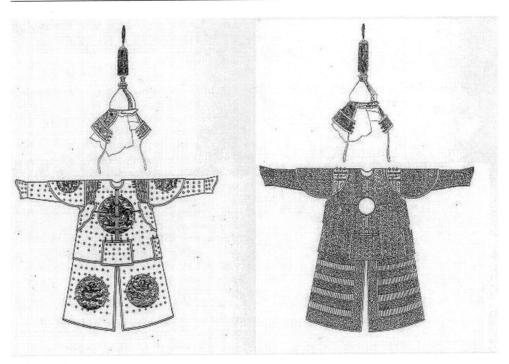

▲暗甲与明甲。

才力求歼灭对手的有生力量，然后取得梦寐以求的土地。八旗的重装骑兵在战争中的作用举足轻重。而坚固耐用的铁甲成了很多骑士的首选，他们穿戴甲衣的技巧各具特色，比如可以在铁甲的外面套上一层由棉花等纺织品制造的绵甲，也可以干脆穿上两层铁甲。这样，他们舞刀弄枪冲锋在前时就更有信心了。八旗军拥有各种精良的铠甲与他们的铁业生产技术得到突飞猛进的发展有关，努尔哈赤为了打破明朝限制向女真地区输入铁器的传统政策而早有准备，他自力更生，积极开矿，悉心培养本民族的工匠，还大量吸收朝鲜、汉族的匠人，逐渐掌握了各种先进的炼制技术，使以制铁业为后盾的军事手工业异常繁荣起来。据说后金的大本营里聚居着大批打造兵器的铁匠，其工作与居住的区域"延袤数里"。而制造的铁甲主要包括锁子甲、明甲（盔甲外表露出铁甲片）与暗甲（布面在外，铁甲片在内）等几大类。精心打造一套铁甲，需要用铁几十斤。每一张甲片基本上都是先从八两重的铁块开始锤炼，经过数名工匠的反复锻打，不断排除杂质，直至三两为止。验收时还要把甲片用力往地下一扔，使之弹起一尺高，如果回声清亮、叮叮作响，才算合格，因此，无论是硬度还是坚韧性，在同类产品中都是首屈一指。

由头到脚都被铁壳笼罩着的重装骑兵在战场上的风头一时无两，成了名副其实的"铁骑"。形势逼人，使得明朝官员不得不重新审视铠甲的作用。当时，关心边

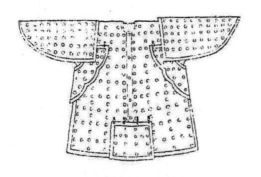

棉甲

▲绵甲（又称棉甲）。

防事务的明朝大臣徐光启在给皇帝的奏疏中指出，女真骑兵所戴的头盔、面具与臂手，全部皆是"精铁"所造，有时连战马也披上了铁甲，起到极佳的防御作用。相反，明朝并非缺乏炼铁原料，冶铁技术也不是不行，却因为军械制造机构管理不善，致使很多铁甲粗制滥造，甚至由不合格的"荒铁"制成，不但质量不过关，而且一些甲衣的样式不完整，将士穿上之后得到保护的部位只有胸与背，身体其他地方裸露在外，真是相形见绌。徐光启因此提议要给部队更新装备，尽量让前线的军人穿得体面一些。为了做到这一点，他呼吁朝廷改革军械制造机构，破格荐举人才，广泛征求海内的能工巧匠，集中人力物力制造"精坚犀利"的各类兵器，果真如此，那么"胜奴(指女真人)一倍再倍。以至十百倍。不为难耳"。可惜，朝廷的财政收支正处于入不敷出的窘境，要额外拿出一大笔钱来给部队更换装备无疑是雪上加霜，这样的难题在党争激烈的文官之中通常是争论不休，最多是想办法挪用一些有限的款项给部队临时救急。话又说回来，在当时的情况下，让疏于训练、士气不振的军人们穿上精良的铠甲也不一定能保证打胜仗，因为军队内部纲纪松弛、积重难返。需要大刀阔斧地对其进行全面整顿，方能起到立竿见影的效果。

面对新的对手，因循守旧的明军屡战屡败。熊廷弼曾经对这场战争做过比较认真细致的调查，他在1620年(明万历四十八年，后金天命五年)的一份奏书中这样评论过八旗军常用的一种野战战术："奴兵战法，'死兵'在前，'锐兵'在后。'死兵'披'重甲'，骑双马冲前，虽死而后乃复前，莫敢退亡，则'锐兵'从后杀之，待其冲动我阵，而后'锐兵'始乘其胜。——效阿骨打、兀术等行事。与西北虏（指鞑靼人）精锐居前，老弱居后者不同。"在这里，"死兵"是指打头阵的敢死队，也就是"重装骑兵"，他们在战时拼命从对手的阵营之中冲开一个缺口，再让跟在后面的精锐部队（即"锐兵"）迅速跟进，扩大突破口，以克敌制胜。据此，熊廷弼认为八旗军是仿效昔日金国阿骨打、兀术等人的战术，而金国在宋金战争中最脍炙人口的骑兵兵种无疑就是与岳飞作战的"拐子马"了。熟悉中国古代战争史的人都知道，岳飞是让步兵使用专砍金军骑兵马脚的麻札刀，才破了"拐子马"的，这种打法很有道理，因为携带刀、枪等近战兵器的重装步兵确实是重装骑兵的克星。那么，明军要想重演岳飞大破"拐子马"的一幕，将依靠什么兵种与什么兵器呢？熊廷弼早有自己的看法，他坦率地指出传统的弓箭对付不了疾驰如飞的重装骑兵，但是却没有建议部队配备更多的刀、枪等近战兵器，反而提倡制造大量的火器与战车。理由可能是因为火铳与火炮的穿透力很强，不但对单片的厚甲有效，甚至可以射穿前后重叠在一起的多层甲衣；而在理论上，一辆战车也能够阻挡一名骑兵的冲击。熊廷弼一度以为通过改善火器与战车的质量以及加大产量，定能克制敌人。遗憾的是，那时候即使是最犀利的火器，也与弓箭一样，只能够远距离杀伤敌人，而大量战例已经反复表明，轻装步兵无论是装备弓箭，还是火器，都在平原上打不过重装骑兵。可是，包括熊廷弼在内的不少官员

依旧对火器的作用执迷不悟，可能与这类兵器在过去二百多年的战争中的杰出表现有关。回顾历史，火器无论是对付蒙古游牧骑兵，还是抵御倭寇，都赢取了太多的荣誉，并诞生了善于使用火器的神机营、戚家军等王牌部队，这一切都已经在军界留下了难以磨灭的历史轨迹，并在新的形势下给后人造成了难以割舍的负担。事实上，尽管明军一些正规军的火器装备率已

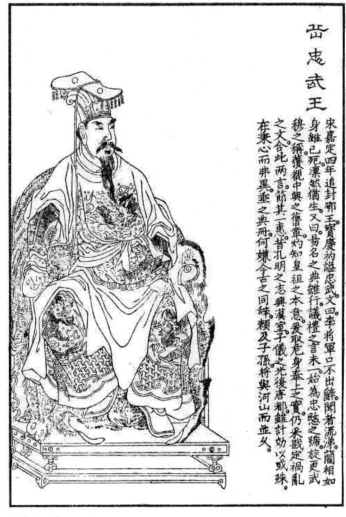

▲岳飞之像。

达到百分之七十左右，并装备了大量的战车，但还是常常被一个个前仆后继的八旗军骑兵冲垮。因为铳炮受制于装弹过程繁琐、发射速度过慢等客观因素的束缚。同时，战车也好不到哪里去，由于战车营通常不能以疏散的"行军队形"进行野战，它们需要花费时间转换成紧密相连的"战斗队形"，以阻挡骑兵的渗透，可它们往往尚未布阵完毕，即被能够以"行军队形"迅速投入战斗的骑兵队伍乘虚而入。

虽然，随着熊廷弼的离职，他的防御战略已被继任者放弃，可前线明军仍然没有改变重视火器与战车的战术，怪不得会在战场上一败再败。不少人慨叹明朝迟迟没有出现岳飞这样力挽狂澜的英雄，原因之一或许是庙堂之上的军政要员们不善于合理地运用各类兵种与武器。不过，暮气沉沉的明军之中，也存在着少数能够与八旗重装骑兵抗衡的精锐部队，例如在浑河之战中令人刮目相看的四川白杆兵，他们的身上除了铁甲之外，还有绵甲，这一套防护装备可以与八旗重装骑兵相媲美，他们手中的长枪长达五米，比起八旗重装骑兵的骑枪要长，在近战时正好能够起到"以长制短"的作用。难怪曾经在四川当过封疆大臣的王象乾事后评论沈、辽之战时说：辽阳骑兵先溃，唯独四川军以步兵坚守死战，杀虏甚多，故奴酋不惜出

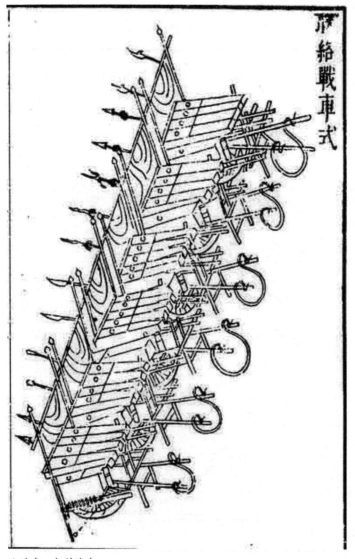

▲连在一起的战车。

重金悬赏能破川兵者，这是昔人"以步破骑之明验"。为此，他向朝廷请求于马瑚、遵义、永宁、石砫、酉阳诸司与儒溪土城等处招募二万四五千人，以抵御劲敌。可惜的是，四川白杆兵曾经被后金将领李永芳等人辖下的铳炮手打败过，难免会产生一定的负面影响，以致让一些人怀疑他们的战斗力，使他们得不到更多的重视。因为并非所有的人都能理解兵种与兵种之间可以互相克制的道理，这些人不知道重装步兵虽然可以克制重装骑兵，可往往打不过轻装步兵。事实说明，四川白杆兵要想战胜八旗军这支兵种众多的部队，不但需要扩充兵力，而且还要得到明军其他兵种的有效配合，否则就是缘木求鱼。

沈、辽之战结束后，辽河以东的大片土地已被后金控制，正如《清实录》所记载的那样：辽阳既下，位于河东的"三河、东胜、长静、长宁、长定、长安、长胜、长勇、长营、静远、上榆林、十方寺、丁家泊、宋家泊、曾迟镇、西殷家庄、平定、定远、庆云、古城、永宁、镇夷、清阳、镇北、威远、静安、孤山、洒马吉、瑷阳、新安、新奠、宽奠、大奠、永奠、长奠、镇江、汤站、凤凰、镇东、镇夷、甜水站、草河、威宁营、奉集、穆家、武靖营、平房、虎皮、蒲河、懿路、汛河、中固、鞍山、海州、东昌、耀州、盖州、熊岳五十寨、复州、永宁监、栾古、石河、金州、盐场、望海埚、红嘴、归服、黄骨岛、蚰岩、青台峪等大小七十余城"，官民皆降。努尔哈赤不想轻易放弃所得之疆土，他独排众议，决定把首都迁移到辽阳，并将辽阳城划分为南北两片区域，原先的居民要全部迁移到北城，腾出南城的房屋让后金军民居住。

辽阳失守的消息传到辽河以西，搞得各地恐慌不安，尽管八旗军还没有打过来，但是无数的老百姓为了避免战乱而做了未雨绸缪的准备，他们扶老携幼地离开世世代代居住的家乡，争先恐后奔返关内，连一些地方的驻军也出现了大量的逃兵，致使很多繁华城镇化为荒村野岭。史称："自塔山至闾阳二百余里，烟火断绝。"当时，孤悬于辽河西岸的广宁城被人们视为是仅次于辽阳的重镇，这座城市的规模稍逊于辽阳，它建于山隈，旁边有三岔河为天然屏障，所在的地理位置与鞑靼左翼诸部的牧地比较接近，因而长期以来又是辽东明军防御蒙古的前线指挥所，也成了辽东总兵的常驻地。由于朝廷实行"以文御武"的政策，文官也插手当地的军事。值此生死存亡之秋，一位名叫王化贞的文人以"宁前道右参议"的身份正好在此地任职，他坚守岗位，陆续收编从前线败逃回来的军人，将军队在原有的千余"孱卒"的基础上扩大至万余人，还积极联络鞑靼左翼诸部共同抵御后金，使得城内的人心稍定。

那么，王化贞所倚重的蒙古诸部处于什么样的状态呢？这就要详述一番了。最初，鞑靼左翼主要有察哈尔与内喀尔喀两大部，它们的游牧地就像一字长蛇阵，从辽东宁前、锦州、义州边外，一直向北摆到了广宁、沈阳、铁岭、开原边外。随着时间的推移以及贵族后裔的不断传袭，这两大部被逐次瓜分，其中，察哈尔分为八大部，内喀尔喀分为五大部（察哈尔八大部与内喀尔喀五大部，各种史籍说法不一，明清文献记载的察哈尔部落有敖汉、奈曼、克什克腾、乌珠穆沁、浩齐特、苏尼特、兀鲁特、阿拉克绰忒等部，内喀尔喀部落有扎鲁特、巴林、翁吉喇特、巴岳特和乌齐坪特等部），分别隶属不同的封建主。鞑靼左翼诸部名义上的大汗是土蛮汗的曾孙子林丹汗，此人于1604年（万历三十二年）即位时仅十三岁。由于少年得志，他经常"沉湎酒色"。左翼的一些封建主欺负他年幼轻狂，便不再朝贡，各自为政。林丹汗对这些人暗暗怀恨在心，准备像祖先成吉思汗一样，用铁腕手段消除蒙古内部的封建割据——他对外自称"统四十万众蒙古国主巴图鲁成吉思汗（'巴图鲁'在蒙古语中是勇士、英雄之意）"，就说明了这一点。林丹汗虽然没办法完全驾驭察哈尔八大部及内喀尔喀五大部，但是他还拥有由八位"福晋"（后妃之意）统率的直属武装力量，这些部落久居塞外的荒原，具有坚强的忍耐力，在过去的岁月里打过不少胜仗，足以傲视左翼诸部。自古以来，英姿飒爽的蒙古妇女就驰骋沙场，据记载，她们常穿裤以便于骑马，并能像男子一样射箭。福晋挂帅是蒙古的传统，并在历史上产生过不少著名的巾帼英雄，曾经在草原上尽领风骚。正所谓"一山难容二虎"，林丹汗与努儿哈赤这两个潜在的对手，在辽东不可避免地会产生碰撞。蒙古女英雄也将会与八旗军一较高下。

然而，在左翼诸部中，最早与后金动手的并非林丹汗，而是内喀尔喀的大小封建主们。铁岭一战，内喀尔喀的翁吉喇特部头目宰赛成为努尔哈赤的俘虏，迫使内喀尔喀诸部不得不瞒着林丹汗与后金结盟。林丹汗得知情况之后，大动肝火，痛骂内喀尔喀五部首领炒花屈服于后金的淫威之下，自取其辱。努儿哈赤如果继续在辽东执行扩张政策，必然会吞噬明朝与鞑靼左翼更多的互市之地，进一步损害蒙古部落的经济利益。林丹汗对此不能熟视无睹，他曾经于1619年（明万历四十七年，后金天命四年）十一月向后金递交了一封措词强硬的信函，警告努儿哈赤适可而止，不要南下进攻广宁，主要理由是广宁已经成为蒙古左翼与明朝的互市之地——林丹汗在那里获利颇丰。努儿哈赤不想放弃嘴边的肥肉，针锋相对地驳斥了林丹汗，嘲讽道："请你想一想，明朝过去给你的赏银从未有现在这样多，这都是因为我对其造成威胁，杀其男子，留下妇女，由于畏惧，明朝才以厚利引诱你，难道不是吗……"看来，林丹汗与努儿哈赤首次打交道就散发着非常浓郁的火药味，双方关系破裂，互相羁留使者，已经濒临战争的边缘。

在后金即将进军沈、辽地区的前夕，明朝负责守御广宁的王化贞不惜以二万六千两银子收买内喀尔喀及察哈尔各部封建主参与协防。可是鞑靼诸部为了独得更多的赏金，存在互相竞争的意识，因而损害了内部的团结。一波未平一波又起，林丹汗派遣妹婿贵英恰率领中军配合明军设防时，贵英恰却仗势欺人，糟蹋了察哈尔八部中的兀鲁特部的妇女，并且事后得到林丹汗的偏袒。愤怒的兀鲁特部头目率领本部万余人逃离察哈尔，投奔内喀尔喀首领炒花。贵英恰亲自带兵追逃，杀掉了一百多个兀鲁特人及两个内喀尔喀人，大家为此结怨。明朝为了平息事态，出面当和事佬，花钱打点有关各方，做好善后工作。而擅自收留兀鲁特部的炒花亦怕林丹汗报复，移营远避。由此可见，内部矛盾重重的左翼在后金攻明时不可能会有什么大的作为。

后金非常清楚明朝联合蒙古的防御计划，早有对策。努尔哈赤扬言要等到攻下广宁之后再释放手中所扣压的宰赛，以此来要挟内喀尔喀部，令其投鼠忌器，不敢轻举妄动。果然，到了后金攻取沈阳、辽阳等地时，真的没有什么蒙古部落前来支援明军，仅有少数内喀尔喀人乘乱跑到沈阳抢掠财物而已。后金的军事目的基本达到后，虽然释放了宰赛，但乘机索取了万头牲畜，并要内喀尔喀交出宰赛的二子一女来做人质，以图继续操纵内喀尔喀诸部。

随着后金对明作战取得的进展，有越来越多的蒙古人主动前来归附。后金击破沈阳时，就有蒙古兵助战的记录，这些人被称之为"八旗游牧蒙古"。最初来归附

的蒙古人只是一些零散之人，后来已有成群结队之势。以内喀尔喀、巴林两部为例，直到1621年（明天启元年，后金天命六年）十一月为止，在短短的数月之间，共有六百四十五户在古尔布什、莽果尔等人的率领下前来归附。在此前后，已有不少人被编成了隶属于八旗满洲的蒙古牛录。其中的佼佼者已官至参将、游击、备御等职。

显然，后金与蒙古诸部的关系错综复杂。蒙古人在后金与明朝之间左右逢源，让王化贞企图依靠蒙古诸部守卫广宁的设想充满了变数。不过，王化贞以弱旅守孤城的行为让他在朝中赢得了不少声望，使其官运亨通，不久便升为巡抚。朝廷本来以薛国用代替殉国的袁应泰为辽东经略，可是薛国用称病不上任，故此，辽河以西的防务实际由王化贞说了算。

早在袁应泰殉难时，朝中就有人力荐熊廷弼，企图让他重新出山重拾残局，可惜未能成事。继承袁应泰之位的薛国用不尽如人意，一时又找不到其他适合的人选。在这种情况下，明熹宗不顾他人的反对，重新起用熊廷弼为辽东经略。

官复原职的熊廷弼踌躇满志，重提他的战略防御之策，可鉴于辽东局势今非昔比，具体的措施又有所变化，最终形成了所谓的"三方布置策"，即在广宁地区屯集骑、步兵，以三岔河为屏障，从正面抵御敌人；在天津、登州、莱州各自设置水师，可经海路进入辽西沿海地区，骚扰敌人的侧翼，使敌人有后顾之忧，为恢复辽

阳做准备；此外，让山海关成为经略的驻地，以节制三方，统一事权。将来还可以联络朝鲜，以助声势。为了完成这个宏伟的计划，需要将兵力增至二十万。熹宗支持熊廷弼的军事计划，赶紧从各省动员兵力调往关外，再加上辽河以西原有的兵额，预计总兵力可达三十万人，其中仅仅广宁一地就将集结十二万。朝廷还不顾财政困难，采取加派田赋等办法筹集足够的粮饷、军械、马匹等军事物资，确保前线将士的需求。

历史证明熊廷弼的战略防御之策是对的，可他的具体战术却有问题，他过去提倡用装载火器的战车对付八旗的重装骑兵，这种打法已在沈辽之战中吃了大亏，幸运的是，由于战斗打响后他不在其位，责任由袁应泰等人来负。这次重新出山的熊廷弼仍旧重视车营，但他已有新的想法，认为装载火器的战车应得到"拒马、枪牌、镶斧、蒺藜"的辅助，这些冷兵器用来抵抗八旗军的重装骑兵，可弥补火器的不足之处。

朝中诸臣对沈辽之败作出反省的不乏其人。比较有代表性的是徐光启，但他错误判断火器在野战中必将发挥更大的作用，这个结论是他在研究辽阳城门的一次攻防战时得出的。他认为在那一战中，后金前来进攻的仅有七百人，使用的兵器是"车载大铳"，从表面上看人数不多，可是，由于在战术上运用得当，竟然战胜了千余四川兵。当时这股入侵者首先连发两次"虚铳（指放空炮）"，故意制造射艺

不精的假象，令迎战的四川兵放松了警惕。然后，他们耐心地等待着四川兵发起反攻，当四川兵进入有效的射程范围之内，再用真枪实弹进行饱和攻击，打得麻痹大意的川兵只剩下七人生还。根据这个战例，徐光启认为敌人对火器战术运用的熟练程度已经超过了明军，因而预言敌军将来在野战时可能会放弃使用"弓矢远射"与"骑兵冲突"的传统打法，而是改为依靠各类"小大火器"，在战时"度不中不发……"正如辽阳之战那样。如果真的发生这种事，明军将很难应付。为了防患于未然，他鼓吹部队应该装备更多的"大小火铳"与"炮车"，还要配备其他的战车与"坚甲利器"以助战，同时采取增加军饷与积极练兵等措施，以达到鼓舞士气与提升野战能力的目的。

不过，经验丰富的努尔哈赤只有在碰到四川白杆兵这样的对手，才热衷于使用火器部队，当他碰到明军的战车营等其他部队时，还是会一如既往地出动"弓马娴熟"的八旗军。显然，徐光启预言敌军将来的野战方式，不太符合实际。

不过，徐光启成功预言了敌军将来的攻城方式。他推断敌人今后攻城，必先架大炮于"数十百步之外"，专门击毁城墙上的垛口，以便让守城之人失去掩护，难以伫立，然后再以云梯、钩杆诸物发起强攻，力图一举登城。故此，必须尽量避免让明军装备的精良火炮落入敌手，因为敌人还没有足够的技术能力铸造可与明军媲美的火炮。

徐光启的担忧并非多余，现在的八旗军虽然暂时缺乏威力强大的大炮，谁敢保证将来没有？

谨慎的徐光启深知明军即使装备了更多的火器，在野战中也无必胜的把握，因而不主张把铳、炮置于城外拒敌，以免让敌人有机会夺取。他称"明军既不能战，便应当婴城自守，整顿火炮，待其来而歼之，犹为中策。不应把炮布置于城外，一旦陷于敌手，被敌人反过来用作攻城。何城不克？"然而，明军要想牢牢地守住城池，应当要有最好的城防与掌握最精良的铳炮。对此，徐光启明言"守城必造敌台"。所谓"敌台"，就是凸出城墙之外的墩台，可用来放置大炮。战时，敌台与敌台之间能够实施侧射，形成交叉火力点，有效地掩护城墙。他形象地比喻道："有铳而无台……犹如手执无柄之剑。"

从上述一番话看来，徐光启同意辽东明军全线转入防御，但在具体的打法上却与熊廷弼有所不同，他认为明军应该将防御分为三层，第一层为广宁以东的大城，这些地方的城池先要坚壁清野，把兵力集中于城里，再凭坚城上面的火器击退敌人；第二层从广宁以西至山海关，这些地方要做好后勤工作，向广宁前线供应火器、火药，另外还要招募精兵守卫沿线诸城；第三层为北京，此地作为首都，要加紧建筑炮台、再配以先进的西洋大炮，确保安全。

原任兵部尚书王象乾也有自己的看法，提出在四川、浙江等地招募能战之兵以及联络蒙古亲明部落，以增强实力。他支持熊廷弼使用战车对付后金，并主张战车上面除了三眼铳、噜密铳、火炮等火器，还应该设盾以及增加长斧，战时，先利用铳炮射程比弓箭远的优势压制八旗军的弓箭手，等到八旗军出动"重铠轻刀"的重装骑兵强行突阵，明军步兵再以长斧冲出车营之外反击，"上斩人胸、下斩马足，此韩岳（指南宋名将韩世宗与岳飞）之所以破金虏者也……"他认为车兵与骑兵相比的优点之一是可以节省军费，假若设立车兵三万六千人，即"可省马价五十万金"。王象乾在不久之后转任蓟辽总督，他在任上积极设立车营，希望以此御敌。

装备枪、牌与长斧等冷兵器的步兵与四川的白杆兵一样，都属于重装步兵。事实上，王象乾对四川白杆兵颇为欣赏，认为可以凭之"以步破骑"，他为此向朝廷请于马瑚、遵义、永宁、石砫、酉阳诸司与儒溪土城等处招募二万四五千人御敌，这些前文已经提到过，不再赘述。

由此可知，熊廷弼与王象乾已经郑重考虑如何使用重装步兵抗衡对手的重装骑兵了。王象乾还专门举出宋代名将韩世忠与岳飞巧用步兵大破金军骑兵的例子，来以古喻今。这类打法的思路显然与徐光启彻底放弃野战的想法不同。而王化贞的见解有所不同，他绝不害怕野战，比较重视骑兵，企图依靠蒙古的游牧骑兵来助战就反映了这一思想。

等到战火将要从辽河以东漫延过来

时，关内外明军究竟应采取什么样的战术，仍然没有统一的看法。正如辽东巡按方震孺所质疑的那样：明军到底应该倚重车兵、步兵还是骑兵？这些兵种战时应该如何联系？当八旗军轻装步兵施展长技，"三十步内万矢齐发"，明军"脚站不住"之时，应该如何"遮挡"？当八旗军重装步兵"挨牌坚厚，蜂拥而来"，明军"炮打不退，火烧不燃"之时，应该如何"防御"？当八旗军重装骑兵派出"铁骑冲突，如风如电"，明军"火器不点，贼骑已前"之时，应该如何"抗拒"？这一切"战守"之事，"俱无可言"，没有结论，而是各有各的看法！

然而，临危受命的熊廷弼明知山有虎，偏向虎山行！他为了确保军权掌握在自己的手中，向朝廷保荐了一批文臣武将，以为辅佐。这批人当中包括监军道臣高出与胡嘉栋、督饷郎中傅国、登莱招练副使刘国缙、登莱监军佥事佟卜年、职方主事洪敷教等等。可惜，他却经常与王化贞意见相左，最终竟被架空，几乎成了光棍司令。

原来，王化贞是一个不折不扣的主战派，他有着严重的轻敌情绪，说话喜欢夸大其词，对于熊廷弼的战略防御之策存在抵触思想，幻想凭着纵横捭阖的奇谋妙计，取得不战而胜的奇迹，在短期内收复失地。当时，辽东半岛金、复等地的军民孤悬敌后，他们多数结寨自保，另外还有两万人逃入朝鲜。王化贞对这些人遥相招抚，希望将来反攻能够得到他们的配合。

他处心积虑地想策反叛将李永芳来做自己的内应，企图让努尔哈赤后院起火；又策划"以夷制夷"之策，大撒金钱以联系蒙古诸部对付后金。《明史》记载，他完全相信了蒙古人的承诺，认定林丹汗在未来的战争中会"助兵四十万"，配合明军杀敌。必须要说明的是，林丹汗真正拥有的军队数目虽然史无明载，但肯定远远达不到四十万之多。然而，此人作为鞑靼左翼名义上的大汗，经常对外炫耀自己是"统四十万众蒙古国主巴图鲁成吉思汗"（所谓的"四十万众"，只是蒙古人形容部落人多势众的一个传统说法，并非实数）。例如，他过去在写给努尔哈赤的信中曾经这样往自己脸上贴金，由此估计，他在与明朝官员打交道时也说过类似的话，想不到王化贞竟然信以为真。过于倚重蒙古外援的王化贞误以为兵力已经足够，他甚至曾经向朝廷天真地建议停止从关内各镇抽调人马增援辽东，并认为在登莱、天津等地加强防御实属多余。对此，熊廷弼不以为然。两人终于在应该如何布置前线军队的问题上爆发了冲突。王化贞原计划沿着三岔河设置六营，每营以参将一人，守备二人为首，各自划地分守，而西平、镇武、柳河、盘山诸要害地点，亦派兵防守。熊廷弼表示强烈反对，理由是三岔河"河窄难恃"，而沿河各堡"堡小难容"，若沿河驻兵，必定会因为兵力分散而让敌人有机可乘，假使敌人派出轻骑渡河进攻，沿河的明军诸营将会被各个击破。同理，西平等处亦不能分兵把守。正确的军事布置应该是集中力量固守广宁，只需派出部分人马在三岔河一带来回巡视，进行警戒即可，但警戒部队不宜屯聚于一处，以免受到敌人的突然袭击。他指出，从三岔河至广宁这一段路应该多设烽火台；西平等地可以派驻少数士兵，以作点燃烟火传递消息之用，而主力必须聚结于广宁，占据城外有利地形，犄角立营，深垒高栅以待敌至（因为辽阳距离广宁有三百六十里之远，故八旗军骑兵不可能在一日之间从辽阳杀过来，稍有动静，明军必能预知，及早准备，提高胜算）。王化贞不满自己的计划受到阻挠，再加上在其他一些问题上与熊廷弼的意见不合，遂心生罅隙。而熊廷弼亦不依不饶。至此，经略与巡抚这两个在前线举足轻重的文官开始不和。

当时，辽河以东地区失陷后大批难民经海路逃跑，他们散布在辽东沿海各岛、山东登莱与朝鲜。熊廷弼为了拖着后金进军的后腿，向朝廷提出悯恤难民，并从中招募士卒，以便同朝鲜军互相呼应，起到钳制后金的作用。他认为朝廷应派遣使臣进驻朝鲜义州，彼此加强联络，最好是发银六万两，分别犒赏朝鲜与辽人，鼓舞士气。明熹宗一一同意。熊廷弼想在沿海地带开辟一条新的战线，但没有估计到抢先立功的却是王化贞。原来，明军当中一位名叫毛文龙的都司奉王化贞之命于1621年（明天启元年，后金天命六年）五月前往沦陷区打游击，目的是乘后金立足未稳抢占一块根据地图谋发展。毛文龙曾经是

李成梁的手下，有一定的作战经验，他率领二百多人从水路出发，沿着辽东半岛航行了数千里，沿途专门选择敌人防备疏松的地方下手，不断驱逐后金驻于沿海各岛的少量驻军，所过之处，广受难民的欢迎，其中，他策划的突袭镇江（今辽宁省丹东市）一役，更在朝廷之中引起了不小的震动，获得了不少赞誉。例如兵部左侍郎王在晋叹道："自从清河、抚顺失陷以来，国家花费千百万金钱，集中十数万兵力，都未能遂意。此次捷报，真是空谷之音，闻之可喜！"然而，毛文龙只向王化贞报捷，而不理会熊廷弼，引起了熊廷弼的不满。

镇江之捷让朝中的主战派信心大增，兵部企图以此为契机，大举反攻，便命令山东登莱与天津等地的水师出兵二万经海路支援毛文龙，还让广宁前线的王化贞率兵四万进占三岔河河防要地，准备随时渡河，联络蒙古军伺机进击。主战派希望熊廷弼能离开山海关驻地，到广宁前线主持大局。熊廷弼不得已，只好进至右屯。可是这场反攻雷声大、雨点小，在熊廷弼召开的军事会议中，很多前线的文官武将都对反攻信心不足。而明军各部也互相观望，延迟不进。可是，京城中的主战派却再三催促，在这种情况下，态度积极的王化贞带部分人马最先渡过三岔河，因得不到友军的配合，最后无功而返。

明军的反攻半途而废，而后金却成功收复了镇江。皇太极与阿敏带了数千人将毛文龙赶往朝鲜，屠杀了当地反正的老百

姓。为了防止类似的事情再次发生，努尔哈赤下令把沿海地区的一大批居民迁回内地，同时破坏部分地区的城防，以免被明军利用。

尽管镇江之战不尽如人意，可王化贞始终视之为罕见的奇功。熊廷弼不以为然，他公开批评毛文龙在敌后的行动破坏了自己筹备已久的战略部署，致使敌人在辽东半岛展开报复性的屠杀，而各路明军尚未全部到达指定位置，难以有所作为，后果是前线军民的士气严重受挫。故此，镇江之战并非奇功，而是奇祸！为了寻找更多的支持者，他将自己的观点写成奏章，上报朝廷，攻击王化贞。然而，大多数朝臣都认可镇江之战，对熊廷弼之言并不信服。

王化贞侈言只需出兵六万，即可平定全辽，此后功成身退，"归老山林"，争取了不少人的好感与支持，就连大学士叶向高也站在他那边。他强硬的主战态度早已得到兵部尚书张鹤鸣的肯定——凡是王化贞的请示，张鹤鸣无不答允。相反，熊廷弼的保守战略在朝中不得人心，他的请示，张鹤鸣常常阻挠。由此一来，前线的指挥大权落到了王化贞手里，熊廷弼实际上已被架空。《明史》甚至夸张地宣称熊廷弼难以号令一兵一卒，"徒拥经略虚号而已"。当经略与巡抚矛盾公开化了的时候，兵部尚书也难以置身事外——熊廷弼迁怒于张鹤鸣，指责他瞒着自己调兵遣将，使自己的经略一职有名无实，并负气地说道：前线之事，干脆让张鹤鸣与王化

贞两人负责好了！张鹤鸣得知，非常恼怒愤恨。

大量时间就这样浪费在互相扯皮与责骂当中，到后来，双方势如水火，凡是王化贞赞成的，熊廷弼就反对；凡是熊廷弼赞成的，王化贞就反对，令不少的前线将士无所适从，局面已是不可收拾。明熹宗眼见事情闹到这个地步，已是难以调解，便让张鹤鸣召集八十余名廷臣进行会议，以确定熊廷弼与王化贞两人谁去谁留。虽然会议上众说纷纭，莫衷一是，可表态支持熊廷弼的寥寥无几。主持会议的张鹤鸣更是力挺王化贞，认为假若王化贞离开前线，那么毛文龙必不听命，与蒙古人的联盟必会解体，经王化贞之手在当地招募的军队也必会溃散，他建议赐王化贞以尚方宝剑，付之以重任，而将熊廷弼调往他用。明熹宗看过会议记录后，没有马上作出决定，而责令吏、兵两部再议。然而，还没等朝廷正式作出决定，已经传来后金进攻的消息，为了避免临阵易帅扰乱军心，朝廷下令熊、王二人坚守岗位，共同承担责任，有功一齐受赏，有罪一齐受罚。

随着冬季的来临，这年十月，关外很多地方的河水结冰，有利于骑兵的突进。广宁当地的军民已经预感到八旗铁骑会乘机渡河，不少人准备逃难。然而，后金拖到次年的的正月才做好准备，出动五万军队从柳河、三岔、黄泥洼等地分三路出发，直取广宁。

虽然熊廷弼极力反对把兵力分散布置

在沿河的各个据点之上，可王化贞听不入耳，仍在分兵驻防。其中，刘渠以二万兵驻守镇武、罗一贵以三千兵驻守西平堡、祁秉忠以万人驻守闾阳驿。当后金进犯的消息传来，王化贞把主力分作三路，由道臣高出统北路、胡嘉栋统南路、牛象乾统中路，每路三万人，前往三岔河迎战。明军已各就各位，杜学伸所部欲凭车营坚守，刘征所部欲凭骑兵出战，全做好了战斗准备。鞑靼诸部亦有近万步骑参战，其中精锐三千。王化贞专门派同知万有孚到鞑靼军队里面履行监军之责，另以二千五百明军协助，只等八旗军渡河，即直捣黄泥洼。信心十足的王化贞还怕敌人不敢渡河，想派哨兵过河将敌人诱过来，然后出动"骁骑"冲杀，幻想着轻而易举地重创来犯之敌，因随军的文臣武将纷纷反对这个不切实际的想法，他只好打消了念头。

努尔哈赤率部于十八日从辽阳以西的黄泥洼动身，途经东昌堡渡过三岔河，一个照面就轻而易举地击溃明军的河防兵，追杀二十里，逼近西平堡。分散布置在沿河的各个据点之上的明军见势不妙纷纷转入防御，陷入了各自为战的困局。八旗军大队人马在战车、云梯的协助之下猛攻西平堡，让守军付出了"尸以城齐"的代价之后，于二十一日突入堡中，歼灭了数千人。守将罗一贵中箭受伤后自杀殉国。

平时惯说大话的王化贞终于亲身体会到八旗军的厉害，他不敢出兵援助西平堡，流露出怯战的情绪。无何奈何的熊廷弼只得以令箭督促王化贞迎战，并用言语相激："平日之言，此刻何在？"王化贞只得硬着头皮令广宁、闾阳驿之兵驱敌。而熊廷弼亦令驻守镇武的部队支援西平堡。三路明军将领不少，共有总兵刘渠、祁秉忠、李秉诚与副将刘征、鲍承先，参将黑云鹤、麻承宗、祖大寿，游击罗万言、李茂春等人，以王化贞的心腹孙得功

▲身披锁子甲的八旗军骑兵。

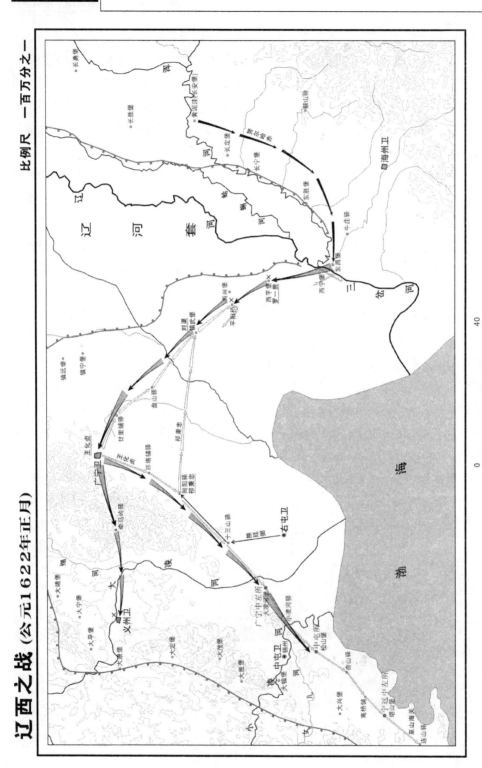

比例尺 一百万分之一

辽西之战 (公元1622年正月)

▲辽西之战作战经过图。

为前锋，"车、骑并进"，前去迎战。

两军于沙岭附近的平阳桥相遇。八旗军不等布阵，分批杀入明军营中。孙得功在刚交战时便力不能支，带头往后逃命，一边跑一边叫"败了！败了！"明军阵线遂溃，人员几乎损失殆尽。刘渠坠马被杀，祁秉忠中箭身亡，其余副参等官，或死或伤，惟有李秉诚、鲍承先、祖大寿、罗万言等人脱逃。此时，天色已晚，努尔哈赤收兵，宿于西平堡。

孙得功逃回广宁后，到处宣扬前线惨败之状，呼吁军民不要做无谓的抵抗，早早投降。闹得满城风雨，老百姓纷纷夺门而逃。正在府中翻阅文书的王化贞得到消息，吓得两脚发抖，不知所措。虽然城中尚有一万六千余将士，但军心已乱，处于失控状态，没有多少人听从王化贞的使唤，迫使他慌忙整理行李，带着两位仆人于二十二日加入逃难的人群当中。其后，辽东巡按方震孺也逃离了广宁。

王化贞逃到距离广宁四十里的闾阳驿时，正巧碰到由右屯而进的熊廷弼。熊廷弼嘲笑掩面痛哭的王化贞，道："你不是宣称只需六万兵便可荡平辽阳吗？现在如何？"说得王化贞惭愧不已，无地自容。虽然有人建议熊廷弼乘八旗军尚未到达广宁时重返这座城市，以挽回危局，可是他仅率五千人，与城内的叛军相比，兵力显得过于单薄。如果说坐镇广宁已久的王化贞都整顿不了城内乱军，那么，熊廷弼对此同样感到无能为力。

王化贞一走，留在城中的孙得功召集

同党封存府库，准备投降。直到两天之后，八旗军才到达广宁，努尔哈赤先派人入城搜索一番，再接受孙得功的投降。协助明军作战的蒙古人在混乱中乘机大肆抢掠，劫杀难民，致使血染荒野，路上到处都是死者，接连不断。

熊廷弼面对千疮百孔的明军防线，感到河西剩余的各个据点抵挡不了来势汹汹的八旗军，下令全线后撤。为了避免沿途大量带不走的物资沦于敌手，不得不将之焚毁。同时，他让王化贞率兵五千殿后，自己掩护着逃难的百万生灵，历尽千辛万苦，于二十六日返回山海关。

全力支持王化贞的兵部尚书张鹤鸣得知广宁的败讯，深知看错了人，他既惭愧又恐惧，便自请巡视边防，借以掩人耳目。得到皇帝的准许后，他没有马上出发，一直在京城逗留了十七日，才到山海关。在那里，他用金钱笼络附近的蒙古部落，以防万一，此外再也干不出什么事来，只是每日下令搜捕间谍而已。

努尔哈赤夺取广宁之后短暂休整，继续向西进军，经过大凌河、小凌河、松山、杏山、塔山等地，一直来到百余里外的中左所，只见各个城镇据点的仓库等设施基本已被明军烧毁，沿途军民亦已逃散，抢掠不了什么有用的东西，又不能因粮于敌，遂撤回。其后，部分八旗兵攻陷广宁以西的义州，消灭三千明军。至此，历时二十多天的战役宣告结束。

为何努尔哈赤没有乘机进军山海关，直捣这个北靠燕山山脉、南向渤海、东扼辽西走廊的兵家必争之地呢？如果能够夺得山海关，就等于打通了从东北平原进入华北平原的通道，对北京构成直接的威胁。努尔哈赤没有这样做，最大的原因是有后顾之忧，其新夺取的地盘受到鞑靼诸部的威胁。王在晋在此期间给明帝的疏报解释得比较清楚，他报告称，一些从广宁逃回的难民看到后金对鞑靼诸部保持极高的警惕，连夜间城头亦"灯火达旦，以防西虏（指鞑靼人）之掩袭"。故此，"贼（指后金军队）之不攻关（指山海关）者惧虏也，非惧虏之强，惧虏之众……"后金除了防备鞑靼，还派兵进驻镇江、与南卫等处，以防朝鲜与登莱地区的明军。

由于侧后受到重重威胁，后金不想长期占据新得之地，努尔哈赤下令把所有的战利品运回，接着放火焚城，全军返回辽河以东，只留下身后的一片废墟。

这一切，就像一句名言所说的那样："历史本身经常重演，第一次是悲剧，第二次是闹剧！"对明朝而言，如果说沈、辽之败是悲剧，那么其后发生的广宁之败算是闹剧了。明朝君臣本应吸收教训，让广宁前线及时转入战略防御，或许可支撑相当长一段时间，让战争提前进入相持阶段。可叹的是，清醒的仍旧只是熊廷弼等少数人，而那些头脑发热、思想顽固的主战派拒绝改辕易辙，他们完全不顾敌我双方力量的悬殊，硬是把近十万的前线将士驱往虎口、推向深渊，致使广宁之战败得更惨。回顾昔日辽阳失陷之时，陪同袁应泰奋战到最后一刻的还有一大批文武官

员，而到了广宁之战时，敌人尚未兵临城下，守军竟已哗变，迫使在前线主持工作的王化贞只能带着两名仆人狼狈逃窜。可见，主战派那一套不切实际、倒行逆施的做法由于在军队之中暴露无遗而失去了人心。假若明朝不对整个臃肿的指挥机构进行大刀阔斧的改革，精简那些多余的人员，杜绝那种终日议论不休、互相扯皮的官僚作风，那么，类似战守之争、文武之争这样的事仍将层出不穷，吃败仗仍将难以避免。可是，朝廷暂时没有改革的意向，只是忙于追究战败的责任，处分了涉事的一批官员。张鹤鸣遭到言官的交章弹劾，最后以辞官收场。而熊廷弼与王化贞就没有那么幸运了，他俩被定为死罪，收入牢中。此时适逢朝野之上党争激烈，一派是兴起于万历年间的东林党（东林党因其党魁顾宪成曾经在无锡的东林书院讲学而得名），这批人长期控制天下舆论，号称"清流"，自命为"正人君子"，至明熹宗在位的天启年间，他们在朝中的同党已掌握了朝廷大权。另一派是以司礼监秉笔太监魏忠贤为首的阉党，这伙人乘明熹宗不常过问朝政而染指国家大事，狐假虎威逐渐得势。东林党人与阉党政见不合，双方势如水火，斗得你死我活。熊廷弼极可能是因为被魏忠贤视为东林党一伙，遂提早坠入万劫不复之地，于1624年（明天启四年，后金天命九年）六月二十五日受死。而王化贞则活得比较久一点，直到1632年（明崇祯五年，后金天聪六年）才被斩于北京西市。

痛定思痛，朝廷的主战派不敢再轻敌了，就这样，战略防御终于成了朝野上下的共识。可是，到底应该采取哪一种防御方式，很多人又开始争论不休了。1622年（明天启二年，后金天命七年）八月出任辽东经略的王在晋原本打算联络鞑靼人袭击广宁，可是当时主战的做法已经不得人心，他的好友王象乾私下里进行劝阻，理由是即使得到广宁，也不能守，假若失去，反而获罪。为求平安无事，不如在山海关附近再设立一关，确保敌人不能越雷池一步。王在晋马上改变当初的主意，主张在距离山海关八里之遥的八里铺再修建一座新关，驻兵四万，加上山海关的守军，两处兵力共达十余万，可起到双保险的作用。王在晋意图弃守山海关以外的河西走廊，无疑等于放弃了辽东，因而遭到不少反对的声音。这样一来，在究竟应该采取哪一种防御方式的问题上，形成了两派，一派主守山海关附近，一派主守关外。

反对者的声音自然会传到京城。内阁首辅叶向高对于支持谁反对谁犹豫不决，他认为不应凭着臆度来作出判断。兵部尚书兼东阁大学士孙承宗自告奋勇，向皇帝请示要亲身前往山海关调查研究，再作结论。明熹宗求之不得，当即答应。

来到前线的孙承宗就为何要建新关的问题当面对王在晋进行了连珠炮式的质问，指出如果仅仅在山海关东面的八里铺修建新关，而不在北面设防，那么敌人也可以绕道北面的一片石来威胁山海关。况

且，新关与旧关仅相距短短的八里，如果新关可守，那么为何要用旧关？如果新关不可守，那么守关的四万新兵败退回旧关之前时，到时是开门放他们进入，还是坐视不顾？旧关前面挖掘的陷阱、布置的地雷（一种爆炸性火器）到底是为敌人而设，还是为溃退的新兵而设？

王在晋支吾以对，一会儿声称可以开放山海关外的三道关让逃兵进入，一会儿又说将另建三寨于山海关旁边的山上，以收容逃兵。

孙承宗反驳："军队尚未失败而先建寨准备收容他们，等于教他们做逃兵。而且，逃兵可以进来，敌人亦可尾随而入。"他强烈批评这种试图放弃辽东，划地而守的行为。王在晋虽然辩不过孙承宗，可是仍固持己见。

孙承宗既认定八里铺修建新关的计划不可行，意味着决心要把防线扩展到关外，为此，他召开军事会议，与众人商议。其中，宁前兵备佥事袁崇焕极力主张将防线延伸到距离山海关二百里外的宁远，守着这个处于辽西走廊中间的枢纽之地，既可以捍卫山海关与宁远之间的镇堡，又能够为将来全面收复辽河以西地区做准备。监军阎鸣泰另有想法，他将目光投向宁远以南的大海，看中了觉华岛，因为明将祖大寿从广宁败退时收集了溃散的十多万军民，正屯集于这个海岛上，他认为当后金进军山海关时，觉华岛的部队可予以侧击。王在晋心知修建新关的计划可能会被朝廷否决，又提出新的建议，声称

最前沿的阵地应设在宁远以西的中前所，理由是此地目前是明军前哨的驻地，正好便于利用。监司邢慎言、张应吾等人皆附和王在晋的建议。然而，明军前哨真实的驻地是在八里铺，中前所只是名义上的驻地而已，当时，宁远以西的五城七十二堡（包括中前所在内）已被放弃，鞑靼哈喇慎诸部乘虚而入，以协助明军保卫边境为名赖在那里不走。孙承宗深知鞑靼诸部不足信，他经过实地勘察，决定支持袁崇焕的意见。回到北京之后，他痛诋弃守关外之策，恳请皇帝罢免王在晋的官。王在晋就这样被转调到南京出任兵部尚书，离开了前线。

不久，孙承宗以阁臣的身份主动请缨督战，朝廷任命他为"督师"，以原官督山海关及蓟、辽、天津、登莱诸处军务，此职位的规格比经略更高，获得"便宜行事"之权。他推荐没有什么才略的阎鸣泰为辽东巡抚，无形中能够独操大权，以方便实行自己所主张的那一套。到关之后，他分别让人负责编订军制、整理军事物资、修建营舍与炮台、训练火器兵与骑兵等一系列事宜，采取种种措施接济难民，从当地土著之中募汉人为兵，以增强军力。对于觉华、前屯这些要害地方，他给以了充分的重视，调兵遣将加强防卫。特别是宁远这个地方，更被视为是重中之重，他增派祖大寿前去镇守，以助袁崇焕一臂之力。孙承宗对于战略的见解与熊廷弼的"三方布置法"有相似之处，他认为欲恢复全辽，必先恢复被视为"全辽膏腴之

地"的金州卫、复州卫、海州卫、盖州卫这四个地方。这些地方位于三岔河以东、辽东半岛以南，因而需要采取"三方布置"之策对付，即令山东登莱地区的驻军通过海路威胁四卫之南，觉华岛驻军威胁四卫之北，而位于河西走廊山海关等地的驻军则从正面方向与敌人对峙，这样一来，"虏（指后金）虞腹心之溃，而自不能窥关门（指山海关）"。明军如果乘机巩固宁远等地的防务，并将防线不断向前延伸到锦州等地，不但山海关可确保无恙，而且京城亦可高枕无忧了。

可是，孙承宗的上任并不意味着主守关外已经成为朝野的共识，当阎鸣泰以疾病为由在1623年（明天启三年，后金天命八年）五月辞去辽东巡抚一职后，新上任的张凤翼对主守关外颇有微词，此人的立场与王在晋差不多，认为最佳的选择是退保山海关，他公开对人说出这样的话："国家即使放弃辽左（指辽东），犹不失全盛，比如大宁（今内蒙古自治区宁城附近）、河套（指黄河河套）等地，放弃又有何害处？如今举世不欲复辽，只有孙承宗一个人想复辽吧？"平心而论，这一番话确有强词夺理之处，大宁、河套等边塞荒凉贫瘠之地由于不堪耕种，明朝才主动放弃，任由蒙古诸部在那里游牧。相反，辽东土地肥沃，物产丰富，稍有血性之人都不甘心把这个祖辈艰苦奋战得来的"百战封疆之地"拱手交给后金。所谓"举世不欲复辽"，只是张凤翼把自己的意志强加在世人的头上，硬说自己代表民意而

已。然而不容忽视的是，主守关内的战略的确还有不少支持者。有一次，孙承宗巡视前线时在宁远城内召开军事会议，他坚持主守宁远的主张就遭到了佥事万有孚、刘诏等人的阻挠，尽管如此，他还是下令袁崇焕、总兵满桂与祖大寿等人修筑城防，欲使此地成为固若金汤的坚城。此外，从山海关至宁远之间有多个原先废弃的城堡，现在明军重新进驻其中，使之成为新防线的一部分，同时召回各地逃难的老百姓，重建家园。就这样，中前所、前屯、中后所等五城十三堡聚居的军民逐渐达到了十余万，他们开屯荒田、发展生产，呈现一片生机勃勃的景象。孙承宗还把目光投向宁远以北，他让袁崇焕与携同将领马世龙等人于1624年（明天启四年，后金天命九年）九月率领一万多名水陆部队大胆深入广宁地区巡视，最后经三岔河从海路返回宁远。接着，明军于次年夏季果断将防线推进至宁远以北二百里，陆续收复了锦州、松山、杏山、右屯与大、小凌河城等处，初步形成了"宁锦防线"，这条漫长的防线有望在未来的战争中发挥坚如磐石的作用。

正在宁锦防线的经营稍有起色之时，前线领导班子的成员却起了重大变动。阉党首领魏忠贤因与孙承宗不和而多次在皇帝面前进谗言，令孙承宗的地位不保。这位为国事鞠躬尽瘁的督师因1625年（明天启五年，后金天命十年）八月发生的柳河之败而让政敌找着了借口，最后在诋毁中黯然离职。事情的起因是山海关总兵马世龙派遣副将鲁之甲、参将李承先等人领兵偷袭后金位于三岔河东岸的前哨据点耀州，不料在抢渡柳河时暴露了踪迹，反被敌人伏击，致使鲁之甲、李承先等四百多人战死。这次战事规模虽然不大，可是却被阉党抓住大做文章，纷纷上疏弹劾孙承宗、马世龙。在这种情况下，孙承宗只好自请罢官，回乡养病。

另外值得一提的是，马世龙是孙承宗亲手提拔的将领，他与过去那些明军总兵最大的不同之处是拥有皇帝赐予的尚方宝剑，得到了军法从事的权力，而这个权力过去一直掌握在经略等文官的手中。原来，孙承宗有鉴于军中文武官员互相牵制而造成指挥效率不高的弊端，试图复古而让武将专制军事，希望借此使军队的战斗力获得一定的提高。他在1622年（明天启二年，后金天命七年）尚未出任督师时，曾经向皇帝奏称："以武将带领士兵，而以文官负责招募和训练；以武将临阵作战，而以文官指挥调动；以武将在边境防御，而置文官于幕僚；以边防大事托付给经略与巡抚，而战守之事却每日需要朝廷做决定；这些都是'极弊'之事，如今应当提高武将的权力，选择一个举止沉稳、气略不凡者授予重任，让他拥有安排偏裨以下将领的人事权，不要让文官以小事加以欺凌。边疆的小胜小败，皆不过问，稳住边关局势，再图谋恢复失地。"在孙承宗的力荐之下，马世龙于1623年（明天启三年，后金天命八年）出任总兵时获得军法处置、财政（总管"钱、粮"

之事）等权，并以尤世禄、王世钦为副手，听其节制。为了隆重其事，孙承宗还亲自为之"筑坛"，举行拜将礼。过去，总兵与守御一方的副将、参将、游击、守备、指挥等各级武官虽然有地位高低的分别，却无权力截然高下之制，彼此之间平时各自独立地守御一方，容易出现互相分庭抗礼的事实，现在，随着新政策的实行，那种一盘散沙般的情况已经有所改善。尽管马世龙后来的表现有负孙承宗的期望，但提高武将之权已是大势所趋，后来，总兵官普遍获得尚方宝剑，甚至有权斩杀副将以下的将领，既有利于提高自身的威望，又能让军队内部的号令更加统一。除了总管军中的兵马、钱粮之外，有的总兵还可以节制州县，治理平民，得以干涉地方事务，有利于在战时进行全面的动员。朝廷放权的目的是希望军中形成重武风气，最好是让明初开国武将集团叱咤风云、所向无敌的盛事能够在今日的辽东重演。然而，这次提高武将权力的改革进行得并不彻底，文官集团为了扭转辽东战局，很不情愿地交出了一部分权力，但绝对不会甘心交出所有权力，前线的总督、经略、巡抚等文官始终插手军事就是明证。"朝廷每日决定前线战守之事"虽被孙承宗深为诟病，也始终没有改变。

孙承宗走后，魏忠贤派自己的党羽高第为辽东经略。高第上任后果然是"新官不理旧事"，他摒弃孙承宗主守关外之策，下令收缩防线，要把锦州、松山、杏山、右屯、大凌河、小凌河与宁远等地的驻军全部撤回，只想以重兵扼守山海关。这个开倒车的措施遭到宁前道佥事袁崇焕与通判金启倧的抵制。袁崇焕坚守宁远与前屯等地，誓死不撤。对于袁崇焕的抗命，高第无可奈何，唯有将锦州、松山、杏山、右屯与大、小凌河这些地方的军队撤回，同时也驱赶那些刚刚重返家园的难民入关，搞得怨声载道、哭声震野。经过一番折腾，山海关之外很多地方变成了人烟罕至的鬼域，只剩下宁远等少数孤悬在外的据点。它们好像茫茫大海中的小船，能否抵抗得住后金仿佛惊涛骇浪一般的进攻呢？

后金自广宁之战取胜以来，用了三年时间巩固在辽河以东取得的成果，暂时停止了对明朝的大规模军事行动。由于汉人在占领区内进行各种形式的反抗，努尔哈赤不得不想出种种办法制止与镇压。在此期间，他一度在辽阳城边的太子河畔建起了一座名作东京的新城，用来做首都。不久，又迁都沈阳。在整顿内部事务的同时，也没有放松对外的经略。为了减轻鞑靼诸部的威胁，努尔哈赤继续使用联婚等手段同科尔沁、内喀尔喀等部结盟，力图孤立敌对的察哈尔林丹汗，以分化、瓦解鞑靼诸部。同时，不停地调兵征剿在沿海地区打游击的毛文龙，以稳定侧翼。他还不忘记对黑龙江等地的女真人用兵，招抚这些部落，以便在未来的战斗中能够提供新的兵源。

这时，八旗军已有所扩大，它的牛录数目由最初的二百个增加到二百三十多

▲沈阳（后改称盛京）小东门外侧老照片。

个。一般按照"三丁抽一"的比例为原则抽兵（在特殊情况下可超过这个比例），例如《满文老档》记载努尔哈赤在1623年（明天启三年，后金天命八年）四月就按这个原则从每个牛录中抽调一百人到平房堡以西、牛庄以东等处放牧，养马备战。在抽调的百名甲兵之中，以十人为白号护军、四十人为红号护军、五十人为黑营（又称"营兵"，分为"披重铠"与"披短甲"两种）。其中，在十名白号护军里面，装备了两门炮、三枝枪（冷兵器）；在四十名红号护军里面，装备了十门炮、二十枝枪、两辆楯车与两个水壶；在五十名营兵里面，装备了十门炮、二十枝枪、两辆楯车、一个梯子、两把凿子、两把椎子、两个钩子、两把镰

刀、两把斧子、四张席、两把叉、一根连夹棍（又称"夹连棒"）、两个水壶、十五副绵甲以及可用一个月的木炭。此外，每一甲喇（管辖五牛录）还携带两门大炮。需要指出的是，源自《满文老档》的这个装备清单并不全面，它完全没有提及弓箭，也许这种武器太过普遍，几乎每一个士兵都有装备，故加以忽略。值得注意的是，每一牛录至少装备了十二门炮，尽管留存至今的史料对这些炮的种类及用途语焉不详（估计当中有部分是示警用的信炮），但还是反映了火器已在八旗军中以得到应用。最重要的是，在这一百名甲兵之中，有三十人（包括十名红号护军与二十名营兵）配合四辆楯车作战，由此可知，在二百三十个牛录中，理论上可以出

动六千九百人配合九百二十辆楯车作战，充分说明了八旗军对攻城的重视程度。过去，他们在野战中把明军打得已无还手之力，现在，只想加强攻坚能力，以便横行辽东。

近千辆楯车一旦出现在战场上，将要辗碎所有敢于抵抗的城池——努尔哈赤似乎对此信心十足。当应该处理的事情逐渐处理完毕之后，他又将攻打明朝提上了议事日程。高第上任后所做一系列倒行逆施的事，无疑对后金的大举进军非常有利。努尔哈赤没有错过这个时机，他刻不容缓地统率五六万大军于1626年（明天启六

▲袁崇焕之像。

年，后金天命十一年）正月初六踏上了征程，乘着冬季结冰，迅速越过不少河流，一路上如入无人之境，轻易夺取了明军放弃的右屯、锦州、松山、大凌河、小凌河、杏山、连山、塔山七城，于二十三日直抵袁崇焕坚守的宁远城下。他们先是在城西南方向的五里之外驻营，不久又移到城西之外，以此地作为临阵磨刀之处。

宁远陷入了重围，可镇扎山海关的高弟不太愿意发兵救援自行其是的袁崇焕。此时此刻，宁远已经成为了一座真正的孤城。然而，袁崇焕并没气馁，他事前已经将中左所、右屯等处人马统统撤入宁远城内，避免与敌人野战，并将城外的物资全部焚毁，实行坚壁清野。城内守军不满二万，参战的武官有总兵满桂、副将左辅、朱海，参将祖大寿、守备何可刚等人。满桂作为全军指挥官，负责守卫城的东南面。左辅负责守卫城的西面。祖大寿负责守卫城的南面。朱海负责守卫城的北面。文官也没闲着，同知程维楧负责缉拿混入城内的奸细。通判金启倧主要承担后勤工作与维持城内秩序。城内每一个巷口都有人把守，禁止无关人员乱走乱动。如果城上的将士擅自下城，格杀勿论。袁崇焕提前通知前屯守将赵率教与山海关守将杨麒，让他们捕杀所有临阵而逃的宁远军人。至此，人心始定。

二十四日，攻防战打响了，后

金出击的重点是城的西南角。八旗军的战术与攻打辽阳时非常相似，照旧是步兵推着楯车走在最前面，《山中闻见录》记载他们当中有人头戴两重铁盔，号称"铁头子"，仿似几百年前的女真"铁浮图"精兵一样，准备死打硬拼。另外，还装备了勾、梯，作为攻城的辅助工具。步兵的后面，紧跟着准备伺机突进的铁骑。由于明军没有在城外挖壕布阵，所以八旗军自以为会很轻松地到达城墙之下。楯车已为攻城作了精心的布置，车上的木板厚达数

寸，上面斜盖着一张生牛皮或铁皮，就好像"板屋"一样。根据过去的作战经验，这类坚固的防御物品对明军发射的弹丸与利箭有极佳的防护作用，甚至能够抵抗城上掷下的石块，因而完全可用来掩护躲藏在车内的精兵健卒，尽量让他们能够安然无恙地到达城下，再用斧头等工具从车身预留的洞中伸到外面去，开始凿城。那时的城墙多数夯土而成，只在外面包上一层砖石，只要城脚被人凿开数个洞穴，上面砖石与泥土就有坍塌下来的可能，这些砖石泥土如果恰巧形成了斜坡，那么，就会成为攻城者的踏脚石，步骑兵可由此一拥而上，登上城头。《清太祖实录》记载努尔哈赤曾经说过首先拆城者即立下"首功"，可报固山额真予以记录，等到周围其他人俱拆完毕，然后固山额真吹螺，下令所有部下一齐突进。可见，在八旗军的攻城战法中，拆城是非常重要的一环。话又说回来，凿墙挖洞之人难免会在城墙坍塌时被活埋，或者被砸死，为了安全，他们应该躲藏在具有保护措施的楯车里面工作，一旦出现意外，就

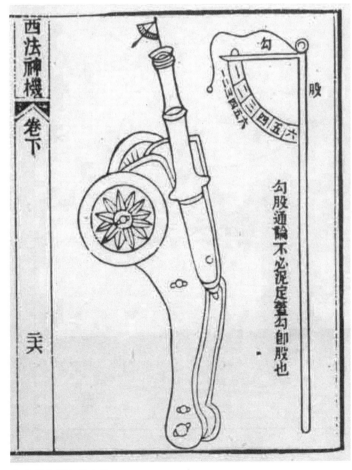

▲西式火器红夷大炮。

宁远之战作战经过图 (公元1626年正月)

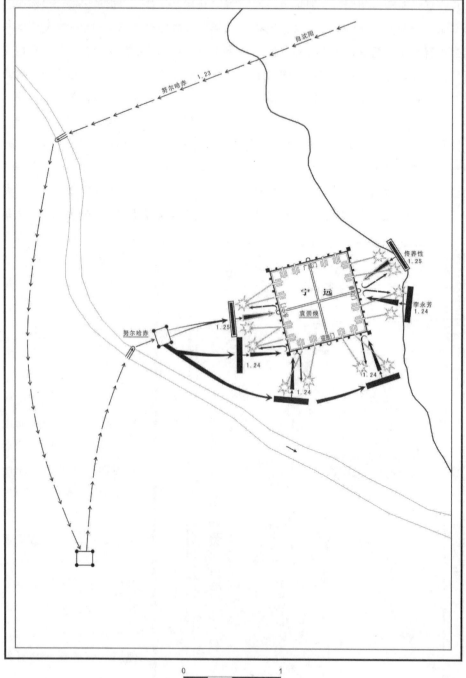

比例尺 三万五千分之一

自沈阳

努尔哈赤 1.23

努尔哈赤

宁　远

袁崇焕

佟养性 1.25

李永芳 1.24

1.25

1.24

1.24

1.24

0　　　　1
千米

▲宁远之战作战经过图。

等待救援。

出人意料之外的是，八旗军的楯车尚未接近城墙，已损失惨重。因为明军早在城上架起了十一门新式的西洋大炮，它们射出的炮弹以前所未有的威力对楯车造成毁灭性的打击。

对战局产生了举足轻重影响的西洋大炮又叫"红夷大炮"，是欧洲人制造的犀利火器。由于欧洲在十四世纪出现了资本主义萌芽，从而极大地促进了生产力的进步，各种火器的制造技术在此后的几个世纪中日新月异地发展着。西欧各国顺应潮流，陆续建立起大型工场手工业，用资本主义的生产方式生产出各种制式火炮。红夷大炮是其中的佼佼者，它的制造方法比较复杂，需要先往炮模里面注入沸腾的铜、铁等金属溶液，等到制造出火炮的粗坯，再用镟刀刮净炮膛里面残留的渣滓，经过这一系列的工序，才使得炮身完整无缺，没有空隙或裂纹，能够承受非常高的膛压，既打得远，又令爆膛的危险减至最低。在实战中，它依靠"量铳规"这种仪器调节炮管的俯仰角度，以便在射程之内对远近不同的目标进行精确射击，弥补了铳炮类火器仰射时效果不佳的缺陷。相反，明朝的火器生产方式仍然停留在小手工业阶段，水平与西欧相比日益落后，暂时没有能力制造红夷大炮这种先进的火器，只能通过在沿海打捞欧洲沉船或者从西方人手中购买等方式获得。后来，明人又向来华的西方人学习火炮技术，并出现了介绍西方军事科技的著作，例如著名的

有孙元化的《西法神机》与焦勖所著的《火攻挈要》。这两本书都提到醋会令长时间射击的火炮迅速散热，因为它的沸点低，能够起到冷却作用。

宁远大战发生之前，明军用各种途径获得了三十门红夷大炮，还在天启年间从澳门聘请了二十三名葡萄牙籍炮师与一名翻译协助训练士兵制炮、用炮，如今正好在战斗中派上用场，参战的十一门大炮一经登台亮相，马上把对手打得鬼哭狼嚎。当时一位在城内观战的朝鲜翻译官韩瑗观察到城外"土石俱扬，火光中见胡人（指八旗兵），俱人马腾空，乱坠者无数"。

红夷大炮以摧枯拉朽之势击毁了不少楯车，让八旗军攻打宁远城西南角的军事行动严重受挫。努尔哈赤只好指挥部队转攻城的南角，不少漏网之鱼冒死将楯车推到了城下拼命叮叮作响地凿墙，凿了不少大坑。其中高达二丈余的有三四处。幸而天气寒冷，冻结的城墙不那么容易坍塌。对于城脚下那些红夷大炮不能直射的死角，守军只能使用威力不大的小炮从侧面射击，可效果不尽如人意。在这个万分危险的时刻，有人开始往下扔火把以及藏有火药的棉被，还有人在柴草里面放入火药，再灌上油，然后一捆捆地抛到城下，他们使出种种火攻的战术，终于达到了焚烧敌人楯车的目的，将那些凿墙挖洞之人烧得焦头烂额，死于非命。

激烈的战斗从白天持续到晚上二更时分，八旗军付出了大量人员的伤亡仍毫无进展，只得暂且休战。他们撤回之后，遗

留在城外的残余楯车又被乘夜缒城而下的五十名守军全部烧成灰烬。次日，八旗军重新发起进攻，并坚持到了傍晚，可惜仍拿不下城池，使得士气异常低落。由于无人敢于近城，需要出动督战人员在后面拿刀驱赶，即使是这样，走在最前面的炮灰来到城下也不敢凿墙，只是象征性地呆一会儿就往回跑，运气差的就永远倒在城脚下了。八旗军这一天的伤亡更重，只见城外密密麻麻的全是尸体。这些尸体在守军的眼中仿佛白花花的银子，因为明军一直以来都是凭着首级领赏的。后金的指挥官们似乎也清楚这一点，或许是为了避免死亡的战友在夜间被缒城而下的守军斩去脑袋，他们便下令抢尸，尽量把尸体运到宁远城西门外的砖窑之中火葬，搞得黄烟蔽野。《清太祖实录》称在两天的攻城战中，"共折游击二员，备御二员，兵五百"。明朝的史料记载击伤敌军数千，其中死者不详，而仅仅斩获的首级就接近三百（一说六百）。明军也有不少损失，通判金启倧殉国。

到了第三天的时候，八旗军步兵面对宁远的坚固城墙依旧顿足不前，而"重装骑兵"始终毫无用武之地，过去屡试不爽的"专打头目"等战术也难以施展。努尔哈赤面对明军的红夷大炮已经无计可施，他侦察得知明军有大量粮草屯放于宁远以南十六里的觉华岛上，遂命武纳格率八旗蒙古以及新增的八百兵前往夺取。当时连接海岛与陆地的海域已经结冰，行人能够畅通无阻，守岛的明军武官有参将姚抚

民、胡一宁、金冠、游击李善、张国青、吴游击等人，诸将为了防止后金进犯，命令军队在冰上立营，并在周围凿开坚冰，形成长达十五里的激流，以作屏障。由于天寒地冻，一些凿开的冰很快又重新冻结，八旗军乘虚而入，击破明军绕营护卫的战车，将敢于抵抗的人全部杀死。接着，入侵者冲进岛中，又击败二营明军，前后总共杀死七千人，连岛上的老百姓也未能幸免，他们焚毁二千余条船以及千余堆粮草，才返回大营。

努尔哈赤在军队席卷觉华岛的第二天，也就是二十七日，终于决定撤回沈阳，他路过右屯卫，放火焚烧里面残留的粮草，以泄心中的愤恨。《清太祖实录》称"帝自二十五岁征伐以来，战无不胜，攻无不克，惟宁远一城不下，遂大怀忿恨而回"。仔细分析这一段话，发现著书者往努尔哈赤的脸上贴了不少金，因为努尔哈赤自起兵以来打不下的城、寨等据点不止宁远一个，例如他发动统一建州女真的战争时，在1584年（万历十二年）九月攻打齐吉达城就受挫而还，而且身受重伤。话又说回来，齐吉达等一系列坚城最终都屈服在这位领袖的脚下，唯一的例外是宁远，无论是努尔哈赤，还是他的继任者，始终都拿不下这座城池，这也成了八旗军战史上永远的遗憾。

据说，在宁远之战打响的前一天，努尔哈赤有意释放汉人俘虏入城，让其带话给袁崇焕道："我以二十万兵来攻，此城必破，你们若肯投降，即封以官爵。"袁

宗焕回答："汗（指努尔哈赤）为何无故动兵？宁远与锦州两城乃是汗昔日所弃之地，我既然恢复了，就应当死守，岂有投降之理？汗自称有兵二十万，这是虚数而已，我知道你们真实的兵力是十三万，我岂会认为这个数字过少？"众所周知，女真在历史上素来有"满万不可敌"之誉，而自命为女真后裔的努尔哈赤出动了号称十几、二十万的大军，却拿不下不足二万人防守的小城，真是面目无光。不过，无论说后金的兵力是二十万，还是十三万，都距离事实甚远，根据《明实录》记录的多份报告，时人目睹八旗军真正参战的人数为五六万，但这改变不了他们以众凌寡，反而失败的事实。根据袁崇焕等人在战后获得的情报，努尔哈赤因战败而精神上备受困扰，竟然背后生疽，以致数月之后一命呜呼。还有史料记载当时传闻努尔哈赤在宁远城下受伤，最后伤重而死。后一种说法可能不太靠谱，因为努尔哈赤返回沈阳之后又从四月起指挥了历时一个月的讨伐鞑靼部落的战事，虽然其间没有打过什么大仗，但也足以证明他并非身受重伤不能动弹。直到七月下旬，这位清朝的开国者才病倒在床。在此之前的四五年间，为后金的开创立下汗马功劳的费英东、额赤都、安费扬古、扈尔汉、何和礼等五大臣已相继去世，现在终于轮到努尔哈赤了，他于八月十一日死亡，终年六十八岁。

就明朝而言，朝野上下对战略问题的纷争随着宁远捷报的到来而初步形成了共识，主守山海关的观点被扔进了历史的垃圾堆之中，再也不受重视；而孙承宗、袁崇焕等人"主守关外"的战略受到了前所未有的支持。过去，明军依靠火器在野战中屡屡受挫，现在改变思路，转而依靠火器守城，立即绝处逢生。显示徐光启、袁崇焕倡议的"凭坚城、用大炮"等战术经过宁远一战的检验，已被证明是确有良效，因而逐渐在前线的很多地方得到推广。就这样，朝廷君臣在战争爆发的八年之后，付出了惨重的代价与巨额的学费，去伪存真，终于找到了一套适合自身特点的、行之有效的战略与战术，尽管靠此难以彻底收复所有的失地，但毕竟已能自保。此后，明军重新收复锦州等地，在关外构建了一条长达四百余里的"宁锦防线"，在这条防线的每一个城堡的墙头上，都配备了火炮，其中，让八旗军心惊胆战的红夷大炮成为了重中之重，准备在未来的战争中发挥更大的威力。这条精心打造的防线成了后金军队挺进山海关的最大障碍，八旗军从未能彻底摧毁这条防线，就像由清朝组织编撰的《明史》所承认的那样，努尔哈赤率领的八旗军自举兵以来"所向无不摧破，诸将罔敢议战守"，"议战守，自崇焕始"。总而言之，宁远一战意味着双方的战争正式进入了相持阶段。

第四章 弧形包围

努尔哈赤生前统一女真诸部、亲手完成了缔造军队与建立国家的大业、并在发动对明战争中掳掠了辽东的大片土地、人口与财富,为后金的发展壮大打下了牢固的基础。但他死时没有明确指定谁来做继承人。根据杜家骥先生的研究,当时,八旗的旗主全由努尔哈赤的子侄把持,其中正红旗的旗主是他的二儿子代善、镶蓝旗的旗主是他的侄儿阿敏、正蓝旗的旗主是他的五儿子莽古尔泰、正白旗的旗主是他的八儿子皇太极、正黄旗的旗主是他的十二子阿济格、镶黄旗的旗主是他的幼子多铎、镶红旗的旗主是代善的儿子岳托、镶白旗的旗主是褚英的长子杜度(后改为皇太极的儿子豪格)。努尔哈赤共有十六个儿子,其中最有希望继位的是三大贝勒,即二子代善、五子莽古尔泰与八子皇太极,而侄儿阿敏虽贵为大贝勒,但并非直系,故希望不大。然而,年纪最长的代善因为与努尔哈赤的大妃曾经关系暧昧,致使声誉受损,难以服众,早已无意争位。莽古尔泰也犯过不可饶恕的错误,他的生母因获罪被贬,他为了讨好父亲竟把生母杀死,结果弄巧成拙,被父亲视为不

孝儿,从此失宠。唯有皇太极深孚众望,此人文武兼备,从不恣意行事、胡作非为,以"独善其身"著称。根据朝鲜人撰写的《建州见闻录》的记载,他是八旗武将之中"仅识字"者,非常喜欢读书,怎么看也不会厌倦。而且在对外战争中表现突出,"勇力绝伦,颇有战功",一直受到努尔哈赤的格外爱护。努尔哈赤死后,代善与他的长子岳托、三子萨哈廉经过商量之后认为国家不可一日无君,皇太极"才德冠世","众皆悦服",理应继位。莽古尔泰与阿敏对代善的首倡没有异议,他们联系诸弟兄子侄,在努尔哈赤死后的第二天,共同劝进皇太极。就这样,三十五岁的皇太极于1626年(明天启六年,后金天命十一年)九月坐了大位,并改年号,以明年为天聪元年。

皇太极是被三位比他年长的贝勒推上宝座的,因而不敢以臣礼对待这些兄长,故在公开场合让他们列坐于自己的左右,共议国政。有时逢年过节,皇太极还要反过来向兄长行礼,以示尊重。这一切都表明这位新君尚不能像努尔哈赤一样独揽大权。此情此景,就像时人所认为的那样,

皇太极虽有一汗之虚名，实无异八旗中的一贝勒。

皇太极为了削弱对立的势力，逐渐对国家体制作了改革，他在八旗的每一旗之中增设了二名佐管大臣与二名调遣大臣，协助总管大臣（旗主）管理事务（其中，佐管大臣负责刑法，可免于出外驻防；而调遣大臣则需出外驻防，同时负有审理刑律之责），减去了总管大臣的一些权。此外，他又让所有的八旗总管大臣都获得参议国政的资格，与诸贝勒共同商议国家大事。这个措施无疑分散了诸贝勒的权力。后来，皇太极又以防止代善、莽古尔泰、阿敏这三大贝勒"操劳过度"为借口，不再让他们每月轮流执政，而是下令其他的弟侄辈贝勒代劳，这样做即使还未能彻底消除三大贝勒在政权中的特殊地位，但已经有效地防止三大贝勒擅权。

虽然上层统治核心增加了新的执政人员，可是没有一个汉人参

与，这表明，女真贵族统治阶级独揽大权的现象仍然要继续下去。

皇太极即位之初，后金的形势不容乐观，国内历史遗留的问题比较严重。努尔哈赤生前对归顺的汉人充满了戒心，采取

▲皇太极常服图。

了一些激化矛盾的措施，例如他曾下令汉族男人要像建州女真人那样薙发留辫，作为臣服的标志，后来为了镇压境内汉人的反抗，又采取残酷的屠杀之策，派人逐村逐户检查汉人的蓄粮，规定凡是不满三四升而又没有养家畜者，一律视为伺机作乱的刁民处死。此举不但未能稳定国内的秩序，反而使局势更加动荡不安，很多汉人纷纷选择逃亡，据称"辽人百仅存一"，残存的也成为奴隶，对经济生产非常不利。因为明朝对后金采取经济封锁的缘故，使得后金商业萎缩，各类日用品奇缺，再加上自然灾害频繁，终于在境内出现了饥荒，致使每"金斗"（后金的容量单位，相当于一斗八升）的粮价从一两银升至八两，从而饿死了不少百姓。为了活命，越来越多的人加入了逃亡的行列，甚至连女真人也不例外。《乱中杂录》记载皇太极刚即位一年左右，就有一位叫做王子登的人率众叛逃，此人原本在后金出任"副总"之职，他乘乱于1627年（明天启七年，后金天聪元年）十月带着"真奴（指女真人）三千余名"来投在辽东半岛打游击的毛文龙，同月，又有一位叫做柴万树的人带着"真奴数千"，取道广宁投靠镇守宁锦防线的袁崇焕。

为了制止逃亡潮，皇太极上台后颁布的第一道命令就宣布凡是过去企图潜逃之人，即使已被他人举报，从现在开始既往不咎，就算是那些已被抓获的逃亡者，亦不论罪。为了缓和矛盾，他又表示愿意减少国中的各项劳役，以便让老百姓有更多

的时间务农，还公开称汉人与女真人"均属一体，凡审拟罪犯，差谣公务，毋使异同"，禁止女真贵族任意对汉人进行贪得无厌的征敛。上述种种措施对安抚人心起了一定的作用。过去，努尔哈赤将汉民编入庄园（号称"拖克索"，平均每十三丁为一庄，耕田百垧。每垧为十亩）为农奴，并把这些庄园赐给八旗军中的武官，每个备御各赐一庄，备御以上按品级递增。现在，皇太极下令削弱了每个庄园的人数，以便让更多汉人恢复自由民的身份，并把他们编为民户，交由汉官治理，这对提高生产者的积极性起了很好的作用。

努尔哈赤时期的汉人虽然不能充当八旗兵，但也有服兵役的义务，早在1618年（天命三年）后金首次攻明得胜，就把投降的部分明军编为一千民户，由李永芳统领，以便能在战时协助八旗军。当后金席卷沈阳、辽阳、广宁等地之后，陆续收降了一批辽东地区很有势力的家族，包括佟氏、刘氏、石氏等，其中出任后金将领的有佟养性、佟养真、佟丰年、佟鹤年、佟国祚、刘兴祚、石廷柱、石国柱、石天柱等人，这些人在战时带领汉军为女真贵族买命，充当炮灰的角色。例如宁远之战中，李永芳、佟养性率兵攻打东门，他们的部下估计是汉兵。但在努尔哈赤主政期间，除了李永芳等少数汉官受到优待之外，大部分归附的汉官都备受女真贵族的歧视与欺凌。这些人被分给诸贝勒与大臣管辖时境况不佳，常常遭到嘲讽、辱骂与

殴打，他们连身边的财产也保不了，随时会被女真贵族以各种借口抢走，为此，很多人吃不饱饭，长年累月地挣扎在贫困线上。他们一旦死后，连妻子儿女要给女真贵族为奴为婢。这种非人的待遇使得汉官们如坐针毡，人人自危。就连皇太极也不得不承认，来归的汉官"如在水火之中，苦无容身之地"。这位新上台的君主为了巩固后金的政权，改变了过去对待汉官的刻薄政策，转而加以礼遇与优待，尽量予以信任，以充分发挥这些人的作用。他规定凡是来归的明朝官吏，可按功授予官职，而且享受子孙世袭的待遇。种种收买人心的做法既能让汉官们尽心尽力地效忠于国家，又可吸引更多的明朝官吏归附，以便在未来"图取大事"。

皇太极对归附者采取"恩养之策"，让八旗分担"养人"的义务，一名名叫胡贡明的文人为此发表了一番颇有代表性的议论："我国地窄人稀，贡赋极少，全赖兵马出去抢些财物。若有得来，必八家（一般可泛指八旗）平分之；得些人来，必平均分于八家养之。譬如皇上出件皮袄，各家少不得也出件皮袄；皇上出张桌席，各家少不得也出张桌席。"这时，后金境内由于自然灾害肆虐，严重缺乏食物，某些地方还发生了人吃人的事。为了渡过这场危机，皇太极决定故伎重施，动员兵马"出去抢些财物"。抢掠的对象只能是敌人，而后金的敌人可不少，除了明朝之外，还有察哈尔等蒙古部落以及朝鲜。这些敌对势力以海陆并进的方式在战

略上形成了一个弧形包围圈，这个包围圈以朝鲜半岛为起点，经皮岛、旅顺等辽东半岛沿海地区与扼守辽西走廊的宁锦防线连成一片，同时与活动在辽河河套的察哈尔诸部互相呼应，使后金处于腹背受敌的状态。皇太极到底应该选择哪一个地点作为突破口呢？他暂时不想把矛头对准明朝，因为当时后金与明朝的关系有所缓和。袁崇焕自宁远大捷之后，已升为辽东巡抚。不发一兵救援的高弟沮丧下台，取而代之的是王之臣（其后出任权力与经略差不多的督师）。袁崇焕在努尔哈赤去世的两个月之后派出都司傅有爵及李喇嘛等三十四人前往沈阳吊丧，同时顺便恭祝皇太极即位。皇太极把握着这个来之不易的良机，多次提出和谈的要求，列出了两国和好的条件，这就是要明朝君臣自认是首先挑起这场战争的罪魁祸首，并赔偿后金的损失。索赔的具体数目是十万两黄金、百万两白银、百万匹缎与千万匹布。另外，明朝每年尚需赠予后金万两黄金、十万两白银、十万匹缎与三十万匹布。而后金则相应赠予明朝十颗东珠、千张貂皮、千斤人参。后金不但拒绝把从辽东夺走的土地与人民还给明朝，而且提出了狮子大开口式的勒索，袁崇焕当然不会轻易答允，致使双方信使多次往来难有结果。热衷于和议的皇太极有鉴于此前的后金军队在宁远城下铩羽而归，暂时无意对明军的防线动粗。至于以游牧为主的察哈尔等蒙古部落，由于经济落后，油水不多，而且因为"逐水草而居"的缘故，不太方

便捕捉，也不是八旗军抢掠的最佳目标。最后，皇太极把目光投向了毗邻而居的朝鲜。自从辽东爆发战争以来，朝鲜始终坚定地站在明朝的一边，不但出兵参加萨尔浒之战，而且容许毛文龙收集辽东难民在皮岛、铁山等边境地带建立抗金根据地，早已成为后金的眼中钉、肉中刺，现在最终成为了皇太极首选的打击对象。

1627年（明天启七年，后金天聪元年）正月初八，上台不到半年的皇太极命令阿敏、济尔哈朗（阿敏之弟）、阿济格、杜度、岳托、硕托等人率兵三万讨伐朝鲜。《旧满洲档译注》记载尾随在这支大军后面的还有上万名"觅食"之民。正如后金君臣事先所预料的那样，朝鲜军队果然不堪一击。八旗军扫除了设置在朝鲜边境之上的一些明军军事哨所之后，于十四日攻打朝鲜军队驻守的义州，并分兵直捣铁山，将毛文龙驱逐至皮岛，他们很快夺取了朝鲜境内的定州、郭山等地。皇太极及时增派一批蒙古兵进驻义州，让阿敏得以抽调部分驻军支援前线，从而一举攻克了有两万敌军守卫的安州，于二十六日抵达平壤城下。平壤城里本有万余守军，可主将不战而逃，这使得八旗军得以兵不血刃地占领此地，接着，他们渡过大同江，于十七日驻军于中和。史称八旗军"铁骑长驱，一日可行八九息之程"，在不到半个月的时间里实际已经控制了大半个朝鲜。朝鲜君臣好不容易征召的三万军队竟然在作战中连战连败，而明朝的援军也迟迟不见踪影，在这种濒临绝境的情况

下，逃到江华岛的朝鲜国王李琮不得不屈服于后金的淫威之下，被迫和谈。

本来按照皇太极事前的指示，只要朝鲜答应与后金议和定盟，八旗军即可退兵。可是在退兵问题上后金的统帅们发生了争议。岳托认为必须按照皇太极的吩咐办事，只要朝鲜国王愿意进行"盟誓"，就"班师"，理由是留守国中的"御前禁军甚少"，为了防范明朝与蒙古诸部乘虚而入，应当及早预备，况且军中"俘获甚多"，已经达到饱掠而归的目的。可是阿敏却另有想法，他说谁要回就自己回去，我一定要杀进朝鲜的首都王京（今首尔），还扬言："我常羡慕明朝皇帝与朝鲜国王所居的城郭宫殿，过去没有机会见到，如今既然来到，为何不见一见就回去？"他执意要向王京进军，然后再与朝鲜讲和，如果到时朝鲜国王不从，就再安排部属在当地屯田耕种，长住下去，并建议军中诸将可将妻儿子女从国中接过来团聚。如果真按照阿敏的意见来办，那么后金就会分裂为两部分，其所作所为实际上等于对皇太极的统治进行公开挑战。可这种做法在当时不得人心，岳托、济尔哈朗、杜度纷纷表示反对。后来，八旗大臣参与了商议，结果七旗所议皆同，唯有阿敏所在的一旗固执己见。岳托、济尔哈朗、阿济格等人眼见议而不决，便干脆自行派人与朝鲜国王定盟，然后再转告阿敏。最后，岳托警告阿敏，扬言要独自率领两红旗退兵，并预言一旦两红旗退走，两黄旗、两白旗也必将相继而退。到那

时，战场上只剩下阿敏所辖的一旗，将会处于势单力薄的处境，难有作为。事情闹到这个地步，阿敏只得服从众议，同意撤军了。这次激烈的争议生动地反映了努尔哈赤死后军中权力涣散，诸贝勒经常各自为政的事实。这种情况如不改变，贻误战机是必然的事。从过去的经验来看，只有大汗亲征才能最有效地将军权集中起来，努尔哈赤生前经常这样干，而皇太极在上任后策划的首次大规模对外征伐中，竟然没有随军行动，已是失算。话又说回来，即使皇太极亲临前线，暂时也起不到乾坤独断、一言九鼎的作用。因为这位新君尚不具备努尔哈赤那样的威望。

朝鲜战局已经明朗化了。然而，尽管朝鲜国王表示愿意每年纳贡，承诺与后金建立"兄弟之盟"。可是后金没有全部撤走朝鲜境内的部队，仍让义州驻军留在原地，继续监视朝鲜的动静。阿敏临走前还大掠三天，以填欲壑。

在后金入侵朝鲜的前后期间，明朝又发生了文武不和的事件，新的冲突在袁崇焕与满桂之间发生。袁崇焕认为满桂脾气不好，意气骄矜，经常谩骂僚属，更加难以容忍的是，这位武夫对自己作出的决策有时既不能理解，又不能执行，令部属无所适从，因而乞请朝廷将其调走，转由赵率教尽统关内外之兵。大部分朝廷官员在这次文武相争中都站在了文官袁崇焕一边，只有督师王之臣不以为然，声称"千金易得，一将难求"，反对将满桂调离前线。他提出了一个折衷方案，即让满桂到山海关任职，以避开宁远这个是非之地。可袁崇焕仍不满意，竟然为此请辞，扬言要回家养病。王之臣随之也以不能和袁崇焕共事为由申请引退。朝廷不希望熊廷弼与王化贞的悲剧重演，慌忙进行调解，想尽办法挽留两人，最后作出规定，王之臣只负责关内之事，而关外的战守事宜全部由袁崇焕负责。同时，将满桂调到山海关，并让赵率教移镇宁远，此事就算了结。不久，朝廷又对前线的指挥机构进行了调整，这时适逢兵部尚书冯嘉会去世，王之臣奉命赴京接任，而其在前线遗留的职位暂不设立。就这样，朝廷将关内外所有的事全部交给袁崇焕与镇守太监刘应坤、纪用等人负责，许其便宜从事。刘应坤与纪用都是魏忠贤的党羽，他们能够插手军事与明熹宗对前线的文武官员不太信任有关，由于屡次发生文武不和以及欺瞒朝廷之类的事，熹宗早在1627年（明天启七年，后金天聪元年）三月开始决定让身边的太监到前线"参与军务"，起到监军的作用，有事随时向自己密报。

卷入政治纷争的袁崇焕从来没有停止对"战守"的思考，他在实战中深刻体会到"兵不利野战，只有凭坚城、用大炮一策"，鉴于"南兵（指江南士兵）脆弱、西兵（指从秦、晋等地调来的士兵）善逃"，他认为应该用"辽人守辽土"的办法，招募本地人采取"且守且战，且筑且屯"的方式徐徐恢复失地。他曾经与刘应坤、赵率教等人一起巡视锦州，大、小凌河等地，盘算着如何在辽东大规模屯田，意图逐渐恢复高第放弃的地方。他知道，宁远等关外四城虽然延袤二百里，但"北负山，南阻海"，宽度仅为四十里而已。如今已屯兵六万，再加上数十万商民，可谓"地隘人稠"，粮食难以充分供应。如果能得到锦州、中左所、大凌河三城，督促移民进行屯田、耕种，可使战线延伸到山海关之外四百里，造成更加有利的态势。当后金派军渡过鸭绿江南征之后，袁崇焕乘机派出军人争分夺秒地修筑锦州、中左所与大凌河三座城池，企求进一步巩固宁锦防线。同时让赵率教等将领率部分水陆军队逼近三岔河，以图对后金造成牵制。不久传来朝鲜战事暂告一段落的消息，明军乃还。

皇太极从朝鲜撤军后，仍企图继续与明朝和谈，他在写给袁崇焕的信中作了一些让步，表示在政治上愿意屈居于明帝之下，大幅度削减向明朝索取的钱财数目。可是，当他获得明军在锦州、大凌河等地抢修城池的消息之后，非常震怒，心知和谈不易实行，遂决定动武，想抢在修城的明军完工之前，出兵一举将其荡平。后金一反往年秋冬出兵的习惯，于五月六日出动五六万人征明。这次，皇太极要亲自出马了。

明军对此有所准备，王之臣在此前已同意刘应坤的建议，以杜文焕守宁远（远在宁夏的杜文焕未能及时赶到宁远，错过了这一战）、尤世禄守锦州、侯世禄守前屯、副将左辅加总兵之衔守大凌河，由镇驻山海关的满桂节制上述四镇及燕河、建昌四路。满桂虽然获得朝廷所赐的尚方宝剑，成为武将之中权力最大的人，但他仍须听命于巡抚与镇守太监。到了临战之前，明军又重新调整了部署，满桂移驻前屯、孙祖寿移驻山海关、黑云龙移驻一片石、而移镇锦州主持筑城工作的赵率教要与左辅、朱梅等将领一起坚守驻地。文官仍旧统筹全局，辽东巡抚袁崇焕进驻宁远，负起"居中调度、战守兼筹"的责任。因结交魏忠贤而得以东山再起的阎鸣泰现在已升任蓟辽总督，移驻山海关，作为后备。镇守太监的作用不容忽视，纪用与刘应坤分别在锦州、宁远两地，监督着关内外的十二万明军。

关内明军有四万人，而关外有八万人。在关外的八万人当中，又以六万人分守山海关与宁远之间的中右、中后、前屯四城（含宁远，其中宁远守军为三万五千人）。尽管关外明军的总数不少，但由于采取处处设防之策，因而无论哪一处的兵力都比不上来犯的八旗军。为了稳妥起见，明朝又从昌平、天津、保定、宣府、大同调来援军三万余人，集结于山海关，以确保这个咽喉要地。

八旗军取道广宁而进，派出精锐部队为前哨，侦察明军虚实。主力分为三队，以德格类、济尔哈朗、阿济格、岳托、萨哈廉、豪格率领的护军精锐为前队；皇太极、代善、阿敏、莽古尔泰、硕托等统大军居中；而负责攻城的诸将则率领绵甲军与厮卒等随军人士，携带着云梯、挨牌之类的军械为后队。在行军途中，皇太极审

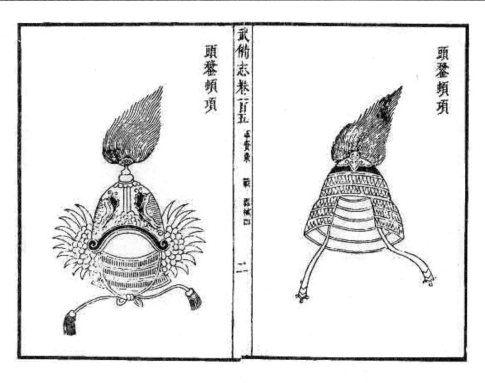

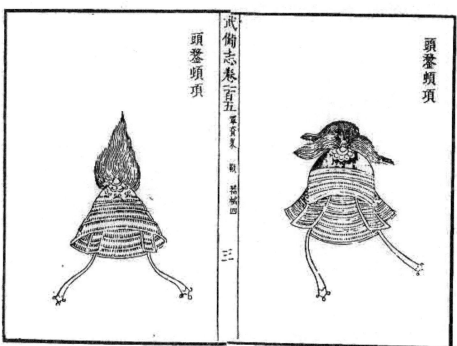

▲明军传统的头盔。

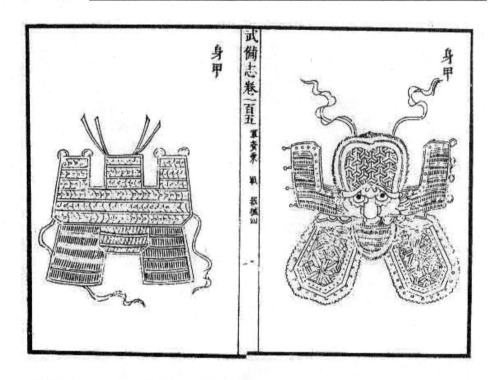

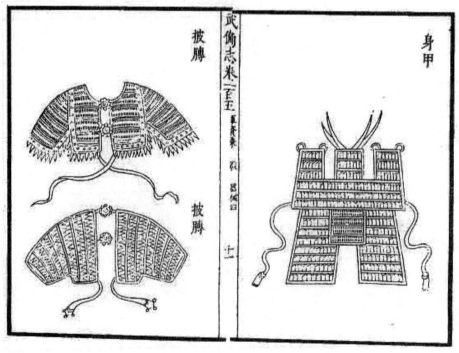

▲明军传统的身甲。

讯了俘获的明军哨卒，得知右屯卫仅有守军百余人，而小凌河与大凌河两城虽有兵驻防，但城墙尚未修好，只有锦州城已经修筑完毕，里面屯驻着明军大队兵力。为此，他决定先驱逐大凌河一带的明军，因而亲率两黄旗、两白旗直取大凌河与小凌河城，迫使对方弃地而逃，不久，代善、阿敏、硕托率正红旗、镶红旗、镶蓝旗到达了锦州，开始围城。其后，带着正蓝旗兵扫荡了右屯卫的莽古尔泰亦来到了锦州，距城一里驻扎。

守卫锦州的纪用与赵率教采取缓兵之计，让人缒城而下与皇太极谈判，企图拖延时间。皇太极要求赵率教等人投降，在没有得到答复的情况下于次日（五月十二日）下令攻城。清方史料对攻打锦州的记载非常简略，只是称八旗军开始进攻后差点儿打下了城的"西隅"，但明军从城的东、南、北三面抽调援军，齐发"火炮矢石"，致使八旗军攻而不克，不得不退兵五里之外驻营。有趣的是，《满文老档》与《清太宗实录》等书在记叙八旗军的攻城兵器时，只是提到梯、盾，完全没有提到楯车（虽然明朝方面的史料提到后金在攻打锦州时使用过"车"，例如《山中见闻录》称后金"分二军升车梯"，配合"步骑轮番进攻"，但是，书中的"车梯"有可能是指"云梯"这种带有车轮的攻城器械，不一定是指楯车）。总之，过去在攻城略池中出尽风头的楯车自从宁远一战受挫后，在八旗军中的地位似乎大不如前。

这一战，从早晨打到晚上，赵率教与左辅、朱梅等人"擐甲登陴"，亲自指挥战斗，使得来犯之敌"积尸横地"，保住了城池。后金退兵之后，照例将战死者的尸体带走。史载，他们"曳尸窑中，伐木焚之"，环境悲凉、气氛肃穆。但皇太极仍不愿停手，他派兵扼住锦州西南大道，以阻拦明军援兵，同时遣官回沈阳搬兵，并下命每牛录再出三把铁椎、三把斧头、三个镢子、一个铁锨，为下一轮攻城做准备。此外，他又让游骑绕城而行，进行伺视，侦察敌情，以防万一。

明军的战略是"坚壁清野，以逸待劳"，事先早已将河西的粮食搬运入锦州，目的是要让对手"千里而来，野无所掠"，以起到"以饱待饥"的效果。由此可知，只有速战速决才对远道而来的八旗军最为有利，可要办到谈何容易！不能迅速攻城的皇太极只想诱敌出城野战，他乘双方重新进行和谈之机，写信向纪用等人约战，说："今与尔约，尔出千人，我出十人敌之，我等立而观战"，声言要通过比武的方式来定胜负。可惜的是，尽管他绞尽脑汁想骗明军出城，但对方始终没有中计。此后，八旗军几次攻城，均未能得手，致使战事继续拖延下去。

锦州已陷入重重包围之中，援军迟迟没有来到。袁崇焕认为宁远、中右、中后、前屯四城为山海关的藩篱，"若宁远不固，则山海必震，以天下安危所系，故不敢撤四城守卒而远救，只发奇兵逼之"。也就是说，明军不会出动主力解锦

宁锦之战（公元1627年5—6月） 比例尺 五十万分之一

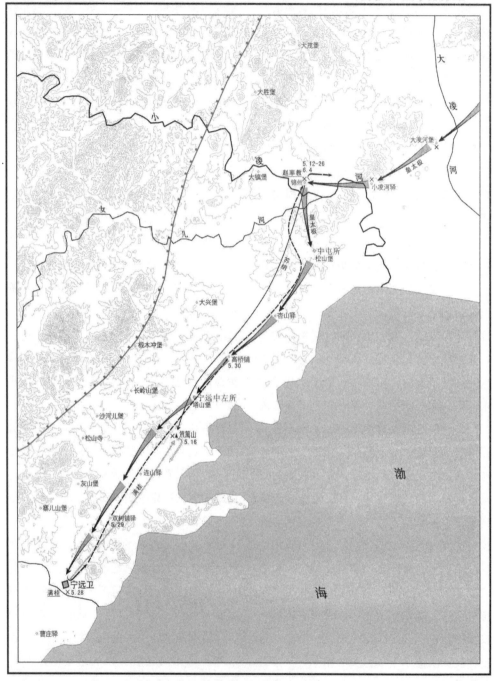

0   20
千米

▲宁锦之战作战经过图。

州之围，以免被后金"围点打援"，但会派出部分军队作为"奇兵"骚扰敌人。果然，从山海关驻防部队中挑选出来的一万精兵，意图会合宁远等关外的部分驻军，由满桂、尤世禄、祖大寿等将领率领，向锦州方向开进。这股凑合而成的明军援兵于五月十六日在笊篱山与对手不期而遇。此前，八旗军的一路偏师已在莽古尔泰、济尔哈朗、阿济格、岳托、萨哈连、豪格等人的带领下到塔山附近搜括粮食，正巧挡住了从宁远通往锦州的去路。而皇太极早已对明军派遣的援兵有所防范，他为了万无一失，又让蒙古额附苏纳挑选八旗蒙古精兵，飞速前去拦截塔山西路，终于在笊篱山与明军狭路相逢。然而，大规模的战斗并没有发生，因为满桂不想硬闯过去，他登山远望，看见敌骑大至，立即带兵徐徐引退。八旗军中的蒙古兵在苏纳的带领下分作两路追击，试图围攻明军。"满桂、尤世禄奋勇而前，内外夹攻"，硬是杀出了一条血路。明军将士在突围时射伤多名敌人，可仓促之间不能割其首级带回去领赏，只是"且战且走"，取道柏浦返回了宁远。追之不及的八旗军亦退回了塔山。此战，《明实录》记载"损伤官兵一百二十余名，马一百八十余匹"。

明军时不时派出小股部队乘夜偷袭后金军营，又企图从海路支援锦州，并联络游牧在辽河河套的蒙古人，威胁后金的侧后方。皇太极不胜其烦，决定东进直捣敌人的心腹地区，他停止了对锦州的十四天围攻，仅留下部分人马监视此地，自己亲

率主力会同从沈阳到来的援兵，在二十七日这天早上向宁远与山海关方向扑了过来。次日，这支军兵分九路，从灰山、窟窿山、首山、连山等地数道并进，直逼宁远，聚结于城外的山冈上。当时，还有为数不少的明军散处于城外，幸好满桂及时将所有的士卒集中起来，有条不紊地退回城下，以壕沟为障碍，排列战车，整理火器，列营备战。城内守军也在袁崇焕、刘应坤与副使毕自肃的督促下纷纷登城，严阵以待。

值得注意的是，明军放弃了宁远大捷时行之有效的战法，不再将所有的军队集中于城内固守，而是派出部分人马在城外布阵，准备野战，这种打法与沈阳、辽阳保卫战非常相似。难道是明军统帅部的将领"好了伤疤忘了疼"？那么沈、辽惨败的一幕会不会重演呢？

令人意外的是，八旗军却不敢像攻打辽阳、沈阳那样一往无前地杀过来，领兵诸将瞻前顾后，显得顾虑重重。皇太极在开战之前经过细心的观察，发现大批明军列阵于宁远城东之外，其阵地靠近城垣，"难以尽力纵击"，遂没有马上进军，而是命令全军稍退，企图引诱明军追击，希望在敌人失去城垣掩护的时候，再予以反击。可是，明军没有中计，仍旧按兵不动。在这种情况下，究竟应该采取什么样的打法？后金指挥层内爆发了争论，代善、阿敏、莽古尔泰等三大贝勒极力反对进攻，但皇太极却强烈主战，公开支持皇太极的有他的儿子阿济格等人。一时争论

纷纷，议而不决。皇太极非常恼怒，说道："昔皇考太祖（指努尔哈赤）攻宁远不克，今我攻锦州又未克"，如果现在连出城的明军"野战之兵"亦不能取胜，"何以张我国威？"他不管众人的反对，下令自己的亲信将领与侍卫亲军披坚执锐，立即冲锋与对手在野外决一雌雄，阿济格所部随之也"疾驰进击"。这部分八旗军以"精骑在前、弩骑在后"，一路向宁远杀去，将城外的明军骑兵视为首先攻打的目标。反对进攻的代善等人迫于无奈，不得不各自带着部属跟进。

满桂、尤世禄、孙祖寿、杨国臣、许定国、尤世威、祖大寿诸将在城外迎战，发射红夷大炮、灭虏炮等火器与弓箭，杀敌甚众。不久，双方在城下展开了短兵相接，呼声震地。城上的守军不停地施放红夷大炮与发贡炮，响如雷鸣，毙敌无数，甚至轰击了后金位于"东山坡大营的毳帐"，焚毁了皇太极的"白龙旗"。战斗从早上持续到中午，八旗军始终未能击溃明军，最后退了回去。他们用战马将战死者的尸体运到双树堡，用火焚烧。明军担心有埋伏，没有追击。

事后，双方都宣告获胜。《三朝辽事实录》记载了刘应坤的一份报告，声称毙伤敌军数千。不少民间野史也记录了后金的伤亡，但很多来自道听途说，不能尽信。例如《山中闻见录》声称此役打死皇太极两个儿子，四个固山额真与三十个牛录额真等等，显得过于夸大。不容讳言的是，明军自身也有一定的损失，主将满桂

在厮杀中数次遇险，身中数箭，幸亏他头上的兜鍪与身上的铠甲比较精良，起到了很好的掩护作用，才得以安然无恙。他跨下的战马就没这么幸运了，这匹畜牲因受箭伤而倒于地下，致使满桂不得不换马再战。无独有偶，尤世禄的战马也未能幸免。这两位明军主将的遭遇说明了八旗军仍然沿用着努尔哈赤定下来的"先打主将"的老战术。后金方面的史料对自己的具体伤亡数字避而不谈，只是一味地吹牛皮，称"明军大败，委弃甲仗，士卒死伤者无算"，尽歼敌人后"我军乃还"。上述言论完全不顾明军的野战部队在战后仍列营于城外，屹立不倒的事实。但《满文老档》与《清太宗实录》承认八旗军也付出了代价，济尔哈朗、萨哈廉、瓦克达等将领俱受伤。

自从辽东爆发战争以来，八旗军主力首次在野战中不能击败明军，主要的原因有如下两点，第一，皇太极缺乏努尔哈赤那样的威望，不能如臂指掌地指挥所有的人，在战前于宁远城外发生的争论说明了这一点，由于意见分歧，谁也说服不了谁，致使皇太极只能带着部分忠于自己的部属发起进攻，而反对进攻的代善等人迫于无奈才随后跟进，这样一来，全军的部署就欠缺周详的计划，处于各自为战的混乱状态，受挫是合乎情理的事。第二，八旗军没有像过去那样特别倚重楯车，导致步骑协同的威力大打折扣（不要忘记，他们过去常靠此招取胜）。例如在辽阳东门城外与明军野战时，八旗军排在阵地最前

面的就是"可避铳炮"的楯车，这些慢慢向前推进的楯车既能掩护后面的弓箭手与负责运载泥土填平沟堑的步兵，又能掩护重装骑兵。当列阵双方的距离越来越近，一旦明军发射火器完毕，尚未来得及重新装填弹药时，八旗军的重装骑兵就突然从楯车后面杀出来，尽量在最短的时间内进行冲刺，夺取胜利。可惜的是，自从明军装备威力强大的红夷大炮之后，就能够摧枯拉朽地击毁楯车了，迫使八旗军在没有得到楯车的有效掩护下进行冲锋，既加大了伤亡，又减弱了冲击力。反观明军，虽然具体战术没有获得多大的改进，依旧采取背靠城池的打法，可是却能够破纪录地坚持到最后一刻，这在很大程度上是得益于远胜于前的装备。他们除了拥有红夷大炮这种战斗力空前的火器之外，又增强了自身的防御能力，比如满桂能够在身中数箭的情况下得以生存，与他身上披挂的精良盔甲有关，而在过去的战事中，粗制滥造的盔甲已让太多的明军将士死于对手的利箭之下。总之，明军步骑兵因有赖于袁崇焕等人对军队的整顿而使战斗力得到一定的提高，故有信心敢于与对手在野外硬拼。怪不得袁崇焕事后得意洋洋地评论道："十年来，尽天下之兵未尝敢与奴战，合马交锋，今始一刀一枪拼命，不知有夷之凶狠、剽悍。"

八旗军在宁远城外碰了个大钉子，打得比第一次宁远之战还要难看，甚至连直接攻城的机会也没有，处于进退维谷的状态。而在宁远激战的同一天，锦州明军在二百里外进行了一次漂亮的配合，赵率教、左辅与朱梅亲自带人突然杀出城外，攻击了留守的八旗军军营，打死了游击觉罗拜三（属贝勒宗族）、备御巴希等人，然后撤回城里。这次战斗足以让皇太极感到后方不稳，他只能从宁远返回，于三十日重新围困锦州。新一轮的攻防战于六月初四早上打响，此前，守将拒绝了皇太极的招降。因为战前一晚后金军营里"灯火不绝"，所以让明军有所警觉，提前做好准备。当八旗军主力出动梯、盾等物，并在火炮的协助下攻打城南时，遭到城上红夷大炮与弓箭的激烈反击。城墙周围又成了绞肉机，布满了轮番出战的八旗军的尸体，身着黄衣在后督战的皇太极有感于"战壕深阔，难以骤拔"，再加上"时值溽暑，天气炎蒸"，便在傍晚停止了进攻，据说在撤退中抛弃了数千"挨牌车梯"。赵率教派遣壮士缒城而下，将这些攻城器械一把火烧了个精光。

第二次锦州保卫战胜利结束，赵率教在给朝廷的疏报中认为后金的伤亡"不下二三千"。《满文老档》也承认八旗军再攻锦州时"士卒阵亡甚众"，有人听见当晚后金营中哭声不绝。万般无奈的皇太极于次日五更取道小凌河与大凌河东归，他所过之处，凡是看见明军修筑的城墙，都让人一一拆毁，以此来掩饰自己的挫败。

这场持续近一个月的战事终于画上了句号。明朝把锦州、宁远保卫战的三次胜利，统称为"宁锦大捷"，并对此论功行赏，进行庆贺。

后金自努尔哈赤死后的第一次对明作战，竟打成了这个熊样，当然与上层统治者的不当指挥脱离不了关系，就连明人也已经看出，后金一反常态，冒着溽暑行军，已犯兵家之忌。皇太极不可能不清楚这一点，可他不想对明军的筑城行为放任不管，在准备不充分的情况下抱着侥幸的心理出兵了。不料，当他指挥八旗军围攻锦州时，部队的侧面就遭到宁远与山海关守军的骚扰，他绕过锦州围攻宁远时，后方就遭到锦州守军的骚扰，结果在明军的"宁锦防线"之前四处碰壁，搞得焦头烂额。再加上明军实施"坚壁清野"之策，令"千里而来"的八旗军"野无所掠"，最后只能狼狈而归。通过这一战可以看出，八旗军不但在明军的坚城巨炮之前仍然束手无策，而且其战略战术的总体水平与努尔哈赤在位时相比有所下降。此情此景，足以让那些"女真满万不可敌"之类的神话暂时在人间绝迹。因此，如何想办法提高八旗军的总体作战水平，走出困局，就成了皇太极的当务之急，而一系列激烈变化的周边形势给他提供了契机。

"宁锦大捷"之后，辽东明军的指挥层又发生了变动，居功至伟的袁崇焕竟然被朝廷的阉党指责为"暮气太重"，有负国家所托，原因是他在宁锦之战中只顾保卫宁远，没有出尽全力援助锦州。此外，还有御史弹劾他与皇太极议和的行为没有用处，只会让后金的气焰更加嚣张，结果是战火蔓延到了朝鲜，而宁

▲明熹宗之像。

锦地区亦不能幸免。受到排挤的袁崇焕被迫于七月一日以回籍养病为名辞了官。袁崇焕走后，立即有人质疑"宁锦防线"的合理性，蓟辽总督阎鸣泰、尤世禄、侯世禄等人认为锦州、塔山等地地处偏僻，难以防守，不必要为这些"区区弹丸"之地而"挠动乾坤半壁"，应当将军队撤回来，布置在其他更需要的地方。反对者则认为要想恢复全辽，锦州等地必不可轻弃，当初锦州城池没有全部修好，尚且能挫败来犯之敌，如今更应树立坚守的决心。最后，明熹宗一锤定音地指出山海关在守卫上要倚靠宁远、宁远要倚靠塔山与锦州，"皆层层外护，多设藩篱以壮金汤"，总算是平息了这场争论。

1627年（明天启七年，后金天聪元年）八月，年仅二十四岁的明熹宗突然去世，由于没有子嗣，帝位由他的叔伯兄弟朱由检继承，史称明思宗。次年，年号改为"崇祯"。明思宗上台后励精图治，对把持朝政的阉党进行清算。魏忠贤的下场是畏罪自杀，其党羽如有不法的行为，亦纷纷被治以应得之罪。朝政为之气象一新。遭到阉党排斥的袁崇焕得到了重新起用的机会，于1628年（明崇祯元年，后金天聪二年）四月被任命为兵部尚书兼右副都御史，督师蓟辽兼督登莱、天津。袁崇焕进京之后就对着明思宗自夸能"五年复辽"，但需要户部按时发军饷、工部照额给器械，吏部提供优秀的人才，兵部积极调兵遣将予以配合，才能见效。至于战守策略，仍旧采用"以辽人守辽土，以辽土养辽人，守为正著，战为奇著，和为旁著"的老办法，与敌人周旋。经过恳谈，他取得了明思宗的信任与支持。

此前，在辽东前线主持大局的是王之臣，他暂代督师之职兼任辽东巡抚，成为关内外职力最大的文官，他一如既往地对满桂推崇备至，让这员武将重镇宁远。此时，蒙古一些部落因内讧以及饥荒等原因而流离失所，很多牧民被王之臣与满桂收置于麾下。这种做法遭到明思宗的批评，警告他两不要重蹈袁应泰与王化贞的故辙，因过分信任外夷导致误事。袁崇焕出山后，王之臣便拱手交出蓟辽督师的职位，再次让贤。与袁崇焕有心结的满桂亦随之被朝廷召回关内，不久调往大同，任总兵之职。明思宗还煞费苦心地在军中树立袁崇焕的威望，他应大学士刘鸿训等人所请，收回王之臣、满桂的尚方宝剑，而转赐袁崇焕，让其便宜行事。

谁知，袁崇焕尚未到出关履任，宁远守军竟因缺饷而一度发生兵变，事情虽然得到解决，可刚任巡抚不久的毕自肃因心中有愧，自杀身亡。袁崇焕于八月到达前线，着手处理好兵变的善后工作，他乘机对明军重复累赘的指挥机构进行改革，利用毕自肃已死的机会，请求朝廷停派巡抚，以图集中事权。不久，登莱巡抚孙国祯离职，他出于同样的原因请求朝廷暂且罢设此职。明思宗一一答应。此前，关外的总兵常常有四五人之多，由于政出多头、事多掣肘。后来设定为两人，以朱梅镇守宁远，祖大寿仍驻锦州（注：朱梅与祖大寿都是辽东人，这符合袁崇焕的"以辽人守辽土"之策）。不久，朱梅解任，袁崇焕征得朝廷的同意，把宁远、锦州合为一镇，只设置一员总兵，这员总兵当然继续由驻于锦州的祖大寿来做，至于宁远，则由中军副将何可纲（刚刚加衔为都督佥事）代替朱梅驻守，而他的老朋友赵率教则在山海关坐镇。这样一来，关内关外的总兵只有两员了，指挥机构简化之后，决策的效率相应得到提高。然而，袁崇焕在处理皮岛总兵毛文龙的问题上捅了大娄子，以致在未来的日子里身陷囹圄时成了罪状之一。

位于中国与朝鲜半岛之间的皮岛是毛文龙的大本营。这时他因在敌后牵制后金有功，升为了总兵，并累加官衔至左都督，挂将军印，获赐尚方宝剑。他前后招纳了"数十万口"的难民、从中择取壮丁，训练水陆部队，陆续在辽东沿海地区控制了不少战略据点与岛屿，建起了一条新的防线，统称为"东江镇"，并与山东半岛的登莱等地互通声息，互为犄角。平心而论，毛文龙还是出过一分力气进行抗金的，他不但骚扰辽东半岛沿海地区，而且还时不时地深入内陆搞破坏，甚至派人跨越长白山，到后金国的发迹地去打游击，尽管这些战斗的规模有限，可是由于神出鬼没，让后金统治者伤透了脑筋，不得不从有限的兵力中抽出一部分人员，派到沿海地区驻防。遗憾的是，毛文龙长期居于海外，脱离中央政府的监管，逐渐变得恣意妄为，屡范法规，竟为自己招来了杀身之祸。

朝中有不少人看不过眼，想取毛文龙的命了。特别是东林党人，更视这个曾经投靠魏忠贤的武夫为"阉党"一份子，必欲除之而后快。大学士钱锡龙是东林党的骨干，他在袁崇焕刚出山不久便暗中与之联络，商议怎么才能除掉桀骜不驯的毛文龙。而袁崇焕也是本着"可用，则用之；不可用，则去之"的思想与毛文龙打交道，他上任后采取过一些措施限制毛文龙的权力，因遭到对方的抵制，遂起了杀心。

袁崇焕认为毛文龙的不法之事甚多，其中影响恶劣者有拒绝接受文官的监督；滥杀投降之人与难民冒功；私吞军费；擅自与外番进行经济往来，贩卖违禁品，破坏朝廷的经济封锁之策；暗中指使部属剽掠商船，与盗贼无异；强取民间子女，骚扰百姓；驱使难民冒着生命危险在辽东挖掘人参；还有妄言欺君、掩败为胜等等，共有十二条罪名。在这些罪名之中，有的属实，有的值得商榷。但袁崇焕管不了那么多，他在1629年（明崇祯二年，后金天聪三年）六月五日以阅兵为名邀请毛文龙到双岛会面，当面数落其罪行之后，马上处决。按照明朝的制度，拥有尚方宝剑的袁崇焕只能斩杀副将以下的武官，而无权处理总兵级别的封疆大臣。他未经朝廷允许就匆忙处死了毛文龙这位皮岛总兵，显然属于越权。当明思宗骤然得知这一变动时，极为震骇，因为那时还要倚靠袁崇焕，所以不得不予以支持，但内心已对这位辽东的最高统帅产生了怀疑。袁崇焕杀了毛文龙之后,取消了皮岛总兵之职,并核实东江镇的兵员数目为二万八千人,将之分为四协,分别由副将陈继盛、毛承祚、中军徐敷奏、游击刘兴治这四人统领,以陈继盛为首(不久又将四协合并为东西两协,由陈继盛与刘兴治统领)。可见,袁崇焕对东江镇的整顿与他在整个辽东防线推行的精简指挥机构的行动是一致的。前线地区经过一系列大刀阔斧的改革,使袁崇焕在辽东的历任统帅之中,掌握的实权几乎是最大的,比起杨镐、熊廷弼、袁应泰、孙承宗、高弟等人要大得多,只有一度兼任督师与巡抚之职的王之臣差可比肩。这样一来,他制定的政策受到阻挠的可能性大大减少了。

《明史》在叙述了袁崇焕诛杀毛文龙的史实后,接着有如下记载:"文龙既死,甫逾三月,我大清兵(指后金军)数十万分道入龙井关、大安口。"从而容易给读者留下这样的印象,即是因为毛文龙的死去,才使皇太极在侧后方的威胁得到减轻的情况下,胆敢放手一搏,挥师绕道入关。实际上,早在毛文龙未死之前,皇太极已经酝酿着绕开宁锦防线,由间道入关了。原因是那时鞑靼左翼发生了对后金极为有利的剧变,这就是林丹汗为了避开后金的威胁,竟然酝酿着要迁离辽河河套,远赴他方,正所谓"牵一发而动全身",此举必将使整个关外的形势为之一变。

林丹汗之所以想要迁离辽河河套,是受到辽东战局的影响所致,这一切的来龙去脉,需要从头细说。自从广宁失陷之后,鞑靼左翼与明朝被迫终止了在该地的互市,使林丹汗在经济上损失惨重。正如明臣王在晋在《三朝辽事实录》所言:"我方失去广宁,不过是少了一些沿边之地而已,而北虏(指鞑靼左翼)失去广宁这个贸易地点,则少了穿衣、吃食等活命的来源。"尽管明朝仍然需要林丹汗抗衡后金,并每年赠送十万两银子作为经费。可局势的混乱令林丹汗产生了离开辽东这个是非之地的念头。

后金统治者自始至终力图分化蒙古诸部,不断用和亲等各种手段拉拢科尔沁部落的封建主(在关外游牧的科尔沁部由成吉思汗亲弟哈撒儿的后裔统治,不属于鞑靼左翼,长期以来受到察哈尔与内喀尔喀的排挤,失去与明朝直接贸易的机会,只能与女真通好,因此顺水推舟地归附了后金),并与之一起建立反对林丹汗的联盟。后金出于巩固地盘以及扩张的需要,对内喀尔喀诸部又打又拉,时常会出兵骚扰,林丹汗作为左翼名义上的大汗,对后金的侵犯行动没有作出反应,而是袖手旁观,这种做法无疑削弱了其在左翼的影响力。值得一提的是,后金于1626年(明天启六年,后金天命十一年)首次进攻宁远失利之后,内喀尔喀一些封建主利欲熏心,竟想乘人之危,出兵抢掠后金汛地。不过,这时后金的国势未有衰退的迹象,当然不能容忍蒙古人狗盗鼠窃的行为。努尔哈赤以此为借口,向左翼大举进攻,先后在辽河河套、西拉木伦河一带打击了处于林丹汗与后金之间的内喀尔喀及察哈尔的某些部落，掳去人畜五万多。在这生死存亡之际，林丹汗不但没有支援在后金进攻之下损失惨重的内喀尔喀等部落，反而幸灾乐祸，认为这是清除那些自行其是的封建主的好机会，他一贯主张的"先处里，后处外（也就是'攘外必先安内'的意思）"，打算吞并所有内部的割据势力，再与外患后金摊牌。为此，他迅速兴兵，以破竹之势兼并了逃到西拉木伦河的内喀尔喀残部。内喀尔喀首领炒花死亡，宰赛在战乱中下落不明。战后，林丹汗采取了大刀阔斧的手段对左翼诸部的领导层进行调整。尽管他与左翼的大小封建主同属成吉思汗的后裔，血脉相连，但是却处心积虑地想赶这些宗族下台，再让忠于自己的异姓宠臣取而代之，以此来消除鞑靼左翼内部的封建割据，加强中央集权。这在普遍由成吉思汗后裔担任领主的左翼诸部中引起了极大的恐慌。例如《清太宗实录》记载林丹汗统治内喀尔喀五部时，"以异姓之臣为'达鲁花'（监视地方官衙及军队的官员），居'贝勒'（贝勒在满语中是贵族的称号，这里指身为成吉思汗后裔的左翼封建主）之上"，使得昔日的蒙古贵族沦为命如蝼蚁的小民，丧魂落魄者甚至连奴婢也不如。林丹汗为统一蒙古本部实施了"削藩"的过火政策，可惜，欲速则不达，反而激化了矛盾，促使左翼加快瓦解。很多内喀尔喀封建主为了自保，转而投降了后金，在后金的庇护之

下苟延残喘。就这样，在内外交困中全面崩溃的内喀尔喀诸部基本上被林丹汗与后金瓜分。同时，察哈尔内部很多封建主也兔死狐悲，责怪林丹汗"蔑弃兄弟，败坏伦理"，这些人害怕失去权位，纷纷背叛离去。渐渐地，林丹汗与后金之间的缓冲区尽失，他已经直接暴露在虎视眈眈的后金之前。

努尔哈赤死后，继位的皇太极继续与明朝开战，战火波及锦州，宁远。后金的行为严重威胁了林丹汗与明朝在宁远等地新设立的市口，明蒙在辽东的贸易处于朝不保夕的状态。面对严峻的政治及经济形势，未能完全统一左翼的林丹汗不想与咄咄逼人的后金硬拼，而是盘算着避实击虚——离开哀鸿遍野的辽河河套，重返宣府、大同以北的故地，用武力统一那里的鞑靼右翼。然后，再将市口从宁远转移到远离后金的宣府、大同地区，以便能够在不受到第三方威胁的情况下与明朝进行和平的贸易往来。

林丹汗西迁的目的地是远在千里之外的鞑靼右翼的老窝，这显然是"鸠占鹊巢"，必定会带来血雨腥风。鞑靼左、右两翼早有积怨。例如：林丹汗过往派往喜峰口、宣府、张家口"卖马买货"与"领赏、贸易"的部属，曾经在半途中遭到哈喇慎等右翼部落的刻意刁难与劫掠，尽管他尝试找人调解恩怨，然而右翼诸部却"傲然不理"。现在，这位年轻的蒙古大汗决定秋后算账，公开宣称："南朝只有一个大明皇帝，北边只有我一人，怎能让

叛逆者处处称王？"强调自己肩负着反对分裂、统一蒙古的使命，以示师出有名。这时，鞑靼右翼的盟主是卜失兔（被明朝封为"顺义王"），此人有名无实，而各部落的大小封建主互相倾轧，难以一致对外。这给林丹汗于1627年（明天启七年，后金天聪元年）发动西征增加了莫大的信心，他悍然起兵，先后与右翼哈喇慎及朵颜部落在赵城（今呼和浩特附近）等地交战，取得一系列的胜利。接着，又风风火火地向土默特进军。那时土默特最有实权的封建主素囊已死，他的儿子习令色与卜失兔互不统摄，从而被林丹汗轻而易举地各个击破。不久，习令色投降，卜失兔向西逃往黄河河套的鄂尔多斯游牧之地。至此，明朝宣府、大同地区以北的哈喇慎及土默特两部的牧地在仅仅一年左右的时间里就被林丹汗控制了。

鞑靼右翼的迅速溃败，使明朝感到震惊和意外，为了稳定边境的局势，明朝君臣允许右翼的一些残部进入境内暂避，并且没有立即答应林丹汗提出的希望代替右翼继续与明朝在宣府、大同地区进行互市的要求。双方为此发生磨擦与火并。不久，林丹汗的部属砸开边墙，长驱直入塞内，将大同围了个水泄不通，并兵分四路，抄掠浑源、怀仁、桑干河、玉龙洞等地，范围波及二百余里，杀死明朝军民数万。明蒙关系跌到了最低点，当时甚至有人认为林丹汗对明朝造成的祸患已经超过了后金。为了对付来势汹汹的林丹汗，明朝联络逃入黄河河套的卜失兔等人，怂恿

他们统率哈喇慎、土默特残部，与鄂尔多斯部一起反攻失地。经过一段时间的准备，卜失兔在明朝的支持下纠集右翼的残兵败将于同年八九月间与林丹汗在挨不哈之地（即艾不盖河，在达尔罕茂明安联合旗境内）展开决战。可是，右翼在作战时仍旧不堪一击，全线崩溃。卜失兔死于败退途中。林丹汗乘胜进入黄河河套，席卷了鄂尔多斯，完全霸占了右翼在漠南的牧地，其势力范围东起辽西，西尽洮河，势力达到河套以西。

林丹汗的兼并战争，致使蓟辽、宣大地区的一些蒙古部落损失惨重。这些颠沛流离的残兵败将真是祸不单行，竟又受到饥荒的困扰，无可奈何之下，便一齐向明朝"请粟"以赈灾。然而，意欲改善财政赤字，节省开支的明思宗不但拒绝伸出援手，反而利用这些蒙古部落惨败之机，革去了依照惯例在互市时应该给予他们的赏赐。蒙古诸部皆尽起哄，为了生存不得不倒向后金一边。尽管明朝后来改辕易辙，重新向蒙古部落发抚赏银，但为时已晚。

明思宗始终没有放弃争取林丹汗对抗后金的想法，尽量避免与之彻底决裂，希望能和平解决争端。而皇太极则相反，他毫不踌躇地答应了喀喇沁（哈喇慎溃散后，辖下的朵颜部归附后金，被称为喀喇沁）、喀尔喀、土默特诸部的请求，坚决带头讨伐林丹汗。就此而言，那些与林丹汗仇深似海的蒙古封建主，现在纷纷投入后金的怀抱，是极为现实的选择。皇太极在1627年（明天启七年，后金天聪元

年）七月与喀喇沁等部的使者谈判成功，双方"刑白马乌牛，誓告天地"，建立了共同对付林丹汗的联盟。这个军事联盟自然以皇太极本人为盟主。接着，他在次年二月派精骑在敖木伦地区（大凌河上游）打击了察哈尔所属的多罗特部，俘获过万。到了九月，他又以盟主的身份征调科尔沁、喀喇沁、敖汉、奈曼、喀尔喀等蒙古部落，一起讨伐忠于林丹汗的察哈尔部落，经席哈尔等地一直扫荡到兴安岭，然后才返回沈阳。经过努力，乘虚而入的后金逐渐控制了林丹汗放弃的辽东牧地，并在此基础上，将势力范围进一步大幅度扩张到蓟辽地区，到达明朝山海关以西至宣府、大同一线，从东面威胁着明朝的京畿地区，而西面则与林丹汗刚打下的新地盘接壤。形势发展至此，尽享渔翁之利的后金竟然成了林丹汗西迁的最大赢家。看来，林丹汗打错了如意算盘，他怎么也摆脱不了皇太极这个老对手，他退一步，对方马上进一步，因而总是被皇太极如影随形地紧跟着。

由此可知，尽管毛文龙的被处决与东江镇的削弱减轻了后金的后顾之忧，但真正让皇太极有可能集中全力西进的却是漠南蒙古诸部的内乱。事实证明，林丹汗西迁之后使明朝的辽东防线变得非常被动。后金开始具备了避开"宁锦防线"，突进关内的条件，从而逐渐从战略相持走向战略反攻。

1629年（明崇祯二年，后金天聪三年）二月，汉官高鸿中向皇太极提出一个把作战目标对准明朝首都的建议，此人认为应该兵临北京城下，到时候根据具体情况"或攻或困，再作方略"。如果明朝被迫求和，则两国可以"以黄河为界"。皇太极对高鸿中的看法比较赞赏，因为到明朝境内抢掠始终是后金的国策，只是近年来苦于"宁锦防线"的阻挠，抢不了多少东西，倘若能够杀到明朝的首都，何愁不能饱掠一番。但皇太极没有立即动手，只想稍待时日，等到做好充分准备再行动。

直到同年十月，他才实施酝酿已久的作战行动，放弃从正面强攻宁锦防线的企图，转而采用避实击虚的大迂回战略，绕道辽河河套到达蓟镇边外，同时威胁林丹汗的新地盘与明朝的京畿地区。十月初一，他决定利用秋收完毕的时机西征，随即率领军队从沈阳出发，并派遣使者向归顺的扎鲁特、奈曼、敖汉、喀喇沁、巴林等蒙古部落的封建主传谕，要求他们立即出兵助战。为了响应后金的号召，同月十五日起，大批蒙古兵赶来与八旗军会师，当中重要的封建主有：喀喇沁部落的台吉布尔噶；扎鲁特部落的色本、桑土、喀巴海；奈曼部落的衮出斯巴图鲁、都喇尔巴图鲁、内齐、郭界尔图之子戴青；巴林部落的贝勒塞特尔、塞冷；科尔沁部落的土谢图额驸奥巴、图美、孔果尔、达尔汉台吉、石讷明安戴青、伊尔都齐、吴克善卓礼克图台吉、哈谈巴图鲁、多尔济、大桑噶尔寨、小桑噶尔寨、琐诺木、喇巴什希、木乍、巴达礼、绰诺和、布达席理、达尔汉巴图鲁、塞冷、拜思噶尔、额参、达尔汉卓礼克图与达尔汉台吉之子。

从蒙古诸部参战的阵容来看，既有早已归附后金的科尔沁部落，又有林丹汗西迁之后才归附的喀喇沁等部。其中以科尔沁部落最为卖力，但也有一些部落出兵的态度不积极，带有敷衍的性质，这让皇太极很不爽。他为此点了巴林部落封建主塞特尔与塞冷的名，批评他们带来部队少，而战马也很"羸瘦"，本来准备予以处罚，可又作出宽大为怀的姿态，指出因用兵在即，故留待日后再议。

皇太极这次出征，以喀喇沁部台吉布尔噶都曾经"受赏于明、熟悉路径"，因而任命其为向导。

当大军来到辽河的时候，后金将帅在十一日这一天召集随军的蒙古诸部封建主开会。皇太极说道，"明朝屡背盟约、蒙古察哈尔的林丹汗残虐不道，皆当征讨，然而究竟应当首先攻哪一个目标？请大家在会上畅所欲言"。众人在会议上议论纷纷，有的认为林丹汗远在宣大边外，现在不是讨伐的时机，有人认为大军千里而来，与明朝近在咫尺，不如乘势杀入长城以内。皇太极表态赞同征明的意见，众人遂决定向明境出发，其中最主要的目标就是北京。

可是，后金贵族统治阶级内部对于杀入长城以内的军事行动仍有不同的意见，当这支军队于二十日来到喀喇沁的青城时，代善与莽古尔泰在一天晚上来到皇太极的御幄，劝其班师，理由是军队"劳师远征"、"粮匮马乏"，将难以突破明朝的边防，即使突入明境，亦会遭到各路明军的围攻，搞不好会陷入寡不敌众的劣境，假若被明军"前后堵截，恐无归路"。皇太极听后大失所望，闷闷不乐，准备让随身的幕僚将那些预先制定好的军令搁置起来，暂时停止发布。然而不久事情又有了转机，原来代善与莽古尔泰在皇太极御幄之内商量时，岳托、济尔哈朗、萨哈廉、阿巴泰、杜度、阿济格、豪格等人由于资历不够，只是站在幄外，没有参与讨论，他们等到代善与莽古尔泰告辞之后，纷纷进入皇太极的幄内问个究竟。在言谈间，岳托、济尔哈朗极力敦促皇太极"决计进攻"，继续执行杀入长城以内的原定计划。皇太极一听，正中下怀，于是让八固山额真到代善与莽古尔泰的住所再次商议。代善与莽古尔泰无可奈何之下，只得表示愿意服从皇太极的决定。

皇太极终于可以按照自己的意愿行事了，即将带领数万兵力成功避开"宁锦防线"，冷不防地从山海关以西的地段突入关内。由于将要开始的战争发生于己巳年，所以历史上称之为"己巳之变"。

明朝在辽东地区修建了壁垒森严的"宁锦防线"，却疏忽了山海关以西的蓟镇地区，那里驻防的兵力比较薄弱，各个军事据点长久失修，并不巩固。明军一向倚仗喀喇沁、察哈尔等蒙古部落作为防卫后金的屏障，自以为可以高枕无忧。尽管此前已有个别人提到要防备后金可能会"舍辽而攻宣、蓟"，但没有获得重视。袁崇焕做了一些预防工作，他在九月份曾经从宁远抽兵回防山海关，并派遣参将谢尚政回援关内，欲与顺天巡抚王元雅会合。可是，王元雅认为后金不太可能会绕道蓟镇突入京畿地区，又叫谢尚政重返关外前线。由此可知，在塞外形势发生了重大变化的情况下，明朝未能及时采取措施弥补防线上的漏洞，终于自食苦果。

皇太极的判断非常准确，一刀插在了明军的软胁上，他于十月二十四日把到达老哈河的征明大军分为三路：一路为右翼，在济尔哈朗、岳托的带领下，进攻大安口；一路为左翼，在阿巴泰、阿济格的带领下，进攻龙井关；而自己与代善、莽古尔泰以及诸贝勒向洪山口城方向前进。蒙古诸部的封建主也相应地分为三路，配合作战。

各部军队成功地从长城沿线的喜峰口方向突入塞内。阿巴泰、阿济格率领左翼部队于二十六日早晨攻破龙井关，打死前来增援的明军副将易爱、参将王尊臣，尽歼其众，不久，他们又击毙三屯营总兵哨卒，来到汉儿庄城外，与莽古尔泰、多尔衮、多铎等宗室贵族会师，迫使汉儿庄城、潘家口守军投降。皇太极率部分人马攻克了洪山口城，任命投降的城中人士方遇清为备御，守卫该城。其后带着主力于三十日来到遵化城外，与从汉儿庄赶来的莽古尔泰等人会合。

这时，以济尔哈朗、岳托为首的右翼军队于二十六日夜间攻克大安口，击败从马兰营、遵化方向赶来增援的多股明军，先后占领了马兰营、马兰口、大安营三

城。为什么有这么多不同编制的明军部队前来送死呢？原因可能是一些明军对敌情不太了解，他们不知道这次从大安口杀入境内的是以蒙古人带路的后金大部队，还误以为是境外的蒙古小股游牧骑兵入塞骚扰，故像往常一样接二连三地赶来增援，以驱逐敌人出境，谁知竟似飞蛾扑火一样自投罗网，一一覆灭。两天之后，又有一股明军跑来增援被后金右翼部队威胁的石门，结果无一例外地失败。直到这时，关内驻军才逐渐搞清楚这次进犯的主力是后金精兵，于是各个城池与据点里的将士采取了辽东明军凭坚城固守的战术，一律闭门不出，以防御为主。可是，明军没有时间完成"坚壁清野"的工作了，只能任由入侵者在城外掳掠。后金右翼军队取道石门，一路无阻地到达遵化，与皇太极的主力会师。至此，分路出击的征明部队又聚集在一起，仿佛全力握紧的拳头，随时准备挥向北京。

后金绕过"宁锦防线"入侵关内，这对明朝君臣而言无异于晴天霹雳，必将引来政坛的震荡。正在宁锦前线主持军务的袁崇焕听到后方的警报传来，不禁大惊失色，他一时之间回援不及，便十万火急地指示镇守山海关的勇将赵率教带领四千兵马回援。随后，袁崇焕亲自领兵入关赶往蓟镇，以亡羊补牢。

首先出发的四千山海关援兵匆匆忙忙地赶回，将士们在三天三夜里跑了三百五十里路，当就快接近遵化之时，一不留神竟被以逸待劳的后金军队袭击。

十一月二日，这股明军误入对手预设的埋伏圈中全军覆没，赵率教被阻击的阿济格所斩。

后金打死赵率教，解了皇太极的后顾之忧，使他可以调动一切力量攻打遵化城。各部纷纷整军列阵，准备云梯、盾牌等攻城器械，于十一月初三发起强攻。蒙古诸部也参与了攻城，兀鲁特部落明安贝勒有一个叫做阿海的部属曾经一度登上城墙，但因后面的人没有及时跟上，结果阵亡。最后立下首功的是后金正白旗小卒萨木哈图，他奋勇攀登云梯，抢先登上城头，众人随后蜂拥而上，击溃城墙上的守军，占领全城。被打了个措手不及的巡抚王元雅眼见大势已去，在城内的府署中自缢身亡。

遵化是后金军队自从宁远失败以来攻克的第一座城池。八旗将士多年来"怯于攻城"，现在终于打破这个心理障碍了。皇太极对此非常满意。他在事后的庆功宴会上，亲自给在攻城中有出色表现的萨木哈图敬酒，并赠给他以"巴图鲁"的尊称。努尔哈赤起兵后对那些勇冠三军、立有战功的宗室贵族与部属赠与此称号，先后得到的人有褚英、代善、舒以哈齐、穆尔哈齐、安费扬古等。现在皇太极把这个崇高的称号授予一个小卒，此举有助于鼓舞士气。此外，萨木哈图还获得驼、缎、布匹等一大批财物，同时由"白身（无职位者）"升为"备御"。《满文老档》记载皇太极专门以萨木哈图的英勇事迹为例，对诸贝勒、大臣作出规定，指出凡是

"攻城先登而授职之人，嗣后我等勿得再令攻城。彼此既捐躯建功，复令攻战，欲何为？此等有功者，当令留在诸贝勒、固山额真左右，唯遇众人齐战时，随众进战。若彼欲战，亦当止之。即或厮卒（指随军干杂役的奴仆之类）中若有一二次率先登城立功者，亦不可再令其攻城"。此外，注重"赏不逾时"的皇太极除了打赏小卒之外，也对军中的有功将领进行赏赐，例如正白旗的固山额真喀克笃礼由于制造攻城器械有功，从三等总兵官升为一等总兵官。

攻克遵化主要靠的是后金军，相比之下，蒙古诸部逊色不少。自从元朝灭亡，蒙古人从中原退回草原之后，其攻城能力在二三百年来一直没有多大的提高。难怪皇太极有点看不起蒙古军人，他在遵化城休整期间还专门就蒙古军队的纪律发表过谈话，激烈批评从征的一些蒙古人扰害百姓，下令用蒙古文与汉文等多种文字传谕全军，指出"归降之土地，即我土地，归降之民人，即我民人。凡贝勒大臣，有掠夺归降地方财物者，杀无赦。敢于擅杀降民者，抵罪。强取民财者，取了多少就要赔偿多少"，如果有横行霸道的贝勒大臣"扰害人民"，则与"鬼蜮无异"，触犯法律者必受惩罚。皇太极这一番话透露了后金与蒙古的政策分歧，他注重的是占领土地与收买人心，而蒙古封建者更热衷于抢掠财富。后来，后金统治者多次重申"禁止蒙古人扰害汉人"，并处死违法乱纪者，以达到杀一儆百的目的。科尔沁部

落的一个蒙古兵杀死了一个汉人，"劫其衣"。皇太极得知后，马上让手下把这名蒙古兵捆绑起来，送至营中，"射以鸣镝"。

以北京为目标的皇太极在遵化停留了没多久就带着主力向前进，仅留下参将英俄尔岱率兵八百人防守。

这时，袁崇焕已经绕道抚宁、永平、迁安、丰润、玉田等地抢先一步到达了从遵化通往北京的必经之地蓟州，所过之处皆留兵防守。在此前后，蓟辽总督刘策、昌平总兵尤世威等人也先后赶到了蓟州附近。明思宗降旨授权袁崇焕"尽统诸道援军"，以阻击后金军队。袁崇焕决定分兵把守，让刘策、尤世威分别守卫密云与三河，而宣府总兵侯世禄回防昌平保护明朝先帝之陵，他本人与祖大寿一起扼守蓟州，准备与皇太极决一死战。十三日早晨，哨卒报告后金全军已过石门驿，即将杀到来。袁崇焕命令马步兵尽数开出城外列营备战。不久，二百余后金骑兵分作四队出现在蓟州城外，驻扎于明军东南方向，双方遥相对峙。袁崇焕下令开炮，后金骑兵听闻炮响立即将四队排为"一字"队形，迅速退走。此后，整日再无一骑出现，而后金主力亦不见踪影，使明军欲战不能。次日，袁崇焕得到了一个意想不到的消息，那就是后金主力已经偷偷越过蓟州直捣北京了，他心知事态严重，慌忙督促军队在后面急追⋯⋯

蓟州到北京之间无险可守，途经三河县、顺义等地的后金军队只打了几场规模不大的战斗，朝北京方向全速前进。袁崇焕与锦州总兵祖大寿亦步亦趋地跟在敌人的后面。可是，京城里面已有谣言说袁崇焕暗中与后金军勾结，故意纵敌入关。因而多疑的明思宗早已下令袁崇焕不得越过蓟州一步。谁知护国心切的袁崇焕不知避忌，竟然从蓟州一路风风火火地赶到了京城的门户通州，不知道自己已经走上了一条凶吉未卜之路。皇太极没有掉头攻击袁崇焕，而是指挥部队在通州渡河，继续马不停蹄地西进，并在离北京二十里外的牧马厂生擒两名管马太监与三百名杂役，获得马骡二百五十六匹，骆驼六只，接着于十一月下旬逼近北京。紧跟其后的袁崇焕带着九千骑兵两天两夜跑了三百里，来到京城之外，赶上了突然爆发的北京保卫战。

当时北京戒严，各路援军云集。大同总兵满桂、宣府总兵侯世禄所部驻营于德胜门外。袁崇焕、祖大寿驻于京城广渠门外。后金的大本营驻于城北土城关之东，左右两翼驻营于东北。

战前，明思宗在城里接见了袁崇焕等将领，赐予食物及貂裘等物。袁崇焕以"士马疲敝"为由，请求让部属入城中休息，然而被多疑的明思宗拒绝，只能在城外露宿。

十一月二十日，战斗即将开始。皇太极率领右翼的代善、济尔哈朗、岳托、杜度、萨哈廉等人策划着攻击城外的满桂、侯世禄所部。后金先以火器营发射炮火，其后，由蒙古兵及八旗军中的红旗护军从西面发起进攻，正黄旗护军从侧翼夹击，而皇太极的御前兵则准备对明军的溃兵进行追击。尤世禄部队抵挡不住敌军的攻势而步步后退，唯有满桂所部死守阵地。在德胜门外硝烟弥漫的同时，广渠门外也杀声震天。左翼的莽古尔泰、阿巴泰、多尔衮、多铎、豪格奉命带领白甲护兵与蒙古兵攻击袁崇焕所部。

袁崇焕令副将周文郁驻于西面，总兵祖大寿镇守南面，副将王承胤等列阵于西北面。他放开东面，有意缺开一个口子等待敌人进来。

莽古尔泰兵分三路，由纛额真率护军先行，而阿巴泰、阿济格、多尔衮、豪格率部继进。事前，后金统帅部判断明军阵营的西北面有伏兵，因而约定各路军队进攻时应该先打敌人的伏兵，如果谁敢不遵守约定进攻西北面，"罪与避敌同"。然而，战斗打响后，只有豪格不改初衷地啃起了硬骨头，勇闯明军阵线的西北面。其他的将领都失约了，他们纷纷避难就易，从防卫疏松的东南角突入，转攻西面。即使与豪格同属一旗的阿巴泰，也阴差阳错地离开了豪格，跑到阿格济的身旁，参与了西面的进攻，后转向西南方向。据说阿格济当场用鞭子抽打阿巴泰的马颈，让其返回豪格之处，

▲豪格之像。

但阿巴泰没有听从。

尽管人单势孤，可一马当先的豪格还是毫不犹豫地杀入王承胤阵中，一直闯到北京的城壕之下，迫使王承胤移营南避。

转攻西面的后金军队也尽力向城壕突进。可是，他们遇到了最激烈的抵抗，包括正白旗护军纛额真康古礼在内的不少人在中途受阻。经过努力，大部分人终于杀到了城壕之下，与袁崇焕的手下展开了生死较量。在混战中，袁崇焕差点儿被一名后金军人挥刀砍中，好在旁边的材官袁升高眼明手快，伸过刀来替其挡开利刃。刹那之间，天空中的利箭来回穿梭、骤如雨下。袁崇焕与周文郁身上的铠甲密密麻麻地插满了箭，幸而他俩身上穿上重型铠甲，故无生命危险。在这个成败攸关的时刻，祖大寿率领南面军队及时猛扑过来，一下子使后金军队处于腹背受敌的劣势，就连阿济格所乘的战马也在激战中受重伤而亡，因而不得不全线退却。游击刘应国、罗景荣、千总窦浚等人率部乘机追击，一直追到城外的运河，致使敌军很多战马在慌乱中踏破了河表面的冰层，陷入水中，活活淹死了不少骑兵。

在此期间，多铎以年幼的缘故和莽古尔泰一起留在后面，想不到竟然遭到一股明军溃兵的袭击，双方你追我逐，打了起来。这时，在距城稍远的树林之内又出现了一队明军骑兵，对后金造成了威胁。扎鲁特、喀尔喀部落的额附恩格德尔、贝勒巴克等人临危受命，率领左翼的蒙古士卒前往阻击，可是这些人缺乏训练，他们不是先整理好队形再徐徐而进，而是快马加鞭乱哄哄地一拥而上，结果与明军接战不久就惨败而回。巴克什吴讷格与扎鲁特部落的色本、马尼等人紧急赴援，始击退追兵。

战事从中午起，延续了大半天，在德胜门与广渠门外作战的后金的军队直到傍晚才先后撤回。亲自参战的辽军将领周文

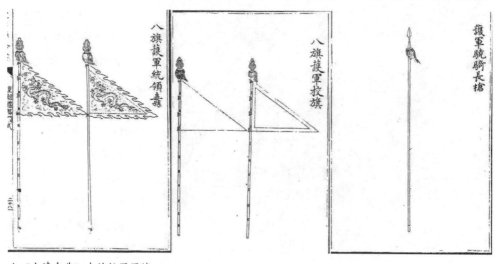

▲《大清会典》中的护军军械。

▲广渠门老照片。

郁后来写了一本《辽西入卫纪事》，其中记载入侵者的伤亡数以千计，而明兵亦伤亡数百人。他还在书中从自己的角度分析了辽军得胜的原因，认为明军边防部队过去在论功行赏时，以割取敌人脑袋的多寡为标准，由此造成的不良后果是，士兵们在战时经常互相争夺敌人尸体，抢着割取脑袋，以致误事，袁崇焕有鉴于此，改变了这个"陋规"，他于未战之前，先与手下约定在战时不许割取死尸首级，目的是让将士们心无旁骛地与敌人厮杀，故终获此胜。此役，以骑兵为主的明军（袁崇焕所部有九千骑兵，而满桂也从宣府带五千骑兵回援）在野战中与后金骑兵进行了一场生死较量，最终击退了来犯之敌，这种情况自开战以来极为罕见。但不能因此而认为明军骑兵的战斗力可以比肩后金骑兵，原因之一是明军骑兵可以得到北京城上红夷大炮的支援，占了不少便宜。就像不久之前在宁远郊外进行的战斗那样，红夷大炮总是在关键时刻起到关键作用，成为击退后金的一个关键因素。不过，在城门之外苦战的明军也曾经被城上守军发射的炮弹误击，让满桂与一批将士挂了彩，以致满桂在战斗结束后躺卧于城外的关帝庙里疗伤。

自宁锦之战结束后，后金的野战没有得到显著的提高，这一次在北京城下又没有取胜。皇太极在事后要追究那些作战不力的军官的责任。阿格济正式指控阿巴泰

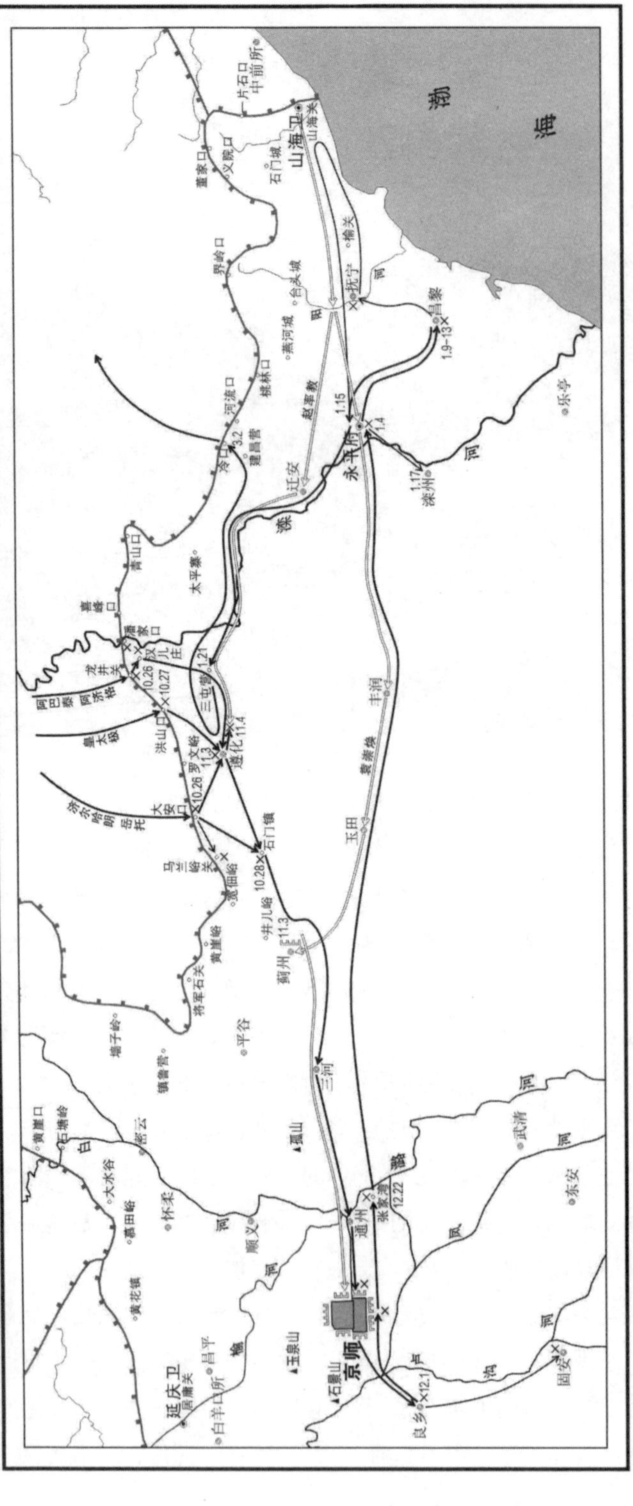

后金首次入关之战(公元1629—1630年)

比例尺 一百七十万分之一

渤海

京师

山海卫 山海关

中前所

片石所

永平府

迁安

遵化

蓟州

三河

通州

玉田

丰润

乐亭

滦州

80　0　千米

▲后金首次入关之战作战图。

在战时擅自离开同旗的豪格，跑到自己身边，存在着畏敌的嫌疑。他自称当场用鞭子抽打阿巴泰的马颈，让其返回豪格之处，但阿巴泰置若罔闻。而阿巴泰立即为自己辩护，并发誓宣称本人与豪格失散全因混乱所致，同时反过来责备阿格济说谎，直言自己坐骑的颈子从来没有被阿格济鞭打过。可是，无论他怎么样争辩，也改变不了擅自离开本旗的事实。

本来，皇太极在战前曾经颁布过军纪，指示八旗诸贝勒在临阵时要起表率作用，否则加以处罚。他说出了这样的狠话："如七旗贝勒俱已败走，只有一旗的诸贝勒尚在战斗，则败走的七旗在事后需要交出七个牛录，补偿给留在战场的诸贝勒。假若七旗的诸贝勒迎战，而一旗的诸贝勒败走，则将败走的诸贝勒全部削爵，而其所属人员悉分给七旗作为补偿。如一旗内的诸贝勒，有一半人在作战，另一半人败走，则要将败走那些贝勒的所属人员全分给作战的贝勒，同时，作战诸贝勒还要加以额外的赏赐。假若七旗贝勒未能及时参加战斗，而仅有一旗贝勒首先迎战，则按其功劳的大小以及所获人口、财物的多寡，再予以行赏。至于在作战时，那些不详细审核敌情就横冲直撞、乱走乱动者，没收其所乘马匹及所获的人口。"这个军纪的意义非同小可，因为皇太极在刚上台时曾经表示不会为了微小的过错而剥夺父亲努尔哈赤赠给兄弟子侄的私属户口，现在的新规定竟然宣布可以剥夺诸贝勒的户口，显示大汗的权威已在战争中得到增强。

按照上述规定，阿巴泰应该削爵，需要交出所属人员，补偿给豪格。而诸贝勒、大臣在奉皇太极之命进行会议时，正是这样决定的。最后，皇太极当了和事佬，认为阿巴泰不是怯战，只是为了顾及随身的两个儿子，才有所"延迟"，因而从宽处理。

皇太极宽宥了兄长阿巴泰。至于其余那些并非后金宗室的人员，就没有这么好运了。纛额真康古里，甲喇章京郎球、韩岱均因中途逗留之罪而受到撤职等处罚。游击鄂硕本来应被撤职，因其父功，免于处罚。那些表现不佳的蒙古军队成了反面例子，《满文老档》记载皇太极后来不止一次对此反省，公开承认"蒙古兵同袁都堂（指袁崇焕）交战于都城（指北京）南关东门时，为袁击败"。为此，蒙古的一些封建主受到了惩罚。额附恩格德尔、喀尔喀部的莽果尔岱等败将过去曾立过大功，故免于撤职，但仍被皇太极处于罚金，"夺其俘获"。扎鲁特部的巴克、多尔济诸贝勒因在战场上举止失措，亦受撤职等惩罚。

其后，尚不甘心的皇太极得知袁崇焕在城东南驻扎，便亲自与诸贝勒率轻骑前往视察。当他看见袁崇焕的军营之前竖有木栅，比较坚固，不得不放弃了强攻的想法，说道："路隘且险，若伤我将士，虽胜不足多也。"

激战虽然一时没有打起，可双方断断续续又发生几次小规模的冲突。到了二十九日，袁崇焕秘密派遣五百火器手，在当地人的带领下偷偷袭击驻于南海子的后金军队，他们在距离敌营大约一里的地方分散，突然从四面八方开火。后金军队大乱，随即移营，京城之围遂解。到目前为止，袁崇焕作为总领勤王之师的统帅，其在北京城下的表现，还算过得去。万万没想到，他不但没有受到朝廷的嘉奖，反而被问罪。因为明思宗中了皇太极精心策划的反间计。

事情的起因是在战场上打不赢袁崇焕的皇太极使出了借刀杀人之计，故意令人向一位在京城之外被俘的太监泄露假情报，称"袁督师与后金大汗事先有密谋，将共图大事"，然后，再将这名太监（及其同伴）放跑。该太监回到京城，如实向明思宗禀报。明思宗果然中计，急召袁崇焕入见，立即予以革职，并指责这位封疆大臣擅杀毛文龙；与外夷进行互市贸易；在蓟州遣散援兵分守各地以致让后金如入无人之境；又居心叵测地坚请进入北京城。种种罪恶，不一而足。

总而言之，明思宗早对袁崇焕就起了疑心，而京城保卫战期间发生的一些事情，加重了他的疑虑。根据明人张岱所著的《石匮书后集》等史籍的记载，后金军与袁崇焕所部于北京城外对峙时，在城上瞭望的守军发现城下的"敌兵与我兵嬉笑偶语，往来游戏"，这或许成了有关袁崇焕引导"敌兵犯阙"的流言蜚语的来源之

一。真相到底如何，这要从明军中的蒙古士卒说起。明朝从开国开始，即收编大量蒙古人随军东征西讨，这种情况一直到明末都没有什么改变。在辽东军队之中，更是收编了大量蒙古人。然而，很多蒙古人本来的目的就是为了发战争财，自然不会出力死战。一位明军将领曾经生动地评价这些人的所作所为："我收养蒙古人，是因为其善于作战，可以御敌。谁知其临阵不肯砍杀，反而与后金军中讲夷语的人说：'我本夷人，你莫伤我，我不害你，而南兵（指明军）在另外之处'，指使后金军只向南兵攻击。蒙古兵则乘机避战。"[①]由此可知，明军中某些蒙古兵的消极态度，已经对明军的战斗力造成了不利的影响。袁崇焕坐镇辽东时也与蒙古诸部打过交道，他曾经不顾明思宗的反对抚赏过朵颜（即后来的喀喇沁）部落。那是在1629年（明崇祯二年，后金天聪三年）三月，塞外遭遇饥荒，与后金勾勾搭搭的朵颜部落要求以貂皮、人参等物与明军边防部队在前屯卫的南台堡进行互市贸易。当时，边吏对此皆有顾忌，只有袁崇焕打算允许。可是，明思宗接到上报后一开始不想同意，认为根据情报"西夷（指蒙古人）市买货物，明是接应东夷（指后金）"，岂容听其为所欲为？可是，袁崇焕担心与朵颜结仇，坚持主张网开一面，出售粮食助其渡过难关。明思宗无奈只得同意，但申明要仔细检查遭遇饥荒的蒙古

① 《明清史料》癸编第三本。

部落有多少，然后按照人口的数量与之交换粮食，绝对不得售卖其他违禁品，否则以"通夷罪"论处。到了双方在互市的时候，有人发觉前来做买卖的两千名蒙古人里面混入了四百多个后金国人，因而建议乘夜对其发动袭击，以免留有后患，但袁崇焕不想挑起事端，拒绝采纳。由于明朝对后金采取经济封锁政策，致使后金的大量貂、参卖不出去，只好偷偷摸摸地利用蒙古诸部与明朝互市的机会销售。而明朝对此早有所察觉，三令五申地要边防部队提高警惕，不要中了对方的圈套。袁崇焕当初诛杀毛文龙的罪名之一就是指责毛文龙擅自与外番进行经济往来，贩卖违禁品，破坏朝廷的经济封锁之策，现在，他自己反而未能严格把关，终于被他人抓住把柄。一些风言风语纷纷出现，比如说朵颜部落"为建房窖米，谋犯蓟西"，"虽有谍报，袁崇焕不信"等等，这使多疑的明思宗对袁崇焕很不满意。不过，袁崇焕的努力也取得了一定的效果，并招揽了一批蒙古人为己所用。史籍记载后金首次入关时，袁崇焕一下子竟然率领了"蒙古壮丁万余骑"回援。这个数据也许有点夸张，但可以肯定，在广渠门与后金野战的辽军之中有大量的蒙古人。众所周知，后

金进攻北京，也有大量蒙古兵参战。也就是说，在北京城外混战的敌我双方，他们的军队之中均有大量蒙古人。而处于不同阵线的蒙古人在临阵对敌时，很可能会像以往那样用夷语交流，互通声气以求自保。这种"嬉笑偶语，往来游戏"的场面被北京城上的守军看见，肯定会义愤填膺，个别人甚至作出了过激的行动。《明史纪事本末·补遗》声称京师守军曾用火炮攻击城外的袁崇焕部队，连在德胜门战斗的蒙古族将领满桂也未能幸免，史载"城上发大炮，误伤桂兵几尽"。此外，明军之中那些临阵动摇的蒙古人还可能与对手沆瀣一气，互相勾结，因而发生了一

▲袁崇焕之墓（老照片）。

些光怪陆离的事。例如《明季北略》记载袁崇焕军中有人用箭射击满桂所部，等等。远离前线的明思宗哪里能分辨得出事情的真相，他不分青红皂白，正式下令逮捕袁崇焕下狱。

在袁崇焕下台的同时，代替王元雅之职的梁廷栋开始"总督蓟、辽、保定军务及四方援军"。至于原属袁崇焕的"关、宁将卒"，则由升任"总理"（这个晚明设立的武将职衔位于总兵之上，任职者可统领多位总兵）的满桂指挥。

袁崇焕突然被捕让辽东将领祖大寿极为不安，他害怕受到波及，遂与副将何可纲等人召集关外援兵一万五千人从北京城外不辞而别，匆忙撤向山海关，返回辽东。明思宗得报，一边让狱中的袁崇焕写下亲笔书信，企求召回祖大寿；一边指使重新出任督师的孙承宗（此前，朝廷已命孙承宗为兵部尚书兼中极殿大学士督理兵马，驻于通州）出面劝说。孙承宗有自己的想法。他在给皇帝的奏书中认为祖大寿率众东归的原因之一是不肯受满桂的指挥，但这并非意味这支关宁军队企图背叛朝廷，故此，应当从宽处理，以收拢人心。接着，他话锋一转，特别提到了自己心仪的老搭档马世龙，指出很多辽将是马世龙的旧部，只要马世龙亲自前往晓以大义，辽军将士必定归附，而"祖大寿不足虑也"。孙承宗抬举马世龙的动机不难了解，因为在辽东主持大局的文臣必须有亲信武将的支持才能得心应手，昔日，袁崇焕看重赵率教与祖大寿，现在，孙承宗选

中了马世龙，都是同一道理。

其后，孙承宗寄语祖大寿，要他向朝廷上书剖白，表明立功赎罪之意，自己当为之疏通。祖大寿在多方压力之下不得不表示听命于朝廷，他按照孙承宗的办法行事，果然得到了明思宗的谅解。这场兵变就此逐渐平息。当孙承宗携同马世龙移镇山海关时，祖大寿等辽军将领不敢怠慢，敛兵待命，迎接新的统帅。

至于袁崇焕后来的结局，则很悲惨。他被当作卖国贼而被朝廷判以磔刑，在1630年（明崇祯三年，后金天聪四年）八月于众多围观者的唾骂声中死去。据说他临刑前口占诗一首：

一生事业总成空，半世功名在梦中。
死后不愁无勇将，忠魂依旧守辽东。

《明史》认为袁崇焕死后，精于边事的人才更少。所以这个冤案从某种意义上加速了明朝的灭亡。

关宁援军离开之后。朝廷又拜满桂为"武经略"，赐予尚方宝剑，让其总领各路勤王之师。可是屯兵于西直、安定门外的满桂所部，军纪非常差，特别是军中那些蒙古人，曾经在北京的郊区掳掠，有时还会攻击友军。例如当时朝廷临时招募了一支军队，让一位叫做申甫的副将率领，驻于广宁门外，由于里面有许多新兵（《崇祯实录》称其中不少人本是京城之内的乞丐，招这些人入伍纯粹是临危救急的便宜之计），未经过严格的训练，对

"旌旗金鼓"等军中事宜不太熟悉，结果被满桂军中的蒙古人欺负。一些恃强凌弱的蒙古军人时常会突然射来冷箭，致使申甫的新兵在夜间由于惊恐不安而自相践踏，出现伤亡。类似的骚扰性袭击在一天之内可达数次，每次都有数十至数百名蒙古人参与，造成了恶劣的影响。御史金声据此如实上奏朝廷，明思宗只好传谕满桂、申甫两军"毋得自相猜疑，致误军机"。

各路勤王之师的来源比较复杂，既有正规军，也有杂牌军，比如因事被弹劾罢官的原辽军将领孙祖寿（昌平人氏），听到后金入寇的消息，马上"散家财"，"招回部曲"，赴京参战，他的部队，便具有"私人武装"的性质。总之，这些各式各样的部队，其战斗力与来自"宁锦前线"的辽军相比，肯定要逊色不少。御史金声曾经在京城周围行走了二十余里巡视各路援军，根据他的记载，不少明军人马"当朔风苦寒之际，皆露立枕戈，卧不得有饱腾之象"，可说是"不战先疲"。

可是，明思宗不管实际困难，只是一味催促满桂出师驱逐敌人。满桂如实回答："敌劲援寡，未可轻战。"无奈朝廷使者催得很急，他迫不得已，只好与黑云龙、麻登云、孙祖寿诸将于十五日移营永定门外二里许，列栅为营。

后金军队在稍前主动撤离了北京，向西行进，于十二月一日到达良乡，攻克其城以驻军。在此期间，皇太极让人拜祭了金国的开国皇帝金太祖与金世宗设在良乡的陵寝，借以自我标榜为金国之后，抬高身价。为了防止明军追击，他派遣蒙古两旗兵掩护侧翼，乘势攻下了固安县。当他得知劲敌袁崇焕下狱，立即决定于十六日从良乡回师，第二次攻打北京。

后金军沿途击破一些明军的阻挡，取道浑河的卢沟桥，重返北京，宿营于城外西南隅。副将阿山、游击图鲁什在执行侦察任务时，从捕获的明军士卒口中得知满桂所督的"四万人马"驻于永定门南面二里之外，并发觉这支明军部队以木栅为营，四面布置了十重铳炮，企图以此作为京城的屏障。从明军的作战部署可以看出，满桂打算倚靠步兵发扬火器的威力进行防御，这不同于袁崇焕依靠骑兵与对手抗衡的战法，或许是由于祖大寿带走了辽军的精锐骑兵，才迫使满桂不得不出此下策。

作战经验异常丰富的皇太极肯定知道重装骑兵是火器手的克星，过去在辽东战场，这样的事屡次发生。他决心打一场歼灭战，不失时机地下令全军乘夜迫近敌人，等到天亮时再进攻。第二天黎明，八旗军大声鼓噪，发起总攻。悍将和硕图首先毁栅突入营中，其他人随后继进，但在明军连射的铳炮之下，也多次出现险情，令"怜惜将士"的皇太极当场心伤落泪。在付出一定代价的情况下，八旗军终于把明军打得全线崩溃。满桂与孙祖寿等三十多位将领阵亡，黑云龙、麻登云成为俘虏。后金军缴获了六千匹马。

此战获胜，皇太极可以在北京城外为

所欲为了，他一度有意强攻北京，下令准备云梯与盾牌，并先后移营于京城西北隅与德胜门等地，观察地形。不久，他觉得把握不大，便对踊跃请战的诸将说，"明朝国土辽阔，不会亡于一朝一夕。得到一个北京城，也难以防守，不如回去练兵，'以待天命'！"在返回之前，他多次派人携带议和书，放于德胜门与安定门之外，可是没有得到明朝方面的任何回应。皇太极终于要离开了，他先派三千八旗军往略通州，于十二月二十二日攻下张家湾，焚烧了千余条船。然后带着主力在撤返时渡过通州河，驻于东岸，并继续让部分兵力经略京城周围地方，保持对明朝的军事压力。

然而，皇太极暂时还不想撤回老家，他把目光投向了北京周围地区，纵兵四掠。在此前后，后金各部先后在蓟州、遵化等地与小股明军作战，其间值得一提的战事是皇太极与代善、莽古尔泰、阿巴泰、阿济格、多尔衮、多铎、杜度于二十七日率领五百"护军及火器营"的官兵，前往蓟州侦察，在距城二里的地方碰上了从山海关方向赶到的五千明军步兵。后金军队乘对手来不及入城而在城外立营的机会，发起进攻，代善指挥左翼的四旗护军，攻其东面，皇太极指挥右翼的正黄、正红、镶红等三旗护军，攻其西面，终于突破了明军绕营布置的"车盾铳炮"，大获全胜。此战，八旗军的表现几乎与北京城下歼灭满桂所部差不多，铁骑又一次蹂躏了火器手，不过，军中也有伤

亡，其中，杜度"伤足"，阿济格的战马被对方击毙，游击额尔济格与吴尔坤战死。

北京周围的一些中小城市，成了后金的攻击目标，而位于山海关西南的永平被皇太极看中了，他带着主力于1630年（明崇祯三年，后金天聪四年）正月初一经榛子城镇、沙河驿、滦河等地到达目的地，环城立营，并亲自与诸贝勒绕城兜了一圈，以侦察城防的薄弱处所作为进攻的突破口。

攻城之战在四日早晨打响。战前，皇太极让副将阿山、叶臣选择二十四名壮士做敢死队，准备为全军开路。他还就具体的战术问题作了指示，认为"攻城时，先派四人登上云梯，而梯旁要有两人扶持。第二批登梯的人也是四个，动作要迅速。第三批登梯的是剩余的十六人。最后，阿山、叶臣一定要跟在二十四名壮士的后面登梯，亲临前线指挥作战。同时，每一旗都要出一名军官与一千名士卒助战。"攻城开始后，后金军鱼贯而行，陆续攀登云梯。城上守军向下发射火器，烟火遮满天空。两军正在打得如火如荼之时，竟然发生了一件意外的事，就是北面城墙上的火药突然爆炸，燃烧起来的熊熊烈火烧伤了大批守军。后金军抓住刻不容缓之机乘势登上城墙，占据了整座城市。城内明军文武官员有的自杀、有的潜逃、有的投降。后金按惯例招降全城百姓，不降者杀之。

皇太极入城后巡视东街，逛了一圈后从东门而出，率领主力向山海关行进，留

下济尔哈朗、萨哈廉统兵一万守城。留守的后金军把所有居民迁移于城区的一隅集中居住，下令每个老百姓都要将自己的姓名写在门外，以便管理。为了增加兵力，后金还收编部分永平军民入伍，号称"汉兵"。这些士卒的背上各挂白布，上面写上"新兵"两字，以示区别。

从永平突围出来的残余明军纷纷逃往附近的昌黎县。这使得昌黎成为后金的眼中钉、肉中刺，必欲除之而后快。皇太极让扎鲁特、奈曼、敖汉、巴林等蒙古诸部士兵，共约七千人马于初九日前去进攻，并表示："如果能攻克该城，城中财物，任你们瓜分！"当时，昌黎的县令是刚上任的左应选，他胆略过人，早就预先把城中的溃兵，百姓全部编入军队里，并加紧修筑工事，决心痛击来犯之敌。这令攻坚能力本来就不强的蒙古诸部仿佛遇上了一个烫手山芋，无处下牙。尽管蒙古兵模拟后金八旗军的样子，竖起云梯攻城。但梯子很快就被守军推倒，功亏一篑。黔驴技穷的蒙古封建主向皇太极请求增援。皇太极得报后沉吟道："听说昌黎的守军很少，怎么会打不下。看来需要我军出马了。"他信心十足地派

出部将达尔克领兵千人前往。谁知，达尔克到达昌黎后昼夜进攻，仍旧是打不下。这时，皇太极才对这个小地方重视起来。他本来打算攻打抚宁，并已经赶制了一大批梯子与盾牌，现在正好将这些攻城器械用来对付昌黎。后金主力于十二日来到昌黎城下，重新制订了进攻计划，决定由右翼四旗进攻城南，左翼四旗进攻城东，扎鲁特、奈曼、敖汉、巴林等蒙古诸部进攻城北，还有意采取"围三阙一"的战术，

▲天下第一关——山海关老照片。

故意在城西留下一条路，企图让守军弃城而逃。可是，昌黎守军没有上当，他们从城下滚下圆木，推下石块，一齐发射火炮、鸟铳等火器，还架火燃烧依靠在城墙的云梯，把进犯之敌打得焦头烂额，迫其停止进攻。皇太极想改变打法，盘算着派出壮士在挨牌的掩护下接近城脚，进行凿城，但缺乏锹、镬等工具，难以实施，最后计穷力竭，放了一把火将县城周围的庐舍烧尽，于十三日撤走。看来，只要明朝各级地方官员意志坚强，指挥得当，关内的中小城市还是能够坚守得住的。可叹的是，在明朝庞大的官员群体中，贪生怕死的人还有不少。在后金攻打昌黎期间，迁安、滦州两城相继投降。

遵化、永平、迁安、滦州的相继失陷，使山海关的侧后面临着严重的威胁。如果后金攻克山海关，那么就会切断"宁锦防线"与关内的联系，使这条明军苦心经营的防线陷于腹背受敌的困境——既要从正面提防留守沈阳的八旗军，又要防备皇太极从背后捅刀子。就在不久之前，山海关还处于风雨飘摇，朝不保夕的状态，当袁崇焕刚刚被捕，祖大寿率辽军仓促出关时，溃兵乘乱劫掠了关城。城里闭门罢市，众心不安。直到孙承宗来到，人心始定。然而，山海关的城防工事有重大缺陷，这座要塞式的城市在面向关外的方向可谓"壁垒森严"，可是在面向关内的方向却疏于防范、几乎无险可守，因为在此之前谁也想不到后金会从京城杀过来。孙承宗采取紧急措施，在面向关内的方向加

筑城墙，安置火炮，准备迎战从后方冲来的敌人。要想固守下去，必须解决城中水源不足的问题，他让人争分夺秒地打井，竟然在一昼夜的时间里凿了一百口井左右，以惊人的速度圆满地完成了任务。他还注意整顿城里的秩序，安排人手"巡行街衢、守台护仓"，严查间谍与外来人员，以免"祸起萧墙"。经过一系列得力的措施，山海关的防备已经是接近固若金汤了，这使孙承宗得以放心抽调人马支援关内，他先派遣马世龙率一万五千步、骑兵入援，再令游击祖可法等人带四营骑兵保卫山海关以西的抚宁。到了1630年（明崇祯三年，后金天聪四年）正月，与朝廷重归于好的祖大寿统率步、骑三万入关与孙承宗会师，进一步增强了守关的兵力。至此，山海关对于转战关内的后金军队而言，基本上已成了不可逾越的天堑。

这时，连拔遵化、永平、迁安、滦州的后金军队曾经企图向山海关方向进军，并分兵攻打抚宁，但遭到祖可法等人的抵抗，终无尺寸之功。有部分后金士卒绕过抚宁直闯山海关，一直来到离城三十里的地方安营扎寨，蠢蠢欲动。可在明军副将官惟贤等人力拒之下，最后无功而返。皇太极彻底打消了取道山海关返回沈阳的意图，他只能翻山越岭，从间道出关。踏上归程的后金主力军队经永平来到三屯营，收复了汉儿庄等几处背叛无常的地方，在出关之前，还在遵化打了最后一仗。原因是镇守遵化的杜度向皇太极报告，声称蒙古喀喇沁布尔噶部被一万明军所围，急需

增援。皇太极接报后，马上命令将士整顿弓矢，准备再战一场，一洗在昌黎等地失利的晦气，他率领后金主力于二十二日急赶到遵化城外的娘娘庙山，以优势兵力包围了敌人。开战之前，他计划先让随军的汉人士卒施放火器，等到弹药打尽的时候，再让蒙古兵发起进攻，而八旗军则作为预备队，待机而动。总攻开始后，他亲自登上南冈观战，鼓舞士气。只见军队举炮击敌，奋勇直入，不一会便摧毁明朝一个军营，将其士兵几乎斩杀殆尽。代善率三万人攻上山，围剿残敌，只有少数漏网之鱼乘夜逃出虎口。

袁崇焕死后，明军与皇太极的野战是败了一场又一场，以致到后来，几乎所有的军队都畏葸不前。敢于主动出击者，也逃不了死亡的命运。仗打到这个份上，已经接近尾声。在北京附近作战长达四个月之久的后金军队主力于三月二日从冷口关出塞，返回了沈阳。至于遵化、永平、滦州、迁安四城，皇太极认为此乃天之所赐，不可轻弃，留下部分兵力驻守。他真实的用意可能是想凭此威胁山海关的背后，以起到夹击之效。正如郑天挺先生所指出的那样，后金派兵驻守遵化、永平等地，是关内驻防之始，具备历史性的意义。

皇太极亲自领导的首次入关作战，取得了重大的成功。此前，他在辽东明军的坚城巨炮之前策手无策，让后金军队战略战术的总体水平与努尔哈赤在位时相比有所下降，现在，竟然凭着绕道入关这个战略上的神来之笔，一下子将被动的局面扭转过来，也使军队的作战水平停止了下跌的趋势，并开始反弹，获得了新的突破与发展。正是"山穷水复疑无路，柳暗花明又一村"。皇太极之所以敢于脱离根据地，千里跃进敌境，连续转战数月，是因为能够缴获到充足的物资来补充自己的军队。如果抢掠不到什么东西，反而要依赖从后方千里运粮来支援前方作战，那么，这样的军事行动无异于蚀本生意，皇太极是不会去做的。为什么明朝可以在辽河以西的地盘做到"坚壁清野"，让入侵者缴获不了什么东西，而在关内却做不到这一点？原因在于，从山海关、宁远到锦州附近，各个城池、据点已经全部进行军事化管理了，就连散布在各地的屯田，也都在全线将领的监督之下，只要他们一声令下，就能驾轻就熟地指挥着辖下的军民，尽量在最短的时间内把大量物资运入城里，然后紧闭城门坚守下去。相反，明朝根本不可能对地大物博的关内地区进行军事化管理，理由之一是这样做需要支出巨额的军费，朝廷在财政上负担不了，很多城市甚至连正规军也没有，只是一些地方武装在滥竽充数，因而让后金有机可乘，频频得手。

尽管皇太极已返回沈阳，可这次战事没有结束，遵化、永平、滦州、迁安四城成为了双方争夺的焦点。皇太极临走前留下了宗室贵族阿巴泰、济尔哈朗、萨哈廉与文臣索尼、宁完我、喀木图等人一起率领正白、镶红、正蓝三旗将士镇守永平，文臣鲍承先与白格率领镶黄、镶蓝二旗镇守迁安，固山额真图尔格、纳穆泰与文臣库尔缠、高鸿中率领正黄、正红、镶白三旗镇守滦州，察哈喇与文臣范文程率领蒙古八旗将士镇守遵化。皇太极返回沈阳后，命令阿敏、硕托等人率兵五千前往代替阿巴泰、济尔哈朗、萨哈廉所部，与图尔格、纳穆泰等人一起留守四城。

阿敏对保卫关内四城信心不足，向皇太极提出"请允许我与弟弟济尔哈朗共同驻防"的请求。皇太极拒绝道："济尔哈朗担任驻防任务已经有一段日子了，比较辛苦，宜令其回家休息。"为此，阿敏非常不满，在动身时对身边的人大发牢骚："父汗（指努尔哈赤）还在世时，曾令我弟与我一起执行任务；今该汗（指皇太极）即位，不令我弟做我的陪同。我若前往，必留我弟与我一起在城里驻守，若我弟不从，我将以箭射穿其身子！"两位叔父辈的人物听见后连忙加以劝阻。阿敏不听，继续愤愤不平地挥舞着手臂，扬言："我杀我弟，又能奈我何？"尽管他说的不过是气话，后来也没有强行要求济尔哈朗滞留关内做自己陪同，但是，他带着情绪执行任务，使这次军事行动变得福祸难料。

北京的明朝君臣不会容忍八旗兵长期在自己的眼皮底下耀武扬威，出兵进行驱逐是势在必行的事。这时的明军已被留守遵化四城的八旗军阻隔为东西两部分，其中，孙承宗与祖大寿处于东面的山海关，与西面的马世龙"声息断绝"。不久之

后，孙承宗招募"死士"取道海路，绕个大弯到达北京，彼此才能互通声息。在京师戒严期间，聚集在周围地区的勤王之师先后达到二十万，当中包括来自昌平的尤世威、蓟镇的杨肇基、保定的曹鸣雷、山海关的宋伟、山西的王国梁、固原的杨麒、延绥的吴自勉、临洮的王承恩、宁夏的尤世禄、甘肃的杨嘉谟等将领，而内地的山东、河南、南都、湖广、浙江、江西、福建、四川等处军队，亦接踵而至。值得提及的是，巾帼英雄秦良玉在四川得知后金犯阙的消息后，以总兵的身份带著名的白杆兵慷慨誓师，"昼夜兼行"，抵达了京城，她"弃裙衩、易冠带"，女扮男装，驻兵于宣武门之外，被城内百姓视为传奇人物。明思宗对她褒美有加，亲自召见于平台，赐予蟒袍、玉带等贵重之物，极为罕见地一连赋诗四首：

一

学就西川八阵图，鸳鸯袖里握兵符；
由来巾帼甘心受，何必将军是丈夫。

二

蜀锦征袍自剪成，桃花马上请长缨；
世间多少奇男子，谁肯沙场万里行。

三

露宿风餐誓不辞，忍将鲜血代胭脂；
凯歌马上清平曲，不是昭君出塞时。

四

凭将箕帚扫匈奴，一片欢声动地呼；
试看他年麟阁上，丹青先画美人图。

那时的明思宗尚有赋诗的雅兴，也许在他的心目中，如此多的精兵良将，齐聚于京城，虏患何愁不平。

自从满桂战死之后，马世龙便代为"总理"，获赐尚方剑，以武官之首的身份尽统诸路援军，不过仍要接受兵部职方主事丘禾嘉这个文官的监督，同时遇事仍要请示孙承宗这位督师。在关于到底应该首先收复哪一座城市的问题上，产生了不同的意见。马世龙本来想先收复遵化，孙承宗予以反对，理由是遵化处于北面，距离长城沿线的关岭较近，虽然容易攻取，却难以防守，因为后金随时可能会派出援兵入关袭击该地。不如暂且不予围攻，而让对手分兵防守，等待将来再各个击破。他进一步说明最佳的攻击目标是位于最南面的滦州，但要采取"声东击西"之策，假装进攻遵化，以牵制敌人，而让诸路勤王之师赶赴丰润、开平等地，联合山海关驻军攻打滦州。得手后再以开平之兵守卫，另派骑兵与永平之敌决战，彻底打通滦州与山海关的通道。完成这些任务后，夺取遵化就容易了。最后，明军按孙承宗的意见行事，分为东西两路并进，而孙承宗本人亲到抚宁督战。

五月十日，祖大寿与华州监军道的张春以及邱禾嘉等人最先抵达滦城下，马世龙、尤世禄、吴自勉、杨麒、王承恩随后而至，开始正式攻城。以图尔格、纳穆泰、汤古代等人为首的后金军队凭城拼命抵抗，"矢石齐发"，又派遣精锐军队出城，企图将明军驱逐出环城而掘的壕沟之外，但遭到弩箭的射击，退了回来。明军继续发起一波又一波的进攻，放火焚烧城楼，一度攻上了纳穆泰所守的汛地，其中一名壮士手持军旗，竖起云梯首先攀登上城，可惜寡

▲秦良玉之像。

不敌众，被图尔格派来增援的兵丁所杀，致使攻城的军事行动一度受挫。

驻守遵化的阿敏、硕托得知明军大举反攻的消息，无不感到胆寒，但又不得不派出图赖、阿山、吴拜、邦素、伊勒木等人率护军前往增援。可是，这股人马力量太小，士气低落，他们号称"袭击了"明军的步兵营之后，又连忙撤返。无可奈何的阿敏再派大臣巴都礼带着数百人前往滦州，这伙人虽然经过努力在深夜三鼓时分进入城内，与守军会合，然而，对扭转被动挨打的局面起不了任何作用。次日，明军动用了红夷大炮轰城，接二连三地击毁了多个城墙垛口，令守城的后金官兵失去了垛口的掩护，暴露在攻城部队的枪林弹雨之下，伤亡益增。不久，连城楼也在战火中被烈焰吞噬。

尽管情况不利，守军仍然负隅顽抗。指挥攻城的祖大寿认为如果继续督促士卒猛攻，必然会使伤亡数字加大，不如在包围圈的北面放开一个缺口，故意让守军突围，然后再在途中布置伏兵，可将这些惶惶如丧家之犬的逃亡者歼灭，而滦城亦唾手可得。这就是战争史上屡见不鲜的"围三阙一"之策。明军统帅部依计行事，守军果然在当天晚上弃城而逃。图尔格、纳穆泰、汤古代等人跑得过于仓促，根本来不及召集所有的将士一起离开，令整支部队一下子就瓦解了，溃散的八旗兵丁以二三十人或者四五十人为一队，各自为战，在天下大雨的情况下相继突围，沿途遭到明军的四处堵截，损失不少，剩下的

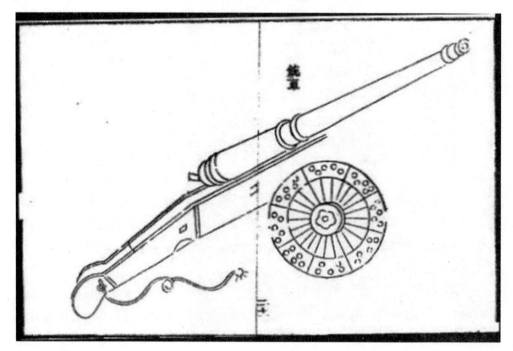

▲红夷大炮。

人丧魂落魄一般，全跑进了永平城里。

此前，阿敏留下察哈喇守卫遵化，自己与硕托带兵匆匆出发，企图与滦州守军取得联系，他们途经迁安府时将所有的守军与居民迁出来，挟持着一起向永平前进。到达永平后不久，就碰上了从滦州逃出的溃兵，让阿敏大为震惊，他再也没有信心呆下去，只想快快撤出关外，保命要紧。临走之前，他对城里之人进行了野蛮的屠杀，甚至连投降的汉官也未能幸免，这些家伙死后，妻儿子女被分给八旗兵为奴。其中，被皇太极任命为巡抚的白养粹等十余人惨遭横祸，身首异处。必须说明的是，这些刀下之鬼以文官为主，而投降的汉人武将则大多数安然无恙地被带到了关外。这是后金长期奉行"重文轻武"的结果，以致后来一位文官为此哀叹道"武臣生而缙绅死，文士寒心"。经过一番疯狂的掳掠之后，八旗将士放弃永平，经冷口出关。

孙承宗针对激烈变化的形势，召集诸将开会，分析道："敌人从西北方向出关，西面的遵化必然兵力空虚"，应当乘此良机收复失地。他还认为敌人携带着掳掠而来的百姓与辎重，不会跑得很快，明军只要跟踪追击，就容易追上。马世龙、祖大寿奉命率轻骑分道追击，果真有所斩获。

不久，明军攻打遵化。总兵宋伟、副将谢尚政等人首先登上城头，留守此地的察哈喇从北门紧急逃命，绝尘而去。在此期间，副将王维城与游击靳国臣等人收复迁安。副将何可纲收复永平。各路明军转战三百里，先后收复四座大城以及周围附属的十二座城堡，俘获了一大批屈膝投降后金的变节者，包括都御史马思恭、兵备贾维钥、知府张养初、知州杨耀、都督李际春、内应朱应泰、柴通、卜文磺等，等待这些家伙的将是国法无情的裁决。

明朝仅用十几天就打了一场具有雪耻性质的胜仗。特别值得一提的是红夷大炮首次参与攻城，这是明代火炮发展史上的又一次标志性的事件，其重要意义在某种程度上可与红夷大炮首次守城的宁远之战相比。明军战后论功，以祖大寿为最，尤世禄为次，凡有功人员，均得到应有的赏赐。而孙承宗升为太傅，马世龙升为太子少保，这两人在战后都以病"乞休"，但孙承宗得不到朝廷的批准，而马世龙则于本年八月获准回乡休养。

关内四城的沦陷对皇太极而言是一场灾难，他出动了不少人力物力驻守仍以失败而告终。虽然史无明载留守于关内的八旗军共有多少人，不过人数肯定不会少，因为皇太极曾经说过"每牛录遣护军三人、甲兵二十人"，在阿敏、硕托等人率领下镇守四城。那时八旗共有牛录二百三十个左右（不包括包衣牛录），据此可知，阿敏等人辖下共有五千二百九十多人，然而这个数字不包括图尔格、纳穆泰等原驻关内的部队。稍后，皇太极又派遣贝勒杜度率领官员四十名与精兵（即护兵）千人前往增援，可是，这批人尚未到达目的地，已经传来败讯。关于八旗军在此战的损失人数,史书只留下零星的记载,根据《清太宗实录》的说法,军队在滦州突围中"阵殁四百余人"。然而,后金在给朝鲜的国书中提到关内四城之败时,却避而不谈滦州的死亡人数,仅仅承认阿敏等人"弃永平、遵化、迁安三城"撤退的行动导致一些随行的军士因"失道(走错了路)"而被杀,共"二百余人"。由这两个不完整的数据可知,至少有六百将士死亡,而且,还不包括受伤之人在内。总之,在整个关内四城的攻防战中,以惨败告终的八旗军肯定损失不少,可是后金统治者在对外宣传时一如既往地减少自身的伤亡,总是不肯将真实数据公之于众。不过,后金在给朝鲜的国书中指责明朝故意夸大自己军队的战绩,认为明军对外宣称"斩获三千一百五十八级"是"冒功"之举,理由是有不少投降后金的汉人被当作八旗兵杀掉了。

这个突如其来的军事失败,让皇太极为悲痛与愤怒,决定严惩罪魁祸首,他下令暂时禁止任何败军之将进入沈阳,然后召来诸贝勒、大臣共同商议,最后派人出城向阿敏等人询问两个问题:

其一是,守卫滦州的诸臣在弃地时,有没有带领所有的部队撤离?

其二是,阿敏、硕托等人是否在永平城内进行过抵抗以及在城外进行过野战?如果未曾作战而回,那么原因何在?

阿敏等人在前来质问的大臣之前无言以对,只好表示甘愿服罪。

皇太极得报后,遂于次日下令把"总

兵官以上、备御以下"的所有败军之将都用绳子缚住,押入城内,让他们跪于诸贝勒、大臣之前,加以羞辱。然后,念及伤亡的将士,不禁声俱泪下地说道:"明军士兵在两三个月之内,为何会突然变得这样强?他们难道有神术么?如果真有神术变化,你们战而不胜,回来才算没做错。你们这些臣子到底是懦弱?还是兵少?我难道不知道明军的真正实力么?"他特别点了图尔格、纳穆泰等人之名,骂他们"厚颜"而归,真是"可耻"!并认为,如果因为明军过于强大而撤回,原本"无可非议",但是,这些败军之将既然能够将"财帛、瘸足女人(指关内的小脚女人)携之而归",那么,为何不能将所有溃败的兵丁带回来?为此,皇太极责问:"我军士亦瘸乎?彼有何辜,呼天叫地而死也!我念及此,焉能忘怀,岂不伤感。"言毕,又恻然泪下,旁观者无不涕泪交加。经过一番痛斥之后,皇太极方才正式处理这批人,其中无罪者释放,有罪者押送有司继续审问。至于阿敏,经众议后认为应该处死,但皇太极网开一面,将他关入牢中囚禁,而他所有的"部属、家奴、财物、牲畜"等,通通转给其弟济尔哈朗。硕托也被革去爵位,同时遭到剥夺部属的惩罚。

阿敏被贬之后,昔日负有拥戴之功的三大贝勒只剩下了代善与莽古尔泰两人。这两人既有碍于皇太极集中君权,那么遭受政治打击也是早晚的事。

在八旗的发展史上,各旗的主人曾经

多次出现变动，比如皇太极即位之初是正白旗的旗主，他的儿子豪格是镶白旗的旗主，这两白旗的旗色在皇太极坐稳大位之后改为两黄旗（因为黄色作为最尊贵的色彩，符合君主的身份）。而正黄旗旗主阿济格所属的旗被改为镶白旗，镶黄旗旗主多铎所属的旗被改为正白旗。一些旗的旗主曾经多次变换主人，比如镶白旗的旗主阿济格于1628年（明崇祯元年，后金天聪二年）被多尔衮取代。此外，旗主与部属的关系有时也会发生变化，因为各旗的人员在互相兼并之类的事件中存在着改变旗籍的可能。类似的变动总是经常伴随着后金国内的政治矛盾或冲突而发生。

皇太极废黜了阿敏，把镶蓝旗交给了亲近自己的济尔哈朗管理，又笼络两白旗的多尔衮与多铎，有利于君权的进一步扩大。在这种背景下，他于1631年（明崇祯四年，后金天聪五年）七月设立了六部。此举是想借鉴明朝的行政组织，以使国家机构更加完善。这位君主对汉人的先进文化很感兴趣，早在1629年（明崇祯二年，后金天聪三年）四月，他就设立了"文馆"，让一些有文化的臣子翻译汉文典籍，主要的用意在于吸收汉族的政治经验，同时，又令他们负起记录本国政事的责任，以总结得失。故此，他在两年之后以明朝的行政组织为蓝本来对国家机构进行改革，绝非心血来潮的举动。六部是指吏、工、户、礼、兵、刑等部，每一部的负责人都设置了三名"承政"做副手，分别从女真、蒙古与汉人中选择贤良者出任，另外还设置"参政"、"启心郎"、"笔帖式"等职位协助办公。这些部门的设立使政府的分工更加明确，效率也获得了提高。例如，兵部的职责主要有调发兵役（包括协助工部复核各旗的户口数目，以便更好地抽调人员服各种徭役）、颁布军律（包括制定围猎条例）、勘查各旗的战备情况，颁发出境证明以及布置哨探等等。

六部从承政以下的各级官员主要由武将担任，带有浓厚的军事性质。每部的负责人均由八旗中的贝勒出任，其中，镶黄旗的阿巴泰、正红旗的萨哈廉、镶红旗的岳托、正蓝旗的德格类、镶蓝旗的济尔哈朗、镶白旗的多尔衮各踞要津，使这些部门又带有贵族政治色彩，贝勒们管理政事时难免会照顾本旗利益而忽视了国家的利益。但六部的设立，还是使后金逐步地从分权的贵族政治向集权的官僚政治演变。

关内四城之失，暴露了后金军制的一个弱点，这就是分权。由于八旗出兵不设统帅，凡事由诸贝勒大臣共同商议而行，容易造成各自为政的后果。只有在皇太极以君主的身份进行亲征的情况下，才能有效避免各自为政的局面，否则，各旗之间难免发生只顾自己利益，不管他人生死的事。在不久之前的征伐朝鲜之役中，岳托当面顶撞企图向王京进军的阿敏，扬言要带本旗后撤，已充分说明了这一点，而关内四城的失陷也与此有关。据说阿敏拒绝救援滦州的原因之一是那里的守城兵没有本旗之人，正如皇太极所批评的那样，如果阿敏所属的镶蓝旗有人参与守卫滦州，那么阿敏"一定会去救援"，即使"战得血肉之躯，堆得像城一般"也不在话下。如何改变这一军事体制的痼疾，已经引起了一些人的注意。贝勒萨哈廉直言不讳地建议皇太极不亲自出征时，"宜选一贤能者为主帅，给以符节，畀以事权"，军中一切机务，皆听其"总理"。对于那些触犯军令者，他认为应该允许主帅以军法从事，但要限于"某品官以下（就像明朝拥有尚方宝剑的文官统帅，可斩副将之下不听命者）"。连萨哈廉自己也承认这个设想受明朝军制的启发，他认为明军虽怯于野战，但防御能力却很强，这是因为明朝官吏在所管辖的地方，得到了"便宜行事"之权。尽管萨哈廉对明朝官吏的集权程度有所夸大，皇太极经过考虑还是认为这个建议可行，他在1631年（明崇祯四年，后金天聪五年）筹建"六部"时，曾经与诸贝勒大臣一起商量设立八旗统兵将帅，作为定制。

总之，皇太极是一个善于从战争中吸取经验教训的君主，他在登基的五年多时间里，不断四面出击，既打过败仗，也打过胜仗。在此期间，八旗军虽然在锦州、宁远以及关内的滦州等四城受挫，但这些失败造成的负面影响是有限的。而后金也没有因此而放弃对明朝的进攻。相反，皇太极通过使用武力迫使朝鲜与本国结盟，得以染指朝鲜半岛，并乘察哈尔东迁之机控制辽东河套地区，继而进一步挥师杀入关内，基本瓦解了明朝长期经营的弧形包围圈，使得明军只能凭借辽西走廊的宁锦防线与辽东半岛沿海的东江镇苦苦支撑。这些具有转折意义的胜利为后金日后的全面胜利铺平了道路。

第五章　四　处　出　击

自从西欧于十五世纪开辟东西方之间的新航路以来，大量产自日本与美洲的白银经马尼拉、澳门等地流入中国内地，助长了国内方兴未艾的消费浪潮，也使得来自关外的人参、貂皮、鹿茸等奢侈品在关内成了抢手货，间接促进了女真人的崛起。可是，到了1620年（明万历四十八年，后金天命五年）至1660年（南明永历十四年，清顺治十七年）之间，欧洲爆发了经济危机，沉重打击了依赖新航路的整个世界贸易体系，再加上战乱等原因，既令美洲出口的白银大量减少，也让中国经济随之陷入了一场严重的衰退之中。因为中国本土的银矿不多，市场上流通的白银主要来自海外，一旦输入大幅度下降，必然会令白银的价格上升。这样一来，不少富人会采取囤积居奇的办法，将手中的白银贮藏起来，企图等到其价格飙升之后，再脱手卖出，以牟取暴利。这种投机倒把的做法势必造成白银供应量进一步减少，不利于政府的税收，因为自从明朝中后期以来，全国逐渐推广以"一条鞭法"命名的新赋税制度，规定老百姓要以白银交纳各类赋税。可是现在由于"物贱银贵"，老百姓为了筹集足够的白银，被迫贱价卖出更多的粮食等实物，无形中大大加重了负担，以致怨声载道。一些交不起税的人只有选择逃亡。　屋漏偏逢连夜雨，从十七世纪前半叶起，明朝屡次发生罕见的自然灾害，进入了历史学家所说的"小冰河时代"，据科学家研究，那时地球表面的气温呈现下降的趋势，竟然降到了1000年以来的最低点，影响了农作物的生产，各地接连不断地出现了饥荒，社会越来越动荡不安。

连年的战争使明朝逐渐内外交困。早在万历、天启年间，陕西、山西、四川等地已经出现了为患地方的流贼，这主要是辽东丧师失地带来的恶果，不少援辽兵丁在与后金作战惨败后四处流窜，陆续逃回关内，他们不敢重归部队，只好聚众抢掠。再加上西北地区连年旱灾，而各地的官府未能有效赈灾，致使大批饥民相继暴动，组成农民起义军，各种不稳定的因素四处蔓延，这些星星之火即将酿成燎原之势。1627年（明天启七年，后金天聪元年）二月十五日，陕西澄城县数百名农民由于不能忍受官府的沉重压榨而手持利器冲入县衙，杀死知县，然后到山中落草，正式揭开了明末大起义的序幕。之后，陕西各地的暴动此起彼伏，大量贫民与饥民在高迎祥等人的率领下揭竿而起，他们会同固原、延绥等地因缺饷而兵变的边防士兵，吸收了一批被官府以节约经费为借口而裁减的驿卒，展开了如火如荼的斗争。到了1629年（明崇祯二年，后金天聪三年）十月后金入关骚扰京畿地区之时，山西、陕西等地的一些勤王之师在赴京途中因被克扣行粮等原因发生哗变，许多人潜返原地，成群结队地加入到起义队伍当中，壮大了各路义军的声势。朝廷为了应付后金的入侵而在全国范围内多次加派赋税，到了1630年（明崇祯三年，后金天聪四年），平均每亩已增银一分二厘，这就是"辽饷"。额外的赋税使那些贫苦的

农民雪上加霜，他们不堪重负纷纷铤而走险，不断地加入到起义的队伍之中，让局势火上加油，不可收拾。陕西的乱局不但难以在短期内恢复正常，而且还向邻省蔓延，就在1630年（明崇祯三年，后金天聪四年）这一年，接二连三的起义队伍在马守应、王嘉允、罗汝才、张献忠、李自成等人的带领下进入山西，招纳了大量饥民，扩充了实力。出现在各地的义军已达三十六营，号称"二十万"。他们不再像过去那样各自为战，而是开始注意互相联络，互相声援，在此后的数年间，相继攻占了乡宁、石楼、稷山、闻喜、河津、大宁、泽州、寿阳等地，震动了整个陕西。

　　明朝对起义军采取软硬兼施的方法，既试图予以招抚又实施镇压，在招抚手段多次失效的情况下，逐渐加大了军事打击

▲四处追剿农民军的明军（一）。

▲四处追剿农民军的明军（二）。

的力度。洪承畴接替主抚的杨鹤出任陕西三边总督，调集重兵进行围剿，重创了陕西境内的义军，随后，他兼管山西、河南军队，与"节制秦晋诸将"的临洮总兵曹文诏一起，在山西等地四处追击，打死了不少义军首领。但是，起义军没有就此垮掉，残余人员在向京师南部与河南北部转移的过程中突破数万官军形成的包围，进入河南中部与陕西、四川等大明帝国的心腹要地，继续发展。

无情的事实证明，明朝迅速平定起义军的愿望成了泡影，因而不得不同时应付关内外的敌人，长期陷入了两线作战的泥潭。

关外的情况不容乐观，后金于1630年（明崇祯三年，后金天聪四年）结束了首次入关之战后，一直为下一次大规模的

军事行动做准备。皇太极深深地知道辽东地区的宁锦防线与沿海的东江镇是八旗军入关作战的最大牵制，如何解决这些后顾之忧，是他焦思苦虑的问题。特别是东江镇的核心要地皮岛，成了他急欲夺取的目标。由于八旗军对航海作战不熟悉，他只好采取诱降手段，企图策反东江镇的西协主将刘兴治。刘兴治的家族兄弟众多，在辽东的地位比较显赫，他的哥哥刘兴诈很早已经投靠后金，被努尔哈赤招为女婿，一度负责管理富庶的辽南，据说他的声望与李永芳（死于皇太极在位初期）差不多。可是，刘兴诈不忘故国，毅然转而归顺了毛文龙，被授予副将，但他离开时未能带走所有的亲属，包括他母亲在内等一大班亲朋戚友尚留在后金成为人质。刘兴诈后来在与八旗军交战时战死，他的另一

个弟弟刘兴贤成为了俘虏。现在，皇太极利用手中的人质招降刘兴治，而刘兴治因与代管东江事务的东协主将刘继盛不睦，也想重投后金的怀抱。不久，刘兴治暗杀了刘继盛，举兵四处抢掠，明朝急忙派副将周文郁前往安抚刘兴治，暂时稳定了皮岛的局势。可刘兴治仍怀二心，私下里与皇太极互通书信，企图等待时机叛逃。刘兴治的部属里面有不少背叛后金的女真人，这些女真人与汉人的关系并不和睦，彼此多次爆发冲突，致使刘兴治于1631年（明崇祯四年，后金天聪五年）三月死于一场激烈的内讧之中（刘兴治死后，招降不成的皇太极随即把扣留在后金的刘氏家属全部杀死）。当时有三百多名残存的女真男女逃离了皮岛，取道朝鲜返回了后金，皇太极从中得知"岛中形势未定"，便想派兵进行突然袭击，以收渔翁之利。他于五月二十七日令总兵官楞额礼为右翼元帅、喀克笃礼为左翼元帅，率一千五百名骑兵与四千五百名步兵南征，事先叮嘱他们不要冒犯"交好之国"朝鲜，而招降皮岛汉人之事可由汉将石国柱、高鸿中等人负责，如汉人不降，则渡海攻打。由于这一次出征以海战为主，所以八旗军中步兵的比例超过骑兵。此前，八旗军没有将骑兵与步兵严格区分开来，因为在必要时，骑兵下马就成为了步兵。而在这次征伐中，八旗军首次大规模使用步兵，显示骑兵与步兵分开已是大势所趋。

出征的八旗军分四路进入朝鲜境内，陆续来到与皮岛隔海相对的宜川浦、蛇浦等沿海一线，在招降无效的情况下准备进攻。想不到，他们借船的要求遭到了朝鲜的断然拒绝，只好使出权宜之计，在宜川浦伐木造船，同时依靠在沿海搜索得到的十一条船，运载部队前往皮岛附近的身弥、宣沙等岛。这时，皮岛由武将黄龙镇守，他针锋相对地派遣副将张焘率部赶往身弥岛，阻击来犯之敌。明军水师装备了西洋大炮、鸟铳、三眼铳等大量火器，再加上一位名叫"公沙的西劳"的西洋火器专家做随军顾问，利用自身水战娴熟的特点将身弥岛的八旗军打得抱头鼠窜。其后，百余艘大大小小的明军战舰进击八旗军造船的宜川浦，连日施放铳炮，摧毁船只，将对手打得"扶伤盈路"，致使那一带"草木浑腥"。而蛇浦地区亦遭到明军战舰的轰击。八旗军经过十多日的抵抗后，被迫后退八十里，不敢靠近海岸，不久从朝鲜撤退，于七月二日灰头土脸地返回沈阳。

这一战充分暴露了八旗军水战能力薄弱的事实。这支以陆军为主的部队没有拿得出手的水师，上自最高统帅，下至普通将士也没有任何大规模的水战经验，所以"无知者无畏"，竟然幻想凭着向朝鲜借船以及临阵造船等方式让陆军去挑战拥有二百多年历史的明军水师，结果在事实面前碰了个头破血流。无计可施的皇太极暂停对沿海地区的经略，又把注意力转移到了宁锦防线。

明朝为防患于未然，力图在冲突爆发之前整顿宁锦前线的防务，以应付即将到来的血雨腥风。孙承宗于1631年（明崇祯四年，后金天聪五年）正月巡视关外，以预加防备。这时，新近升任辽东巡抚的丘禾嘉提议收复广宁、义州、右屯三城。孙承宗认为广宁距离海岸有一百八十里，距离辽河一百六十里，势必不能从水路输送物资，而陆路运输需要动用大量的人力物力，难度很大，理由是从锦州前往广宁，需要取道位置偏僻的义州，故路途比较远。为此，辽军必须采取步步为营的办法，先占据距离海岸较近的右屯，在此屯兵积粮，将其建设成为补给基地，然后才可渐渐逼近广宁。他鉴于右屯城已在战乱中毁坏，提出要及时予以修筑，只有这样，守军才可以长期坚守下去。但部队一旦重新筑城，敌人必来破坏。因而必定修复右屯前方的大、小凌河城，以连接松山、杏山、锦州等地，作为屏障。他最后指出，右屯的后面即大海，方便从水路运粮屯兵，正好作为步步为营的发轫地。

孙承宗的意见得到了兵部尚书梁廷栋的赞同。在这种情况下，大凌河城与右屯从七月中旬首先开始修筑起来，具体工作由总兵祖大寿、何可纲等将领负责。参与筑城的人数有一万四千，守城的士卒也有四千。此外，朝廷又从四川石砫女总兵秦良玉的部属中抽调了一万多人，在她的侄子秦翼明的带领下在大凌河城周围护卫。这支部队皆是步兵，全部配备长枪，正是向来以"健锐"著称的白杆兵，但这支劲旅要想在野战中战胜八旗兵，需要其他兵种的配合。然而，前线的驻军"火炮未

练"、骑兵不多，而且"盔甲、弓、刀"等军械尚未齐备，很难与白杆兵协同作战。就像在前线参与统筹军务的尚宝司官员李继贞在给皇帝的奏文中所说的，如果白杆兵得不到"前锋大将马兵"的有力配合，"则石砫（指白杆兵）亦为虚糜，亦不能以短兵孤注"。

在筑城期间，丘禾嘉与祖大寿发生了矛盾。祖大寿欲告发丘禾嘉贪赃枉法、以权谋私。孙承宗得知后，不想让"武将逼走文臣"这类难堪的事发生，便制止祖大寿的行为，同时密奏朝廷，请求让丘禾嘉改任别职。丘禾嘉于1631年（明崇祯四年，后金天聪五年）五月接到调令，出任南京太仆卿之职，而辽东巡抚改由孙谷来做。在孙谷未至之前，丘禾嘉仍要坚守岗位。就在筑城行动即将大功告成之际，兵部尚书梁廷栋却被罢了官。朝廷随即改变了政策，认为大凌河地处荒芜，不应筑城，下令撤军。丘禾嘉接令后采取折衷的办法，只是撤走了白杆兵等军队，留下祖大寿、何可纲守城。此后，白杆兵这支精锐部队再也未能涉足辽东战场，而是长期辗转在河南、湖广、四川等省，与各地的起义军作战。

明军刚开始筑城不久，皇太极就已经打探到了消息，他想乘明军尚未完工之时，出兵予以驱逐，以免贻祸将来，因而不惜大撒钱财（包括动用了与朝鲜互市所得的财物）来购买蒙古马匹，准备兴师，并传檄归附的蒙古诸部封建主，命令他们派兵前来与八旗军会合，一起西进。七月

二十七日，皇太极亲自带领部队从沈阳出发，踏上了征程，而留下杜度、萨哈廉、豪格守卫都城。

八旗军在旧辽阳河与蒙古诸部会师之后，据说总兵力达到八万左右。他们兵分两路，一路由德格类、岳托、阿济格等人率领，以两万兵力向义州方向前进；而主力由皇太极带领，取道白土场向广宁开进。两军按照约定的时间于八月初六在大凌河碰头。在大凌河城外，一名被捉获的汉人供称城里驻有步、骑兵各七千，由总兵祖大寿以及二十多员副将、游击统领，此外还有各种役夫、商人等共约万人。

皇太极看见城墙经过明军历时半个月的抢修，已经基本完好，不想立即强攻，以免"士卒受伤"，只下令在城外"掘壕筑墙"进行围困，"彼兵若出，我则与战，外援若至，我则迎击"，总之，打算在城外长期呆下去。这种打法与后金过去的攻坚战术有重大区别，因为皇太极已经吸取了在宁远、宁锦两战中碰壁的教训，他为了避免重蹈覆辙而改变了过去那种强攻的作战方式，转而用持久围困的新办法对付善于守城的关宁辽军。这种旷日持久的打法不能"取粮于敌"，势必对后勤造成沉重的压力。皇太极敢于这样做，反映了后金的经济状况已经有所改善，储存了一定数量的粮食与物资，能够保证对军队的供应。

《清太宗实录》记载了后金军队具体的作战部署：正黄旗固山额真楞额礼率本旗兵列阵于包围圈的西北面。镶黄旗固山额真达尔哈率本旗兵列阵于包围圈的东北面，贝勒阿巴泰率护军在后策应。正蓝旗固山额真觉罗色勒率本旗兵列阵于包围圈的正南面，莽古尔泰、德格类两贝勒率护军在后策应。镶蓝旗固山额真篇古率本旗兵列阵于包围圈的西南面，贝勒济尔哈朗率护军在后策应。蒙古固山额真吴讷格率本旗兵列阵于包围圈的东南面。正白旗固山额真喀克笃礼率本旗兵列阵于包围圈的东北面，贝勒多铎率护军在后策应。镶白旗固山额真伊尔登率本旗兵列阵于包围圈的东南面，贝勒多尔衮率护军在后策应。正红旗固山额真和硕图率本旗兵列阵于包围圈的西北面，大贝勒代善率护军在后策应。蒙古固山额真鄂本兑率本旗兵列阵于包围圈的正西面。镶红旗固山额真叶臣率本旗兵列阵于包围圈的西南面，贝勒岳托率护军在后策应。另外，蒙古诸部也参与了围城。这个严密的包围圈几乎到了"水泄不通"的地步，难怪皇太极掷地有声地扬言："勿纵一人出城。"为了做到这一点，八旗兵围绕着大凌河城挖掘壕沟，壕沟的宽度与深度各为一丈，并在壕沟的外面砌了一道高约一丈的墙，墙上留有可用于掩蔽参战人员的垛口。这样的围城工事可以说是固若金汤了，但他们还不满足，又在距离围墙五丈的地方掘了一道宽约五尺、深约七尺五寸的壕，上面覆盖着黍秸，再掩上泥土，如果有人不知内情踏在上面，必定掉入这个精心布置的陷阱之中。同时，围城的各部队也在营外掘一道宽、深约五尺的壕。在重重围困之下，守

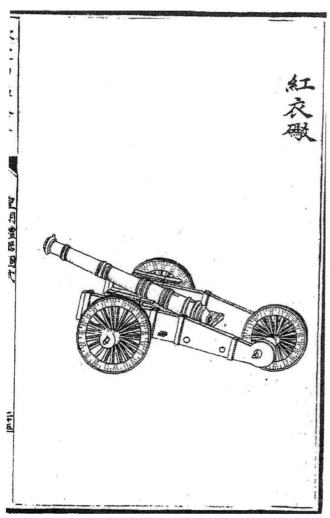

炮，与投降的明军脱离不了关系。这些明军是在八旗军首次入关时于遵化、永平等地投降的，他们与随军的炮匠一起被带到了沈阳，获得皇太极的重用。为此，他们享受较为优厚的待遇，每个人都分有田地以及协助耕种的"帮丁"，许多人便死心塌地为后金卖力。不久，归附的炮匠于1631年（明崇祯四年，后金天聪五年）正月铸成了第一门红衣大炮（这门大炮被封为"天佑助威大将军"）。由于女真与蒙古人不擅于使用火器，故所有的大炮由汉军负责发射。后金统治者历来注意利用来自明朝的火器技术，反过来攻打明朝，可谓以牙还牙。最明显的例子是努尔哈赤主政时期，降将李永芳的炮兵曾经在浑河大破明朝精

▲红衣大炮。

军插翅难逃。

最值得注意的是，有大批汉人士卒运载红衣大炮、大将军炮等四十多门火炮，准备轰城，他们在总兵官佟养性的带领下，列营于锦州城外的大道上，格外引人注目。所谓的红衣大炮，就是大名鼎鼎的红夷大炮。因为后金统治者讳言"夷"字，所以将之改为一个不伦不类的"衣"字。后金能够拥有这种当时最先进的大

锐的四川白杆兵，如今轮到皇太极主政，对火炮的重视程度有增无减，这预示着炮兵在八旗军中的地位极有可能会提升到一个新的高度。

皇太极意图凭此战与关宁辽军决一雌雄，因为这位女真领袖一直对关内四城的失守耿耿于怀。此刻，他得意扬扬地宣布："昔日攻取滦州、永平等地的明军，如今已被我军围困在大凌河城之内了"，

"明朝善战劲旅尽在此城，其他地方不足为虑"。皇太极作为一个政治家，说的话难免有些夸张，但也符合一部分事实。此时此刻，曾经统率关宁辽军的袁崇焕、满桂、赵率教等人相继死亡，而参加过宁远、宁锦之战的辽东总兵祖大寿已经成为了关宁辽军的顶梁柱，在收复关内四城中扮演着主力军的角色。此后，祖大寿就水到渠成地成了前线诸将中首屈一指的人物，他历年来提拔了不少姓"祖"的将领，其中既有亲属，也有义子。根据历史学者后来的统计，著名的有曾任总兵的祖大弼、祖大乐，曾任副将的祖泽润、祖泽洪，此外，先后当过副将、参将、游击的还有祖可法、祖宽、祖泽盛、祖泽沛、祖邦武、祖克勇、祖云龙等人。由于人才济济，祖大寿所部被誉为"祖家军"，成了支撑宁锦防线的柱石。现在，尽管祖家军没有倾巢而出守卫大凌河城，但还是有相当多的人马被困于城内，成了皇太极的重点打击目标。

围城开始不久，八旗军驱逐多股出城迎战的明军小部队，并对城西与城南一些堠台的守军进行招降。后金的红衣大炮亦参战了，汉军炮手首先攻击城西南隅的堠台，炮弹穿过其雉堞，打死一人，迫使残存者投降。其后，攻坚部队在台下排列战车与盾牌，掩护红衣大炮与将军炮轰击城南，摧毁其四处雉堞与两座敌楼。在后金火炮的威胁之下，大凌河城附近的一些堠台陆续投降。另外一些堠台因损毁严重，逼得驻防明军只能弃台而逃，但大多数人

在途中被八旗兵截杀。

八旗军遭到明军不断出城的骚扰，产生了一定的损失。有一次，两蓝旗一些士卒中了对手的诱敌之计，竟然一齐拥上前去阻击出城的小股明军，他们满以为可以杀敌立功，谁知由于过于深入，竟被事先隐蔽在城墙上的明军用各种火器与弓箭猛烈射击，使得不少在城壕附近下马步行厮杀的八旗兵成了活靶子，而"副将孟坦、原任副将屯布禄、备御多贝、侍卫戈里以及十名士卒"当场战死。当时，贝勒多尔衮亦参与冲锋，幸而撤得快，得以全身而退。事后，皇太极为此大发雷霆，批评部属"冒昧轻进"的行为，扬言要给多尔衮身边的侍卫定罪，因为按照以前制定的"定例"，凡是遇敌时，诸贝勒只可坐镇军中，不可轻举妄动地出阵，以免出现意外。可是，在这次战斗中，多尔衮身边的侍卫不但没有劝阻自己主子，反而与之一起冲锋陷阵，犯了"疏失"之罪，按例将要定为死罪，但皇太极只想提出警告，而无意杀人，他以此时正是用兵之际为由，表示暂不予以追究。

必须要指出的是，统帅带头冲锋陷阵已成了八旗军根深蒂固的传统，很难仅凭一个条例就可以杜绝，就连皇太极也未能免俗，有时忍不住会一显身手。当围城到了九月中旬的时候，他终于在拦截明朝援军的战事中亲自参与打斗了。此前，出于"唇亡齿寒"的缘故，镇守杏山、锦州等处的明军多次派兵企图解开大凌河城之围，并与后金的阻击部队不断交手，可

惜，由于增援的兵力规模不大，均未能得手。到了九月中旬，在朝廷的压力之下，辽东巡抚丘禾嘉、总兵吴襄、宋伟等率军七千再度前往救援大凌河城。明军的行动当然瞒不过皇太极，他认为担任阻击任务的阿济格、硕托等人兵力不足（这支部队是从八旗中的每一旗抽调一员护军将领与五百精兵、五百蒙古兵组成，共八千人），又令总兵官杨古利率领一半的八旗护兵火速前去协助，即使如此，他还不放心，竟带领自己的亲随护军与多铎辖下的二百亲随护军、携同一千五百营兵随后出发。为了更加有效地攻击明军阵营，他让佟养性所部的五百汉兵推带着"车盾"等武器随行。由此一来，双方部队将不可避免地在锦州与大凌河之间的地域迎头相碰。皇太极在进军的途中遥遥望见锦州城南尘埃飞扬，好似明军正在疾驰而来，便让部队停止前进，令前哨图鲁什率二百人去侦察敌情。过了一会儿，他又感到不放心，就与多铎一起，带着二百护军沿着山悄悄前行，在距离松山三十余里的小凌河正巧与七千明军狭路相逢。根据《清太宗实录》的记载，这时，图鲁什等二百人已被对方赶了回来，皇太极见情况紧急，马上披甲上阵，带着随从渡河直杀过去，奇迹般打败了七千明军，并追到了锦州。在混战中，多铎坠马，但性命无碍。不久，阿济格率后继部队赶到了。皇太极将所有人马分为五队直抵城下，准备再与列阵于城外的明军步、骑兵作战。

明军的阵势是步兵在前面以战车及盾牌做掩护，计划凭着大炮与鸟铳打击任何来犯之敌，而骑兵在后面伺机而动。战斗开始后，作战经验丰富的八旗军首先攻击的对象并非是明军步兵，而是不惜兜一个大弯攻击明军骑兵，目的是先击溃明军骑兵，再从后面攻击明军步兵，这样的破阵方法等于从背后狠狠地给敌人插了一刀，如能得逞自然起到事半功倍的作用。明军不甘示弱，宋伟与吴襄将部分分为"左右两翼迎击，接刃于教场"，与凶狠的对手连战了数十阵。最有意思的是，《烈皇小识》记载了祖大寿之弟祖大弼与皇太极在锦州城外单打独斗的事迹，战斗中，"四王子（指皇太极）免胄掠阵，大弼突出搏之，刃几中马腹，虏号曰：'祖二疯子'"。这一战，胜负的关键在于骑兵的表现，谁的骑兵更强，谁取胜的机会就更大。事实又一次证明，明军骑兵的战斗力稍逊一筹，他们纷纷退却了，致使步兵阵地的背后彻底暴露在八旗军的骑兵之前。《满文老档》记下了一位名叫"苏纳"的八旗将领的战斗经历，他率领四甲喇蒙古兵攻击了明军骑兵，再向明军步兵驻地的背后扑过去。在激烈的战斗中，他甚至下马徒步追击明军步兵，并成功救回一名被俘的后金兵、夺回二纛，同时，拖回了一位名叫喀尔喀玛的哨卒的尸体。在随后的战斗中，他又救出两人，夺回一纛，致使自身受伤四处。可见，战斗的激烈程度。明军步兵由于失去了骑兵的掩护，落于下风，只得入城固守。而亲自策马冲锋的皇太极，获得"斩副将一员、生擒把总一员"等战果后，凯旋而归。

明军这次救援大凌河城的行动虽然无功而返，可实力犹存，未来必将策划更大规模的行动。

在此期间，皇太极抓紧时机写信给大凌河城里的祖大寿，要求议和，他在信中批评明朝君臣"唯以前宋帝为鉴"，对后金屡次议和的请求，"竟无一言回报"；然而，"大明帝非宋帝之裔，我又非先金汗之后。此一时，彼一时也。天时人心各不相同"。在这里，皇太极极力避免将明朝与后金的战争等同于历史上的宋金战争，以免让前朝的仇恨延续到现在，增加和议的阻力。然而，他的信一如既往地石

沉大海，毫无回音。其后，他转而写信劝降祖大寿，说了不少好言好语，例如"幸遇将军于此，似有宿约"，"天欲使我两人相见，以为后图"等等，并作出承诺，"倘得倾心从我，战争之事，我自任之。运筹决胜，惟将军指示"。言下之意是，假若祖大寿肯降，封官晋爵不在话下。事实上，皇太极早在首次入关作战时，就专门派人到永平附近的村里搜查祖大寿的族人，成功捉到了包括祖大寿亲侄在内的六七人做人质，以此作为筹码，准备他日与祖大寿讨价还价。无奈祖大寿对明朝仍然抱有期望，到目前为止都没有改变守城的决心。

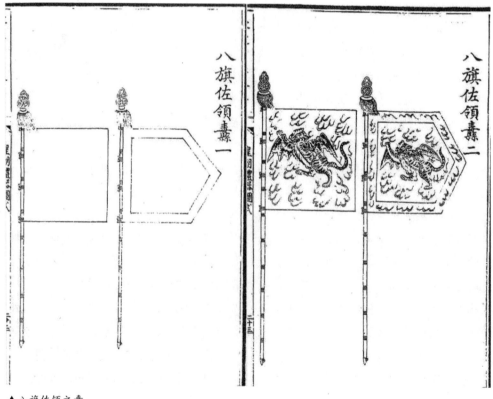

▲八旗佐领之纛。

大凌河城已经被围了一个多月，攻守双方的对峙状态没有丝毫改变。绞尽脑汁皇太极又想出一计，令军营之内的厮卒手执旗帜在锦州通往大凌河的路上来回奔驰，故意扬起漫天灰尘，伪装明朝援军已经来到，同时在距城十里之外，不停地放炮，假扮成解围之战已经打响的样子。祖大寿果然中计，率部从城的西南隅冲出，攻打八旗兵驻于该处的堠台，意图配合援军作战。后金统治者眼见图谋得逞，立刻展开反击，宗室篇古等人乘明军竖起梯子将要强攻堠台之际率部从营中及时杀出，而皇太极亦带着护军从山中扑来，两股力量会合在一起，击溃了出城的明军，打死打伤百余人。此后，守军紧闭城门，不敢再轻易出来。

辽东前线的最高统帅孙承宗得知大凌河城告急，火速驰往锦州，敦促吴襄、宋伟全力前往救援。然而军队内部意见不一，丘禾嘉屡次更改出师日期，推迟至九月二十四日，才召集了四万人马，在监军道张春与吴襄、宋伟等人的带领下出师。平心而论，这点兵力加上万余锦州守军，不过六万人左右，对围城之敌难以形成兵力上的优势，要想解围，机会非常渺茫。由于关内平定起义的战况打得热火朝天，明朝难以抽调重兵支持辽东前线，因而锦州部队只好赶鸭子上架，带着这点兵力硬着头皮出战，以求一逞。

张春、吴襄、宋伟与副将张弘谟、祖大乐、佟守道、靳国臣、孟道，游击杨振、海参代、杨华征等人率部经过小凌河，在河东五里的地方与扼守长山的敌军相遇，便暂停前进，掘壕筑起营垒、排列战车、盾牌、铳炮等武器，将一切布置得井井有条。皇太极得报后前往拦截，他率一半人马先行上路，让携带着战车等笨重军械的另一半部队随后出发。当他来到目的地后，发现敌营的防御较为严密，认为此时强攻可能会付出不少代价，不如等对方行军时，再攻其不备，则胜算更大。故此，八旗军没有发起攻击，而是在两天之后全部撤回，有意让敌人长驱直入。

明军果然上钩，于二十七日四更起营，向大凌河城出发，一直来到了离城十五里的长山口。皇太极与代善、莽古尔泰、德格类、阿济格、多铎、硕托带着女真、蒙古与汉军共约二万人迎战。

明军又摆出了一副防御的状态，将步、骑兵合并为一营，四面排列着大大小小的火炮以及鸟铳。这一阵容与不久之前在锦州城外所布的阵不同，锦州城外布的阵是步兵在前、骑兵在后，而这一次却是步兵在外、骑兵在内。或许明军的统帅部对骑兵的信心不足，干脆让步兵将其层层保护起来。可是，这种过于依赖车营与步兵火器手的战术过于陈旧，它在实战中不知被后金的骑兵大破了多少次。遗憾的是，明军的选择很有限，他们不但骑兵羸弱，并且缺乏“白杆兵”那样善战的重装步兵，仅靠车营与火器手，无论怎么样布阵，在八旗军的重装骑兵、重装步兵、轻装骑兵、轻装步兵外加红衣大炮等大杀伤性武器的配合之前，都没有取胜的把握。

但明军诸将如今只想赌一把，希望对手突然发挥失常，好让他们靠着运气取胜。可惜的是，胜利的天平只向"有备而战"的一边倾斜。

亲临前线侦察的皇太极胸有成竹，不等汉军的战车来到指定位置，抢先命令两翼骑兵猛冲敌营。大战，一触即发！只见明军齐射的火器"声震天地"，"铅子如雹，矢下如雨"，然而，八旗骑兵还是毫无悬念地呐喊着突入阵中，特别是右翼将士，首先冲垮了张春所部的阵营，迫使躲藏在阵营之内的明军骑兵四散而走。令人齿冷的是，吴襄与归附明朝的蒙古将领桑阿尔寨竟然首先逃跑，一溜烟不见了影踪。八旗左翼亦不甘示弱，一边躲避明军的铳炮，一边从右翼将士刚刚冲开的缺口中汹涌而入，风驰电掣一般横贯明军阵营，一直追击了三四十里，杀死大半残敌。

由于很多八旗军只顾着追击溃兵，忽略了滞留在战场的残余明军，使得这些人有机会重新聚合在一起，布起阵来。皇太极鉴于追击的八旗军未回，手头的兵力有限，便令佟养性所属的汉军，屯于敌营之东，不断地发射大炮与火箭，对敌人进行牵制和打击。就这样，两军互相使用火器对射，由于风向时西时东，致使有的明军在顺风放火时竟被突然反吹过来的烈火烧死，后来天下起了一阵雨，火攻战术也就失了效。不久，追击的八旗军重返战场，让皇太极拥有充足的兵力，又可以主动进攻了。他使出了努尔哈赤时代的旧战术，

让步兵推着战车与携着盾牌前行，掩护后面的厮卒、蒙古军与护军，慢慢接近敌人。厮卒的任务主要是及时填平路上的沟沟坎坎，保证战车顺利前行。蒙古军的任务主要是用射箭来压制明军的火器手。等到两军的距离越来越近时，隐蔽在战车后面的护军就骑着马骤然冲出来，射出雨点般的箭，驱散明军的火器手。接着，所有的后金军人一拥而上，转瞬之间捣毁了明军的阵营。

皇太极敢于使用努尔哈赤时代的旧战术来夺取胜利，可能与明军残余部队缺乏能击毁楯车的红夷大炮有关。当然，也有可能是他察觉到明军的火炮经过长时间鏖战后弹药基本耗尽，才放胆一搏。值得注意的是，在努尔哈赤时代使用这种打法时，跟在楯车后面伺机出击的通常都是"人马皆重铠"的重装骑兵（最典型的是辽阳之战），而现在，跟在楯车后面伺机出击的护军是否仍然"人马皆重铠"，史无明载。必须指出的是，在流传至今的各类史书中，明确记载八旗军出动"人马皆重铠"的骑兵进行作战的战例大多出自努尔哈赤时代，到了皇太极在位之后已经罕见。原因之一是随着大号鸟铳与红夷大炮等破甲能力强大的火器越来越多地出现在战场上，铠甲的重要性有所降低。另外，在皇太极主政时期，后金的战略已经有所发展，并格外重视长途奔袭的运动战，出击的范围可达数千里，八旗军的马匹如果披挂着沉重的铠甲，将会对灵活机动造成限制。故此，"人马皆重铠"这类的骑

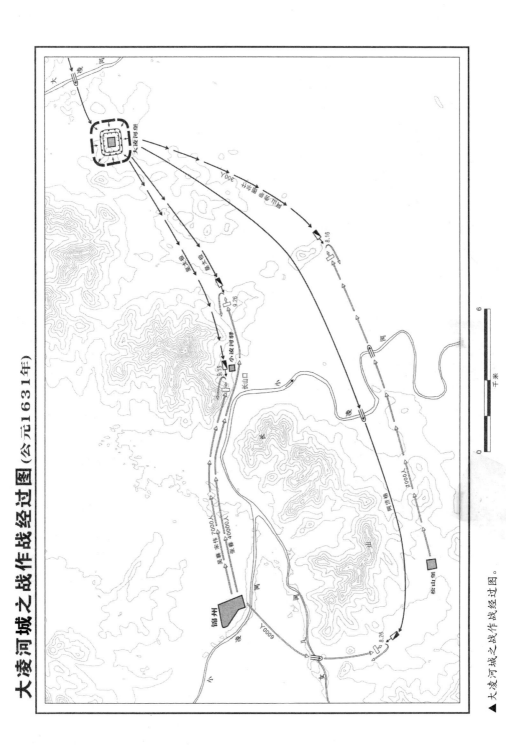

大凌河城之战作战经过图（公元1631年）

▲ 大凌河城之战作战经过图。

兵，就逐渐退居其次了。尽管八旗军的战马已是注重轻装上阵，可是骑在它们背上的骑手仍然离不开铠甲，特别是那些经常冲锋陷阵的人，为了在刀刀见血的短兵相接中能够有效地保护自己，不得不将身体包裹在各类绵甲、铁甲之中。

虽然努尔哈赤时代的战术已经有点过时，但八旗军还是靠这一招赢得了最后的胜利，杀死了不少败逃的明军步兵。明军骑兵的际遇也好不到哪里去，他们在向锦州逃跑的途中中了埋伏，被皇太极预先布置的护军歼灭。

后金军在此战生擒张春、副将张洪谟以及参将、游击、都司、守备、备御、千总等三十三员文武官员，阵斩张吉甫、满库、王之敬等将领。缴获了不少骆驼、牛、马等牲口以及战车、甲胄与其他各类军械。但让宋伟、吴襄、钟纬、祖大乐、祖大弼、张邦才、靳国臣、于永绶、刘应国、赵国志、穆禄、桑阿尔寨、海参代、祖宽、窦勋、杨振、朱国仪、尤禄、李成、祁继光等人逃回了。

此后，明朝再也没有办法组织新的援军。大凌河城守军完全处于孤立无援的状态。皇太极继续执行劝降政策，让张洪谟等降将写招降书给祖大寿，但顾虑重重的祖大寿还是没有答应，他担心投降后会被杀掉。城中的粮食储备已经逐渐被吃个干净，有不少人在饥饿中死去。幸存者开始食人肉，而马匹也倒毙殆尽。大凌河城陷入了饥荒之中，但城周围的一些墩台仍有余粮，例如"峙立"于附近的"于子章

台"，"垣墙"修建得比较坚固，八旗军连攻三日，不能得手，最后发射红衣大炮，击毁其台垛，打死五十七人，迫使惶恐不安的守军走出来投降。

于子章台虽小，但它的得失对战局产生了重大影响，竟然产生了连锁反应，致使其余墩台的守军闻风丧胆，他们或者选择投降，或者弃地而逃，让八旗军一下子占据了百余座墩台，缴获的粮草足以供应部队一个月。本来，八旗军围城到现在，粮食已经出现供应不足的问题，如果要从沈阳运来，因路程遥远一时难以即刻送到，恰巧在这个关键时候，从百余座墩台中得到了大量的粮食，彻底摆脱了饥饿的威胁，得以延长围城时间，为奠定胜局打下了牢固的基础。

此时此刻，大凌河城守军已经穷途末路了，由于围城的后金部队防守严密，突围难于登天。力竭计穷的祖大寿不得不想办法派人与后金联系谈判事宜，在反复商谈的过程中，皇太极作出了不杀降人的承诺，而岳托等人在与秘密到访的祖可法磋商时更解释说：以前屠杀辽东之民，乃先汗（指努尔哈赤）所为，皆因当时不识义理，现在旧事重提，"我等"追悔不已，若有两个身体，自己必定诛杀一个身体，若有两个脑袋，自己必定劈掉一个脑袋，以弥补过失。他又把屠杀永平降人的责任推给了阿敏，并透露已将阿敏治罪幽禁，最后，他不忘吹捧皇太极，声称自新君即位以来，"纠正恶习，更新礼义，抚养人民，爱惜士卒"，已是人尽皆知，守军可

放心投降，性命可保无虞。

后金代表石廷柱、龙什、库尔缠与守军代表祖泽润、张存仁、祖可法等人经过一段时间的谈判，达成了协议。在投降即将成为事实的情况下，副将何可纲却在城内召开的军事会议上公然反对，结果被祖大寿逮捕。这位宁死不屈的汉子是被架出城外，送到后金诸将面前行刑的，《清太宗实录》称其"颜色不变，不出一言，含笑而死"。

何可纲既死，城里人再也无人敢于阻止祖大寿，他先派六名将领到后金军营与皇太极及诸贝勒立誓，然后，自己再亲自出城谒见皇太极，确定了投降的事实。两人在幄内相谈甚久，并秘密商议夺取锦州之策。结束谈话之后，祖大寿带着黑狐帽、貂裘、金玲珑鞓带、缎靴、雕鞍、白马等礼物返回城中。皇太极亲自送行。

按照祖大寿与皇太极制订的夺取锦州计划，彼此在十月二十九日夜间上演了一场戏。祖大寿与从子祖泽远等三百多人悄悄跑出大凌河城外，假装突围，然后与伪装成汉人的阿巴泰、德格类、多尔衮、岳托等四千多人混合在一起，冒充从城中拼死杀出来的溃兵，企图混入锦州，以计取城。为了将这场戏演得更真实一点，他们在二更时分便不断在城内放起炮来。不料途中大雾弥漫，队伍失散，致使计划落空。锦州驻军听见炮声，曾经派兵分路应援，但遭到后金警戒部队的阻拦，无功而返。

皇太极于次日亲自到五里外迎接祖大寿。稍后，他们又定下一计，即是让祖大寿徒步前往锦州，慌称昨晚从城中突围而出后在山里躲藏了一日，再伺机回来。这种说法定能瞒过锦州守军，让他进入城里。由于城里守军很多是祖大寿的旧部，只要能伺机除掉巡抚丘禾嘉，献城给后金就易如反掌。

祖大寿临行前信誓旦旦地说不忘皇太极的厚礼相待，相约事成之后以炮声为号，双方在锦州会师。他在十一月一日与从子祖泽远等二十多人一起骑马离开，渡过小凌河后再徒步回到锦州城外，在丘禾嘉与吴襄的迎接之下返回城里。然而，此时的祖大寿实际仍然对明朝抱有希望，他不顾自己的子侄在后金营中已经沦为人质，竟不惜违反诺言，慢慢断绝了与皇太极的联系。

尽管祖大寿跑了，但改变不了明朝在这场历时三月有余的战事中失败的事实。皇太极决意拆除大凌河城再撤军，还在撤退之前对杏山、中左所发起了试探性进攻，之后于十一月十日开始撤离，整个撤军行动持续数天才结束。史载，原本有三万多人的大凌河守军现在仅存一万一千六百八十二人与三十匹马，他们投降后奉命薙发，从此效忠于后金。皇太极对大凌河降将采取了优待的政策，公开保证要"恩养"这些人，即使后金财富不充足也要尽力而为。他把副将与游击级别的人分配于八旗的各旗之中，实际交由女真贵族收养，而都司、守备各官，则交由汉官收养，此外，还为这些人讨老婆，并常常予以赏赐和宴筵，以笼络人心。例如有一次，他赏给一百五十多名大凌河降官的仆役竟达一千五百二十四人，还有三百一十三头牛。另外还赏给庄屯、房屋、各种日常生活用品与大量土地，使他们能过上好的生活。与此相比，大凌河投降的士兵的情况则差得多，除了少数人仍旧分辖各级降将之外，大部分人分散给社会各阶层抚养。其中，官员与富人按财富的多寡，分别"领养"数个至一个士兵。而普通民人则平均每四个"领养"一个士兵。这些士兵实际沦为了社会的最低层。皇太极要求"领养"的女真人与汉人暂且为国分忧，日后如能"克成大业"，国家将会在物质上对他们进行补偿。否则，这些士兵"既为尔等恩养，则归尔等所有"。

皇太极对大凌河降将的优待政策引起了一些汉官的不满，在努尔哈赤时代投降的旧汉官刘学成曾经在奏书中认为，让"旧官"出"鸡、鹅、米、肉，四季供养'新官（指大凌河降官）'"，"穷官固多愁苦，即富官亦难常继……"另外，正红旗备御臧国祚也说："皇上优养新人至意，殊不知反遗害于旧民……"由于"我国地窄人稠，衣食甚艰"，而随着大批大凌河降人的到来，出现了"人日渐增，田土有限"的现象，"若丰年仅足本家所吃，若遇荒年，本家不足，安能周济他人，必市中无粟，而贫民不免饥号之苦，非死则逃……"

必须指出，由于后金国内长期经济萧

条，故皇太极不是什么人都收养。例如从锦州出发增援大凌河的明军将领，有不少人因战败当了俘虏。皇太极除了收养监军道张春（后因拒降被杀）、副将张弘谟、杨华征、薛大湖、参将张新、游击黄泽与另两名千总之外，其他人一律处死。皇太极之所以恩养大凌河降官，实际是出于一种深谋远虑的"攻心之策"。因为大凌河集团的首领祖大寿出自辽东的武将世家，具有很大的影响力，皇太极善待祖大寿的部下，是盼望这位逃跑的统帅日后能"迷途知返"。况且，祖大寿虽然在大凌河损兵折将，可返回锦州之后东山再起，又召集了一支部队，其身边还有祖大乐、祖大弼、祖宽等人，拥有一定的战斗力。此外，祖大寿与辽东的另一位总兵吴襄是亲戚。皇太极善待大凌河降人，也是为了争取祖大寿身边的这批将领。

不过，皇太极对大凌河降将还是有所防范，在此后长达十年的时间里没有让他们带兵出征，其间只是让他们参与一些内部的政事而已。

需要提及的是，皇太极在指挥大凌河作战期间，及时把握机会抑制权贵，进一步把军政大权集中于自己的手上。这一次，继阿敏之后被贬的是曾经位列四大贝勒之一的莽古尔泰。那是在围城期间的一天，皇太极与莽古尔泰在城西山冈上爆发了冲突。莽古尔泰认为自己旗下人员受差遣的次数总是比别人多，要求把这些人调回本旗，但皇太极反过来指责他的旗下人员"每出差派，往往违误"，不尽心办事，两人为此闹了个面红耳赤。当怒气冲冲的皇太极准备下山时，按捺不住的莽古尔泰竟然手执佩刀之柄，作出拔刃的姿势。他的同母之弟德格类见状慌忙劝阻，而在场的大贝勒代善亦加以责骂。皇太极强忍怒气，办事完毕回营之后，却对此事严加追究，他不但在诸贝勒之前责备了莽古尔泰所做的狂妄之事，并痛骂当时在身边的众多侍卫，说道："我养你们有何用？他（指莽古尔泰）手抽佩刀欲斩我，那时你们为何不拔刀站立在我之前？"……虽然莽古尔泰在事后以喝醉酒为托词认错，可皇太极并没打算就此罢休，他在大凌河之战结束后以"御前拔刃罪"的名义革去莽古尔泰的大贝勒之爵，降为贝勒，削去五个牛录，勒命其交出万两白银等物品，作为处罚。到了这年的年底，在制定朝见仪式时，有官员提出莽古尔泰不应像往常那样与皇太极并坐。见风使舵的代善连忙主动表示自己没有资格与皇太极并坐，他说从今以后要让皇太极一人居中而坐，自己与莽古尔泰侍坐于侧，才算妥当。众人纷纷附和。皇太极顺水推舟，予以批准。到了第二年正月，后金正式废止了大贝勒与君主一起"俱南面坐"的旧制，只让皇太极南面独坐，至此，这位君主才算确立了唯我独尊的地位，指挥起军队来更加得心应手。

大凌河之战的经验教训值得总结。在参战的各种冷、热兵器里面，最令人难忘的是红衣大炮；在参战的各个兵种之中，最令人印象深刻的是炮兵。鉴于红衣大炮

在扫清大凌河周边墩台的行动中立下大功，使八旗军得以因粮于敌，"士马饱腾"，《清太宗实录》给了正面的评价："久围大凌河，克以厥功者，皆因上（指皇太极）创造红衣大炮故也。"这是一个历史性的转折，使得后金的军事实力有了突破性的飞跃，攻坚能力大增，能够对明朝的宁锦防线形成重大威胁。

如果说皇太极的首次入关作战是战略上的神来之笔，那么，他指挥的长期围困大凌河城就是在战略上的又一次突破——既然明军采取"凭坚城，用大炮"之策来巩固防线，那么他就干脆不攻城，只是围困，使守军欲战不能、欲逃不得，一直等到城里因粮食耗尽而饿殍遍野为止。需要强调的是，"长期围困"不是皇太极唯一的目的，"打援"也是另一出重头戏。他希望通过围城行动逼明朝出兵救援，然后再设法打一场明军尽力避免的野战，以大量歼敌。整个战役基本按照"围城打援"的预设来进行。大凌河城守军被对手长期围困后因城里的储粮不多很快陷入了绝境。辽东前线的最高统帅孙承宗对皇太极"长期围困"的战法没有什么心理准备与应急方案，只得匆忙拼凑四万人前往抢援。凡是对辽东战局有所了解者，都知道这支部队此去凶多吉少。此情此景，与十三年前战争刚开始时的抚顺之战何其相似，当时的辽东巡抚李维翰得知努尔哈赤进犯的消息，慌忙纠集一万明军增援抚顺，结果被兵力处于绝对优势的八旗军歼灭。类似李维翰与孙承宗等人的所作所

为，在战争中三番四次地发生，前线的文武官员对这种"送羊入虎口"的行为实有难言之隐，因为他们不敢不出师救援，否则被朝廷之上的言官以畏战之罪弹劾，轻则掉官，重则掉脑袋，弄不好还落了一个"奸臣"的千古骂名。

对于皇太极的新战法，关宁辽军后来的对策是进一步加固宁锦防线各个重要据点的城墙，并设法让每一个据点里面都尽可能多地储蓄粮食，以便能支撑一两年。因为敌人要从遥远的沈阳运送粮食到前线，围城的时间一旦长达数月以上，难免会出现供应不足的情况，若不能克服这个困难便会因此而撤军。如果敌人拒不撤返，明朝到了万不得已的时候极有可能会召集优势兵力解救被围困的城池，假若真的发生了这样的事，势必导致一场新的大决战，其规模将远远超过大凌河之战，而造成的影响也巨大得多，甚至可能使辽东战局尘埃落定。总之，辽东的每一场战事，都不是孤立发生的，而是承前启后，摆脱不了其内在的发展规律与逻辑。

既然八旗的围困战法如此成功，理论上应该继续这样做，挥师前进围困锦州、宁远等地，不断逼明朝派援军来野战，并与之决战，直到摧毁整条宁锦防线为止。当然，这样做肯定会花费大量的时间，但最起码的是，可以有效阻止宁锦防线向广宁方向延伸的势头。然而，后金统治阶层对长期围困的战法颇有争议，八旗将领和硕图直言不讳地认为得到大凌河虽然让皇上等不少人高兴，可是"士卒皆不

乐"。为什么会这样？多铎给出了一个答案："我国之兵，非怯于斗者。但使所得各饱其欲，则虽死不恤，稍不如意，遂无斗志。"也就是说，不靠领饷度日的八旗兵只盼能在战时抢掠财物，以养家糊口。但大凌河城之战这样的围困战术却让他们大失所望。为此，阿济格也在奏书中实话实说，指出参战的很多八旗士卒与蒙古人，因"一无所获"，而"皆以为徒劳"，以致影响士气。有鉴于此，皇太极在这样多的反对声中不可能一而再、再而三地采取这种打法。

由此可知，最能鼓舞八旗军士气的是入关抢掠，他们最有可能在这样的行动中满载而归。正如阿济格所希望的那样："边内人民财物禾稼，应杀者杀之，应取者取之，应蹂躏者蹂躏之！"豪格也附和："我兵得餍所欲……人人奋勇，靡有退志！"

不过，派兵入关抢掠会妨碍国内的耕种，因而有人建议兴师的时机要选择在耕耘完毕之后，至于"收获之事"，则可委于"妇人稚子"。然而，八旗军入关后要面临"痘疹"的威胁。所谓"痘疹"，就是"天花"，这种病可在人与人之间互相传染，一旦感染存在死亡的可能，如果有谁侥幸不死，则终身免疫。由于这种传染病在中原具有悠久的历史，故关内的汉人已经有一定的免疫力。相反，关外的女真人对这种病的免疫力比不上汉人，受感染之后的死亡率比汉人更高，因而畏之如虎。那时，上自皇太极与贝勒大臣，下至

普通士卒，很多人都没有出过"痘"，有些人视入关作战为畏途，存在心理阴影，例如萨哈廉曾经建议入关作战时最好由已出过痘的贝勒或将领带兵前往，就是这种畏惧情绪的表现。

既然入关抢掠存在风险，那么皇太极就物色另外的目标了。他知道刚刚遭受重创的辽东明军一时难以恢复元气，开始策划着新一轮的长途奔袭，这次军事行动仍旧需要避开宁锦防线，只不过目标不是明朝关内的京畿地区，而是林丹汗所在的归化（今呼和浩特）。

此前，桀骜不驯的林丹汗强行霸占了鞑靼右翼的地盘，号称拥有十万部众。对于这个既成的事实，明朝君臣一时难以接受，他们一方面在宣大地区禁止与林丹汗互市，另一方面在蓟辽地区加强对后金的经济封锁，这种四面树敌的做法使明朝边境存在受到林丹汗与后金夹击的隐忧。所幸的是，林丹汗与后金在争夺漠南蒙古的霸权中存在不可调和的矛盾，不可能组成统一战线来对付明朝。

始终对皇太极充满警惕的林丹汗为了应付后金即将发动的进攻而广交盟友，分别与西藏的统治者藏巴汗、朵甘（川、甘、青三省一带的藏族聚居点）的伯利汗、漠北外喀尔喀的朝克图台吉结成四人联盟，以稳住阵脚。他还向明朝频频示好。当他如愿以偿地消灭右翼名义上的领袖卜失兔，夺得顺义王之印后，多次派遣使者来到明朝，声称自己愿意代替卜失兔为明朝"守边"，真实的意图当然是要全

部控制右翼与明朝在宣府、大同地区的互市贸易。

宣大总督王象乾为化解明朝边境的危局，建议顺水推舟，恢复林丹汗旧赏，与之重归于好，利用其牵制后金，以保宣、大地区不受侵扰。可明思宗迟疑不决。直到后金于1629年（明崇祯二年，后金天聪三年）联合归附自己的鞑靼部落绕道入关掳掠而回之后，心力交瘁的思宗经过反复思考，才决定两害相权取其轻，继续奉行"以夷制夷"之策，承认林丹汗吞并右翼的事实。明蒙双方达到和议，在宣、大地区恢复互市。同时，明朝为了扶持林丹汗抗衡后金，承诺给予林丹汗重赏，一次性补偿赏金及马价一百万两银子，另外每年还给予八万一千两作为新赏。

明朝并非毫无保留地支持林丹汗。例如顺义王之印是明朝所颁赐，是统治右翼的象征，根据过去的惯例，在一般的情况下，鞑靼右翼的朝贡使团要携带着这个印信入塞，才能与明朝开展互市贸易。林丹汗也清楚这一点，《明史纪事本末·补遗》记录他在开始西征时曾经说过："吾欲得金印如顺义王，大市汉物，为'西可汗'，不亦快乎？"然而现在明朝却不准林丹汗再用"顺义王旧印"，又没有颁发新印，只允许其用无印的"白头表文"通关，进行贸易往来。可见，明朝对林丹汗是否有能力长期统治右翼仍然有所怀疑。

皇太极不会眼睁睁地看着林丹汗巩固新得的地盘。他经过准备，于1632年（明崇祯五年，后金天聪六年）四月一日

出发，联合附属的蒙古诸部，以总计十万的兵力，经兴安岭向归化发动了千里奔袭。在途中，由于军粮接济不上，将士们不得不靠打猎充饥。有一天，八旗军来到朱尔格土这个地方时，以左右两翼分道围猎，驱赶漫山遍野的黄羊四散而逃，竟然杀死了数万只。皇太极也参与了狩猎，据说射死了五十八只羊，他有一次连放两箭，结果每一箭都穿过两只羊，手气不错。到了五月二十三日，全军来到木鲁哈喇克沁，在此地分兵而进：左翼由阿济格为帅，与吴讷格一起，会同科尔沁、巴林、扎鲁特、喀喇沁、土默特、阿禄等部落的一万兵力，向大同、宣府边外进军，目标是游牧在地里的察哈尔部落；右翼由济尔哈朗、岳托、德格类、萨哈廉、多尔衮、多铎、豪格等率兵两万，向归化至黄河一带进军；皇太极与代善、莽古尔泰率主力随后跟进。不过，因为有两个随军的蒙古人在此前逃跑，向林丹汗通风报信，所以，八旗军在沿途难以碰到察哈尔部众的人。

林丹汗在新地盘的统治根基未稳，无力抵抗后金即将到来的排山倒海般的攻势，而名义上的宗主国明朝也内外交困，统治摇摇欲坠，根本帮不上什么忙，至于西藏、朵甘、外喀尔喀等盟友，更是远水难救近火。他为了保存实力，避免玉石俱焚，无奈只好采取"壮士断腕"的方式，放弃能够与明朝进行贸易交流的宣、大边外地区，向西撤退，企图会合从漠北移牧到青海的外喀尔喀朝克图台吉，控制前往

西藏的交通要道嘉峪关，再与明朝在延绥、宁夏、甘肃地区进行通贡互市。他临走时让部属几乎将归化搜刮一空。《东华录》宣称当时情况极为混乱，察哈尔的游牧骑兵"驱富人及牲畜渡黄河"，而"国人仓促逃遁，尽委辎重而去"。林丹汗往西逃奔时，很多"臣民苦其暴虐，抗违不往"。

林丹汗前脚离开，后金各路军队后脚赶到。皇太极虽然打不下北京，但是不费吹灰之力拿下了归化。然而，当后金军队浩浩荡荡于二十七日进入这座不设防的空城时，却没有获得什么有价值的东西，不得不分散兵力，在城郊的村落四处搜索人口与牲畜。他们行动迅速，一日之内搜遍了归化周围七百里的范围，据《清太宗实录》的记载，"西至黄河木纳汉山，东至宣府。自归化城南及明朝边境，所在居民逃匿者悉尽俘之，杀其男子，俘其妇女，归附者编为户口"。这支虎狼之师在完成竭泽而渔的搜刮任务之后，对于带不走的东西，如"庐舍、粮糗"等等，全部焚毁。

一些蒙古人逃入明朝境内躲避。后金军队尾随而来，向那些在边境守卫城堡的明军索要蒙古逃人及财物，同时提出议和的要求。皇太极给明朝边境官员写了好几封信，里面说道："我之兴兵，非欲取中原，得天下"，主要是为了"和议"，如今"和事无成"，令"战争不息"，是因为后金屡次致书明主而无回音，双方难以沟通，造成"下情不上达"。而和议的目

的是为了"两国和好，戢兵息战"，使"财货丰足"的后金能与明朝进行贸易往来。从信中的这些言论可以看出后金迫切想把库存的人参等土特产输往明朝。值得注意的是，皇太极过去在辽东与袁崇焕等人议和时，曾经企图索取战争赔款，并要求每年获得额外的赏赐等等，这些狮子大开口式的勒索明朝当然不会答应，这一次，他虽然表面上没有再提旧议，不过却以另外一种方式巧妙地向山西地方官吏索要钱财，理由是山西北边与蒙古诸部贸易的那一带地区，每年都按例给予"格根汗"（鞑靼右翼已故首领俺答汗的一个称号）辖下部落额定的抚赏费。当这些部落被西迁的察哈尔吞并之后，明朝又把"抚赏费"转交给了察哈尔，如今察哈尔既被后金所逐，那么明朝自然应该把"抚赏费"转交给后金。有意思的是，皇太极不止一次在给明朝的信中把后金与察哈尔进行攀比，认为和议如果成功，"自当逊尔大国（指明朝），尔等（指明朝官员）视我居察哈尔之上，可也"。

明朝宣大地区的官员为了避祸，瞒着朝廷私自答应后金条件，与其在六月二十八日议和，同意和皇太极在宣府附近的张家口进行互市贸易，答应赠与"黄金五十、白金五百、蟒缎五百，布疋千"，以作抚赏。这个数目与明朝原先每年给予察哈尔林丹汗的八万一千两银子相比差了一大截，只能算是敷衍性质的。话又说回来，皇太极能迫使明朝地方官员同意议和，并公开在边境进行互市贸易，这是后

金在打破明朝经济封锁的行动中取得的一次空前的成功。

战果丰硕的后金在征伐林丹汗的过程中共俘获人畜"十万有余"，致使分崩离析的察哈尔从此一蹶不振。八旗军在离开时，干脆连归化也放火烧掉了，只剩下一片废墟。七月二十四日，皇太极返回了沈阳，这次历时接近四个月的军事行动画上了句号。

从此，宣府、大同边外地区被后金掌控。后金主力离开归化之后，不能直接与明朝地方官员开展贸易了。皇太极心生一计，将搜索来的顺义王之印，付与归降的原顺义王卜失兔的儿子鄂木布，令其打着顺义王后裔的旗号，重返归化一带，在宣府、大同地区与明朝互市。而明朝边境的地方官员深知后金的厉害，哪敢停止互市，只好对后金间接通过鞑靼右翼进行贸易一事佯作不知，继续与右翼部众保持往来。至此，明朝对后金长期实行的经济封锁政策实际上已经出现漏洞，处于难以为继的状态。或许，后金因为可以通过和平的手段获得一些经济利益，故在此后的一段时间内暂时停止了绕道入关的骚扰行动。

后金虽然暂时停止了绕道入关的骚扰行动，但与明朝的战争没有结束。1633年（明崇祯六年，后金天聪七年），两军在辽东半岛最南端的旅顺又发生了激战。

旅顺虽然是一座不大的小城镇，但它的地理位置在战略中显得日益重要。它的东面可由海路到达朝鲜半岛，西面可与渤

海之滨的宁远联络，南面可与山东半岛的登州隔海相对，北面可从陆路直抵辽河以东地区，属于兵家必争之地。然而，后金夺取辽河以东地区之后，由于兵力不足，对辽东半岛的控制力度比较薄弱，使得旅顺成为了那些在沿海地区打游击的明军的据点。双方曾经围绕着旅顺展开过反复的争夺，八旗军亦不止一次攻克过这个地方，但未能派遣得力部队长期驻守，故得而复失也是理所当然的事了。皇太极上台六七年，未能顺利解决旅顺问题，直到孙有德、耿仲明等人投降，事情才有了转机。

孙有德、耿仲明本来是毛文龙辖下东江镇的旧将。自从毛文龙死后，东江镇人心离散，一部分人马在孔有德与耿仲明的率领下投奔山东登州，被巡抚孙元化任命为参将。然而当后金于1631年（明崇祯四年，后金天聪五年）围困大凌河城时，朝廷要求登州派部队出关参战。孔有德奉命率军三千，渡海赶赴战区，不料半途遇上飓风，不得不沮丧地返回原地。不久，他们在孙元化的严令督促之下，又从陆路向关外出发。当这支时运不济、命途多舛的军队行至吴桥（今河北吴桥县附近），终于因乏粮而引起哗变。孔有德在部属的裹挟之下反戈一击，发动叛乱，取道临邑等地，回师山东，在驻守登州的耿仲明的响应之下，攻占了这个滨海城市，俘虏了孙元化（孙元化虽然被尚念旧情的孔有德释放，可他随后在赴京途中被朝廷追究"畏缩失机"的责任，竟被处以死罪）。

叛军夺取登州之后，获得大量武器装备，其中包括二十门红夷大炮以及三百门西洋炮，实力大增。孔有德被手下拥立为最高指挥——都元帅，而李九成为副元帅，耿仲明为总兵官。同时，孔有德派人到辽东沿海招抚自己的旧同僚，成功策反旅顺副将陈有时与广鹿岛副将毛承禄等人。这些人带着三千部属从海路赶来登州与叛军会师。

吴桥兵变表明，文官对武将越来越难以监督。那时军中武将为了增加部队的凝聚力，不少人相互之间结为义父义子与义兄义弟，很容易就形成共同的利益集团。朝廷为了有效御敌，对此也是睁一只眼闭一只眼。当这类的利益集团发展壮大之时，难免会发生不听朝廷号令之事。例如"己巳之变"的祖家军首领祖大寿一听到主帅袁崇焕被朝廷逮捕，马上带着自己的部属擅自从北京城下撤走，返回辽东，朝廷派人反复劝说，才得以平息这场兵变。又比如在大凌河城失守后，返回锦州的祖大寿对外自称突围而出，但辽东巡抚邱禾嘉怀疑其曾经降清，为此密奏朝廷，明思宗正想争取祖大寿所部为自己出力，有意对此不予追究，事后，思宗三次派遣使者到辽东前线召祖大寿入朝，可祖大寿硬是坚辞不往，令思宗无可奈何，最终只能不了了之。总之，这类桀骜不驯的利益集团很多时候把自身的利益放在国家利益之上，如果国家有足够的财力供养他们，他们自然能安心作战，否则，随时可能会翻脸。原属毛文龙管辖的孔有德等人正是这样，他们因乏粮在河北、山东哗变时，顺便派人到辽东招来与自己有老交情的将领一起闹事，反正大家都是同一条绳子上的蚂蚱，荣辱与共。

叛军最初目的是要朝廷承认他们占领登州等地的事实，让他们割据一方，只需"年年纳贡"即可，这样做实际等于在明朝的统治区域之内成立具有自治性质的"藩镇"。如果真的这样办，那么孔有德等人的权力将比明初守边藩王的权力还要大（藩王有权领兵，无权管理地方事务），朝廷君臣怎么会接受这种有违"祖宗之法"的事呢？双方陷入僵局，只能用武力解决问题了。

先下手为强的叛军连克黄县、平度诸城，围攻莱州、高密等地，打死了山东巡抚徐从治、诱杀莱州巡抚谢琏与知府朱万年等人，大肆蹂躏山东地区。

朝廷以朱大典为新的山东巡抚，督师平乱。被明思宗任命为监军的太监高起潜携同总兵金国奇、副将靳国臣、刘邦域、参将祖大弼、祖宽、张韬、游击柏永馥以及"原任总兵"吴襄等人围剿叛军。从辽东前线调来的军队与关内各路平叛之师一起，凭着数万的优势兵力逼

得孔有德所部步步后退，终于将他们包围在登州这座孤城之内，并在随后的攻防战中打死了李九成。由于登州的北面濒临大海，致使叛军存在突围的可能。1632年（明崇祯五年，后金天聪六年）十一月，孔有德等人率残存的万余部属乘坐一百多艘船只漂洋过海，企图登陆辽东半岛，投降后金。镇守皮岛的总兵黄龙闻讯紧急赶到旅顺拦截，他不断使用布置在海岸与战舰上的各类火炮进行轰击，在对峙的半个

▲明军水师船只。

多月的时间里，令叛军损失了数千人。最后，孔有德被迫离开，转而北上另觅登陆地点，到了1633年（明崇祯六年，后金天聪七年），他们于鸭绿江边的镇江（今辽宁丹东一带）上岸，与接应的后金会师。

皇太极慷慨地赏赐了二千匹马给孔有德等人，大张旗鼓进行接待，还亲自到沈阳城十里之外迎接，与对方举行女真人最看重的"抱见礼"，以示推崇备至。前来归附的孔、耿部属共有一万二千二百五十八人（真正的官兵有三千六百四十三名，另外还有四百四十八名水手，剩余均为家属）。皇太极让孔有德以及部分手下居住在沈阳，又在辽阳安排田土与房屋，拨给耿仲明的手下使用。但孔、耿两人只领本部兵，而不领民，他们属下的民众被后金安置在盖州、鞍山等处聚众而居。

在应该如何处置这批归附者的问题上，后金统治阶层曾经有不同的意见，文臣宁完我认为应当将其部队的建制打乱，分散编入"汉军营中"，并参照汉军的营制重新安排各级军官。可是，皇太极没有这样做，而是史无前例地采取优待政策，封孙有德为都元帅、耿仲明为总兵官，允许他们保存军队原来的编制，让他们在各处聚居。为了与八旗军有所区别，这支队伍另用"皂色"作为旗纛的标志，队伍里的军人分别需要在自己身体的某部位系上一条写有女真文字的白布号带或一些写有女真文字的牌子，以方便辨认。孙有德等

高官对部队拥有极大的权力，甚至掌握了人事权，他们只是把司法权与调兵权交给了后金。后金虽然掌握司法权，不过孔、耿两人的部属犯了死罪，要交由他们自行诛杀。

由此看来孙有德与耿仲明对部队的管理权几乎等同于八旗的旗主。不久，皇太极干脆宣布孔、耿两人在"朝班"时与八旗旗主贝勒同列，一齐"于第一班行礼"，他俩的地位直线上升，已经在所有的汉官之上。相反，在重视文官的明朝，武将难以拥有这样高的地位。皇太极如此厚待孔、耿等人，在官爵的封授与权力的给予等方面毫不吝啬，目的之一也是对明军将领展开心理战，以便引诱更多的人投降。

不过孔、耿所部没有什么固定的薪水，他们要想发横财，最快捷的办法是到明朝境内抢掠，而在初来乍到之际，只能靠后金"恩养"了。当时的后金"地窄人多"，经济不算景气，皇太极尽量让各级官员与富庶之家献出"羊、鸡、鹅、米、肉"，以保证对孔、耿所部的供应，并为此专门派使者向朝鲜求粮。

皇太极对孔、耿所部的优待是"物有所值"。这支部队在给后金带来了二十余门红夷大炮、三百门西洋炮以及大量火器的同时，还带来了当时最先进的火器铸造与使用技术，这正是后金统治者多年来一直梦寐以求的。

孔有德所部能拥有最先进的火器技术与孙元化在昔日的栽培有关。当红夷大炮

在宁远一战成名之后，便获得明朝君臣的另眼相看。朝廷在徐光启的极力倡议下于1629年（明崇祯二年，后金天聪三年）派人到澳门购买先进的西式火器（获得了三门大铜铳、七门大铁铳、三十支鹰嘴铳，后者属于火绳枪），并出资聘请了以统领"公沙的西劳"及传教士"陆若汉"为首的一批军事顾问（其中包括外籍炮手、工匠与翻译等，在这二三十人中仅有七个是葡萄牙人，其下的都是呆在澳门的黑人、印度人及一些混血儿），到北京协助明军训练火器部队。后来，这批外籍军事顾问离开北京，转赴山东登莱，协助徐光启的学生孙元化练兵，他们采用西式方法训练出了一支既能够铸造火炮，又善于使用火炮的部队，这支部队的首领就是孔有德与耿仲明。谁知竹篮打水一场空，孔有德等人竟然叛国投降后金，致使明朝从此在火炮技术上不再拥有优势。皇太极先前在永平炮手的帮助下，已经组建了一支拥有西式火炮的部队，现在随着孔有德等人的来归，在火器的铸造与使用技术上更上一层楼，攻坚能力空前强大，而明朝的宁锦防线即将受到前所未有的严峻考验。

另外，孔有德还给后金带来了一百多艘战船以及一大批经验丰富的水兵，这些都是与东江镇争夺制海权的资本。包括宁完我、丁文盛在内的一些有战略眼光的人已提出应该乘势发展水师的建议，可是女真贵族统治者却受到以往思维的束缚，以为"我国干事全靠骑兵，此舟师不过借为声势，以寒汉人之胆"，没有予以重视，只是让人将这些船只拖到镇江附近的马耳山西面停泊，只派少数兵力看守。短视的后金上层人士把战船视为鸡肋，而一些有见识的明军将领却不这么看，统领关宁、天津水师的总兵周文郁认为停泊在后金基地的战船对东江镇构成了极大的隐患，因而想方设法地企图烧毁它们，他在六月下旬与镇驻皮岛的副将沈世魁一起选择了二十多名善于游泳的精兵，秘密潜入马耳山，乘守军不备，放火焚毁了所有的船只，使后金的海军建设又回到了原点。

孔有德等人的来归促使后金统治者加快制定了攻打旅顺的决策。因为孔有德等人本来是东江镇旧将，熟悉情况，可做"向导"，而且他们的火炮也能在攻坚战中派上用场。1633年（明崇祯六年，后金天聪七年）六月，皇太极决定让岳托、德格类与汉军固山额真石廷柱等人率步骑兵一万多人会合孔有德、耿仲明所部，兵分两路南下，攻打旅顺。其中岳托统领右翼。德格类、多铎、石廷柱、孔有德、耿仲明等人统领左翼，于七月初兵临城下。

恰巧在此时，旅顺守军由于派出一部分人到附近的岛屿执行任务，显得兵力不足。守将黄龙在拼命抵抗的同时紧急下令远在鹿岛的副将尚可喜回援，可惜鞭长莫及。后金军队先用火炮轰击，然后在战车、云梯的掩护下猛攻，但遭到守军用大炮与弓箭的反击，迟迟打不开局面，最后派出一支奇兵用木筏与槽树等轻便船只从海路杀向旅顺的侧后，与正面部队一起夹攻，顿时取得了出其不意的效果，一举突

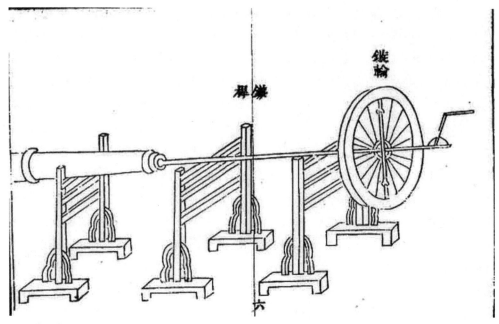

▲ 制造西式大炮。

入了城里。《清太宗实录》记载这支立下了首功的奇兵由"步兵主帅"霸奇兰带领，这是后金在1631年（明崇祯四年，后金天聪五年）经略皮岛之战中大规模使用步兵之后，又一次出动步兵担任主攻，可见，步兵已经成为了独立的兵种。

明军从初一打到初六，不但伤亡惨重，而且弹药基本已经用尽，难以抵抗入城的敌军，最终有五千军民被俘。黄龙宁死不降，他在城破之后犹身披重铠与敌巷战，直至殉国。从此，后金军队彻底控制了旅顺，再往南，就是茫茫大海了，由于缺乏海军，他们暂时望洋兴叹。

孔有德、耿仲明在此役中并非主力，只是协攻，但这伙人在破城后却饿狼觅食一般搜掠不少"官吏"与"富民"的家宅，俘获颇多。这种中饱私囊的行为对于八旗军来说是违反军纪的，自然会有人向皇太极反映。可皇太极对孔、耿说过"凡出征，尔之所获，归尔所有，尔之所属、归尔役使"，故宽宏大量地决定不予追究。

皇太极善待孔、耿所部起了良好的示范作用，陆续有明军前来投诚，在这些人当中，最有影响的是尚可喜。自从黄龙死后，东江镇人心惶惶，副将尚可喜率部流连在登州与鹿岛之间，无所适从。在此期间，他识破了新任总兵沈世魁为泄私愤而设计陷害自己的阴谋，在走投无路的情况下决定归附"延揽英雄，视汉人为一体"的皇太极，经过一番精心的策划之后，他于1634年（明崇祯七年，后金天聪八年）初反明，连陷广鹿、大长山、小长山、石城与海洋等五岛，俘获一批守岛的明军将士，然后带着一万多部属渡海归金。

皇太极闻讯大喜，认为尚可喜不但"倾心归命"，而且"首建大功，为国家肃清海岛"，马上赏赐"万马"，让其享受孔、耿等人的同等待遇。为了让归附者衣食无忧，皇太极下令由国家出钱从国中的富贵之家收购粮食，同时又要求八旗各贝勒"出粟四千石"，予以援助。故此，被后金安排驻于海州的尚可喜所部，凡是"居室、饮食、卧具、器物"，无不具备。至于尚可喜本人则被任命为总兵官，并获得大量财物，而他的部下亦分得相当多的土地，成立了庄屯。

孔有德、耿仲明、尚可喜这三位毛文龙的旧将，从此就以独立兵团的形式追随着八旗军作战。到了1634年（明崇祯七年，后金天聪八年）五月，皇太极将他们整编为"天佑兵"与"天助兵"。"天佑兵"以孔有德为首（这支部队包括耿仲明的手下在内）。"天助兵"以尚可喜为首。两支部队均使用"以白镶皂"的旗色（旗帜上还有"绘饰"以示区别，例如尚可喜所部的旗帜为"皂色白圆心"），与八旗军明显不同，有点"独树一帜"的意思。

这次军事整编不限于孔、耿、尚所部，还涉及后金所有的军队。过去，八旗之中不论骑兵还是步兵，都根据所管将领的名字，一律称为"某将领之兵"，现在皇太极下令禁止这种说法，因为它包含有士兵私属将领的意思，有违中央集权的宗旨。因此，他正式规定凡是跟随固山额真的行营马兵，以后要称为"骑兵"（女真语叫做"阿礼哈超哈"），而步兵可仍旧称为"步兵"（女真语叫做"白奇超哈"），护军哨兵则称为"前锋"（女真语叫做"葛布什贤超哈"。注：护军哨兵与护军均是精锐部队，只由女真人与蒙古人出任，而未用骑术稍逊的汉人），驻守沈阳的炮兵称为"守兵"，闲住兵为"援兵"，驻于外城之兵为"边兵"。这类的规定使部队更加规范了。

同时，"旧蒙古右营"改为"右翼"，"左营"为"左翼"。所谓的"旧蒙古右营"与"左营"，乃是隶属于女真旗下的蒙古人。早在努尔哈赤主政期间，已把一些零星来归的蒙古人收拢起来，编为牛录，后来，这些蒙古牛录被进一步改编为两旗（有时又称为营），分别由吴讷格与鄂本兑统领。另外，努尔哈赤生前又把归附的乌鲁特、喀尔喀的一些部众单独设立两旗，分别由明安、恩格德尔等蒙古贵族统领。后两旗本来具有一定的独立性，不隶属于女真旗下，可是蒙古军人一向散漫惯了，不能严格遵守后金的法制，正如一位汉人在首次出征朝鲜之后向皇太极所奏称的那样："客兵（指乌鲁特、喀尔喀之类的蒙古部众），未必受我节制，既属外附，未必与我同心协力。况且皇上欲传播'仁声'于他乡，可是当攻下一城，我兵秋毫无犯，客兵却任意掳掠，因而皇上的'仁声'被客兵破坏……所会之客兵，素无纪律，胜则像乌合之众那样堆积于一起，败则四散跑得不见踪影，'得则共其利，失不共其忧，使之殿后犄角已无益，使之摧锋陷阵又恐失。何如我国素练之众，身臂相从，一足十之可用也'"。此奏文竟然认为一个女真兵的综合能力可抵十个蒙古客兵，对蒙古诸部非常蔑视。由于暴露的问题很严重，因而如何对其加以整顿，就成了势所必然的事。到了1632年（明崇祯五年，后金天聪六年），皇太极找借口撤销了乌鲁特、喀尔喀这两旗的编制，让这两旗的蒙古首领"随各旗贝勒行走"，他们的部属全部并入吴讷格与鄂本兑统领的两旗。而在1634年（明崇祯七年，后金天聪八年）的军事整编之中，两个蒙古旗就改为蒙古"右翼"与"左翼"了。但此时，统领右翼的不再是鄂本兑，而成了阿代。

这次整编中，"旧汉兵"一律改为"汉军"。八旗汉军的建立过程比较曲折。在后金向明朝开战初期，俘虏并招纳了一大批明军将领与辽东地区的汉族要员，这些人当中不少成为了八旗之中处理汉人事务的汉官。虽然在努尔哈赤主政期间，普通的汉人不能充当八旗兵，但有编民户与服兵役的义务，必要时可跟随八旗

军出征做炮灰。到了皇太极在位时，才于1631年（明崇祯四年，后金天聪五年）成立了汉军旗。它最初人数仅仅三千，拥有骑兵、步兵与炮兵。旗中将领几乎全部都在努尔哈赤生前来降，因而又有"天命旧汉臣"之称。而兵源除了在天命年间归附的"旧汉兵"之外，还有皇太极首次入关时收编的"永平炮手"。这些以"旧汉兵"为主的部队到了现在全部统称为"汉军"，旗帜使用皂色。值得一提的

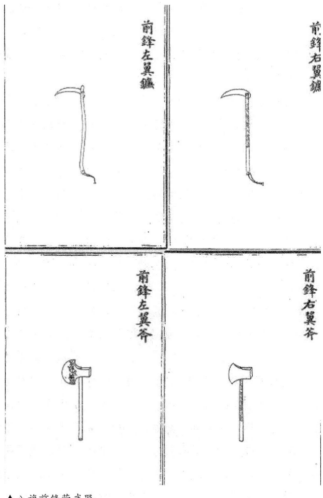

▲八旗前锋营武器。

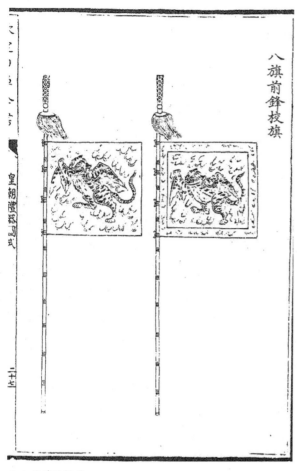

八旗前锋校旗

▲八旗前锋校旗。

国语反习他国之语"为理由，把原来袭用明朝官名的爵号改为女真语言，以增加民族凝聚力。具体措施是把总兵分别改为"公"与"昂邦章京"；副将改为"梅勒章京"；参将与游击改为"甲喇章京"；备御改为"牛录章京"；并细分为一等上公、一等公、二等公、三等公；一等昂邦章京、二等昂邦章京、三等昂邦章京；一等梅勒章京、二等梅勒章京、三等梅勒章京；一等甲喇章京、二等甲喇章京、三等甲喇章京与牛录章京。上述品级秩序以牛录章京为基础，又叫做"一个世职"或"一个前程"，牛录章京以下的称"半个前程"。每当八旗军人立下一次大功或积累数次小功时，便可被授予或加升"一个前程"或"半个前程"了。由牛录章京升到一等上公要经过十三个品级，能做得到的人便算是人中龙凤。按照军人们所立功勋的大小，将世职分为两种，一种是准其子孙永远世袭，另一种是只准许其子孙世袭一两代到十几代不等。还有的世职是不准世袭的，只限于那些虽没立下战功，却因才华过人或管理牛录之事而授职的人。这样的改革使得军功爵位的奖励制度更加规范，更好地发挥了激励士气的作用。

是，"汉军"在女真语之中叫做"乌真超哈"，即是"重兵"的意思，而"重兵"是指使用红衣大炮的炮兵，可见炮兵在汉军中的重要性（其后，皇太极进一步扩建汉军，命令那些拥有十名汉人男丁的女真户口，要每十人授予绵甲一副。就这样，共从一千五百八十户中抽兵来补充汉军。连同原有的三千人，总数接近了五千人。而这时原任主帅佟养性病故，全军改由马光远、石廷柱率领）。

在稍早的时候，皇太极以"未有弃

皇太极除了把军中的官爵名号改为本族语言之外，还在1634年（明崇祯七年，后金天聪八年）将沈阳改为"天眷盛京"（简称"盛京"），赫图阿喇城改为"天眷兴京"（简称"兴京"），强调后金是受上天眷顾的国家。经过一轮的招降纳叛，使得军事实力得到了扩充，可养兵所需的粮饷给国内的经济造成沉重的压力。后金统治者又把征明提上了议事日程，即使冒着感染天花的危险亦要想办法抢些物资。那么，究竟应当选择哪一条进军路线呢？有的贝勒大臣想走捷径，从山海关一路杀入。皇太极当然明白，只要明军的宁锦防线还在，这样做成功的机会几乎是零，因而加以否决，他认为应该避开宁锦防线，选择北边的宣府、大同地区作为突破口，既可以威胁距离宣府仅有三百里的北京，又可以乘机招抚林丹汗残部。

前文提到，皇太极在两年前进军林丹汗的老巢归化时，曾经与明朝宣大地区的官员进行和议，并获得成功。不过，明朝地方官员擅自以国家的名义与外敌谈判，仅是为了避祸而想出的权宜之计，事后当然不会被朝廷正式承认。而返回盛京的皇太极本来期望与辽东地方官员握手言和，这个意愿自然成了泡影，他一下子摧毁不了辽东的宁锦防线，只好又想拿宣府、大同地区的官员发泄怒气了。

这次军事行动，皇太极命令孔有德、耿仲明、尚可喜率部参与，同时八旗每牛录各派二十名骑兵、八名护军出发，此外，归附的一些蒙古部落亦随同出征。连同随军而行的各种杂役人等，总数为七万

以上。

《清实录》记载，为了做好临战准备，皇太极让每甲喇抽出二名弓匠与献出二架云梯；而每牛录除抽出一名铁匠之外，还需献出五只锼、五把镢、五把锹、五把斧、五把锛、两把凿子、一杆纛。每名士兵还要携带镰刀以及自备冬衣、帐篷与一月糗粮。每两人共用一杆枪与五十支箭。军中的马绊、匙、碗等物件，都要写上字号，以防遗失。由此可知，八旗军直到此时仍然缺乏统一的后勤保障，而普通士兵出征时竟然要自备衣物与粮食等生活的必需品，他们如果不能从战区抢掠到足够的战利品，就会得不偿失，连老本都蚀了。许多参战人员知道明朝的边防部队不可能有什么作为，非常有信心抢到足够的战利品。根据明朝档案的记录，一些投降后金的辽人参与了这次行动，他们甚至连老婆、孩子都带上了，显然是意图尽量在战区搬运更多的东西。

临行前，皇太极指示每牛录要派二名护军会同步兵、援兵、守兵履行留守的职责。而那些驻防队伍与执行其他任务的将士，在人数不足的情况下，可由援兵抽人补充。在妥善安排好这些事务之后，皇太极让济尔哈朗留守沈阳，杜度留守海州。吏部承政图尔格等奉命渡过辽河，沿着张古台河驻防，以阻止敌兵可能的骚扰。

按照原定计划从每甲喇与牛录中抽调的人员要在五月十九日来到集合地点，到了第二天，由骑兵先行出发，护军则推迟两日启行。左翼五旗由上榆林出口、右翼

五旗由沙岭出口。在这两天的时间里，哨探前锋将领梅勒章京图鲁什、牛录章京吴拜、汉军固山额真昂邦章京石廷柱、马光远、王世选与正黄旗固山额真纳穆泰、镶黄旗固山额真梅勒章京达尔哈、正红旗固山额真梅勒章京叶克书、镶红旗固山额真昂邦章京叶臣、镶蓝旗固山额真宗室篇古、正蓝旗固山额真觉罗色勒、正白旗固山额真昂邦章京阿山、镶白旗固山额真梅勒章京伊尔登、左翼固山额真公吴讷格、右翼固山额真甲喇章京阿代等人，会同孔有德、耿仲明、尚可喜所部分批出发。到了二十二日，皇太极亲率代善、阿巴泰、德格类，从盛京西行，经榆林口渡过辽河、阳石木河，在都尔鼻与先行出发的部队会师。其后，归附的蒙古诸部也陆续赶来会合。

皇太极知道蒙古诸部首领参战的主要目的是什么，也了解孔有德、耿仲明、尚可喜等人企图劫掠更多的财物，可是"盗亦有道"，因而专门颁布了军纪："行军时勿离纛，勿喧哗。若牲畜驮载的物资有一二件欹斜，全旗暂时停止行军，以俟整顿，然后前行。大军入境，如果有一两人私出劫掠，为敌人所杀，他的妻儿子女将被罚入宫中，而他的上级将领也将受到处罚。所过之处，勿毁庙宇，勿杀行人。敌兵抗拒者诛之，归顺者养之。所俘之人，勿夺其衣服，勿加侵害，勿淫妇女。不要让俘虏看守马匹，以免被他们夺马逃跑。不要随便吃熟食与饮酒，过去我军出征时有的士兵随意沽买食物，结果被敌人乘机

下毒，故不可不防。"

大军一路西行进入漠南蒙古地区，沿途不断遇上察哈尔的残余部众，他们有的投降，有的因抗拒而被杀。经过一个月左右的行军，终于接近了宣府、大同边外之地。六月二十日，皇太极于喀喇拖落木这个地方驻营时决定分路进入明境，他先令自己的弟弟德格类率正蓝旗固山额真觉罗色勒、镶蓝旗固山额真篇古、左翼固山额真公吴讷格及两蓝旗护军将领、蒙古巴林、扎鲁特、土默特部落诸贝勒取道独石口进入明境，监视并侦察居庸关方向的明军，准备与主力在朔州（山西朔县）会合。六月三十日，他又令兄长代善与萨哈廉、硕托两位侄子率正红旗固山额真梅勒章京叶克舒、镶红旗固山额真昂邦章京叶臣、右翼固山额真甲喇章京阿代与敖汉部落杜棱济农、奈曼部落衮出斯巴图鲁、阿禄部落塔赖达尔汉、俄木布达尔汉卓礼克图、三吴喇忒部落车根、喀喇沁部落古鲁思辖布、耿格尔等人从喀喇俄保这个地方出发进入明境，经得胜堡向大同一带进军，夺其城堡，西略黄河，准备与主力会师于朔州。到了七月五日，阿济格、多尔衮与多铎这三位宗室贵族奉命率护军统领以及正白旗固山额真昂邦章京阿山、镶白旗固山额真梅勒章京伊尔登、阿禄翁牛特部落孙杜棱、察哈尔新附的土巴济农、额林臣戴青、多尔济塔苏尔海、俄伯类、布颜代、顾实等从巴颜朱尔格这个地方出发进入明境，取道龙门口，准备与主力在朔州会合。至于皇太极本人，则亲自率领阿

巴泰、豪格这两个贝勒与超品公扬古利，携同护军统领诸将士与正黄旗固山额真纳穆泰、镶黄旗固山额真梅勒章京达尔哈、汉军固山额真昂邦章京石廷柱、马光远、王世选，"天佑兵"都元帅孔有德、总兵官耿仲明、"天助兵"总兵官尚可喜，嫩科尔沁国土谢图济农巴达礼、扎萨克图杜棱、额驸孔果尔、卓礼克图台吉吴克善等侵入尚方堡，向宣府方向进军，并攻略朔州一带。

后金兵分四路，力争在七月初八这一天一齐杀入关内，出击的范围广达数百里，但因为吸取了1630年（明崇祯三年，后金天聪四年）关内四城失守的教训，所以攻城略地成了次要的事，最主要的任务是抢掠。本来，八旗军对战利品的分配原则是"八家均分，一体均沾"。它的军律早就规定：军中任何将士在战争中获得的财与物都应该主动交出来，如果隐藏不交，一旦被他人告发，将要治罪。可在这次行动即将开始时，皇太极一反常态地对参战军队宣布："大军远征，念你们行军劳苦，因而你们所掳获的牲畜及布匹等物，可以不交出来，留在每牛录中平均分配。至于金珠缎匹等珍贵之物，则宜献之各贝勒，不得擅取。"他特别强调这次是"逾格加恩"，而"从来出师，无此例也"。

这时，关内的明军正全力镇压各地风起云涌的起义军。朝廷于1634年（明崇祯七年，后金天聪八年）春以延绥巡抚陈奇瑜为山西、陕西、河南、湖广、四川总督，调集五省重兵四处围追堵截，多次重创张献忠、李自成等义军队伍，形势一时似乎颇为有利。但处于两线作战状态的明朝对皇太极入侵宣、大地区的防范工作并不到位，以致被后金各路军队打得措手不及。

皇太极指挥部队捣毁边墙，经尚方堡分道而进，从宣府右卫来到宣府城外驻营。后金早在本年的二月份就派了一百多名奸细，假扮和尚、道士，潜入城内打探虚实，企图等到八旗军打来时做内应。不料很多人被明军查获，未能起到里应外合的作用。皇太极出动正黄旗与镶黄旗的骑兵，让他们在汉军的配合下攻城，因遭到守军的反击而徒劳无功，只得转而向应州出发，劫掠了沿途的屯堡。

阿济格、多尔衮、多铎所部从龙门口入边，打败一股阻击的明朝骑兵，但未能攻下龙门。皇太极命令他们抽兵攻略保安州以及附近的屯堡与村落。其后，这支部队夺取了不少"人口、牲畜、金银与缎布衣服"，来到应州与皇太极会师。

代善、萨哈廉、硕托进入明境后攻克得胜堡，尽歼堡内明兵，迫使附近的镇扬堡民众弃城而跑，随后又越过大同攻击了怀仁县、朔州、井坪城等地，但皆不能克，遂驻于朔州，不久又经马邑向应州出发。

德格类自独石口进入明境，沿途攻击了长安岭等地、可拿不下赤城，因而不能按照皇太极原先指示路线行军，也未能监视并侦察居庸关方向的明军，而是转而攻取保安州（事先混入城中的奸细专等后金攻城时出现在城头，并吆喝道"上来了！上来！"令守军丧胆，致使城池失陷），下一步自然是到应州与皇太极会面。

兵分四路的后金军队重新在应州聚合，往略代州一带。皇太极让诸贝勒大臣分散掳掠。多尔衮、多铎、豪格向朔州方向进军，至五台山而还。萨哈廉、硕托经代州以西攻取崞州，兵锋所及，王敦堡、板镇堡、元平驿等处的民众纷纷弃城而逃。尚可喜、孔有德、阿巴泰、阿济格、石廷柱等人亦分别出击代州、灵丘县、应州各处，而礼部承政巴都礼在灵丘县王家庄战死。经过一番折腾，各路人马陆续返回与主力会师。后金主力也没有闲着，于八月十三日离开应州企图攻打大同，皇太极在进军途中得知明朝宣大总督张宗衡、总兵曹文诏正驻军于怀仁县，当晚必定增援大同，便向前锋将领图鲁什、吴拜等人传授机宜，让他们火速率兵到怀仁县后面的山路设伏拦截。可图鲁什与吴拜等人却违命推迟出发，至二鼓后才到达伏击地点，由于张宗衡与曹文诏早已远去无踪，故扑了个空。皇太极得报后极为恼怒，切责了图鲁什等人，并采取亡羊补牢的措施，带兵尾随在张宗衡与曹文诏的后面，但一直没有追上。两支部队一前一后，相继来到了大同。然而，大同作为明朝在北部边境防御蒙古的重镇，历来屯驻重兵，壁垒森严，要想攻下谈何容易。驻于城外疙瘩坨北岗的八旗军始终避免全力攻城，只是出兵骚扰，在数日内与结营于城东南门外的曹文诏所部发生了几场小规模的战斗。

皇太极在行军作战期间还屡次致书明朝，要求议和，可是明朝的地方官员吸取了上一次的教训，在没有朝廷允许的情况下，一律不回应。

后金入寇使明思宗极为震惊，他让保定巡抚丁魁楚移驻紫荆关，山西巡抚戴君恩移驻雁门关，总兵陈洪范移驻居庸关，捍卫京畿地区，还下令北京戒严。此前，朝中有人说辽东巡抚方一藻与总兵祖大寿私通后金，故皇太极不进攻宁锦防线，反而长途跋涉数千里骚扰宣大。这类搬弄是非的言语由于缺乏确切的证据，明思宗只能置之不理，但大敌当前，他不能不让总督蓟、辽、保定军务的傅宗龙紧急从宁锦前线调兵回防。宁远总兵吴襄、山海关总兵尤世威等人奉命带两万人分道驰援大同。其后，在辽东监军的高起潜带兵来到宣府，祖大寿也率四千人入关，驻于密云。

辽东援军来到大同，齐集于城西。他们根据傅宗龙的命令"依城立营"，不敢远离城墙轻率出击。皇太极派正白旗护军统领星纳、前锋统领席特库率部分人马到城北向尤世威所部发起挑衅时被辽将祖宽、祖克勇、杨伦、杨国柱等人带领的六七百名精兵击退。而镶白旗护军统领哈宁阿进攻西门的吴襄所部时却一度占了上风，拿下了小西门，可不久竟遭到祖宽所部骑兵的阻击，只得撤返。两军经过几次接触，互有杀伤。皇太极自知难以攻下大同，终于决定离开这个地方，他带兵分路北进，转掠怀远等地。在阳和这个地方，镶红旗巡逻的士卒从明军俘虏中缴获了曹文诏的战报，其中多有不实之语，皇太极为此专门写了一封信给张宗衡，发出了"明国之衰已极矣"的慨叹，声称自入明境以来，几乎接近两个月，到处蹂躏庄稼，攻城略地，而明军"曾无一人出而对垒，敢发一矢"，可是明将的战报却掩败为胜，"满纸皆是虚诳"，因而建议双方在野外进行会战，"公等（指张宗衡等人）高坐城楼以观，若尔出兵一万，予止以千人应之，出兵一千，予止以百人应之。"实事求是地说，注重防御的明军虽然表现不佳，可没有差到"无一人出而对垒，敢发一矢"的地步，对于张宗衡来说，皇太极的激将法没有起到什么效果。

八月二十七日，后金主力离开阳和，经天城、怀远来到万全左卫，发现此地防备疏松，立即强攻。八旗军在盾牌的掩护下很快就靠近了城边，纷纷在城脚下凿洞，致使城墙倒塌了一部分。正红旗护军及时竖起梯子，抢先登城，击溃守军，歼敌千人。打了这个压轴仗之后，历时三个多月的军事行动接近了尾声。后金军队收获甚多，他们带着掳掠而来的百姓与牲畜等一大批战利品，从尚方堡离开明境，于九月十九日返回盛京。

明军的表现令人诟病，他们不但战斗力比不上敌人，甚至有的部队连军纪也比对方逊色。根据内阁大臣王应熊、钱士升等人的说法，后金军队在很多地方只注意抢掠财物，而"田禾未损"，相反，一些明朝援军却在战区"刈禾牧马，民甚苦之"。当然，这种情况的发生可能与明朝的后勤供应不足有关。可明军日益腐败却是不争的事实，这支军队中的一些人不管生灵涂炭与疆土丧失，经常对朝廷的差事只是敷衍了事。王应熊还当着皇帝的面特别指出了一个典型的例子，那是在山西崞州地区，前来骚扰的敌军仅有二千骑，却俘虏了千余老百姓，当入侵者经过代州时，俘虏们与城上的亲属"相向悲啼"，而城上守军却不发一矢，任由敌人绝尘而去。明思宗听后顿足叹息，令兵部追究相关边吏的责任。总之，明朝免不了在事后对军中文武诸臣论功定罪，总督蓟、辽、保定军务的傅宗龙因怯战而被罢了官，取代他的是丁启睿。宣大总督张宗衡、总兵吴襄、尤世威等人因作战不利或拥兵不进等罪名被革职（他们有的人后来被重新起用）。只有副将祖宽的战绩较为令人满意，被朝廷升为援剿总兵。

皇太极出兵漠南蒙古与明朝宣大地区获得了不少东西，而统一漠南蒙古的行动更是始终没有停止，他时刻留意林丹汗残部的举动，准备伺机招降纳叛。

再说林丹汗在1632年（明崇祯五年，后金天聪六年）五月逃离归化之后，于西渡黄河的途中，连续遭遇到了两个月的大雨，致使马匹死了三分之二，随军人员亦损失惨重。残部试图与明朝联系，计划在延绥、宁夏、甘肃地区恢复经济贸易往来，想不到遭到明朝边将的断然拒绝。

缺衣少食的蒙古人迫不得已，经常入塞掠夺。延绥巡抚陈奇瑜、督师洪承畴等率部反击。双方为此冲突不断。特别是宁夏的战况，最为激烈，明总兵贺虎臣战死，继任总兵的是回乡养病的马世龙，他在宁夏长大，对当地的地理形势比较了解，故能在巡抚王振奇的支持下围堵敌人，斩俘数千，半年之中屡奏大捷，威名震动边塞，最终鞠躬尽瘁，死于任上，年仅四十余岁。

四处碰壁、穷途末路的蒙古部落食物耗尽之后，便"杀人相食，屠劫不已，溃散四出"。1634年（明崇祯七年，后金天聪八年），郁郁不得志的林丹汗在打草滩（甘肃天祝自治县一带）抱憾病死。

林丹汗死后，那个从辽河河套一路迁移到宣府、大同边外、再到延绥、宁夏、甘肃边外的察哈尔大汗的小朝廷，从此不再存在于世上。察哈尔部属溃散，四处分布在宣府、大同、延绥、宁夏、甘肃等边外辽阔地区。蒙古外喀尔喀部落、明朝、后金都争相招抚这些散兵游勇。

后金高度关注林丹汗遗部的动向，皇太极亲自致书招抚这些人，称："我听说察哈尔西迁的部众，俱在明朝的边境之外，你们与其在那里，不如归我"，并在信中郑重许诺，凡归附者都可以官复原职。他温馨地提示道："我们两国语言虽异，衣冠则相同，与其归附于异类之明人，不如来归于我，这样一来，不但你们心安，连同你们的祖父传下来的衣冠，亦不会改变"。他又以右翼作为反面例子，

指出"以前归附明朝的右翼土门蒙古等部，长年累月不得在家居住，也不能与妻子相见，又屡次为我所杀。明朝驱使他们到战场做亡命之徒，你们应该有所耳闻目睹"。最后，他图穷匕见，进行了赤裸裸的威胁，称："若不从我，亦听你们自便。日后那里被我控制，到时你们再想求我抚养，又有何益！"

与此同时，皇太极积极派遣军队在林丹汗遗部出没之地招降纳叛。当得知林丹汗死亡的确切消息之后，马上派遣弟弟多尔衮等人率精骑一万，渡过黄河以西，进行反复的搜索。大军于1635年（明崇祯八年，后金天聪九年）三月份到达一个名叫西喇珠尔格的地方，首先碰上林丹汗其中的一个遗孀囊囊福晋率一千五百户部属来降，多尔衮让人护送他们先回盛京，自己继续向前行。

林丹汗的儿子额哲与母亲苏泰福晋一起，带着千余户在黄河河套的托里图（今内蒙古伊克昭盟乌审旗陶力苏木附近）徘徊。外喀尔喀的车臣汗已经遣使来劝额哲北上投靠，以图东山再起。在这个关键时刻，多尔衮抢先一步到达，控制了那一带。那时大雾萦绕，多尔衮为了避免蒙古人乘天地昏暗之机一哄而散，暂时按兵不动，转而采取了攻心之术，派遣早已经归附了后金的南褚（南褚是苏泰福晋的弟弟）等人潜入蒙古大营进行招降。苏泰福晋见到南褚这个不速之客时不禁号啕大哭，姐弟俩拥抱在一起，庆幸劫后重逢。其后，南褚向苏泰福晋转述后金招降之

意，并保证八旗军将"秋毫无犯"。苏泰福晋与额哲为了自保，不得不选择了投降。多尔衮为了消除蒙古人的疑虑，亲自与额哲誓告天地，以示诚意。1635年（明崇祯八年，后金天聪九年）四月，额哲与苏泰福晋跟随多尔衮东返盛京之后，向皇太极献上了具有象征意义的传国玉玺，表示臣服。

需要说明的是，林丹汗的直属武装力量由八位福晋所掌管，而投降后金的有六位——除了囊囊、苏泰两位福晋之外，还有高尔土门固山、窦土门、伯奇、俄尔抬图等四位福晋。其中有的福晋很可能是在权臣的胁迫之下而降的。皇太极于1636年（明崇祯九年，后金崇德元年）四月十五日写给朝鲜国王的一封信中披露了真相："插汉（'插汉'即'察哈尔'，这里指林丹汗）不修德政，听谗臣之言，与我媾兵，予往征之，穷迫而遁。其谗臣反胁妻子，并牲畜等物来投。"至于剩余的两位福晋，则从"榆林西甘州之东口"等地逃入了明朝境内，不知所踪。

尽管林丹汗的一些福晋可能是被迫投降后金的，不过，她们在投降之后，竟然将亡夫置之脑后，很快便适应了新环境，与后金贵族一起共享荣华富贵，正应了那句老话："夫妻本是同林鸟，大难来临各自飞。"

林丹汗生前喜欢令对手妻离子散，而皇太极报复仇人的办法也是霸占其妻妾，这两位领袖的处事方式有异曲同工之妙。所以，当林丹汗的福晋们落入皇太极手

里的时候，无可避免地被后金统治者于1634（明崇祯七年，后金天聪八年）至1635（明崇祯八年，后金天聪九年）年间瓜分。

首先被皇太极强行安排婚姻的是高尔土门固山福晋。高尔土门固山福晋本来在投降后金前后的那段日子里，已经改嫁给原林丹汗的属下寨桑（蒙古语"寨桑"源于汉语"宰相"）衮出克僧格。由于这桩婚姻事先没有得到皇太极的同意，因而受到他的谴责："衮出克僧格既叛其主，又私娶其妻，大失臣子之义，勒令离异之。"不久，皇太极突发奇想，表示愿意见一见高尔土门固山福晋，立即召她入宫相聚。在欢宴时，高尔土门固山福晋跪地献酒，皇太极大喜，"为尽一卮"，尽显帝王唯我独尊的风范。这位后金君主接见过高尔土门固山福晋之后，再将其转赐给祁他特台吉为妻。

皇太极也是后金贵族当中第一个迎娶林丹汗遗孀的，那是在窦土门福晋归附时，他亲自出城迎接，并举行盛大的宴会。以皇太极的兄长代善为首的一些贝勒，不约而同地认为这位福晋的条件不错，上奏请求皇太极将其"选入宫闱"，以"抚慰众心"。皇太极推辞不受，试图让与别人，称："贝勒中有妻不和睦者当与之。"然而，代善等人乐此不疲地开解皇太极，认为迎娶蒙古福晋之举"非好色"，此乃天之所赐，"上若不纳"，恐怕会"拂天意"。一言惊醒梦中人，皇太极情不自禁地联想到早些日子驻军于纳里

特河的时候，曾有一只美丽的野雉飞入御营的帏幄之内，如今窦土门福晋来归，正巧应了预兆，显然是天意！尽管如此，他还是思考了三日，才半推半就地接纳了窦土门福晋。

皇太极要迎娶窦土门福晋的喜讯传到了蒙古人那里，很多人欢呼雀跃。在封建社会，一人得道，鸡犬升天。窦土门福晋的部下多尼库鲁克赛桑高兴地说：“新附诸国与我等皆不胜踊跃欢庆之至矣。”他望天而拜谢，屁颠屁颠地将窦土门福晋护送到皇太极宫中。

代善不是省油的灯，他早就对新归附的蒙古佳丽们垂涎三尺，看中了苏泰福晋，心里暗暗盘算，耐心等待皇太极纳了窦土门福晋——首开瓜分林丹汗遗孀的先例——再步其后尘。可惜，人算不如天算，他还是晚了一步，苏泰福晋已经被皇太极的堂兄弟济尔哈朗抢先下手占有了。

独乐不如与众同乐，皇太极派人传话给代善，要他选择“察哈尔有名”的囊囊福晋，可是，代善却嫌囊囊福晋“无财帛牲畜”而拒婚。皇太极不满代善的抗旨行为，说：凡人娶妻，当先给女方聘礼，岂有贪图女方“财物而娶之理”。最后，皇太极自己将囊囊福晋纳入宫中。

挑剔的代善终于找到了意中人，财色兼收。他迎娶了跟随着苏泰福晋一起归附的泰松公主。因为泰松公主不但具有林丹汗妹子的高贵身份，同时也是一位“富饶于财”的富婆。

伯奇福晋则被皇太极的儿子豪格所娶。皇太极的姐姐哈达公主的女儿是豪格的正室，哈达公主为此私下在皇太极之前埋怨道：“吾女尚在，何得又娶一妻也”，“何故为我女增一嫉妒之人？”哈达公主的担忧是有原因的，《译语》等史书记载蒙古女人有“善妒”的习俗，她不想自己的女儿被豪格冷落，受到委屈。就这样，掀起了一场家庭小风波。

后金贵族接二连三地办喜事。皇太极的兄弟阿巴泰也不甘落后，迎娶了俄尔抬图福晋。

后金历来重视与蒙古诸部进行联姻。从努尔哈赤时代开始，有很多公主及宗室女子嫁给了蒙古贵族，而后金贵族亦乐意娶蒙古女人为妻。随着后金征服漠南蒙古，双方的联姻掀起了新一轮的高潮。在这场有预谋的瓜分林丹汗的福晋的行动中，皇太极是当中的最大受益者，他共娶了窦土门、囊囊两位福晋，这两位福晋分别被封为麟趾宫贵妃及衍庆宫淑妃。至此，察哈尔的福晋们在林丹汗死后委身于新兴的统治者，保住了原有的位置，仍然“母仪天下”。

随着后金经略蒙古地区取得的重大进展，皇太极在漠南蒙古诸部之中通过划定地界、分配民户的方式建立了新的行政管理体系，并仿照八旗制度在蒙古地区设立军政合一的旗，先后把翁牛特、巴林等部编为了二十二旗。各旗长官最初叫“管事贝勒”或“执政贝勒”，其后叫做“扎萨克（意思为执政者）贝勒”，而这些旗最终统称为“外藩蒙古扎萨克旗”。后金为此成立了专门管理外藩蒙古事务的蒙古衙门（理藩院的前身），它在政府中的地位与吏、礼、兵等六部平等。不过并非所有的蒙古部落都改编为外藩蒙古扎萨克旗，后金贵族因怀疑土默特首领鄂木布（原顺义王卜失兔的儿子）意图反叛，剥夺了他对部众的管辖权，将土默特部分设为两旗，直属后金中央政府，后来称之为"内属蒙古旗"。另外，后金还把那些分散来归的察哈尔部众编为八旗（各由八个蒙古都统管辖），分为左、右两翼，安置于宣府、大同边外之地，也成为了"内属蒙古旗"。

后金从蒙古部落中抽调人手补充八旗军，于1635年（明崇祯八年，后金天聪九年）二月编设了蒙古八旗。当时，后金"编审内外喀尔喀蒙古壮丁一万六千九百五十三名，分为十一旗"。这十一旗之中，有三旗属于外藩蒙古旗（即以古鲁思辖布、俄木布楚虎尔两人为固山额真的两旗以及以耿格尔、单布合两人为首的另一旗），它们共有九千一百二十三名壮丁，占了总人数的一半以上。其余的喀尔喀壮丁并入原隶属

于八旗军的蒙古左右翼两旗之中，新组成了八个蒙古旗。这八个蒙古旗一一与女真八旗对应，也分为正黄旗（固山额真为阿代）、镶黄旗（固山额真为达赖）、正红旗（固山额真为恩格图）、镶红旗（固山额真为布彦代）、正白旗（固山额真为伊

▲皇太极帝服图。

拜）、镶白旗（固山额真为苏纳）、正蓝旗（固山额真为吴赖）、镶蓝旗（固山额真为扈什布）。此时老将吴讷格已死，未能列名于八旗的固山额真之中。根据学者的研究，新组建的八个蒙古旗的人数接近一万八千名，他们以骑兵见长，可通过"三丁抽一"或"两丁抽一"的形式协助女真骑兵作战。顺便指出，女真八旗辖下的某些蒙古牛录，也发生了变化，它们当中的蒙古人、现在的旗籍已改随女真，从而逐渐融入女真族之中。

后金经过前后两代君主的努力，吞并了鞑靼左右翼的大部分人马，几乎控制了漠南所有的牧地，完成了征服漠南蒙古的壮举。更加重要的是，末代大汗林丹汗已死，蒙古大汗的宗本部落察哈尔也投降了后金，在那些向后金臣服的蒙古封建主的眼中，皇太极似乎成了昔日蒙古帝国的继承者。后金的统治阶级内部不少人也是这样认为的。诸贝勒大臣在1635年（明崇祯八年，后金天聪九年）十二月经过商议后认为既然察哈尔太子额哲已经投降，同时亦已获得历代皇帝传国的玉玺，那么意味着"天命"已归金，皇太极应该适时"定尊号"，以慰众望。这个提议得到了很多蒙古贵族的响应。就这样，皇太极正式称帝已是水到渠成。1636年（明崇祯九年，后金天聪十年）三月，盛京召开大会，女真贵族、蒙古十六部四十九台吉与孔有德、耿仲明、尚可喜等汉人官僚一起参加了这个盛典。到了四月，林丹汗的儿子额哲为首的蒙古贵族给皇太极奉上

"博格达彻臣汗"的尊号（意思是"圣睿汗"）。同时，而后金贵族与汉官也给皇太极奉上尊号，他号称"尊温仁圣皇帝"，改元"崇德"，并把"后金"的国号改为"大清"。

皇太极改国名的动机可能是为了与前代金国划清界线，因为他在与明人议和时深切地感到明朝君臣对历史上的金国非常反感，而南宋奸臣秦桧为了与金国议和不惜捏造罪名杀死主战的岳飞，更是成为受到千古唾骂的反面人物。过去，皇太极被此问题所困扰，他知道明朝君臣屡次拒绝议和的原因之一是"唯以前宋帝为鉴"；故曾经公开声明，"大明帝非宋帝之裔，我又非先金汗之后。此一时，彼一时也。天时人心各不相同"。现在，他干脆把"后金"的国号改为"大清"，以示撇清。对于皇太极为何选"清"字为国号，至今众说纷纭。例如有人认为"清"者，"青"也。由于关外地区的女真诸族大多信奉萨满教，而萨满教推崇青色，故现在与国号沾上了关系。还有人认为"金"与"清"虽然在汉字里面读音不同，但在女真语中的发音却无差别。从这一点来看，"金"与"清"仍然有藕断丝连的嫌疑。不过，皇太极在此之前下令禁止使用"诸申"这个女真旧名为族名，而将之改为"满洲"，他宣布："诸申（即女真）之号，乃席北（即锡伯）超墨尔根（锡伯族人名）之裔，实与我国无涉"，公开否认自己是女真人。事实上，这时的建州女真，经过不断地扩充，不但大量吸纳海西

与野人女真，而且对不少的蒙古人、汉人与朝鲜等族人也来者不拒，终于发展成为了一个新兴的民族。现在，这个民族号称满族，正式与昔日的女真划清界线了。

皇太极称帝，就对满、蒙、汉等贵族官僚封官赐爵。他已参考明朝制度，把宗室的爵号定为九等，即和硕亲王、多罗群王、多罗贝勒、固山贝子、镇国公、辅国公、镇国将军、辅国将军、奉国将军。爵位的授予既要"考功论德"，也要辨别嫡庶亲疏。其中代善受封为和硕兄礼亲王，济尔哈朗受封为和硕郑亲王，多尔衮受封为和硕睿亲王，多铎受封为和硕豫亲王，豪格受封为和硕肃亲王，岳托受封为和硕成亲王，阿济格受封为多罗武英郡王，杜度受封为多罗安平贝勒，阿巴泰受封为多罗饶余贝勒。此后，还陆续有人受封。至于宗室爵位的承袭制度，尚未完善。后来规定一般只有六大亲王可以"世袭罔替"，其他的王皆世代递降。

蒙古贵族的爵号定为六等，即和硕亲王、多罗群王、多罗贝勒、固山贝子、镇国公、辅国公。授予者可以"世袭罔替"。而蒙古诸部被封为亲王的有巴达礼等四人，被封为群王的有布塔齐等五人。

汉人之中，孔有德被封为恭顺王、耿仲明为怀顺王、尚可喜为智顺王。这些汉人的异姓藩王可以"世世承袭"，待遇等同于和硕亲王，而在随从的仪仗规格方面

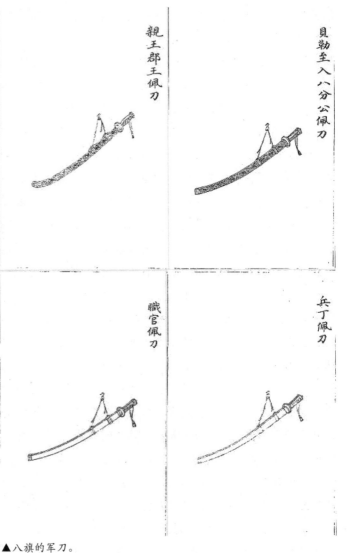

▲八旗的军刀。

（清朝对于诸王随从所用的坐褥、小旗、骨朵等仪仗器械根据级别的不同有严格的规定）等同于群王。汉人的异姓藩王不像满族皇家宗藩之王那样既领兵，又领民，他们只领兵，不领民，而且，平时不居住于京师，只驻于地方，而手下也没有在中央政府各部门任职，只在元旦庆典等节日仪式中，他们才与外藩蒙古贵族一起派遣部下"来朝进表"，从这一点来看，他们与蒙古藩王颇有相似之处。

按照明朝的制度，汉人的异姓功臣不管生前立下多大的功劳，都不能封王，只有死后，才由朝廷追赐王号。从这一点来看，清朝君主慷慨得多，这种做法对招降明军确实有一定的效果。总之，汉王的地位绝对高于八旗中的汉军固山额真。因为汉军中固山额真这个职位不能世袭，而任职者需听命于满洲旗主，对本旗汉军没有私统权。

第六章 巩固霸业

回顾历史，可以发现在皇太极上台之初，后金在战略上受制于明朝精心准备的弧形包围圈，这个包围圈以朝鲜为起点，经皮岛、旅顺等辽东沿海地区与辽西走廊的宁锦防线连成一片，同时与活动在辽河河套的察哈尔诸部互相呼应，致使后金处于腹背受敌的不利状态。然而，经过皇太极在任上的十年征战之后，已令国家的战略形势大为改观，不仅与朝鲜订立了"兄弟之盟"，而且抓住漠南蒙古诸部内讧的机遇灭亡了察哈尔，同时在西征明朝的战争中屡战屡捷，在大凌河之战中重创了辽东明军，一举占领了战略要地旅顺，使明朝的辽东防线显得更加动荡不安。

但明朝长期经营的弧形包围圈尚未彻底瓦解。朝鲜虽然暂时屈服于八旗军的武力之下，可是始终拒绝与明朝这个昔日的宗主国断绝关系，尤其让皇太极难以容忍的是，朝鲜不但长期默许明军驻于皮岛，还暗中采取各种手段给予经济上的接济，甚至有时竟出兵配合明军行动（例如孔有德、耿仲明叛明归金之役，朝鲜曾经出兵协助明军拦截）。此外，尽管孤悬海外的皮岛驻军，其实力早已今非昔比，可仍旧

从侧翼威胁着辽东半岛。卧榻之侧，岂容他人鼾睡？对皇太极而言，朝鲜与皮岛的问题不彻底解决，就不能专心致志地对付宁锦防线，而辽东霸业的根基也就不稳固。

皇太极早就具备摧毁朝鲜的实力，也拥有足够的实力灭掉皮岛。自从他在1627年（明天启七年，后金天聪元年）和朝鲜订立"兄弟之盟"后，双方的关系一直矛盾不断，他经常派人向朝鲜勒索钱财，时不时指责对方减少纳贡的礼物。两国围绕着边境贸易以及越境采参、打猎等问题更是磨擦不断，后金内部一直有人鼓吹要再次使用武力解决彼此的分歧。而攻打皮岛的呼声也此起彼伏，例如尚可喜于1634年（明崇祯七年，后金天聪八年）初来降后，曾经上书皇太极建议拿下皮岛，由于拥有孔有德、耿仲明、尚可喜这些熟悉皮岛情况的带路者，后金胜算极高。然而，皇太极还是犹豫不决，没有向这两个近在咫尺的地方动手，原因之一或许是与经济贸易问题有关。众所周知，关外的特产人参与貂皮等物，最大的倾销地区是关内各省。然而辽东战火连绵，明朝

断绝了与后金一切贸易往来，使这个国家在很长一段时间内只能够通过朝鲜、皮岛与某些鞑靼部落为中介，秘密将人参、貂皮等特产销往明朝。由于有利可图，朝鲜人愿意从后金收购货物转售明人（比如《明史纪事本末·补遗之毛帅东江》记载朝鲜贡使携带人参等货物到明朝贸易）。而部分贪赃枉法的皮岛将士也"私通外番"，暗中与后金国内之人勾勾搭搭，同时也转售从朝鲜得来的人参。有鉴于此，皇太极在与林丹汗争夺辽河河套与宣大边外的控制权时维持朝鲜与皮岛的现状，在一定时期内确实有利于打破明朝的经济封锁。但是，有利益，自然会产生纠纷。就拿朝鲜来说，这个国家常常在边境贸易中压低后金人参的价格。例如皇太极在称帝前夕给朝鲜的国书中不满地说，"我国的人参价格原定每斤十六两，可被朝鲜方面以明人需求不高为理由将收购价压低至九两。然而根据我从汉人俘虏中得到的情报，朝鲜卖人参给皮岛的汉人时，每斤售价竟高达二十两"。这种让后金在经济上蒙受损失的买卖使皇太极对朝鲜人恼怒不已。然而，随着后金把林丹汗从鞑靼右翼地盘驱逐出去，情况逐渐又起了新的变化。皇太极暗中操纵原鞑靼右翼领袖顺义王卜失兔的儿子鄂木布，让他重返归化一带，在宣府、大同地区与明朝互市，由此获得了直接向关内各省倾销参、貂等物的新通道。故此，朝鲜与皮岛这两个地方的

重要性也随之下降。而皇太极使用武力摧毁这两个地方也是指日可待的事了。

必须指出的是，朝鲜不惜冒着与后金决裂的危险仍旧站在明朝一边，也有经济上的原因。朝鲜国内的不少日用品需要依赖明朝的供给，而后金根本没有能力生产这些东西。就像皇太极在给朝鲜的国书中所承认的，"青布彩缎，本出中国（指明朝），我国只能通过贸易的手段获得，近来中国严禁物货，不许出境，致使国内汉货，今已乏绝，不能在边境市场上卖给朝鲜"。由此可知，朝鲜人仅仅是出于经济上的需求就不希望与明朝断绝关系。其实，后金国内的生产能力很低，这也是被朝鲜看不起的原因之一。这个落后的国家只能生产"丝麻"，稍好一点的布匹与衣服要从明朝方面夺取，例如努尔哈赤于1621年（明天启元年，后金天命六年）打下辽阳城时，曾经下令军队从民间老百姓之中抢掠衣服，规定城内的"富户得留九件，中人五件，下人三件"，根据朝鲜人撰写的《栅中日录》记载，当时城内百姓"大半裸体，妇女辱不堪言，多缢死"。直到皇太极上台，八旗军还习惯从明军战死者的身上扒下血染的衣服，再穿到自己身上[①]。皇太极与朝鲜结为"兄弟之盟"后，不但不能向朝鲜提供布、缎等纺织品，反而想从朝鲜国王那里索取一些明朝生产的上等"缎匹"，可是朝鲜国王经常以明朝禁售为理由而拒绝。皇太极不

---

① 朝鲜《李朝实录》，仁祖十五年四月癸巳条。

相信，他令人打捞朝鲜从明朝返回时沉没的船只，发现里面藏有上等"缎匹"，又写信指责朝鲜国王口是心非、言行不一。这使两国的裂缝进一步加大。

随着清朝的成立，这个新兴的国家在法理上已经和明朝形成分庭抗礼之势。雄心勃勃的皇太极决心解决困扰已久的朝鲜问题，他如今已不满足仅和朝鲜国王李倧订立"兄弟之盟"，而想用"君臣之盟"取而代之。也就是说，朝鲜必须洗心革面来做清朝的附庸国，否则，兵燹之灾在所难免。到了1636年（明崇祯九年，清崇德元年），皇太极正式称帝一事终于激化了双方积蓄已久的矛盾，使之成了战争重新爆发的导火线。朝鲜举国上下反对皇太极称帝，不但无礼对待皇太极派来通告的使者，而且朝鲜两个使臣在皇太极的称帝大典上态度傲慢，他们拒绝参拜，不行大礼，在回国时又把皇太极给朝鲜国王的信故意留在国界上扬长而去。皇太极为此恼怒不已，针锋相对地拒绝看朝鲜国王的来信，他鉴于朝鲜国王拒绝交出一个儿子作为人质，知道两国关系已经无可挽回，遂决定使用武力解决一切分歧。朝鲜君臣敢于顶撞皇太极与低估八旗军的实力有关。从表面上看，八旗军自从皇太极继位后虽然在经略漠南蒙古时取得了较大的进展，但与明军作战时获得的土地却远不及努尔哈赤主政时期。这支军队长期被阻于宁锦防线，在通往山海关之路上步步维艰，即使取得大凌河之战的胜利，疆土的面积也未能因此得到大幅度的扩张，而在围绕着

关内的滦州等四城的争夺战中，这支军队也是以失败而告终，导致此后入关作战不敢再久占城池，只是以抢掠财物为主。就以后金在1634年（明崇祯七年，后金天聪八年）入侵宣府、大同地区一役为例，朝鲜人愿意相信八旗军惨败而归。《李朝实录》记载朝鲜方面得到的情报是后金军队伤亡惨重，"所道里以下诸将战亡者或云七、八，或云数十人；军兵死者不可胜纪。还军之日，乘昏（指黄昏）而入，使城（指盛京）内外蒙古、汉人不得知其虚实"。战后，根据朝鲜使臣的观察，后金国内"自凤凰城通远堡至山坳二百余里，村落荒残，城堞颓圯，抵十里堡，始有往来胡人（指女真人）。到沈阳（指盛京）见国汗（指皇太极）之坐堂，左右护卫，不过百数。及登门楼，遍观城内外人家计可万户，而人物见存，似不准户数。始信'宣（指宣府）、大（指大同）之败，死者殆半'之说为不虚矣"。从这段话可以看出，朝鲜使臣竟然相信后金军队在入侵宣府、大同期间死掉了接近一半人，难怪这些使臣们后来在与皇太极打交道时敢于采取强硬的态度了。

毋庸讳言的是，皇太极称帝之前由于连年对外作战，在一定程度上减少了国家的人口数量，也阻碍了国内的经济建设，但若有人因这些表面现象得出八旗军实力下降的结论，却与事实相去甚远。皇太极称帝之后很快就用实际行动来维护八旗军的声誉。他准备征伐朝鲜，但为了避免明军从背后骚扰，而采取先发制人的措施，

对明朝进行一次新的打击，从而让朝鲜的战事又推迟了几个月。话又说回来，清朝这次征明也不完全与朝鲜局势有关，因为皇太极在此前以清帝的名义给明思宗写信，要求议和，可一如既往地毫无回应，他便在称帝一个月后发兵攻明。这次军事行动仍以抢掠为主，目标是明朝的京畿地区。如果明军能在即将开始的这一战中重创清军，那么皇太极稍后入侵朝鲜的计划就会泡汤。而这样的结果，朝鲜肯定求之不得。可惜，事态却向相反的趋势发展，腐朽的明朝又一次让附庸国的期望落了空。

五月二十七日，皇太极在出师前夕于翔凤楼召开军事会议，听其面授机宜的出征将领有多罗武英群王阿济格、多罗饶余贝勒阿巴泰、超品公额附扬古利、固山额真宗室拜尹图、谭泰、叶克书、阿山、图尔格、宗室篇古、额附达尔哈，列席的有和硕睿亲王多尔衮、和硕豫亲王多铎、和硕肃亲王豪格与和硕成亲王岳托。这次会议定下了一些行军的规定，而作战方案是避实击虚，主要目标是那些"残破城池"以及八旗军曾经攻克过的

良乡、固安等容易攻取的城镇。为了不陷入旷日持久的攻防战中，选择的目标要慎重，作战原则应该是"如欲进攻，度可取得取之，不可取则勿取"。由于两年前在进军宣府与大同等地区时发生了诸将互相争夺战利品的事，"以致所获不均"，这一次特别强调将领不要私下里滥收士卒所献的"金银绸缎以及堪用衣服"等物，要把这些东西在每个牛录中平均分配，尽量让更多的"从征者"得益。刚刚称帝的皇

▲明思宗之像。

太极不想亲征，他要留在后方坐镇，只是临行前特别叮嘱出征诸将"凡师行所至，宜共同计议而行，切勿妄动"，若有"争论不决之处"，"宜听武英群王阿济格剖断，毋得违背"。

五月三十日，阿济格奉命率领十万人出发，绕过宁锦防线，取道独石口等地分批进入关内。清军沿途击败多股明军，于七月初在延庆州成功会师，先后攻取长安岭堡等据点，俘获人畜一万五千余。

在后方运筹帷幄的皇太极为了分散明军的注意力，派多尔衮、多铎、豪格与岳托率部分兵力于八月上旬分两路向辽西方向佯动，出没于锦州、中后所与山海关等地。

八旗军此前已经两次入塞，可明朝始终拿不出一个有效的应付办法，只能被动地四处设防。塞内幅员广阔，城镇、屯寨、村庄密布，在汹涌而来的清军之前，要想使每一个地方都固若金汤，仅仅是驻防部队的总兵额就将达到天文数字，更别说还需要向他们供应海量的作战物资。对于财政濒临崩溃的明朝来说，要想办到简直难于登天。由此可知，很多地方的老百姓已注定要成为俎上鱼肉，任人宰割了。

北京紧急戒严。明思宗对朝中大臣在前两次抵抗敌军入塞的表现不满意，这一次大量重用身边的阉人，这与他刚上台时禁止阉党参政的态度，有了一百八十度的转变。此前他为了防止军中将领占着职位不做事，曾经命太监陈大金、阎思印、谢文举、孙茂霖等人为内中军，分别进驻总

兵曹文诏、左良玉、张应昌等将领的营中。而边关部队亦有太监进行监视（比如监视宁、锦诸军的高起潜）。可是，有人反映不少监军太监会干一些侵吞或克扣军事物资的事，而且这些家伙不懂军事，在作战中一旦形势不利便带着精兵先逃，故军中诸将"耻为之下"。明思宗知道军队内部对太监不满，为了避免过分刺激那些将军，于1636年（明崇祯八年，后金天聪九年）把大部分表现差劲的太监撤回，惟有辽东前线的高起潜是例外。可是如今大敌当前，他为了渡过难关管不了那么多，又让自己的心腹太监做耳目，监视前线的文武官员。他让前司礼太监张云汉、韩赞周为副提督"巡城阅军"，令内中军李国辅、许进忠、张元亨、崔良等人进驻紫荆关、倒马关、龙泉关、固关等军事要地，防止清军从山西方向进犯。此外，守御宣府、昌平等地的京营亦看到监军太监的身影。朝中的文臣历来看不起宫中的阉人，对这些家伙染指军权之事颇有微词。可明思宗不但不改初衷，反而公开对内阁诸臣说道："朕任命司礼太监魏国征守天寿山，兵部右侍郎张元佐守昌平，魏国征即日离京上路，而侍郎三日未出，又何怪朕重用内臣（指太监）呢？"

昌平附近的天寿山是多位明帝陵墓的所在地，怪不得明思宗对上述地点的安危格外关心。偏偏祸不单行，会师于延庆的清军别的路都不走，唯独选择从居庸关直取昌平。对于昌平这类比较巩固的城池，八旗军即使动用用楯车，红衣大炮等攻坚利

器，也未必能迅速攻克，可是阿济格竟然只用了一天工夫就拿下了它。究竟怎么回事？原来是城中出了内鬼。稍早之前，有两千名在明军中服役的蒙古兵以巡关的名义经过此地，他们入城协守的请求被城里监军的太监批准了，谁知这批人竟然是清军的内应，专等阿济格兵临城下时里应外合，终于致使城池失陷。总兵巢丕昌投降。巡关御史王肇坤，户部主事王桂、赵悦，判官王禹佐、胡惟宏，提督内监王希忠等皆殉难。就连死者也不得安宁，埋葬于天寿山的明熹宗陵墓亦被入侵者放火焚毁。

昌平既失，北京已面临清军的直接威胁，巩华城、西山、清河、沙河、宝坻等地处处传来警讯，连京城的西直门也受到昌平叛军的骚扰。明思宗急令各地派兵勤王，宣大总督梁廷栋、山东总兵刘泽清、山西总兵王忠以及关外的祖大寿等纷纷入援。兵部尚书张凤翼迫于形势主动请缨，出任督师，总领各处援兵，却一直未能拿出有效的克敌制胜之策。而对文武官员失望的明思宗又故技重施起用太监，高起潜被从宁锦前线召回，以总监的名义南援霸州。而升为提督的辽东前锋总兵祖大寿与山海关总兵张时杰俱要听高起潜之命行事。天津、通州、临清、德州等处由司礼太监卢维宁总督，内中军太监孙茂霖为分守。

然而，被一大班太监监督的文武官员照样萎靡不振，不能让京畿地区免受蹂躏，因为明军没有能力在野战中歼灭入侵者，他们只是乘清军分散抢掠时试图捕杀那些脱离大部队的小股人马以塞责。于是，宝坻、顺义、文安、永清、雄县、定兴诸县及安州、定州等地相继失守。清军的铁蹄几乎踏遍了京城四周，他们自诩"五十六战皆胜"，攻下十二城，俘获人畜十七万九千八百二十，于九月一日从冷口出塞踏上归程。军中普遍出现轻敌情绪，将士们俱骑着"艳饰"的马匹，"奏乐"而归，有的人砍下柏树枝干，写上"各官免送"等字样，以此嘲讽远远跟在后面的明军。阿济格一反常态，没有派精兵殿后掩护辎重，结果致使后队遭到明军的袭击。只是由于追击的明军人数较少，才没有造成重大损失。

清军回到盛京时，在城外十里受到隆重的欢迎。皇太极见到远征军统帅阿济格神情劳瘁不堪，不禁为之泪下，亲自敬酒一杯以示慰劳。可是，后来当他得知清军在撤退时出现伤亡，又不留情面地予以批评，指出阿济格撤军应该亲自殿后，尽量避免让敌人有机可乘，同时要用红衣炮射击明朝边境的墩台，以虚张声势，使清军的辎重得以顺利通过，而且还要预先让人在国境之内屯积粮草，免得部队饿肚子，这才是正确的为将之道。可是，这些必要的防范措施阿济格全没有做，反而让辎重在后，自己前行，"此与败走何异？"为了严明军纪，皇太极在军队返回的十几天之后，处罚了有份参与出征的诸多将领，其中，阿济格的罪过有三，一是攻下昌平时强抢别人的财物，二是滥赏本旗无功之人，三是撤出塞外时不亲自殿后，以致清军后队被明军袭击，因而被罚银一千两。而随军宿将扬古利没有及时提醒阿济格派兵殿后，也被处以应得之罪。此外由于"临阵败走"以及"撤出塞外时不顾后队"等原因，在参战的二十旗之中，共有扈什布等四个固山额真被撤职，而阿山等十一个固山额真受到罚银以及剥夺所有的战利品等严惩。

明朝在战后也对部队将领进行问责。全军督师张凤翼首当其冲，此人虽然历任宁前兵备副使、遵化兵备道员、辽东巡抚、蓟辽总督、兵部尚书等要职，从表面看既有前线工作的经验，又曾经坐镇过中枢统筹全局，按理本应是一个出类拔萃的帅才。可实际上，他为官以来从没有亲自驰骋疆场与敌厮杀，也没有独自策划及指挥过一场战事，只是因袁崇焕、孙承宗等同僚或死亡或隐退，才得以官运亨通，步步升迁。他见识浅薄，难以肩负重任，例如，当陕西农民起义军即将进犯长江之北地区的消息传到朝廷而人心惶惶时，他却以为不必过虑，理由是"贼起西北，不食稻米，贼马不饲江南草"，对于这番离题万里的奇谈怪论，《明史》的记载是，"闻者笑之"。这类埋首书斋不谙世事的迂腐书生竟能主持军国大事，真乃明朝的悲哀。张凤翼一直以来都具有畏战情绪，当初在出任辽东巡抚时就极力反对督师孙承宗主守关外的决定，并说："国家即弃辽左（指辽东），犹不失全盛……今举世不欲复辽，彼一人独欲复耶？"为此，孙

承宗评价他是一个"工于趋利，巧于避祸"之人。在这次阻击清军入塞中，他的畏战情绪得到了充分的暴露，眼睁睁地看着对手四处掳掠而不敢与之决一死战，因而罪责难逃。正所谓"京城四郊多垒，士大夫之耻也"，事后，朝廷常常拿主管军事的文官开刀，例如1550年（嘉靖二十九年），鞑靼右翼毁边墙而入，在京畿地区大掠而回，这使得兵部尚书丁汝夔被朝廷以"不敢主战"的罪名处死；1629年（明崇祯二年，后金天聪三年），入侵的后金兵临北京城下，为此，当时的兵部尚书王洽与名将袁崇焕被朝廷追究责任，先后丢了性命。现在，张凤翼自知难以幸免，他每日服用大黄麻以求速死，在清军出塞的次日毙命于军营。同时，自杀谢罪的还有宣大总督梁廷栋。

从明朝与清朝各自对参战将领进行问责可以看出，无论是胜利者还是失败者，他们在战场上的表现都说不上称职，距离完美无缺还有十万八千里，正所谓"没有最差，只有更差"，谁更差谁就失败。

清朝完成了打击明朝的既定计划之后，就着手准备出征朝鲜。皇太极下令在兵部办事的岳托等人"简阅甲士"，要求每个牛录提供五十名骑兵，十名步兵，七名护军与三十二副盔甲。而石廷柱所统的汉军，每名甲士需准备十五支箭，每两名甲士需准备一杆长枪，每两个牛录需准备一架云梯、一个挨牌。另外攻城凿墙所用的斧、钻、锹、镢等一应俱全。所有的马匹要烙印与系牌，所有的军械要写上记

号，以免遗失。每个参战人员要携带半月行粮，于十一月二十九日集合。皇太极以降旨的方式对即将出征的将士进行思想动员，申明军纪，其中特别批评了过去的某些不良现象："从前无论野战或攻城，往往有托词捉生，规避不进者。今除所设前锋哨卒外，不得捉生。倘仍有托词捉生而规避不进者，则永为贱人。"

1636年（明崇祯九年，清崇德元年）十二月一日，清军与应召而来的蒙古各部齐集于盛京，号称十万，他们在皇太极、代善、多尔衮、多铎、岳托、豪格、杜度等人的指挥下于次日出发，而济尔哈朗留守盛京，阿济格驻于牛庄、阿巴泰驻海城，以防明军骚扰。这个出征阵容比起前不久阿济格率领的侵明部队要豪华得多，显示清朝意图一劳永逸地解决朝鲜问题。清军经过七天的行军，到达了鸭绿江边与朝鲜隔岸相对的镇江。

朝鲜君臣深知战争不可避免，盼望明朝发兵来救。可惜明朝的国势已是江河日下，而且刚刚遭受清军的打击，根本没有能力像四十多年前"抗倭援朝"那样派出雄师前来支援，只派出一个名叫黄孙茂的监军来视察一下防务，说了几句冠冕堂皇的话，仅此而已。

正像皇太极事后所评价的那样：朝鲜人虽然骑兵不行，但"长于步战鸟铳"，也就是说，在朝鲜军队诸兵种之中步兵最出色，而在步兵之中鸟铳手又特别抢眼。必须要指出，朝鲜建军思想曾经受到明朝的巨大影响，例如明军抗倭名将戚继光撰写的《纪效新书》，就被朝鲜人大量翻印，作为军队练兵的指南。由此不难理解，为什么朝鲜军队会这样重视步兵中的鸟铳手了，因为这本来源于明军的战斗经验总结。不过，依靠铳炮取胜的经验是明军在与倭寇及鞑靼人长期对抗中取得的，不适合与八旗军作战。特别是八旗军的铁骑，更是鸟铳手的克星。朝鲜军队未能顺应形势进行改革，难怪从十七年前的萨尔浒之役开始，一直到现在，都笼罩在八旗军铁骑的阴影之下。

十二月十日，清军分为左右两翼如猛龙过江一般扑过来。右翼军在多铎、岳托、硕托、尼堪、罗托与博和托等宗室的率领下迅速占领郭山、定州等地，而提前过江的三百名先头部队已于十四日杀到了平壤。朝鲜各地守军仍旧不堪一击，纷纷逃走。然而，朝鲜国王李倧没有像上次那样逃往江华岛，而是企图坚守首都王京（今汉城）一带地区。清军对此求之不得，前锋很快推进到汉城之外，一下子就把李倧逼退到汉城以东四十里的南汉山城里面，多铎、岳托、硕托所部随后而至，立栅将城围困起来，先后在城周围的不同地点击溃一万八千、五千与五百等三股朝鲜援兵。率主力渡过汉江的皇太极迅速攻占了汉城，于二十九日参与围攻南汉山城。到了1637年（明崇祯十年，清崇德二年）正月初七，三顺王所部携带着火器赶来参战，让实力增强的清军胜算在握。可一系列的战斗也让八旗军付出了一定的代价，其中开国元勋扬古利战死沙场，事情的起因是朝鲜全罗、忠清两道巡抚总兵于正月初三一齐来援，驻营于南汉山城之外，皇太极让扬古利跟着多铎一起领军退敌，当时天下大雪，阴晦不明，登山督战的扬古利冷不防被一名潜伏于石窟之内的朝鲜败卒用鸟铳击中，伤重而亡，时年六十六岁。

多尔衮、豪格等人率领左翼军经宽奠路进入长山口，攻克了昌州、安州等地，并多次击败朝鲜黄州援军的阻拦，于正月初七日到达南汉山城。其后，多尔衮奉皇太极之命率兵三万与数十艘战船向朝鲜王室贵族与官僚大臣避难的江华岛进军。八旗军所乘的船当中有一些是黑龙江赫哲人所造，它"具有飞舡轻小，旋转速快"的特点，在战斗中的表现胜于行动缓慢的朝鲜巨舟，很快就击溃由三十艘战舰组成的敌军水师，成功登岛，然后歼灭守岛的千余鸟铳手，一举俘虏了在此地避难的李倧王妃、儿子与部分大臣。

龟缩入南汉山城的李倧终于弄清楚清军的真正实力，自知无路可走，遂于三十日出城，亲自前往清军大营投降，接受了清朝苛刻的条件，具体有：不再承认明朝为宗主国，与之断绝一切往来，并协助清军攻明，转奉清朝为宗主国，还要每年进贡，同时，承诺让两个王子以及诸大臣之子常驻盛京做人质，另外还要惩办主张抗清的大臣。最终达到成略目标的皇太极于二月二日撤军，此后，两国确立了"君臣之盟"。

清朝征服朝鲜，是继灭亡察哈尔之后在战略上获得的又一个重大胜利，从此不但彻底解决一个后顾之忧，而且还可以更方便地从这个新征服的地方榨取财富物资，以壮大国力。但解决了朝鲜问题并不意味着清军可以倾尽全力西征明朝，因为东江镇最大的据点皮岛仍然在海上发挥着牵制作用。皇太极决定再接再厉，在朝鲜撤军的同时开始布置攻打皮岛，他让硕托从每牛录之中抽调"甲士"四人，会同三顺王全军，携着十六门红衣大炮出征，并要求朝鲜派遣水师协助。无可奈何的李倧只好让信川群守李崇元、宁边府使李浚出动黄海道的战舡五十艘随行。

坐镇皮岛的东江总兵沈世魁辖下有万余兵力，另一总兵陈洪范辖下有八千兵力，从兵额来看总计一万八千人左右，并拥有战船百艘。不过由于吃空额等种种原因，真正兵力只有一万二千人。他们曾经在清军攻入朝鲜时派出小部队至耀州岸边活动，以作牵制。当朝鲜投降，清军转攻皮岛之际，明朝也从关宁、天津、登州各地抽援了一万七千军队赶来增援，会同岛上兵力重点布防东南、东北方向。

1637年（明崇祯十年，清崇德二年）二月二日，集结于身弥岛的清军渡海进攻，在持续近两个月的战斗中，遭到守军水师与火炮部队的阻击而毫无进展。就在两军处于胶着状态的关键时刻，皇太极派能征善战的弟弟阿济格率一千精兵来到前线助战。作战经验丰富的阿济格一面亲自察看地形，一面与诸将商讨，最后制定了一个兵分两路突袭的方案出来。以一路兵正面佯攻吸引守军的注意力，另一路兵则悄悄潜伏于身弥岛西北二十里外的山中，再伺机沿着海岸来到与皮岛西北部隔海相对的熬盐河港，从那里乘坐速度飞快的轻舟渡海偷袭。形势的发展证明，这种声东击西的夹攻战术常常可收到立竿见影的奇效。

总攻在四月八日傍晚开始，担任正面佯攻任务的是八旗骑兵、三顺王部队与部分朝鲜兵，他们在兵部承政车尔格等人带领下从身弥岛大张旗鼓地乘坐七十余艘船出发，来到皮岛的东北面与明军水师激战，完全吸引了对方的注意。而担任偷袭任务的清军由固山额真萨穆什喀打头阵，他让精锐的护军下马做步兵，在海上大雾的掩护之下迅速上船离开熬盐河港，出其不意地来到皮岛西北部的山口一带。佐领鳌拜首先登陆，参领准塔带着部下随后跟上，并举火为号。到了二更时分，固山额真萨穆什喀、昂邦章京阿山、叶臣等人已率步兵主力陆续渡海而来，击溃了匆忙赶到迎战的明军，向皮岛的纵深地区发展。岛中的明军纷纷向东北方向退却，因为那里有水师部队，方便夺船而逃。

正面进攻的清军得知护军已经偷袭成功，全力扬帆而进，致使明军水师陷于腹背受敌的困境，从而全线崩溃，四处逃窜。至此战事已近尾声，两路清军相继登陆之后，用了一昼夜的时间围剿岛上的残兵败将，杀了万余人，俘虏数千名男女老幼，缴获七十二艘大船与十门红夷、法贡、西洋等炮。明军非死即逃，而

总兵沈世魁在混乱中被叛兵捉拿，献给了清将马福塔，后因拒绝投降被处死。占领皮岛让清朝发了一笔横财，《清实录》记载战利品的清单如下："所获蟒素缎匹四万二千八百八十，布匹、毡条共十九万一千有奇，衣服三千四百一十七，银两三万一千，犀牛角二千一百四十对，此外还有近三百件由银器、珠砂、玛瑙、琥珀、水晶等制成的杯子。"从这批战利品之中，可以看出纺织品数量惊人，而这些东西长期以来一直是朝鲜与清朝孜孜以求的，由此可知皮岛不但是一个军事据点，还是一个具有重要影响力的商业据点。有人认为女真人之所以能够发展壮大，主要是因为某些大大小小的明朝辽东军阀养寇自重的结果，这些人一方面明正言顺地花费着朝廷的大部分财政开支，另一方面又在暗地里通过走私等方式获得厚利，故此，让女真人继续存在，在某种意义上来说很符合他们眼前的利益。哪怕日后因此而引火烧身，亦在所不惜。

战后，明朝在清查损失时，发现一万二千名东江镇守兵，侥幸生还的还剩五千余人。《清实录》记载清军损失时，只是含糊其词地写道："阵亡四十人，骸骨莫能辨识。"然而，当代学者刘建新、刘景宪与郭成康等人在一份有幸保存至今的《盛京满文原档》中发现清军阵亡二百六十人，这个统计数字比《清实录》的记载多出六倍以上。另外，学者滕昭箴对明清内阁大库史料、《八旗满洲氏族通谱》与《清实录》等文献资料记录的阵亡

数字作了一个统计，发现已近三百，这表明，清军的真实伤亡数字，在一些官书中已被人为地降低。顺便提一下，在《盛京满文原档》之中那张记录了详细阵亡数字的清单中注有"不写入档子"的批语，可见清朝史官在编辑"档子"等官书时所用的资料或是出于政治目的，或是出于宣传需要而精心挑选的，书里面的伤亡数字并不可靠，不能轻信，这一点，在前文已经提到过了。

沈世魁的从子沈志祥收拢了皮岛的近五千名残余武装分子，逃到石城岛，自称总兵。可是明朝登莱监军黄孙茂不予承认，竟要发兵讨伐，这样就把沈志祥逼入了敌人的阵营。正所谓"此处不留爷，自有留爷处"，这股残余武装于1638年（明崇祯十一年，清崇德三年）航海归清。皇太极慷慨大方地下令诸王、贝勒各献财富物资进行接济，把他们安置于抚顺地区。沈志祥当上了梦寐以求的总兵官之职，到了次年正月十八日，他又被授予续顺公之爵，摇身一变得以跻身于贵族行列，与孔有德、耿仲明、尚可喜合称"三王一公"。

皮岛的失守标志着明朝苦心经营了十几年的东江镇已经覆没。不久，明军撤销了这一建制，阁臣杨嗣昌把辽东半岛沿海地区的少数军民迁往宁锦地区，结束了这一地区轰轰烈烈的抗清活动。

随着察哈尔、朝鲜与东江镇等牵制力量的一一崩溃，宁锦前线的守军在辽东地区再也没有任何盟友能互相呼应，这注定他们在未来的日子要独自应付清军从正面发起的排山倒海的攻势。

▲代善之像。

即使宁锦防线还能凭着步步为营的各个据点抵抗一阵子，然而邻近的蓟州、宣府、大同等相形见绌的军镇对清军的长途奔袭已是防不胜防。明朝的整个北部防线可说是危如累卵、处于大厦将倾的前夕。

过去与皇太极并称的三大贝勒，其中阿敏与莽古尔泰两人或被囚禁、或被降爵，只剩下代善这股势力。皇太极没有罢手，多次压抑与打击代善及其儿子岳托、萨哈廉等人，尽管代善与岳托对皇太极的登基出过很大的力气，可现在既然成了皇权集中的障碍，皇太极出于政治需要也就不讲情面了。例如在早先出征朝鲜期间，皇太极找借口给代善定了数条罪名，主要是多收十一二名侍卫、违制养马等，罚银一千两，斩其心腹将领恩克，经过三番四次打击的代善心灰意冷，数年之后逐渐不问朝政，终使皇太极独揽大权。皇太极有意扶持某些年轻有为的兄弟子侄，以取代代善等老资格之辈。他在成功经略朝鲜的次年便起用十四弟多尔衮为统帅，带领部队出征明朝。

明朝君臣基于国内外政治环境的剧烈变化，已经预感到清军即将发起新一轮的进攻，而明军被关内风起云涌的各路起义军所困扰，一时难以兼及。各地起义军由于连年受到围追堵截，正四处流动作战。在西北活动的李自成由秦州向汉中进军，受挫后南下四川，一路杀向成都，但其后又被尾随而至的陕西总督洪承畴所部逼退，转回陕西。这支起义队伍在1638年（明崇祯十一年，清崇德三年）与官军交

战多次失败，最后仅剩下一千余人流连在陕西、湖广与四川这三省交界的崤、函等山谷地区之中持重待机，以图他日卷土重来。另一位起义军的著名领袖张献忠率部由河南进入湖广，吸纳了其他起义队伍，一度连营百里，号称"三十余万"，并直下安徽，威胁南京。明朝急忙调来左良玉、马爌、刘良佐等将领，合力把张献忠赶回了湖广。总理南畿、河南、山西、陕西、湖广、四川军务的兵部尚书熊文灿与监军太监刘元斌成功对张献忠进行招抚，而罗汝才等一些著名的义军领袖此后亦陆续投降，明末大起义暂时转入了低潮。尽管形势产生了某些有利的变化，但明朝没有掉以轻心，继续在全国征饷，督练精兵，以防起义者死灰复燃。由于财力的限制，明军的规模不可能无限扩大，那么应当把有限的兵力用于对付起义军还是清军？明朝内部对此早有争议。接替张凤翼做兵部尚书的杨嗣昌提出"安内方可攘外"的主张，认为关内的起义军才是心腹大患，关外的清军只算肩臂之疾，因而必须首先镇压起义军，然后再与清军算账未迟。他的意见得到了明思宗的赞同。为了集中兵力围剿起义军，朝廷内部有人策划与清朝议和，在山海关监军的太监高起潜于1638年（明崇祯十一年，清崇德三年）上半年秘密派人到沈阳与清朝统治者联系，为此预作准备。当时京城流传着主和派要按照招抚察哈尔的旧例给予清朝八万两黄金与十万两白银，以换取和平。不过，明思宗对议和的态度暧昧，始终没

有明确表态，因为朝中的主战派还存在很大的影响力。例如强烈反对议和的侍读学士黄道周认为即使能与清朝达成和平协议，而驻守"宁、锦、遵、蓟、宣、大"等边防重镇的部队亦不能撤回，以免门户洞开，带来不测之祸。他批评有的人以为议和成功之后可以将边塞军队调往中原"以讨流寇（指起义军）"，是没有经过详细考虑的错误看法。言外之意是，何必要委曲求全进行议和呢？特别是宣大总督卢象升这位态度强硬的主战派，不但在皇帝之前痛斥议和之举，而且还为此和杨嗣昌大吵了一架，使得杨嗣昌等主和人士难以放胆去干，而与清朝议和一事亦随之搁置。

彻底消除了察哈尔、朝鲜、皮岛这三大隐患的清朝得以最大限度地集中兵力，即将对明朝发起前所未有的大规模出击，这次倾巢而出的军事行动不但要进攻明朝塞内，直捣中原，而且还要进攻辽东的宁锦防线，打一个遍地开花，作战目的仍旧以抢掠为主，同时希望用兵临城下的方式逼明朝议和。1638年（明崇祯十一年，清崇德三年）八月，大战的序幕终于揭开，皇太极任命多尔衮为奉命大将军，以豪格、阿巴泰为副手，统左翼军；以岳托为扬武大将军，杜度为副，统右翼军。一前一后地杀向明朝塞内。为了防止山海关、宁远、锦州等地的明军抽兵回援，皇太极本人打算稍后亲率一支兵马前往山海关以作牵制。

八月二十七日，右翼军先行。清廷事先宣布：军中参将、游击以下的各级将领一旦战败或违反军纪，统帅岳托有权先斩后奏，而右翼军日后若在途中遇上左翼军，岳托要听多尔衮的节制。这支军队于九月二十二日从密云东北的墙子岭口拆毁明朝建筑的边墙，分作四路越过燕山入塞，先后击败多股明军，打死总督蓟辽兵部右侍郎吴阿衡，缴获七门红夷炮、十八门将军炮以及数以百计的马匹。邻近的曹家寨（蒙古人称为"海龙"城）驻军因曾经秘密与清朝进行过贸易往来，没有受到攻击。

九月四日，从盛京出发的左翼军经过二十四天的行军来到燕山脚下的青山关附近，拆毁关西二里外的边墙而进入明境。明朝在早些时候四处调兵阻击右翼军，致使这一带兵力空虚，青山关、董家口、青山营等地的老百姓纷纷弃城而逃。多尔衮经过侦察与审讯俘虏之后，派人向皇太极禀报了明朝国内的一些情报，其中引人注目的消息有山海关监军高起潜已调入关内，而祖大寿及其兵马亦已西调入关。

皇太极在此前已准备进军山海关，随行的有济尔哈朗、多铎等人，他派人通知三顺王，让他们的部队自备两个月的行粮，携带战车与红衣炮等火器，于九月二十五日之前来到盛京，等候作战命令。到了十月十日，准备妥当的清军兵分三路，一路由济尔哈朗、硕托率本旗护军与喀喇沁兵计划插入前屯卫与宁远之间；一路由多铎与固山贝子博洛率本旗护军与土默特兵计划插入锦州与宁远之间；一路由

▲多尔衮之像。

等人以神威将军炮攻下了明将吴三桂手下所筑的戚家堡台、石家堡等五个边塞据点，俘获三百一十七人、十四匹骡马、六十二头牛与七十五头驴，接着，以主力进驻锦州城南，摆出攻城的样子。三顺王的天佑军、天助军与马光远的汉军继续在火炮的掩护下清除锦州周围的屯堡、堠台，先后轰击了李云屯、柏土屯、郭家堡、开州、井家堡、大福堡等处，俘获数以千计的人员以及一批辎重，可以说是首战告捷。

然而，多铎所部一波三折，他出师后虽然拿下了桑噶尔寨等小据点，但尚未切断锦州后路，就接到皇太极的指示，转而配合兵力薄弱的济尔哈朗作战，攻打位于宁远与山海关之间的中后所。原来皇太极在十一月初收到情报，了解到中后所的城墙坍塌不堪，便以为机会难得，匆忙让多铎率精锐护军赶快拿下这个地方，谁知竟遇到城内三千多守军的顽强抵抗，以致不但无尺寸之功，反而伤亡了不少人。不久，多铎亲率的五百精锐护军在中后所以西的山冈上突然遭到八百明军援兵的袭击，土默特部落的俄木布楚虎尔与满洲八旗甲喇章京翁克等人率

皇太极本人带领从义州向西出发，向位于宁锦防线正面的锦州进军。表面上看，这个作战布置攻击的范围涉及宁锦防线的大部分地区，大有将其拦腰切断的气概，再一口接一口地吃掉。但实际上只是一次虚张声势的行动，目的是想牵制明军，使其首尾不能相顾，疲于奔命，以策应入塞的多尔衮与岳托。一批批的清军陆续渡过大凌河，向宁锦防线靠近。皇太极指挥部下首先在锦州附近开战，他在二十八日命孔有德、耿仲明、尚可喜、石廷柱、马光远

众先逃，护军统领哈宁噶、甲喇章京阿尔津、俄罗塞臣且战且退，整支队伍眼看就要全线崩溃，任人宰割，幸而博洛临危不惧，独自率手下向前迎击，才得以成功掩护全军撤离战场。这些败军之将不敢在当地久留，乘夜向济尔哈朗的驻地奔去。此战，《清实录》中的伤亡数据前后不一，一会儿说"多铎兵阵没者九人，失马三十匹"，一会儿又说"陷没十人"，"失马三十三匹"，总之，这些不包括受伤者在内的数据都应该是不完全的统计。

击败多铎的八百明军援兵以祖家军的祖克勇为首，而祖大寿的大队人马也赶到了。此前，明思宗鉴于锦州被围，多次令祖大寿从关内回援。可是祖大寿在途中逗留不进，直至十月二十二日才来到距离锦州甚远的宁远四沙河所一带，不久又退驻宁远，在此期间正巧碰上多铎进攻中后所，他果断前往，指挥部属击败来犯之敌，使这个小城转危为安。然而仅仅过了一天，多铎便与济尔哈朗卷土重来，企图雪败兵之耻。但祖大寿闭门不战。得知多铎在中后所受挫的皇太极慌忙率主力从锦州火速来到了这座小城之外，可仍旧不得其门而入，只好致信祖大寿，说道："自从在大凌河释放了将军之后，'诸臣每谓朕昧于知人'，因而将军宜出城相见，把话说个清楚。如果有疑惧之心，那么'朕与将军各携亲随一二人于中途面语'，坦言相对。这样做'一则解朕昧于知人之嘲；再则使将军子侄及大凌河众官皆谓将军之能践言也'。"皇太极还在信中

说，我做梦都想与将军会面，就像三国时的刘、关、张结为义兄义弟一样，虽是异姓，可"立盟之后，始终不渝"，暗示祖大寿应该履行当初的诺言，献出城来。然而，不管皇太极怎样巧舌如簧，祖大寿就是装聋作哑，拒不回复。无可奈何的皇太极只得班师，经六河洲、奇尔哈纳等处返回了盛京。

清廷事后对中后所之败进行追究，其中，甲喇章京阿尔津在此战中三次拒绝听从多铎的调令，又临阵败走，不收被杀士卒的骸骨，不配合博洛反击敌人，论罪应处死，后免死，改为革职与交纳罚金，并罚没一半家产。甲喇章京翁克擅离俄罗塞臣之营，率本部兵逃跑，但因其父亲过去有功，故免死，改为革职与鞭打一百，并罚没一半家产。护军统领哈宁噶三次拒绝听从多铎的调令，又临阵而逃，不配合博洛反攻，论罪应处死，后免死，改为革职与交纳罚金，并罚没一半家产。甲喇章京俄罗塞臣临阵而逃，不配合博洛反攻，论罪应处死，后免死，改为革职与交纳罚金。而广泰、贺思和礼等将领也因违多铎之令，受到鞭打一百的处罚。至于军中的主帅多铎，由于过往的劣迹太多，竟被皇太极痛责。例如在不久之前，当多尔衮率左翼军征明时，就连皇太极都要亲自送行，而多铎却以"避痘"为托词，不来送行，而在别处"私携妓女，弦管欢歌，披优人（指唱曲演戏的戏子）之衣，学傅粉（泛指梳妆打扮）之态，以为欢乐"，当即被大发雷霆的皇太极下令禁止出府门一

步。其后，皇太极攻打宁锦防线时，有意让多铎随行，给他一个将功赎罪的机会，不料，多铎在中后所之战中"不发一矢，未冲一阵"就抛弃阵亡士卒骸骨而"败走"，为此，皇太极称"我国之兵，千能当万，百能当千，十能当百，未有不胜，尔（指多铎）领精兵五百，猝败于敌军八百人，可耻孰甚焉"。经过一番声色俱厉的责骂之后，多铎被降为多罗群王，罚银万两，而他名下的"奴仆牲畜财物"与本旗所属的满洲、蒙古与汉人牛录，一律要罚没三分之一。当中三分之一的"奴仆牲畜财物"给多尔衮。而三分之一的满洲、蒙古与汉人牛录，则由多尔衮与阿济格均分。

辽东战局的平静只是暂时的，塞内仍然打得热火朝天。一直到了第二年，多尔衮、岳托所部仍然迟迟不归。为了掩护正在远征的左右两翼军，皇太极于1639年（明崇祯十二年，清崇德四年）二月再次攻击宁锦防线，目标是锦州周围的松山、杏山、塔山、连山等据点。参战的宗室人员有代善、阿济格、硕托、固山贝子尼堪与罗托等。孔有德、耿仲明、尚可喜以及石廷柱、马光远率领的天佑军、天助军与八旗汉军由于善使火器，可在攻坚战中大派用场，照例随军出征。先行出发的阿济格来到大凌河以东的四里屯、张刚屯、宝林寺、王民屯、于家屯、成化峪、道尔章等地，扬言要用红衣炮攻击这一带墩台，迫使守台的明军投降，共俘

▲多铎之像。

▲八旗军各旗铠甲。

房军民七百多人。主力随后向锦州后面的松山城前进，最早到达目的地的天佑军、天助军与汉军先后用红衣炮攻下了城东、城南、城西南的一些墩台。

二月二十四日，亲临松山前线的皇太极登上城南的山冈，观察城内形势，指示孔有德、耿仲明、尚可喜要从左、中、右三个方向攻击城南大门，而马光远、石廷柱分别以本旗兵协助耿仲明、尚可喜等人进攻，并具体指明需要集中二十多门神威将军炮与红衣炮轰击城南门、城东南隅与西南隅等位置，还特别提醒马光远、石廷柱在攻下城西南隅的墩台后，应移四门红衣炮到其他地方分守汛地，以防万一。总攻时间定在二十五日凌晨，各类火炮将于四鼓时分移到前沿阵地，五鼓开始轰击。

等到城上凹凸状的垛堞已被炮弹毁坏，满洲八旗兵马上竖起云梯，迅速登城。

自从十二年前强攻袁崇焕辖下的锦州、宁远受挫之后，皇太极已经知道辽军的战斗力远非其他地方的明军可比，因而对其坚守的城池主要采取长期围困之策，极少在辽河以西强攻那些由千人以上驻守的据点，所攻的大多数是一些只能容纳数百人或者数十人的堡、台。如今一反常态，悍然强攻近三千人驻守的松山，似乎是想测试一下辽军的战斗力有没有下降。也许，他自以为八旗军早已今非昔比，尤其是在优势炮火的助攻之下，一鼓作气拿下松山是十拿九稳的事。

清军火炮部队按照计划攻城，猛烈的炮火从凌晨一直打到下午太阳偏西之时，将松山城的垛堞全部击毁，只剩下光秃秃的城墙。守军在这场强弱悬殊的较量中可谓危在旦夕。很多人为了躲避炮弹不得不背着从房屋拆下的门板蹒跚而行。城中的最高指挥是副将金国凤，他手下有亲兵一千一百名，几乎占了守军总数的一半，故能比较牢固地掌握权力，避免号令不一。他不止一次指挥士卒冒死出城，尝试着反击敌人的炮兵阵地，但均被暴风骤雨一般的炮弹打了回来，不得已，只好用草、木、石头与砖块填补城墙上的倾倒崩坏之处，以作捍蔽。

皇太极见时机已到，让大炮暂停射击，下达了登城的命令。跃跃欲试的满洲八旗兵争先恐后地汹涌而上，满以为可以一蹴而就，想不到在守军的殊死拼搏之

下，无不碰壁而还。天色已暮，双方还未分出胜负。观战的代善打破了沉默首先提议停止进攻，留待明日再打。皇太极认为有理，便将攻城诸将一一召回。可孔有德等人还不太服气，很不情愿地从战场撤回来。

当天晚上，清军通宵达旦地放炮。守军也争取时间抢修被炮火毁坏的城墙，他们不敢燃起火把，而是摸黑工作，用绳子捆绑秫秸与木柴等物，塞入城墙的窟窿里面，再覆盖上泥土，终于在黎明到来之前完工了。

新的一天来临了，皇太极登上城南的山冈，观察形势，并派人前往前沿阵地侦察情况，得知城墙虽然得到一定程度的修复，但用梯登上并非难事。据此，他又下达了总攻的命令。然而，尽管清军专门选择垛堞毁坏的地方竖起云梯，可在守军的严防之下始终难以登上城头。不想浪费时间的皇太极把这批窝囊废撤了回来，改让自己身边的亲军上阵。众所周知，要想成为皇帝的亲军，必须经过千挑万选才成，真正是精锐中的精锐，难怪会在关键时刻被寄予厚望。一名叫做真特先的亲军抢先攀登，结果以战死收场，不一会儿，就阵亡了二十余人。至此，皇太极心息了，他知道如果连亲军都完成不了登城的任务，那么，其他人就更不用说了，便暂停攻城行动，转而召集诸将商议对策。众人皆认为必能克城，但前提是最大限度地发挥火炮的威力。不过，由于炮弹与火药已经消耗大半，要尽快补充。结论是：必须从后

方送来一万颗炮弹与五千斤火药，才可增加胜算。

在等待弹药补给期间，阿济格、尼堪与罗托率四旗护军进驻塔山、连山一带，切断松山与后方的联系。围攻松山的清军在酝酿新的行动，孔有德、耿仲明、尚可喜、石廷柱、马光远被召到御营，与大学士范文程、希福、刚林等人共同讨论攻城方法。孔有德、耿仲明、尚可喜与马光远均认定可以通过挖掘地道的方式让城墙坍塌，唯有石廷柱反对，他自称过去在明军服役时曾驻扎过此地，知道地下有水有石，何况还有城壕拦截，决难以挖掘。正反两种意见相持不下，皇太极最后一锤定音，他批评石廷柱因为侄子在战斗中受伤而"惊惧无战意"，决定支持多数人的意见，采用地道战。经过两天的准备，清军开始兵分三路在城外掘地，意图挖一条通往松山城南的地道，以便在下面埋入火药，把城墙炸个大窟窿。

锦州一带烽烟不断，明朝自然要发兵增援。宁远守军早已派出三名官员与九百士卒，乘坐十艘战船，从海路往援杏山，可惜遭到清军警戒部队的袭击，被杀五十余人以及损失了一艘战船，未能完成任务。到了三月二十日，高起潜与祖大寿进驻宁远，以主持大局。副将杨振、祖克勇、徐昌永与游击李得维奉命带着三百汉兵与三百蒙古兵，从边外赴援锦州，在途经乌欣口这个地方时，被清将阿尔萨兰击败，死了八十一人，杨振成为了俘虏。

清兵押着杨振前往松山，企图让他游说守军投降。走了不到一里，杨振踞在地上南向而坐，悄悄对随从李禄说："请替我告诉城中人一定要坚守，援军即日来到。"到达松山后，李禄果然按照杨振的吩咐在城下呼叫，令守军增添信心。为此，杨振、李禄皆被清军杀死。

与杨振一起出发的其他人则拼死越过清军的封锁线，继续向前进。皇太极得报，亲自率四旗护军奔向锦州，沿山搜索了两夜，击破了明军的一些山寨与墩台，共杀死包括徐昌永在内的三百一十一人，生擒祖克勇以及一名守备。可是，还有不少漏网分子在附近活动。不久，有三百效忠明朝的蒙古兵从锦州方向突然来到松山，乘夜突入城中，并将他们在途中所见的清军挖掘地道的情况通报给了守军，让金国凤能够及时做好防范措施。这时，清军已秘密在城外挖掘了二十多天，而从盛京送来弹药亦到达前线，本来离成功只有一步之遥。谁知计划泄露，使得皇太极出其不意的图谋破了产，他不得不停止了所有与攻城有关的行动，班师回朝。松山之战以清军的失败而告终。

对于辽东明军而言，松山大捷的激烈程度与十三年前的宁远大捷相比有过之而无不及。论时间，此战前后持续四十多天，远远超过仅仅持续数天的宁远大捷。论兵力，松山城内不到三千人，远远少于宁远接近两万的驻军。虽然皇太极的兵力也许比努尔哈赤围攻宁远的五六万人要少，可在火力上却不再处于下风，而是凭着红衣大炮等火器的协助占尽了优势，并使松山守军承受着当初宁远守军想象不到的压力。尽管松山主帅金国凤面临着比宁远主帅袁崇焕还要多的困难，但他还是无愧于先贤，又一次在逆境之中力挽狂澜，完成了这一惊天地、泣鬼神的壮举。如果说，十三年前的宁远大捷抑止了八旗军在辽东的战略进攻，使战局进入了相持阶段，那么，现在的松山大捷证明辽东的明军仍然保持着强大的防御能力，尽量使来犯之敌不能越过山海关一步。

在松山败还之后的皇太极大发雷霆，照例惩办那些他认为不称职的将领。而八旗汉军将领石廷柱、马光远等人首当其冲，被骂了个狗血淋头。这些人的具体罪状主要有：一、铸造的铁弹质地不纯，里面"熔炼不均，以致一出炮口，常常即刻'迸碎'"。二、谎称从盛京运来的炮弹已用完，但实际直到战事结束，还剩下了一些，后来全由士卒驮回。三、在战前修筑盛京以西的大路时，汉军修得非常草率，相反，不善于修路的满人与蒙古人却修得很好。由于这条路是用来运送大炮攻打宁锦防线的，因而皇太极反复质问他们是不是害怕道路完好有利于清军运炮攻击明国以及是不是害怕炮弹击伤汉人？此外，他们还被指控攻城时举止失措与抛弃军械等等。但皇太极没有严厉处罚他们，只是削去了石廷柱、马光远两人的部分权力，将他们所辖的两旗汉军分为四旗。另外新增加两个固山额真，即是王世选与巴颜（李永芳之子）。

与屡次受挫的皇太极相反，多尔衮、岳托在塞内所向披靡。突入明朝的左右两翼清军很快就会师于通州河西，由北面绕过北京，在涿州兵分八路，并列南下，正面攻击的范围西至太行山，东至大运河，宽达千里。地势平坦的华北平原给满、蒙骑兵提供了一个很好的用武之地，他们所过之处，大肆抢掠，自北京以西至山西边界，一下子有六府城镇遭到蹂躏。

内外交困的明朝没有对清军的抢掠坐视不顾。1638年（明崇祯十一年，清崇德三年）十月，京师宣布戒严。明思宗调辽东前锋总兵祖大寿入援（为了应付清军的分兵出击，祖大寿等部分辽东将士作为机动力量，要经常来回穿梭于关内关外），而留守一藻、朱国栋、陈祖苞等巡抚分守宁远、山海关与蓟镇，又命宣、大总督卢象升携同总兵杨国柱、虎大威前往易州威胁清军左翼，而青州、登州、莱州、天津之兵前出威胁清军右翼，檄总兵刘泽清以山东兵在正面遏止清军南下之势，高起潜所部为应援。其中，卢象升被授予尚方宝剑，督领天下援兵。

回顾历史，自战争爆发以来，明朝内部在战略问题上发生了三次大争论，第一次大争论发生在萨尔浒大败之后，辽东前线究竟应该采取战略进攻还是战略防御？历史证明，采取战略防御是正确的。但等到明朝君臣取得一致的共识时，辽阳、沈阳、广宁等重镇已经沦陷，辽河两岸已经成为废墟。接着，在采取哪一种防御方式的问题上又发生了第二次大争论，一派主守山海关地区，一派主守关外地区。直到袁崇焕拼死坚守宁远并获得奇迹般的大捷，主守关外的观点才算彻底占了上风。第三次大争论是现在的"议和派"与"主战派"之争。兵部尚书杨嗣昌、辽东监军太监高起潜是"议和派"的代表，主张"安内方可攘外"。督师卢象升是"主战派"的代表，坚决反对与清朝达成丧权辱国的和议。双方针锋相对，丝毫未有妥协的迹象。卢象升既然主战，为了贯彻自己的政治主张，必须在外敌入侵时做出表率。他多次参与镇压起义军的行动，有一定的军事经验，虽然过去从未与清军打过大仗，但必胜的信心十足。这次清军入塞，他刚刚丧父，却强忍悲痛，身穿孝服誓师勤王，在上京朝见明思宗的时候详细分析了清军的进军路线，认为入侵者"或逼陵寝（指昌平）以震人心，或趋神京（指北京）以撼根本，或分兵前出畿南（北京以南）扼我粮道"，上述三种可能性无疑增加了明朝防御的难度。以中原之大，若明军集中兵力于一个地方防备则难以面面俱到，若处处防备又会因兵力分散而难以取得预期的效果。总之，由于客观条件的限制，再加上后勤供应得不到充分的保证，无论哪一种防御办法都不完美，皆有可虑之处。对于卢象升的这番剖白，明思宗深以为然，让他与杨嗣昌、高起潜商议，拿出一个具体的作战方案。可是，卢象升与杨、高两人的政见有别，相见时真是"话不投机半句多"，只是寒暄了一番，便匆匆分别。杨嗣昌在分手前特别叮嘱"切勿浪战"，似乎暗示卢象升不要轻率地与敌人决战。

然而，卢象升不愿呆在城中进行消极防御，而是迫不及待地想与清军在野外轰轰烈烈地打一仗。从表面上看，只要明朝调兵遣将，在局部地区形成兵力优势，就可以乘清军分散抢掠之机，争取在野战中歼灭部分敌人。但实际上，由于明朝的财政濒临崩溃，无力保证大部队的后勤供应，因而很多士兵为了填饱肚子，不得不分散四出觅食，这样做肯定会影响集中兵力歼敌的计划。就算卢象升所部的纪律比一般军队要好，恐怕有时也未能免俗。由此，不少地方出现了参战双方都只顾抢东西而不愿作战的怪现象。清朝一些官员对此洞若观火，例如文馆秘书院副理事官张文衡曾经上书皇太极，对明军进行评论："每出征时，反趁勤王，一味抢掠。俗语常云：鞑子（指清军）、流贼（指起义军）是梳子，自家兵马（指明军）胜如篦子。"必须指出的是，明军的抢掠行为随时会被言官弹劾，有时即使缺衣少食也不敢率性胡为。而清军则不同，这些入侵者可没有那么多条条框框的束缚，他们所过之处，鸡犬不宁。就此而言，清军可以抢到更多东西。

卢象升有鉴于在白天的野战中没有必胜的把握，便选择了夜战。他返回昌平之后让手下各个总兵选取精兵，约定于十月十五日夜晚，分作四路出发，袭击清军之营，并为此而下令"刀必见血，人必带伤，马必喘汗，违者斩"。如果明军真的能够在夜色的掩护下突入敌营与敌人搅和在一起，让对手在"人自为战"的混乱状态下不能充分发挥步骑兵各兵种协同作战的优势，那么就初步达到了自己的作战目的。即使这种无秩序的械斗最终导致两败俱伤的后果，亦在所不惜。不过，这种消耗战尚未实行已令一些企图"保存实力"的将帅望而却步。对卢象升心怀不满的高起潜拒绝出动部属配合，理由是要想出奇制胜，兵力不宜过多。言外之意是让卢象升自己去冒险。这个太监甚至嘲笑道，过去只听说过"雪夜下蔡州"的历史故事，未听说过月夜劫营。其后，由于杨嗣昌与高起潜的种种阻挠，卢象升袭击清军的计划未能成功。为了避免争议，经过各方协商后，明思宗决定以宣、大、山西三总兵属卢象升管辖，关、宁诸路军属高起潜管辖。这样一来，卢象升名下的军队就少了一大半，他辖下兵力总数虽然"不及二万"，但总算真正拥有全权指挥的能力，不像过去挂了"督天下兵"的虚名，却受各方牵制，无所作为。

由于"和""战"两派的分歧，明军事实上各自为战。不久，高起潜部将刘伯禄兵败于卢沟桥，京城之内人心不安，朝中诸大臣奉命守御城中的各大门。明思宗应吏部尚书商周祚的疏请，紧急将正在陕甘的延、宁、甘、固等地围剿农民起义军的部队调回勤王。孙传庭派遣降将白广恩率万人星夜赴援。总督洪承畴率总兵左光先、贺人龙等共十五万人，分批开出潼关，北进京畿地区。此外，山东巡抚颜继祖移防德州，作为山东的屏障。

清军仍旧攻势凌厉，在十一月份劫掠良乡、景州、涿州等地，并于九日进攻高阳。高阳是孙承宗辞官后的养老之地，这位曾经出任蓟辽督师的老人又站在了抗清的第一线，他虽年过七旬，但仍带着全家与城里的军民一起抵抗。可惜的是，由于强弱过于悬殊，此城在数天之后被清军攻破，被俘的孙承宗不屈而死，子孙十九人皆殉难。接着，衡水、武邑、枣强、鸡

兵丁橐鞬图

▲八旗军的常用装备。

泽、文安、霸州、阜城、威县等县俱陷，只有内丘因坚守而得以幸免。到了十二月初，平乡、南和、沙河、元氏、赞皇、临城、高邑、献县诸城相继涂炭。燕山以南，黄河以北，一片风声鹤唳。

明思宗鉴于战局日趋不利，企图临阵易帅，以孙传庭取代卢象升。大学士薛国观、杨嗣昌认为此举不太妥当，建议继续保留卢象升的督师之职，以观后效。他们经过商议，决定让大学士刘宇亮督察各地勤王之师，夺去卢象升身兼的兵部尚书之衔，让其以兵部侍郎视事。卢象升肯定对朝廷的用意有所觉察，明白如果形势持续恶化，自己日后必将成为替罪羊，负起丧师失地的责任。这位血性男儿岂可甘心，由此就不难理解他为何要孤注一掷，千方百计寻找敌人与之野战了。当时，如狼似虎的清兵似决堤的洪水一样汹涌，分作三路继续南下：一由涞水杀向易州，一由新城杀向雄县，一由定兴杀向安肃，气焰极为嚣张。卢象升所部遂由涿州进据保定，分道出击，与来犯之敌大战于庆都，斩获敌首百余级。总兵杨国柱、虎大威随后又战，与敌人死伤相当。这支部队准备集中兵力等待时机，再夹击敌人，可是远在北京的明思宗却进行了遥控指挥，下旨要求分兵增援真定。君命难违，卢象升不得不违心地将兵力分散，而本人率领五千铁骑于十二月十一日毫不畏惧地进至钜鹿贾庄，击退了清军的小股前哨部队。这场不期而遇的冲突只是决战的前奏，可是明军已经粮饷不继，军事赞画杨廷麟奉命向距

贾庄五十里的高起潜请求支援，但得不到任何回应。次日，这支不顾一切向前突进的孤军在蒿水桥这个地方终于遇上了清军的大部队，卢象升率中军，虎大威率左翼，杨国柱率右翼果断迎战，竭力守卫军营。清军不断用各种军号联络，尽量让分散抢掠的人马回来参战，周围劘篲之声四起，令半夜三更的战场倍增凄凉，当新一天黎明到来的时候，已经有数万满、蒙、汉骑兵涌至，并对明军形成数重包围。明军顽强地还击，坚持到太阳偏西，直到打光了所有的弹药、射光了所有的箭。最后的一刻终于到来了，卢象升抱着殉国的决心，带着残存的骑兵奋勇冲上前去，大呼不已："关羽断头，马援裹革；正在此时"，他亲手杀死数十人，然而不幸身中四箭三刀，马蹶而亡，年仅三十九岁。作为一个强硬的主战派，战死沙场正是遂其所愿，可谓"求仁得仁"。随从杨陆凯奋不顾身地伏在卢象升的身躯上面，尽量使主帅的遗体免遭敌军的残忍虐待，为此，他背中二十四箭而死。明军基本上全部覆灭，只有虎大威、杨国柱得以突围而出。

无可否认的是，明军的失败是"和""战"两派内部互相倾轧的结果。主战派卢象升因孤立无援而惨死，徘徊在附近的主和派高起潜也难以全身而退。当卢象升溃败的消息传来后，高起潜本想带着来自关外的部众向西撤，不料慌乱中走错了路，反向东逆行二十里，误中清军埋伏而仓惶败还。连连得手的清军拿下了昌

平、宝坻、平谷、清河、良乡、玉田、蓟州、霸州、景州、赵州等地，不久又把战火引向山东。山东历来以河北为屏障，过去极少受到蒙古诸部与八旗军的骚扰，因而很多地区的坚壁清野工作做得极不彻底，而防卫也远远比不上河北，这对清军的吸引力非常大。孔有德与耿仲明派遣以曹得贤、贾世魁、常国芳等将领为首的部分人马参与了这次入塞作战，这些人曾经在六七年前转战山东各地，故对那里的地理环境比较熟悉，正好起到向导的作用，可知，清军这次进军山东是早有预谋。

明军调集重兵守卫京畿地区与河北，山东兵力空虚。朝廷预感到蹂躏河北的清军会闯入山东，让巡抚颜继祖扼守从河北进入山东的门户德州。谁知清军绕过德州，渡过运河杀向临清，又兵分两路，一路直往高唐，一路前往济南。两路清军如入无人之境，迅速在山东省会济南城下会师，并用云梯攻城，只用了不到一天的工夫，便夺取了这座基本不设防的大城市。城里官吏士卒惊骇不已，纷纷逃避，而巡按御史宋学朱、布政使张秉文、副使邓谦济、周之训、运使唐世熊、知府荀好善等人皆死，包括德王朱由枢在内的一批明宗室贵族成为俘虏，另有五个群王、一个镇国将军，一个辅国将军死于锋镝之下。诡异的是，清军右翼军统帅岳托与其弟马瞻双双病死于济南，据说是感染天花所致。

明朝十万火急地调兵增援济南，最先到达的是祖大寿的养子祖宽，这员副将与三百骑兵在此力战而死。大学士刘宇亮、

总督孙传庭拼凑了十八万军，从晋州赶来。祖大寿亦从青州急赴济南。饱掠一番的清军在明军大部队来到之前撤离，其后，新任的山东巡按御史郭景昌在城内外收殓了积尸十三万。此情此景，惨绝人寰。

离开济南的清军一路势如破竹，连取东平、莘县、济宁、临清、固城，又分兵攻克营丘、馆陶，接着在夺得庆云、东光、海丰之后，往东杀向冠县，略取阳谷、寿张，取道张秋、东平，进入汶上，焚毁康庄驿，攻下兖州，来到了距离徐州仅百余里的地方，致使不少惊恐的居民南渡黄河，以避战乱。

安庆巡抚史可法紧急进驻徐州，以安定人心。尾随清军之后的刘宇亮、孙传庭等人赶到，会师于大城。杨嗣昌奏请把登莱总兵调往临清地方，保护设在那里的粮仓，还要在各地训练乡兵，以辅助正规军作战，并改革政府官员的制度，将府佐、州佐、县佐等文职改为将领、守备、把总等武职，同时建议裁减儒学训导一员，以增加武官的编制。明思宗一一批准。

打到黄河岸边的清军停止南下，转头北上，离开山东重返河北，经沧州、青县走向天津。明军照旧远远跟在后面，屯于沧州、盐山一带，没有踊跃赴战。例如在1639年（明崇祯十二年，清崇德四年）二月，跨越运河的清军正值水涨，辎重一时难以渡过。这本是明军出击的良机，但总兵刘光祚、王朴、曹变蛟等人互相观望，谁也不肯奋勇争先，结果贻误了战

机，遭到刘宇亮的弹劾。为此，明思宗下旨切责，以饬军纪。各路明军在朝廷的压力之下纷纷寻敌作战，立即报捷斩首三千余级。稍后，祖大寿、张进忠伏兵于宝坻附近的杨家庄，亦称斩获首千余级。不过，这些战绩有不少水分，在斩获的首级之中有一些是从清军俘房营中逃回的难民。

总之，清军经过数天的努力，带着辎重渡过了运河，踏上东归之路，途中有意避开对手重兵屯驻之地，企图取道迁安县青山口出塞，但在喜峰口遭到明军总兵陈国威的追击，未能如愿，遂转而向丰润进军，不料又碰到总兵虎大威、杨德政所部的拦截，被迫改道前往冷口，谁知此地的明军早有防备而无隙可乘，不得不经太平寨重新折返青山口。右翼清军途经太平寨时，从每旗之中抽调一名梅勒章京与三名甲士迎战驻于当地的明朝京营各镇之兵。这一类的战斗，无论是规模与激烈程度都有限，通常是打过几个回合之后各自收兵，因而参战双方都可宣布获胜。明军高调向朝廷报捷，而右翼清军也自称连胜十三阵，获马六十四。

兜了一个大圈之后，两路清军先后出塞。其中左翼清军于三月七日全部离开明境，他们路过青山口时，自称击败明军十一次，获马一百七十二匹。四天之后，右翼军也尽数出境。这次清军入塞时间长达半年，转战二千里，给内地造成的损失空前巨大。清朝的战报宣称攻克山东济南府并三州、五十五县、二关，败敌五十七阵，俘获人畜四十六万二千三百，夺取黄金四千零三十九两，白银九十七万七千四百六十两。

当然，清朝的战报不能尽信。最明显的例子是战报竟说左翼军"无一伤者"。可是，《清实录》记载皇太极在战后以"征明失律"的罪名惩处了一批将领，其中有不少人因失误而致使部下死于敌手。比如祁他特车尔贝部下牛录章京喇希巴、额朱文与拔什库博博图在搜索粮食时与明三屯营军队相遇，额朱文被杀，同时死亡的还有一名甲士与一名随从。而喇希巴与博博图带着二十六名甲士逃跑。这些人现在都被皇太极下令鞭打一百，作为处罚。祁他特车尔贝所部显然隶属于多尔衮指挥的左翼军，因为左翼军从青山口入塞之后，正好经过三屯营向通州前进，与右翼军会师。类似的例子在丰润这个地方也发生过。由此可知，左翼军的确有人战死。根据保存至今的清代原始档案记载，在这次入塞中，八旗军、三顺王部队以及随行的外藩蒙古兵共死亡四百五十人（这个数字可能是不完全统计）。当中肯定有不少是左翼军的将士。若将战报所说的"无一伤者"理解为只有人战死而没有人受伤，那么就与常识不符。谁会相信在这一场规模如此之大、时间如此之长的战事中，竟然只有人战死而没有人受伤呢？可见，所谓"无一伤者"，只不过是一个荒诞不经的宣传而已。

尽管清军出于宣传的需要而吹了牛皮，但也不能对他们的胜利加以否认。损失惨重的明朝事后对相关官员进行问责，山东巡抚颜继祖与总兵倪宠因济南失陷而受到惩罚，一个被罢免，一个被逮捕。内监高起潜降官三级，总督孙传庭降官一级，大学士刘宇亮被革职，大学士杨嗣昌被夺秩。由于卢象升是以督师身份殉职的，无形中为这次失败分担了相当一部分责任，可能是有鉴于此，朝廷就没有再拿其他主管军事的文官开刀了。

第七章 最后决战

明朝内部对于是否"议和"仍然悬而未决，这意味着与清朝的战争将要继续打下去，而宁锦防线首当其冲。

根据辽东巡抚方一藻在1637年（明崇祯十年，清崇德二年）四月的奏报，关外明军的总数为六万八千人，分为五十多营，其中在辽东宁远、锦州、前屯、中左、中右、中后、松山、杏山等地，每处驻扎了三至七营。而长宁、兴水、黑庄、高台、平川等堡，也各自部署守军。明军还组建了"堪战援兵"与"夷兵"作为机动部队，此外还有一千多名水兵与数目不详的哨兵助战。在这些营伍之中，人数最多的是驻于宁远的一个"城守营"，兵力达到一千七百九十八人（顺便提一下，这个"城守营"由赵邦宁这员参将率领。同城驻守的"参营"与"团练左营"分别由职位更高的于永绥与董克勤这两员副将率领，可人数却要少一些。由此可见，明军的编制较为混乱）。人数最少的是以蒙古人为主的"降夷左、右两营"，这两营属于机动部队，每营只有五百人，分别以桑昂（即桑阿尔寨）、那木气（即诺木齐）这两员蒙古族副将为首。

在关外明军的五十多营之中，其驻地与作战任务并非一成不变，而总是随着形势的变化而更改。这些统兵的将领之中，有不少是祖大寿的亲信。值得一提的是，在跟随祖大寿一起从大凌河城跑回来的人里面，有不少获得重用，当中的祖泽远已经官至副将，率领"招练营"驻于锦州之内；郭进道亦官至副将，率领"平夷右营"，隶属于"堪战援兵"的编制；赵邦宁则为参将，率领"城守营"驻于宁远。另外，锦州之内掌管"东协"的副将祖大乐、"堪战援兵"之中掌管"西协"的副将祖宽与统率"右翼左营"的祖克勇也是祖大寿的左右手。而统领"前锋左营"驻于锦州的副将吴三桂是祖大寿的外甥。就连桑昂、那木气亦是祖家军麾下之将。虽然桑昂与那木气所辖的两营人数不多，仅有一千，但整个祖家军之内的蒙古人远远不止这个数，以郭进道的"平夷右营"为例，就有一位名叫祖祥的蒙古族千总，素以勇敢著称（祖祥这个名字是祖大寿取的，以示恩宠）。根据学者的研究，这个时期的辽东明军大部分人没有装备铠甲，他们平时主要是呆在城里防御，而披挂铠甲的大约只有两成人，这两成人需要肩负起哨探与野战的任务，而擅长骑射的蒙古人正是其中的佼佼者。难怪大凌河降将张存仁在向皇太极献策时会说道："祖大寿所素恃者，蒙古耳。"

由此可知，尽管祖家军在大凌河之战受到重创，可是实力犹存。在此后的一系列战事中，这支军队时有损失，连祖克勇也在赴援松山时被清军所俘。不过，很多人仍将祖家军视为辽军的顶梁柱。

然而明思宗对不肯入京朝见的祖大寿始终不太放心，想派一位得力之臣出关，以确保关外局势的稳定。这个千斤重担就落到了洪承畴的肩上。洪承畴，字亨九，福建南安人氏，他在1616年（万历四十四年）的科举中了进士，从此步入仕途，直到崇祯年间天下大乱，才正式染指军事，先后出任延绥巡抚、陕西三边总督、以及兵部尚书兼督河南、山、陕、川、湖军务等职，他在镇压各地的农民军时取得不俗的战绩，俘杀了陕西起义军著名领袖高迎祥，还多次重创李自成所部，到了1638年（明崇祯十一年，清崇德三年），已经基本肃清了关中地区的起义队伍。同年，他入卫京师，与在关内抢掠的清军周旋。明思宗看中了这名久经沙场的文官，便乘祖大寿正在请求增兵的机会，命其为蓟辽总督，带数万军队到关外主持大局。1639年（明崇祯十二年，清崇德四年）春，洪承畴离开了狼烟四起的中原，与手下将领曹变蛟等人一起向关外出发，驻扎在距离山海关不远的中前所。

洪承畴到任后，马上视察防线，整顿部队。为了防止长期驻守边境的地方部队演变为军阀，他采取了必要的防范措施，即实行"移营"之策。"移营"之策针对的对象是驻扎在宁远、锦州这两个据点之间的营兵。这些营兵在前沿阵地呆久了，很多人已经成家立业。现在洪承畴以安定军心、方便前沿作战调动等等借口要把营兵们所有亲属与家产迁移到位于宁远后面的中后所与前屯所，这样做的理由据说是中后所与前屯所这两处地方的"城垣阔大"，足以居住；而且"田地宽腴"，利于耕种；"山地平衍"，便于放牧；"林木茂密"，易于樵采。但实际是把营兵们的亲属当作人质，并控制他们的家产，以防反侧。他要求前锋总兵祖大寿、团练总兵金国凤（此人因守松山有功由副将升为宁远团练总兵）等人做好部属的工作，用"先远后近"的办法，逐渐把相关人员与物资搬回来，尽早完成这一具有战略意义的工作。

为了增加作战效率，洪承畴征得监军高起潜与巡抚方一藻的同意，先后抽调近万名官兵到永平训练，并升副将吴三桂为团练总兵、朱国梓为辽东监纪通判，负责练兵。这支生力军练成之后分作八营，分别驻于宁锦防线中的前屯卫、中后所、宁远、塔山、杏山、锦州等六个据点，倚为干城。

洪承畴与他的前任一样，比较重视火器，他曾经仔细询问过辽军将领，确认用火器对付清军非常有效，例如他在给皇帝

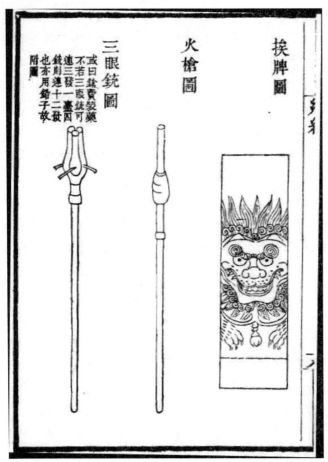

火槍圖

三眼銃圖
或曰銳費裝藥
不若三眼銃可
連三發
連則連一
銃則發時筒
也亦可因
用十二
鉛二發
子故
附圖

挨牌圖

▲三眼铳、火枪与挨牌。

三月，他已买进十九万六千余斤硝，新制成一门铜红夷将军炮、二十门荡虏大炮、三十顶铁盔、一百三十副脑包、一百零五副甲、二十副臂手，改造过十顶盔、十副脑包、四百一十三副甲，新制十三辆炮车、二十把斩马刀、二百二十六面悬牌，改造过三十二副箭帘、一百二十块苇子挨牌，购买与验收二百六十匹马骡。同一个月，辽东镇还修整了一批城池的城垣与壕堑；新建了一批台堡。

在洪承畴整顿明军期间，皇太极于1639年（明崇祯十二年，清崇德四年）十月又派兵骚扰宁锦防线，阿济格、阿巴泰、杜度、豪格、多铎等人相继奉命往略

的奏书中自称："臣又细询，御敌战具，猛烈迅速，为奴所惮，无如火箭。"为此，他向工部申请调拨二万支火箭，外加一百门大炮、三千张弓与六万支箭。工部一下子拿不出这么多东西，最终只给了五十门灭虏炮、二千张弓、六万支箭。出于加强装备的需要，他不得不自行筹办军事物资，在开平卫、古冶、蓟州等地设立军器局、火器局与火药局，制造三眼铳、鸟枪、火药与铅弹等军械。据史料记载，1640年（明崇祯十三年，清崇德五年）

锦州、宁远等地，而主要的战斗将于二十日这一天在宁远发生。当时，驻守宁远的总兵金国凤虽然名义上拥兵近万，可是这些部队来源不一，难以号令。他在迎击清军时对某些官兵畏敌怯战的行为感到愤慨，为了以身作则便率领数十名亲丁出城，占据城北山冈与敌人鏖战，一直从早上打到太阳偏西，始终没有得到援兵的接应，最终"矢尽力竭"，与两个儿子一起战死。事后，明军对部队的指挥序列进行调整，吴三桂以团练总兵的身份驻于

宁远，成为金国凤的继任者。而刘肇基为分练总兵驻于前屯。洪承畴对金国凤之死加以反思，评论道：金国凤前不久守松山之时，兵不满三千，犹能力抗强敌，保住孤城，这并非是他的才力比别人优胜，而是能将权力集中于自己的手上，使军中号令一致，可是他出任总兵之后，指挥的人多了，反而败亡，这并非是他的才力短拙，而是由于军中派系众多，号令不一的缘故。据此，洪承畴表示要继续改革军制，尽量让军中派系众多所带来的负面影响降至最低，他认为所有的队伍不管来自什么地方，由谁带领，一律要听总兵的军令，否则，要对违令的人治以"连刑节制之法"，也就是要在军中实行"连坐法"。过去，为了提高军事决策的效率，朝廷专门在诸多总兵之上设置了"武经略"一职，可效果依旧不佳。现在，洪承畴干脆让巡抚、巡按、兵备道等文官在军务问题上要听从总兵的安排，甚至连监军太监也不例外，这样就使总兵获得了极大的权力。这个命令一反明朝官场重文轻武的常态，对总兵这个武职极为推崇，这可能是洪承畴接触过太多纸上谈兵的文官，才格外注重那些从死人堆里爬出来的武将。1640年（明崇祯十三年，清崇德五年）三月，明思宗下诏撤去在各镇监军的太监，因而在宁锦前线看不到指手画脚的太监了。但是，只要明朝不彻底放弃以文制武等防范部队产生军阀的政策，部队内部呈现政出多头、号令不一的局面不可能会有根本的改观。比如洪承畴鼓吹要在部队实行"连坐法"，可高级将领违法乱纪时，实际有权进行军法处置的不是总兵，仍然是拥有尚方宝剑的文官——总督。实际上，前线所有的总兵仍旧要听他这个总督指挥。

洪承畴在任职蓟辽总督时参与撰写过兵书《古今平定略》。书中收录的《洪尚书（指洪承畴）重补戚少保（指戚继光）南北平定略》显示他曾经精心研究过戚继光的军事思想，而《车战》与《车轮制》等篇章，又表明他重视战车。战车正是明代中后期名将戚继光在镇守北部边防时非常倚重的武器，而装载了大量火器的车营也常常能将蒙古游牧骑兵御于国门之外。故此，到了八旗军入侵辽东之时，很多明军将帅仍想依样画葫芦地使用战车与入侵者进行野战。军队里一些有文化的官员为此编写了一些兵书，例如蓟辽督师孙承宗就曾经出版过《车营扣答合篇》。现在，洪承畴提倡车战只不过是沿用前人的故智而已，与过去有所不同的是，他将要筹建的车营规模更大，在《古今平定略》中，他说道"往者用车，兵不逾万，车不过二百辆，每车占地一丈，每面不过五十丈"，由于"五十丈之阵"的规模比较小，势必难以抵挡四面环攻的"数万之虏"，因而现在的车营必须要有五万或十万将士，并要"占地数十里"，才能有胜算。不过，由于军费的预算有限，车营的实际规模比设想中的要小。

可是，过去的历史已经证明，明军用车营与八旗军作战是屡战屡败。而洪承畴在关内讨伐起义军时也没有大规模用过战车，那么，他为何要这样着急地筹建车营呢？答案似乎是与明军缺乏战马有关。

最奇怪的是，辽东明军在一年多的时间里发生了战马数量大幅度减少的事。根据关外户总司署郎中袁枢在1639年（明崇祯十二年，清崇德四年）三月给朝廷的报告，辽东明军的兵力接近七万人，而战马尚有二万六百六十八匹。可是到了1640年（明崇祯十三年，清崇德五年）五月，祖大寿在给朝廷的报告中声称兵力变化不大，可战马数量只剩四千多匹。至于战马为何会在十多个月里突然减少了一万五千匹。他没有对此作出解释。估计主要的原因是养不起马匹。据专家研究，一匹重达四百公斤的战马每天需要进食大量的生牧草、干牧草与水，这些给养的总重量为四十公斤左右，相当于战马体重的10%。然而，由于清军经常骚扰宁锦防线，再加上大量明军集结于锦州、松山、塔山、杏山等处，在双方军队长年累月的"兵炊、马食"之下，致使植被受到破坏，很多地方的青草逐渐"根株不留"。明军战马的饲料越来越依靠后方的供应。到了冬春两季，马匹在长达半年的时间里需要额外补充豆类与谷类等物，根据古代兵书的记载，通常在"十月一日起料（料，指豆类与谷类等物）"，到次年的四月一日"停料"。"一马每日消耗一斗粟，一月消耗三石，六个月就消耗十八石；每日消耗三合盐，一月消耗九升，六个月就消耗五斗四升；每日消耗茭

草二围，一月消耗六十围，六个月就消耗三百六十围。"这样一来，食量惊人的战马必然会对明军的后勤造成沉重的压力。锦州、松山、塔山、杏山等处驻军的给养不能自行筹足，需要依赖朝廷从遥远的关内把粮食调过来。有时，为了保证前线的士兵不饿肚子，不得不暂时将大量的骑兵遣返回后方就食。

就像主持练兵的刘肇基向朝廷诉苦的那样，军队之中的"应战之具，如弓矢刀枪等项差足有备，为盔甲见少，马匹无多"。前线的明军既然缺乏战马，只好将更多的希望寄于战车了。洪承畴希望车营能够在野战中抵挡清军重装骑兵的突击，尽管以往的战例说明这样的希望比较渺茫。不过，洪承畴所部装备的铠甲比辽军要多，一些精锐部队的披甲率可能超过了一半，这些重装步兵与重装骑兵（又叫"铁营"，即铁骑营的简称）可以通过近身肉搏来牵制清军的重装骑兵，配合车营作战。故此，洪承畴就不怎么惧怕与清军野战了。

清朝过去的一系列军事胜利令不少其国内官员对空前有利的局势非常乐观，汉官们纷纷建言，要皇太极不失时机地与明朝"争夺天下"。究竟应当采取哪一种进军路线，则众说纷纭。被大多数人频繁提及的攻击目标主要有两个，一个是北京，另一个是山海关。有的人认为，夺取明朝的首都北京能在政治上产生重大影响，山海关等地会"传檄而定"，明军会接踵而来投降，因而能在最短的时间内获得最

大的胜利。还有的人认为应该首先夺取山海关，只要这个重镇一破，就等于切断关外宁锦防线的后路，可令辽东明军不战而降，如果能控制整个关外地区，逐鹿中原就容易得多了。关于具体的进军路线，更是七嘴八舌，不一而足。有的建议绕过宁锦防线，取道宣府、大同入边，围困北京。有的建议可从水路或陆路进军，奔袭山海关。甚至有的人想以孔有德、耿仲明所部为向导，登陆山东登莱地区，使山海关"腹背受敌"。总而言之，这些建议的共同特点是不想强攻宁锦防线，以免陷入旷日持久的苦战。除了北京与山海关之外，也有某些人选择宁锦防线为首要的目标，但主要的思想还是智取，而不想死打硬拼。在这些建议之中，比较有代表性的是由都察院参政祖可法、张存仁等人联署的奏疏，其部分内容摘录如下："燕京（指北京）之易得者,内多客处之人，若断其通津粮运、西山煤路，彼势将立困，必不能如凌河（指祖大寿曾经坚守的大凌河）之持久，此刺心之著也。如欲先得关外各城，莫若直抵关门（指山海关），久不经战守之地，内皆西南客兵，攻取甚易，兼石门之煤不通，铁场堡之柴不进，困取甚易。山海关既取，关外等城已置绝地，唾手可得，此断喉之著也。如欲不加攻克而先得宁、锦，莫如我兵屯驻广宁，逼临宁、锦门户，使彼耕种自废，难以图存，锦州必撤守而回宁远，宁远必撤守而回山海，此剪重枝、伐美树之著也。"在这份奏疏之中，分别把攻取北京、山海

关、宁锦防线的战略行动比喻为"刺心之著"、"断喉之著"与"剪重枝、伐美树之著"。里面还专门解释道，"刺心"、"断喉"可让人立即毙命，而"剪重枝、伐美树之著"只不过是相当于断人"手足"而已，按照常识，人断了手足之后犹能生存，故不可施之于明朝这个"积弱之大国"，以免影响速胜。

汉官们在战略上的各种建议都引起了皇太极的注意，然而直取北京或山海关这类速胜的思想被他视之为投机取巧而遭到否决，因为自他上台以来已经先后四次派军绕道入塞，威胁过北京与山海关等一大批关内的城镇，但均未能取得尺寸之地而回，最主要原因是存在宁锦防线这个最大的障碍。这条防线的各个据点像钉子一样牢牢地固定在辽西，使得清朝国境与明朝关内地区互相阻隔，不得连贯。皇太极心知要想在千里之外的关内地区站稳脚跟，必须首先夺取近在眼前的宁锦防线，只有不怕浪费时间、不怕牺牲人力物力，老老实实地打几场不可避免的硬仗，才能如愿以偿，除此之外，难以有别的捷径可走。这意味着，一场足以改写历史的大决战将要再度在关外爆发。

宁锦防线的两大据点是锦州与宁远，两者的距离超过百里，共同捍卫着北京的门户山海关。自从大凌河城被清军摧毁之后，锦州就成为了整条防线的前哨。如今皇太极把首要的攻击目标选在锦州，是大势所趋。要想围攻锦州，必先要断其后路，因而锦州与宁远之间的杏山、松

山、塔山等据点不可避免地受到波及。从1640年（明崇祯十三年，清崇德五年）起，皇太极开始作战部署，他派兵前进到大凌河畔的义州开荒屯田，积蓄粮食，为下一步攻打锦州预做准备，因为这两个地方相距仅有九十余里。到了三月份，济尔哈朗奉命为右翼统帅，多铎则为左翼统帅，两人一齐率部到义州一边筑城，一边耕种，不过月余时间就修好了一座城，并在城的东西方向开垦了四十里田地。

皇太极为了增加胜算，还让户部参政硕詹等人前往朝鲜调兵调粮。率领五千名水兵的朝鲜总兵林庆业用一百一十五艘船运送一万包大米，从海路经旅顺口，原定于四月二十五日到达锦州以南的小凌河、大凌河口，但途中遭到海风与暗礁等意外因素的影响，沉没了一些船只，后来又被三十八艘明军战舰拦截而伤亡数十人。朝鲜船只虽多，可是运载过重，打不过灵活机动的明军战舰，只得取消由水路直抵战区的计划，转而驶往辽东半岛之东寻找临时停泊点。最后，剩余的五十二艘船只靠于盖州海边。经清朝批准，一千多名朝鲜人将运上岸的粮食暂放在盖州、耀州，再前往海州待命。其他人在林庆业的带领下从原路返国。

为了增强攻坚能力，清军新招了善于制造云梯的千余工匠，同时赶造了六十门红衣大炮，又从蒙古喀喇沁部购买万匹马，用来运送大炮等辎重。大量的战略物资源源不断地输送到了义州。

不少具有战略眼光的人都已看出，皇太极即将对锦州进行一场旷日持久的围困。然而，清军的普通将士最不乐意打这样的仗，因为既浪费时间，又抢不了多少东西，过去围困大凌河城时军中已是怨声载道。为此，都察院参政张存仁在开战前夕上了个奏折，提醒皇太极要注意"鼓励三军之气，坚持围困之策"，采取各种措施禁止逃兵的出现；而在战术方面要积极拦截明军侦探，防止对方得到有用的情报。只要这样做，"远不过一岁，近不过数月，自有可乘之机"。在这个奏折中，他还分析了对手的心态，指出明军里面的文臣武将貌合神离，因而对清朝的态度各有不同，由于当年大贝勒阿敏在永平进行大屠杀时，只杀投降的文官而不杀武将，此种错误的做法使得明朝的文人至今"寒心"，而武将却首鼠两端。言下之意是，招降明朝的武将比招降文官容易。清朝应该对明朝文人多加安抚，以亡羊补牢。接着，他指出假如明朝在大军压境的情况下欲放弃宁锦防线，要将辽军全部撤回关内，祖大寿必定不会答应，因为这名桀骜不驯的将领不肯轻离经营多年的巢穴。他批评国内很多人误会了祖大寿，"以为祖帅背恩失信，无颜再降，臣确知其唯便是图，本无定见"，一旦危急，此人可能会重新投降清朝。况且，祖大寿军队里面有大批蒙古人，只要清朝能采取离间之计，必有良效。这些"攻心之策"如能一一实施，对手可能会相率来归。

张存仁的奏文分析得颇合情理。其中一些建议被皇太极采纳，在即将开始的围攻锦州之战中发挥了作用。

明朝对清军在义州的异动非常警惕，前线的祖大寿在1640年（明崇祯十三年，清崇德五年）五月请求朝廷将前锋镇、团练镇、分练镇三镇的骑兵从四千增加到一万五至一万六，再从关内调来一万五千骑兵，才可确保无虞。要想驱逐敌人，他认为还要将骑兵的数量增至五万。但兵部对他的建议不予采纳，因为一时之间不可能凑足这么多马匹。

来自边境的情报不断传回京城。明思宗已经预感到一场恶战就快发生，他传谕朝中重臣，认为前线情况紧急，在"边臣料理"的同时，"中枢尤当予筹"。辽东巡抚方一藻与自己的继任者丘民仰，还有总兵祖大寿、吴三桂、刘肇基日夜商议破敌之策，最后决定吴三桂率部赶赴松山，刘肇基率部赶赴杏山，方一藻坐镇杏山之后的中左所（塔山），丘民仰坐镇中左所之后的宁远。此四处地方与锦州形成一字长蛇阵，互相呼应，以作声援。方一藻在给朝廷的奏疏中说，前线明军要"站定脚跟，整兵严阵于松山、锦州之间"，仍将用防御的老办法应付敌人，并乐观上报道，"奴（指清军）迄不敢睨视近城"，也不敢窥探或抢夺海运物资，由于明军坚壁清野，敌人"一无所掠"，这些"足以见防御布置之一端"，足以说明战法运用得当。

可是，兵部却似乎对辽军的防御之策不太满意，主张多用野战的方法与来犯之敌周旋，认为驻于锦州的祖大寿应当"相机"派兵出城，采取"挠之，惊之，剪之，骄之，逼之"等多种战术，攻击敌人；当敌人出现"骄惰"情绪之时，锦州驻军还要会合松山、杏山两镇将士，出其不意地攻敌中坚，予以驱逐。蓟辽总督洪承畴的意见实际上是支持兵部的，他认为辽东地区的战略应当与过去有所不同，"非徒言守，必守而兼战，然后可以成其守；而战又非浪战，必正而出之以奇，然后可以守其战"。意思是说，过去辽军过于注意防御了，现在既要防御，又要野战，两种战法可谓一"正"一"奇"，正好互相配合。在洪承畴的干预之下，宁锦前线的防御之策遭到修改，吴三桂与刘肇基两部不必呆在松山与杏山里面，而是驻于这两城之间，准备野战。洪承畴本人所部驻于前屯所与中后所之间，做预备队。山（山海关）、永（永平）巡抚进驻关门，总兵马科进驻中前所。山海关之内也进行布置，蓟镇驻军仍在原地加强防守，另调喜峰口、董家口驻军出关助战，而以通州兵移防喜峰口、董家口两地。虽然，兵部赞扬洪承畴是"老成筹边"之人，吹捧其见解能与历史上著名谋臣韩信与范增的方略相提并论，但也对新制定出来的作战部署略加修改，认为巡抚不应该驻于地势低陷、易于四面受敌的塔山，应该返回宁远坐镇。总督应从中后所退回中前所，这样更安全。清军不会马上入塞骚扰，故通州兵暂时没必要调防。明思宗批准了经过洪承畴与兵部修改之后的作战方案，他勒命户部迅速输送粮食，保障前线供应。

皇太极调兵遣将围攻锦州的行动竟然导致明军针锋相对地修改了原有防御之策，打算与入侵者野战，这样一来，一场围城战就势必逐渐演变成两军之间的决战。即将开始的这一战非常有可能最终决定关外地区的命运。

必须指出的是，明朝新任兵部尚书陈新甲与新任蓟辽总督洪承畴对修改辽东明军原有的防御之策起了决定性的作用，他俩联手一起，即将要把十几万明军推上决战的战场。

陈新甲是举人出身，从未中过进士，他能够出任兵部尚书这个要职，在官场上是罕见特例。因为根据约定俗成的惯例，只有进士出身者，才有资格做各部的尚书。可是当时战局不利，朝中大臣皆不愿做兵部尚书这个吃力不讨好的苦差事，只好让陈新甲鸠占鹊巢。此情此景，有点像俗话所说的"蜀中无大将，廖化作先锋"。陈新甲过去从未成功指挥过一场战事，他最擅长的是干一些整顿武备、训练军队的事，全因机缘巧合，才成为达官显贵。他此前曾经在辽东任过职，并在大凌河之战中以宁前兵备佥事的职衔在后方负责前线部队的后勤供应。明军在大凌河惨败之后，他险些被朝廷削籍，只因得到上级的庇护，不但免受处分，反而步步高升。《明史》称他治军"不能持廉"，"所用多'债帅'"。"债帅"一词专指军中那些靠借贷来行贿的将领。这些家伙升官之前向大商人借高利贷来贿赂掌握人事权的上级领导，履新之后再运用职权

采用克扣军饷等手段，敛财还债。他们当中既有总兵、副将，也有参将、游击，涉及各级的将领。这种腐败的现象在明朝中后期的北部防线上已成为突出的问题。由于陈新甲多用"债帅"，容易被人怀疑贪赃受贿，但也不排除是"使贪使愚"的传统思想在作祟。什么叫"使贪使愚"？《新唐书》对这个成语做了一个很好的解释："军法曰：'……使贪使愚……贪者邀趋其利，愚者不计其死。'"大致意思是贪婪的人必好利，愚蠢的人不怕死，这两种人在战场上的表现胜于普通人，统帅应该针对性地予以使用。显然，明军中"债帅"，属于贪婪而想牟利之人，按常理，这些人特别热衷于通过杀敌而立功受赏，故应当受到重用。类似的思想源远流长，在某种程度上反映了文人对武夫根深蒂固的鄙视，直到明代仍然发挥着一定的影响力。明太祖朱元璋有一次与侍臣讨论用将之法时，有个名叫秦裕伯的前元文士说道："古者帝王之用武臣，或'使愚使贪'"。朱元璋对此表示不能苟同，加以反驳："使愚使贪，其说虽本于孙武（按：《孙子兵法》没有这类说法，朱元璋可能是张冠李戴了），然其言非也。夫武臣量敌制胜，智勇兼尽，岂可谓愚？攻城战野，捐躯殉国，岂可谓贪？若果贪愚之人，不可使也。"可见，朱元璋明确反对在军中使用贪、愚之人，或许是因为这位开国皇帝出身于武夫，故非常反感这种说法。然而，到了明朝中后期文官普遍掌握军权之时，由于"使愚使贪"符合

"以文抑武"的政策，免不了又成了文人们口中津津乐道的话题，然而，无情的事实已经证明，这些贪婪的"债帅"亦不能力挽狂澜。

一味鼓吹要与清军野战的陈新甲，与其说寄希望于"债帅"，还不如说是对洪承畴信心十足所致。洪承畴的军事履历比起志大才疏的陈新甲要精彩得多。他是朝廷镇压农民起义的得力干将，长期主持河南、山西、陕北、四川、湖广等地的军务，活捉过名噪一时的起义军领袖高迎祥，并几乎全歼骁勇善战的李自成所部，平定了关中。这些辉煌的战绩令他拥有足以炫耀的资本。这次跟随他出关的是一支久经沙场的百战之师，由于兵源很多来自陕西，故号称"秦兵"（秦兵有时又可称为"西兵"，而辽兵则称之为"东兵"）。在这支部队中，无论是各级将领，还是普通士卒，一直以来都习惯打野战，极少进行防御，如今，他们又想在辽东战场照搬过去的经验，再立不世之功。

必须说明的是，农民起义军与清军是两支迥然不同的军队。只有短短的十余年历史的起义军在揭竿而起的很长一段时间内，队伍里面包含有大量的乌合之众，由于装备低劣，无固定的根据地，故时时避免与明军堂堂正正地对阵，而是四处流动作战。清军则不同，他们训练有素、装备精良，有着固定的根据地，既善于机动作战，又敢于死打硬拼，自努尔哈赤起兵统一女真以来，至今已经五十多年，这支军队一直少有败迹。

显然，用对付农民起义军的战术与清军作战，肯定不会达到预期的效果。可是，那些在镇压农民起义军时屡战屡捷的明军将帅似乎不太愿意承认这一点。然而铁的事实就摆在眼前，过去转战山西、湖广、河南等省的卢象升在围追堵截各路起义军时累建功勋，可是，在入京勤王时却被清军打死。这已经给同僚们敲响了警钟。长期与卢象升并肩作战的洪承畴似乎没有吸取血的教训，仍然准备在辽东围剿清军，就像过去在西北围剿农民起义军那样行事。

这场战事即将在锦州开始。四月二十九日，皇太极命多尔衮、豪格、杜度、阿巴泰等人留守沈阳，他亲自到前方视察，于五月十五日经过义州时巡阅了一下部队的营房，便马不停蹄地继续前进，在途中恰巧遇到济尔哈朗、多铎、阿达礼及其手下。原来，他们刚刚拔掉了明军修建在锦州以北的一个屯堡，正凯旋而还。两股清军会合在一起，准备向锦州发起试探性攻击。

很快，敌对双方发生了第一场野战。起因是居住于杏山以西五里台的六十多名蒙古人想叛明归清，济尔哈朗、多铎、阿达礼、罗洛宏、博洛等宗室贵族以及正蓝旗蒙古都统伊拜、镶黄旗护军参领陈泰奉命率一千五百护军于五月十六日前往迎接，他们乘夜从锦州城南通过，于拂晓时分到达目的地，与来降的蒙古人取得联系。正巧，洪承畴于本月出关督战。得报后的明军迅速作出反应，杏山总兵刘肇基率三千步骑兵沿城布防，而城内三百骑兵也加强戒备；吴三桂带着三千骑兵赶来增援；而祖大寿令游击戴明以七百骑兵前来协助。各路明军陆续到达，总数达到七千，并"分翼列阵"，进逼清军。济尔哈朗等人采取诱敌之策，故意后退至杏山九里之外。果然有百余明军骑兵中计，竟敢离开主力部队，大声呼噪而进行追击。清军等到时机成熟，立即纵兵往回打，一直打到杏山城下才罢休，他们在这一番激烈的肉搏之中，俘杀了明军副将杨伦、周延州与参将李得位，夺取了不少马匹，接着又攻击了城外的步兵营，缴获了一大批胄甲等军械，再经锦州而还。明军在这次

野战中"失亡千人"，其中损失最大的是刘肇基的步兵。而以骑兵为主的吴三桂所部也一度被清军围困，幸好在刘肇基的接应下突围而出。战后，他俩都受到了处分，被朝廷勒命"戴罪立功"。洪承畴为了严明军纪，将临阵胆怯的副将程继儒斩于军前。

这次野战的失利使明军统帅部稍为清醒，暂时避免与清军再战。二十二日，皇太极令汉军携着红衣炮先行出发，自己随后率领八旗护军骑兵跟进，来到距离锦州五里的地方布阵排兵，一边用大炮轰击明军的堠台，一边抢收城外的庄稼。皇太极还亲自带人不断接近城池进行侦察，为将

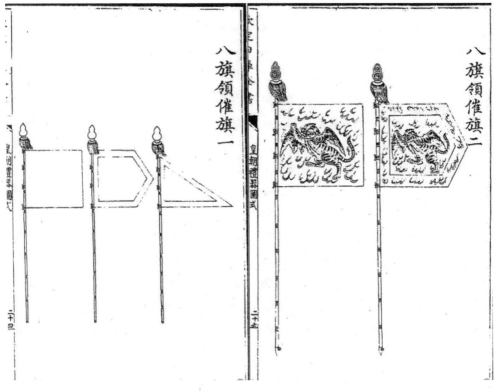

▲八旗军领催之旗。

来的围困铺路。这次行动直到月底才结束，全军东归。其后，皇太极在六月十五日下令多尔衮、豪格、杜度与阿巴泰各自率领一半部属，前往代替济尔哈朗等人于义州筑城、屯田，并以三个月为期限轮流换防，这样做的目的是以免部队产生松懈的情绪。

义州清军时不时地到锦州附近抢收庄稼，并攻下了城西与小凌河西岸的十一座

▲明军的大斧。

堠台，俘虏四十人。这时，围城行动实际已经开始，护军埋伏在锦州通往松山的大路上，伺机捕捉明军信使。在此期间，多尔衮等人按照皇太极的布置，把军队分为左右两翼，逼近锦州驻营。一则为了断绝守军与后方的联系；二则便于等到城外庄稼熟时快速抢收。为此，锦州城外多次发生冲突。例如多尔衮等人在七月六日奏报，他们派军在锦州城西割禾时，遭到明军步骑兵的袭击。清军的反应很及时，两队护军不顾对手施放的铳炮向正面突进，另一队骑兵从侧面冲击，很快取得胜利，一直追到城壕为止。根据《清实录》的记载，从七月到九月，类似的作战发生过数次，清军有时袭击守军出城樵采的士兵、有时抢掠押运粮食的人员，有一次甚至派人潜入到锦州侧后的小凌河入海口，缴获了两只船，杀死三十五人。清朝的官书也记录了明军的一些反击行动，例如对方曾经于七月初八向八旗镶蓝旗营发动夜袭，但因被哨兵发现而撤返，后来又夜袭义州，击伤屯田的三名满洲军人以及八十九名汉人。

有一些战斗，双方都宣布获胜。比如有一次，多尔衮的奏报称洪承畴率领吴、

王、刘、陈四总兵及四万步骑兵于七月十一日至杏山，诸王、贝勒率领军中的一半骑兵与所有的护军迎战，与对手在城附近进行了小规模的交锋，获马七十匹而回。明朝史料的说法又与清方不同，据说曹变蛟、马科、刘肇基、吴三桂等将领在杏山城北迎敌，"合力连砍数阵"，赢得"奇捷"。到了二十七日，曹变蛟、左光先、马科、刘肇基、吴三桂再次在黄土台等地击败清军。就连总兵祖大寿也有所斩获，他派五百精骑埋伏于朝阳山黄岩寺，袭击了前来抢粮的清军，割取九十余首级。

洪承畴认为一旦开战，锦州、松山首当其冲，他未雨绸缪，盘算着要"先运粮入城以固根本，为第一要旨"，经过与巡抚丘民仰商议后，决定尽早将存放于杏山的四五千石粮调往上述两地，先由总兵左光先、曹变蛟、马科等人押送至松山，再由吴三桂与祖大乐协助祖大寿将粮食运入锦州。到了九月初，锦州的存粮已足七月之用，而松山也足以食用六月。明军运输队频繁往来于杏山与锦州、松山之间，自然引起清军的注意，难怪此地总是刀光剑影，不得安宁。

洪承畴于九月初一亲自取道宁远，经塔山到达杏山，他得知锦昌堡一带有清军异动的迹象，召集诸将商量应变措施，制订了一个两路进军的计划，企图在初十日同时从杏山与松山出发，先让步兵火器营倚山埋伏，再让骑兵诱敌来战。可是，战斗提前于初九日早晨开始，多尔衮在这一

天命令每牛录只留一名骑兵与一名甲士守营，而前线所有的宗室贵族都要带领部属向杏山进军，会同驻于锦昌堡的军队，一起越过寨儿山，他们很快便占领了城北长岭山的山巅。警报传来，左光先、曹变蛟、马科、张汝行等率部列营于城北，准备野战。然而，虚张声势的清军却突然经五道岭向松山奔去，这是因为多尔衮得到哨卒的报告，知道松山方向有大批明军骑兵在活动，想打对方一个措手不及，正巧与吴三桂、刘肇基、祖大乐率领的骑兵于松山城外三四里一个叫做黄土岭的地方狭路相逢，并马上互相角逐起来。明军骑兵的表现"甚为骁劲"，直冲向前，"连战数合"，逼得清军退回五道岭。吴三桂等将没有跟踪追击，而是令松山附近的步兵营火速向黄土岭靠拢，没多久，七八千明军陆续赶到，架起火炮，准备应付清军的下一轮攻击。清军果然分别从三个不同方向杀了回来，与明军骑兵混战。由于明军步兵初来乍到，立足未稳，受到了很多的损失，其中"车右营"的火器把总晏三策所部的兵额总数原本不足一千五百人，却一下子阵亡八百六十九人，受伤二百九十一人，损失了三分之二。此时，杏山的左、曹、马等人率军向东面的大路移营，经过观察山、夏荣屯来到距离黄土岭三四里的刘喜屯，排列火炮，依山列营。多尔衮在侧翼受到威胁的情况下从原路返回，转攻左、曹、马所部，由于没有取得什么战果，遂取道长岭山退回锦昌堡。

战后，清军声称击败明军五万，获得一百二十匹马与五百七十副甲。虽然明军也自诩击退清军的骚扰，但损失过千人，其中伤亡最多的是战车营，充分暴露了战车在与清军骑兵对抗时呈现出笨重、迟钝的痼疾，就算车营得到明军骑兵等兵种的配合，也未能彻底将劣势扭转过来。

多尔衮等人完成了三个月的围困任务，返回沈阳。济尔哈朗等人于九月接防，而与明军小规模冲突继续时有发生。到了十二月，多尔衮、豪格、杜度、阿巴泰再度来到前线围困锦州。

不甘束手待毙的锦州守军想方设法地对清军进行夜袭，副将刘得胜为此战死。坐镇宁远的洪承畴为了迎接即将到来的大战，调整了指挥机构，对于不能胜任总兵之位的刘肇基、左光先等人，分别予以革职、遣归，再让王廷臣、白广恩取而代之。明军采取了新的作战部署，马科、曹变蛟所部入关养精蓄锐，吴三桂与王廷臣、白广恩往来于松、杏之间，以示进取。兵部计划调宣府、大同、密云、保定之兵出关，洪承畴对此表示赞同，但认为需要筹足一年粮草，才能保证这些部队的供应。朝廷命户部加紧筹饷，粮食照旧从天津海运，而养马的刍草则在关内的蓟、永等地收购，为军队大举出塞做准备。

处于宁锦防线前端的锦州、松山、杏山三城的气氛非常紧张。1640年（明崇祯十三年，清崇德五年）十二月，守将祖大寿向朝廷报告：锦、松、杏三城与周围的大兴、大镇、大胜、大福等堡共有兵力二万二千零五十名。要想继续坚守锦州等城，那么储存粮食成了当务之急。由于清军对运粮通道的不断骚扰，从天津运来的米、豆堆积在宁远以西的各个仓库之中，难以送到锦州前线。机会终于在1641年（明崇祯十四年，清崇德六年）春节期间来到，明军出其不意地在"新年过节"之时，出动三千四百辆车，将一万五千余石粮，迅速运到锦州，成功地在初七这一天送入城中。当运粮队伍完成任务返回宁远后，清军才察觉，可惜已经太迟了。

迄今为止，清军的围困行动已经持续了半年以上，可未能严密封锁锦州的交通线，城里的汉人任意出外种田、打猎，而运送军粮的牛车亦时常在交通线上往来。这是因为担负围困任务的清军在距离锦州城很远的地方驻扎，致使封锁线漏洞百出的缘故。那时，锦州附近土地上的青草已被战马食尽，迫不得已的多尔衮下令军队向后移动三十里，寻找新的牧地。根据清军的情报，明军骑兵也在前线吃不饱，锦州城里的马匹"皆在他处牧养"，而援兵皆尽"退回养马"。故此在相当长的一段时间里，双方骑兵互相角逐的场面不再出现，前线局势逐渐变得风平浪静起来。

在此前后，张存仁给皇太极上了奏书，他分析形势，又谈到了前线的僵持局面，其中指出，清军始困义州、又困锦州，本来应该"如猛虎之逼犬豕，莫之敢撄"，为何明军至今"仍奋螳臂而当车轮"呢？原因是"兵事不可预谋"，难免有思虑不及之处，并非明军的"智勇能抗我兵"，而是"我兵围困不严"，让明军得以"偷运糗粮接济"，故能苟延残喘。他认为清兵应当强攻锦州，"或挖壕、或炮击，不克不止"，并预料明军之中的蒙古兵会在军事压力之下哗变，从而导致全军溃败，倘若明军内部稳定，则夺城之日难以预期，只能采取长期围困之策，需要"绕城筑台、兵围数匝"，方可得手。他提醒皇太极说：松山、杏山、塔山等三城既相当于锦州的羽翼、又可算是宁远的咽喉，应该列为重点打击目标，此三城之中，最容易夺取的是塔山，它的位置处于两山之下，若从山上以炮轰击，摧毁其室屋，不用耗费多少力气就可夺得此城，此城一得，"则锦州之羽翼折，而宁远之咽喉塞"。张存仁作为一位久经历练的谋臣，预感到这场战事有演变为决战的可能，他提议清军在击溃锦州守军之后，应该乘机大步向前跃进，一举夺取山海关，"则关外八城，自然离散"，宁锦防线也就彻底分崩离析了。在这篇奏书的最后，他质疑了蒙古军的战斗力，认为凡是围困敌人的地方，都不必过多使用蒙古兵，因为蒙古兵虽多，可是"法度不严"，而且斗志也不如八旗兵，在"人心不齐"的情况下，人数再多也无益处。此外，他还批评一些汉军士卒到了轮流换防时，不愿意到前线去，只派出家里的仆人滥竽充数。而仆人临阵作战不力，驻久会逃，必不能负起围困的重任。

张存仁对战局的分析与预测并非全部准确，皇太极也没有一一言听计从，但奏书中揭示的换防弊病却引起皇太极的重视，并立即作出整改措施，下令凡是本应上前线执行驻防任务的士卒，若敢派遣家中仆人替代，查出一律治罪。与此同时，前线部队围城不严、军纪松懈的情况陆续传了回来。清廷专门派人前往调查，得知多尔衮等人私自决定让部分八旗将士回家"整顿盔甲，喂养马匹"，又违反"由远渐近"的围城战略，擅自下令军队往后退，致使封锁线形同虚设。种种胡作非为使皇太极非常恼怒，不能不进行追究。到了1641年（明崇祯十四年，清崇德六年）三月，当多尔衮等人被济尔哈朗替换，从前线返回盛京之后，马上受到了降职、罚银等严厉的处分。

济尔哈朗、阿济格、阿达礼、多铎等人吸取了教训，带着四万军队尽量靠近锦州，在离城五六里的地方驻扎，从四面将其围了个水泄不通。每一面均立八营，每一营的周围均挖掘深壕，并沿壕筑起垛口，以作掩护。在两旗之间，又另外挖掘长壕，起到双保险的作用。同时，在城北的赵家楼、城南的乳峰山附近、城东南的铁昌堡一带亦设置了数座军营。

清军的哨探时常在城下出没，引起了守军之中蒙古籍士卒的恐慌，他们站在外城由上往下呼喊："你们的围困有何用？城里积蓄的粮食可吃两三年，纵使围困，岂可得城？"清军哨探回答："不要说两三年，就算城里有四年存粮，到了第五年，你们吃什么？"蒙古人听后大惊，知道清军这次是志在必得，不少人打起了退堂鼓。蒙古将领那木气、吴马什等人密谋投降，派人缒城而下潜入清营进行联系，彼此约定在二十七日夜间，以信炮为号，里应外合夺取城池。

那木气等人是"祖家军"麾下将领。"祖家军"里面有众多蒙古将领，这些人有时难免与汉人产生猜忌。例如1634年（明崇祯七年，后金天聪八年），军中流传的谣言称皇帝两次致书祖大寿，要将所有的蒙古将士杀死，因为他们不但在大凌河杀人而食，而且打了败仗首先逃跑。不少听信谣言的蒙古将士擐甲执兵，企图挟持祖大寿投降皇太极，可是遭人告发而未能实行。为此，祖大寿采取安抚之策，当着蒙古将领桑阿尔寨的面劝说道："你们不要这样，我视你们如兄弟。"桑阿尔寨亦承认了轻信谣言的过错，彼此冰释前嫌。现在，当清军于1641年（明崇祯十四年，清崇德六年）兵临城下之时，祖家军里面又有不少蒙古军人蠢蠢欲动。根据朝廷得到的情报，相继有三十多名蒙古人"背恩逃去"，其中包括锦州平夷右营千总祖祥。因而兵部担心这股叛变浪潮会影响到驻守宁远等地的蒙古人。

保持着戒备之心的祖大寿提前侦察到蒙古部属的异动，便在二十四日黄昏带兵来到外城，欲使计逮捕吴马什等人。警觉的吴马什马上拿起兵器，指挥手下反抗。一阵阵的喊杀之声，传出城外。济尔哈朗、阿济格、多铎等人不敢怠慢，出动军队前来接应，八旗兵纷纷抓住城上蒙古人抛下来的绳子，不断攀援而上，很快就在

城头吹响号角，迫使祖大寿退守内城。占领外城的清军共收降六十八名都司、守备、把总等官员，六千二百一十一名男女老幼，并将之全部送往义州。在这些降人当中，有一千五百七十三名蒙古男子、一百三十九名汉族男子、二千六百五十五名妇幼被编为九个牛录，又按照惯例，每三人之中抽一人披甲。那木气与吴马什被授予梅勒章京，其他将领被授予甲喇章京、牛录章京等职。那木气所部二百零四名部下分隶正黄旗。吴马什所部七百零二名部下分隶镶蓝旗。其他将领所属的五百五十三人则分补各旗缺额。

祖大寿丢失外城之后，加强了对旗下蒙古部队的监视，但还是有不少蒙古人陆续越城而出，投降敌人。众所周知，关宁辽军所恃的是祖家军，祖家军所恃的是蒙古军人。既然军中的蒙古人已不可靠，那么祖家军也难复当年之勇，只能退入据点里面防御。如今锦州形势危殆，使得整个宁锦防线风声鹤唳，真是牵一发而动全身。闻鼙鼓而思良将，秦军现在已是众望所归，成了退敌的最大希望。可是，当率军东进，驻于宁远的洪承畴亲自到松山巡视之后，认为还需增兵，他向朝廷请调宣府总兵杨国柱、大同总兵王朴、山海关总兵马科与密云总兵唐通等人的部队助战，准备应付清军更大规模的攻势。

皇太极虽然身在后方，却心系前线，他令大学士希福、刚林与学士额色黑到围城的清军营中视察军务，并不断增派八旗兵到前线，而孔有德、尚可喜、耿仲明亦

奉命率本部人马携带火炮参与围城。清朝继续向朝鲜提出派兵助战的要求，三月二十四日，朝鲜总兵柳琳、副将刁何良、丁天机、米塔尼、任大尼率兵千人，厮卒五百与马一千一百五十五匹，开赴锦州。即使这样，前线清军的总兵力还是比不上关外各路明军。济尔哈朗等人早就知道明朝想增援锦州的战略意图，也知道要想前往锦州，必须取道杏山与松山，故对上述地点非常重视，并指挥八旗军埋伏于锦州南山西岗与松山北岭等地，歼灭了小股前来窥伺的明军。

为什么明军比清军人多势众，却不能全力突进而直抵锦州城下，直接的原因是粮饷不继，致使聚集于松山、杏山之间的大量援军难以在这些危机四伏的地方长久呆下去，过了一段时间后，又不得不返回宁远就食。特别是明军骑兵，由于缺乏饲料，已全部返回了宁远，而留在松山与杏山的防守部队只是一些车营与步兵营。据说明朝援军非常害怕后路被清军出奇兵截断，故暂时的退却正好确保自身的安全。就像清军的报告所称的那样："明军又恐我兵掘壕，围断高桥，故遂撤去（高桥位于松山与杏山的侧后，它的正北方向有一谷

地，可通锦州，而周围尽是连绵起伏的丘陵。此地一旦被清军占领，前线明军将因粮道不通而陷入困境）"。根据清军的情报，明朝援军撤走之后，或者驻屯于宁远，或者驻屯于宁远后面的据点，企图"牧马、造箭"，以便他日卷土重来。

果然，明军援兵很快又杀了回来。洪承畴在四月下旬率领六万人前来为锦州解围，这支大部队于二十五日来到松山附近的东、西石门，布起阵来，以车营、火器营居中（当时，朝廷为了救援锦州已经不惜血本，竟然把京城右安门与左安门的六

▲发射火器的明军。

门红夷大炮撤下，送往关外，以增强前线的火力），骑兵处于两翼。明将吴三桂、王廷臣、杨国柱辖下三营从左至右布置在西石门。白广恩、马科、曹变蛟辖下三营从左至右布置在东石门。王朴辖下一营居于东、西石门之中。

明军援兵既然摆出了野战的姿势，那么，一向自以为野战能力非比寻常的清军肯定要与之比个高下。济尔哈朗与阿济格等人指挥步骑兵准备在乳峰山、东、西石门、松山附近阻击明军。步兵已抢占乳峰山后在山顶立寨，取得居高临下的优势。而在东、西石门附近埋伏的精骑约有二万，正"环列以待战"。

战斗首先在乳峰山爆发。明军七镇各选精锐步兵，分为东西两路，冒着矢石施放火器、弓箭，仰攻山顶，付出了一定的代价之后登上山上的近台高处，"放炮张旗"，夺取了八旗军正红旗、镶红旗、镶蓝旗等三旗的营寨。正红旗的尼噶里作为前锋统兵将领，在形势不利时"解盔缨，单骑逃奔"。而镶蓝旗将领温察与镶红旗将领阿喇穆，先后"弃营而走"，败得很难看。埋伏于松山北岭的阿济格眼见驻守乳峰山的济尔哈朗所部处于下风，便让手下的骑兵迅速扑过来，又派遣护军秘密从山坡兜过去，拦截冲上山的明军步骑兵。而擅长打硬仗的镶黄旗护军鳌拜直闯明军步兵营，捣毁营外树立的木栅，接着下马步战，竭尽全力地与明军反复较量。此时，乳峰山下也打得不可开交，清军以七八千骑兵为前锋汹涌而来，其中内大臣

伊尔登率领的众侍卫、四旗护兵、察哈尔四旗兵、敖汉、奈曼所部、孔有德旗下兵均打到对手跟前，只有固山额真叶臣的部属半途而止。作战特别奋勇的是侍卫队伍，他们一路驰击，突入对方的队伍当中，为此"人马受伤甚众"。

明军之中奋勇当先的是吴三桂的团练镇官兵，他们士气强劲，在西石门鏖战十余回合，当场阵斩首级十颗，挫败清军骑兵的攻势，并用火器追击。驻于东石门的白广恩、马科陷入了苦战之中。洪承畴得知马科所部缺少火炮，马上作出安排。监军道张斗遂令阳和车营放炮，还派阳和伍营把总曹科与九营中军杨膺带着二十门炮赶赴东山险要之处发射，以作声援。清军的炮兵部队岂肯示弱，竟出动牛车推运三十多门红衣大炮，从东西两面向着明军的步骑军射出了重约七八斤的炮弹，总共射击了数百发。一直打到日暮时分，各路清军才向北撤退。值得一提的是，锦州守军听见南面炮声连连，从而判断援军已到，曾经杀出南门之外，企图夹击清军，最后无功而返。

这一次较量是决战开锣之前的序幕。明军承认阵亡七百三十八人，伤七百九十三人，损失六百五十七匹马骡，而仅仅获首二十五级，生擒一人。立下首功的是吴三桂的辽军骑兵，这支拥有数千蒙古人的队伍在关键时刻顶住了对方暴风骤雨般的突袭，斩首十级（内有清军头目一人），战绩居各镇之首，自身战死三十八人，重伤三十八人，轻伤近

五十人，而死亡的战马达一百三十四匹。秦军的表现没有预期的那样好，洪承畴寄予厚望的车营在东石门之战伤亡较大，再次证明战车在实战中抗衡清军的铁骑时非常吃力。不忘总结经验教训的洪承畴认为攻山时调兵过多，"遂未能全顾步营"，再加上骑兵只顾堵截西面，忽视了从东面扑过来的敌人，致使车营步兵受到了额外的损失。此外还应当指出的是，这时八旗军的装备已经日新月异，随军参战的红衣大炮完全能够轻而易举地摧毁明军的战车，致使车营在战争中的存在价值越来越低。清军有炮、明军也有炮，但清军没有大规模动用楯车，而明军却出动了车营。这反映了两军统帅对战争的不同认识。事实证明，观念落后的不是济尔哈朗与阿济格等人，而是洪承畴。

清军参战的步骑兵约三万余人，比起明军七镇的兵力少了一半，可战果颇丰，据济尔哈朗在给皇太极的报告中称"斩首二千级"。至于清军的具体伤亡数字，则史无明载。不过，《清实录》承认济尔哈朗的右翼兵在与明军野战时"失利"，而在乳峰山顶之战中，"三旗驻营之地为敌所夺"，后来，皇太极不打算就此追究，说："右翼山营被夺，损伤士卒，皆郑亲王（指

济尔哈朗）指挥失律之故"，但"此特偶误"，故"免议"。

事实上，济尔哈朗不愧为经验丰富的老将，他面对人多势众的明军，知道仅凭骑兵难以确保自己的防线不被突破，便果断改变战法，让骑兵下马变成步兵，抢占山头，绞尽脑汁地把明军拖入一场山地战之中。山地战正是八旗军传统的强项，当年努尔哈赤统一女真诸部时，麾下的轻装步兵在关外的高山密林中屡战屡捷，立下

▲八旗军弓箭手。

了首屈一指的功勋。而在二十二年前影响历史进程的萨尔浒大决战中，八旗军的轻装步兵再次发挥了不可替代的作用。后来，战场从高山密林转移到了平原地区，而骑兵的作用也逐渐超过了轻装步兵。然而，弓箭始终是八旗军的基本装备，这使得很多骑兵能够一下战马便立刻成为箭无虚发的轻装步兵。现在，当明清两军即将展开第二次决战时，清军统帅部又再试图重用轻装步兵。此情此景，不禁令人觉得时光仿佛倒流，历史仿佛回到了起点。这绝非偶然，因为锦州、松山、杏山周围丘陵起伏，既是进行山地战的理想地点，也是轻装步兵施展技艺的最好舞台。

尽管明军的整体表现存在着种种的不足之处，但毕竟敢于与数以万计的清军在野外堂堂正正地作战，而且立于不败之地，这仍然是一个了不起的进步，也是自辽东爆发战争以来所罕见的。看来，关外的辽军与关内的秦兵搭档，的确在一定程度上提升了部队的野战能力。辽军有大量剽悍的蒙古人，而秦军的步、骑兵也足以让人生畏，那么，哪支部队才是清军轻装步兵的最好对手呢？答案似乎是秦军的步兵。因为洪承畴曾经对战区的地形与各路明军的特点做过分析："杏山一路多有山险，西兵利于涉险；……杏山进松山一路多系平地，东兵利于骑战。"意思是说，秦兵擅长打山地战，辽军擅长骑兵作战。然而，在山地战之中，秦军的重装步兵作用有限，唯一能与清军轻装步兵对阵的只有步兵火器手。可是，过去的无数次战例已经证明，明军火器手在野战中比不上八旗军的弓箭手。由此可知，明军受地形所限，实无必胜把握。如果洪承畴不能击败清军的轻装步兵而控制锦、松、杏周围丘陵地带，那么，他就不太敢沿着丘陵中间的大路长驱而入直抵锦州城下，否

大 神 铳 滚 车 图

▲明军的大神铳滚车。

则，会因后路被切断而成为瓮中之鳖。

翌日，两军在松山附近的长岭山、黄土台遭遇。清军故技重施，一边派人在山顶筑城，一边让骑兵冲击明军阵营，"鏖战竟日"，才各自收兵。此时，滞留在松、杏地区的明军已经粮饷不继，洪承畴决定暂停进攻，只留车营、步兵营于杏山、塔山两城，而将骑兵调回宁远各城补充"草料"，美其名曰"以退为进"，实际上已经形成一种轮换状况。

此后数月，明朝援军与清军阻击部队在松、杏两城附近处于胶着状态。一直到多尔衮、豪格等人在六月份前来换防，仍不断发生战斗。明军的反复纠缠，已引起清朝君臣极大的关注。汉军固山额真石廷柱于七月二十三日上书，给皇太极出谋划策，断言清军围困锦州的行动会发展成为与明军的决战，他具体的意见主要有五条：

一、锦州是辽左（辽东的别称）首要的重镇，而明朝又倚仗祖大寿为辽东保障，那么我军围困越急，明军必定日夜发兵救援。如今已经接近八九月，天气凉爽，敌人可能会选择这个时候集中力量与我军一战。因而前线参与围城的部队，不必再轮流换防。要将那些本来应该换下来的士卒，从中挑选精壮之人，分置于各旗屯田之处，做好随时应战的准备。一旦有警，可乘夜秘密重返前线。各营要将敌情的虚实侦探清楚。如果敌人布置营寨，我军要四面环列，用红衣炮攻击，彼纵有百万之众，亦不能抵挡我威力强大的四十门炮。当敌营稍稍动摇，我军应奋力突入，绕过锦州，直抵松山、杏山等处。松山、杏山的外面均有城壕，敌人败兵不能迅速入城，而城上守军必定不敢施放火器，以免误伤自己人。我军正好纵横驰奔，打他一个落花流水。敌军受此重创而寒心，锦州从此失去所恃，难以固守。锦州一破，关外八城必定闻风丧胆，甚至会陆续屈服。就像当年沈阳一破，辽阳随即到手；沙岭一破，广宁随即归顺一样。

二、我国兵马若能大败锦州援军，则明朝援辽是败局已定，一两年难以再大举反攻。由于明朝所恃的援辽兵马，主要来自宣大、陕西、榆林、甘肃、宁夏等处，故此，我军应选出过痘的诸王、贝勒率兵从宣大边外攻略应州、雁门。明朝西部边防出现警报，就不会抽兵援辽。同时，万一归化城有事，我军可"轻骑倍道，近便救援"。

三、明军援兵从宁远来到松山，所带的行粮，只可供六七日之用，若锋芒稍挫，会迅速撤退，即使犹豫数日，最后亦必定以讨粮为托词返回。我军应伺机增兵暗中埋伏于高桥，选择地形狭隘之处，掘壕拦截，断敌退路，再调锦州围城的部分精锐部队尾随在敌人后面，进行前后夹击，让缺乏粮草的敌人进退不得，逼其投降。

四、我军兵强马壮，与敌军的步兵营相遇时，必然奋力突入，但假如遭到敌军火器手的阻击，可能会有所损失。因而战时须先把敌军步兵营的情况侦察清楚，再以兵马从四面八方远远围困，白天用火炮攻击，夜晚则掘壕围困，使敌人"欲战无路，欲退无门"。只需一两日时间，敌人内部定会产生变乱。我军又何必"甘蹈白刃"，冒险与之作战呢？

五、洪承畴只不过是一个书生，因受朝廷重任，总督兵马而不能推辞。而各处援辽官兵，谁都知道我军过去显赫的战绩，这些亡命之徒之所以救援锦州，实在是万不得已。他们在松山虚张声势，是被明朝的军法所迫，并非因才能出众而"踊跃赴义"。如果祖大寿一旦失败，洪承畴与各总兵纵得逃还，亦不过在北京的菜市场伏诛而已。这些人念及我皇上恩养三顺王与大凌河归降的官兵，说不定会反过来投降我国。

石廷柱预测这场期待已久的决战将在天气凉爽的八九月发生，他提出的诸多破敌之策中，的确不少真知灼见，而最让人感兴趣的是伏兵于高桥，掘壕拦截，断敌退路这一条。这样的意见其他人早已注意到，例如济尔哈朗、阿达礼、多铎、罗洛宏等人早在同年四月四日给皇太极的战报中已经提到，他们认为明朝援军时常返回宁远休整的原因之一是害怕被清兵掘壕截断高桥后路，故不敢在松、杏前线逗留过久。由此可见，"断敌退路"的打法越来越受到更多清军将领的注意。与此同时，明军统帅部也充分注意到高桥的重要性，兵部在开战之初就提醒过洪承畴，假如高桥失守，塔山与松锦地区之间的联系会被切断，假如连山失守，塔山与宁远之间的联系会被切断。可见，在高桥、连山这些地方存在隐患的情况下，明朝援军不敢贸然深入。

一些老成谋国的人也不希望援军贸然深入进行决战，例如祖大寿在五月初六派遣一卒突围而出，向朝廷报告城内余粮尚可供半年食用，唯有柴薪缺乏，并传话给洪承畴，让他不可轻易出战，只是用车营逼近清军即可。可是，远在北京的朝臣却对洪承畴的延迟进军有所不满，一些人认为明军应该勇往直前，将清军驱逐回老巢。在此前后，前线部队几次向朝廷报捷，也助长了轻敌的气氛，例如，一份保存至今的档案称"几番战胜，军声已振"，其中战绩比较大的一次据说"擒斩奴虏一千五百级"。此外，明军的水师还拦截前来协助清军作战的朝鲜船只，俘虏了朝鲜将领李舜男及其部属二百余人。难怪兵部尚书陈新甲主张速战速决了，他积极插手军事部署，建议分兵四路：一路从塔山直趋大胜堡，攻敌营西北；一路从杏山，抄锦、昌，攻其北；一路从松山渡小凌河，攻其东；一路从松山向前推进，攻其南。可是洪承畴不同意，因为在辖下的多位总兵之中，真正敢战的唯有白广恩、马科、吴三桂，如果把这三个人分散于三路，则势单力薄，甚至会寡不敌众，同时，后勤补给也会因供应线的延长而"鞭长莫及"。故此，他制定了一个"可守而后可战"的作战方案，即是在松、杏地区打持久战，同时千方百计地运粮入锦州，令其防御更坚固，等到秋天已过，清军会"师老财匮"，就连被迫向清朝提供粮食的朝鲜也会陷于贫困。 这样一来，就会胜算大增。正如洪承畴所料的那样，坚持围困锦州的清军确实被后勤供应所困扰，为了节省粮食，只能让骑兵一天吃两顿饭，步兵一天吃一顿饭。恰好

在这段期间，不断有清军即将入塞的流言传出来。陈新甲相信清军会依靠入塞抢掠物资来渡过难关，遂在六月一日写信给洪承畴，声称根据关内蓟镇地区驻军的情报，敌人又企图入塞，假若真的发生这样的事，就会使朝廷内外交困，难以应付。

在信中，他用激将法质问道："门下（指洪承畴）出关，用师年余，费饷数十万，而锦围未解，内地又困，何以谢圣明（指皇帝）而副朝中文武之望乎？"他接着继续拿皇帝来说事，直言"主忧臣辱"，谅洪承畴会在"清夜有所不安"。果然，洪承畴阅信后忐忑不安。陈新甲在此期间先后派遣兵部职方司郎中张若麒与新任职方司主事马绍愉前往前线视察，实际上充当起"监军"的角色，从此，洪承畴的指挥权遭到兵部势力的直接干涉。张若麒等人在关外看到明军屡获小胜，便给朝廷打报告，皆称"边兵可战"，从而使明思宗不再支持洪承畴的持久战略，转而下令"刻期进兵"。

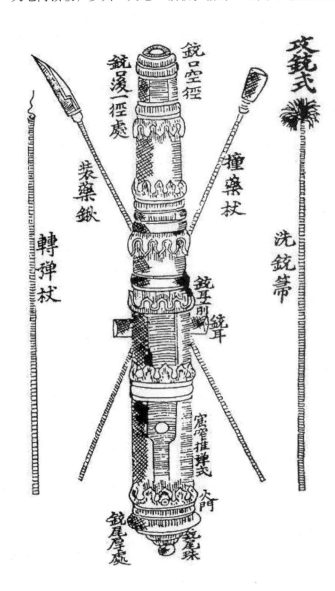

▲红夷大炮之图。

不敢怠慢的洪承畴本想征集十五万援锦大军，当他与朝廷反复协商之后，确定为十万人、四万匹马与一万匹骡，到最后出发时，兵力又增至十三万。随军的官员有文有武，文官有巡抚丘民仰、兵备道张斗、姚恭、王之祯、兵部职方司郎中张若麒，武官有总兵杨国柱、王朴、唐通、白广恩、曹变蛟、马科、王廷臣与吴三桂，此外，还有一大批副将、参将、游击与守备，总数达到二百余人。这支军队于七月二十六日誓师之后分批出发，洪承畴率六万人先行，而马绍愉训练车营以待战。前后参战的战车为二千辆以上，火炮也超过二千门。

明军的陆路补给仍旧沿用从宁远至杏山等地的旧路线，但亦有所调整，本来由天津海运的粮食，到达宁远附近卸货即可，现在却要沿着海路继续向前航行。据学者的研究，船户的卸粮地点向前推移到于塔山东南方向约十五里处的笔架山。此地是一个岛屿，明军可动用沿海的水营在周围水域巡逻，进行保卫，到了退潮的时候，它又有陆路与海岸相连，方便运粮。明军既然选择笔架山作为补给的枢纽地点，那么，即使位于杏山侧后的高桥被清军占领，在一段时间内不至于因陆路不通而断粮。

二十九日，明军到达松山，到了夜间，发现清军出现在乳峰山这个旧战场上面。原来，清军为了阻止对手沿着大路向前推进，又故技重施企图抢占路旁的丘陵地带，展开山地战。洪承畴立即下令部队

登上乳峰山的西面，与山岭东面的清军对峙。同时，驻营于山下的东、西石门，分散敌人的注意力，让其腹背受敌。明军的车营也有条不紊地布置起来，周围再环绕着木栅，做好充足的临战准备。

等待已久的决战终于在八月二日开始，宣府总兵杨国柱立营未定，遭到清军的突袭而陷入包围之中，面对敌人的四面呼降，他叹息地对手下说："此地是我侄子（即杨振，前文提及此人被清军俘虏，因不屈而死于松山城外）昔年的殉难之处，我怎能为降将军！"言毕，他奋起突围，中箭堕马而亡，剩余的部属由山西总兵李辅明代管。也有部分清军在混乱中误入明军的车营，结果受到火炮的猛烈轰击而伤亡不少。事后明军统计斩获首级一百零三个，杀死固山、牛录二十余人。

锦州守将祖大寿乘机指挥步兵从城中杀出，试图突破清军的三道重围，尽管连破其二，最后却受阻于第三道重围，无功而返。明朝援军在此期间出动万余步兵企图攻占整个乳峰山，但在山巅遭到清军步骑兵的顽抗而未能如愿。当时，山上的明军俯视锦州如近在咫尺，甚至与守军"呼噪之声相闻"，然而始终不能会合。

清军的形势不妙，处于腹背受敌的状态。根据《摄政亲王起居注》的记载，统帅多尔衮在多年以后依旧对这场战斗念念不忘："洪军（指洪承畴所部）于南山（指乳峰山）向北放炮，祖大寿从城头向南放炮，我军存身无地，神器（指大炮）实为凶险。"乳峰山距离锦州只有五六

里，明朝援军竟然将大炮拖到了山上，与锦州守军同时发射炮弹，正好互相呼应。怪不得多尔衮感到惊心动魄，直言不讳地承认自己在此战中累坏了："松山之役，我颇劳心焦虑，亲自披坚执锐……我之体弱精疲，亦由于此。"

八日，清军先后两次反攻乳峰山西面的明军营寨，均被击退。九日，明军分两路攻打西石门，总兵王朴战败，将士气沮。次日，明军再战时稍微占了上风，清军自此不再出战，只是等待盛京的援兵。下一步应该如何行动，明军统帅部出现了分歧，《国榷》记载马绍愉劝洪承畴"乘锐出奇"，这样做可以为锦州守军壮胆，"毋待'老憨'之至"。"憨"与"汗"谐音，所谓"老憨"，是指皇太极。马绍愉的意思是要洪承畴在皇太极率援兵赶到之前尽可能多地杀伤当面之敌。可洪承畴不予理会。大同监军张斗建议宜驻一军于长岭山，"防其抄袭我后"，长岭山脉从塔山延绵到松、锦一带，如驻扎军队，极有可能会引来清军的攻击，而受困于乳峰山的洪承畴可能不想在另一处山头挑起事端，否则全军会被拖进一场毫无胜算的山地战之中，他不耐烦地回答道：我做了十二年的"老督师"，你这个书生懂得什么！

不是洪承畴畏战，而是对部队信心不足。特别是他在出关之前深为倚重的秦军，出关之后的整体表现不太理想，秦军的铁骑营比不上辽军骑兵，更重要的是，号称"利于涉险"的秦军步兵，又压制不

了清军的轻装步兵，始终未能在山地战中取得优势。他煞费苦心筹办的车营，在丘陵地区几乎成了鸡肋，发挥不了什么作用。故此，这位统帅似乎更希望小心翼翼地向前推进，试图以稳妥的方式逼退敌人。此后战斗断断续续地发生，十四日，东、西石门爆发冲突，明军不利，但却在十五日"斩十三级"，获得小胜。总之，对于远道而来的明军而言，清军已是处于下风，锦州已是近在眼前，而胜利似乎触手可及，可是，僵局却迟迟无法打破。

忧心如捣的多尔衮早在初六已经派人回盛京求援，他奏报称击败明军三营，获马五百五十匹，然而，敌兵仍然还有很多——意下之意是仅靠前线部队已无力将之打退。皇太极马上派学士额色黑到前线传达旨意：敌人若来侵犯，可相机击之，若不来，切勿轻动，各人应当固守汛地，以防御为主。初八日，清廷又从每牛录抽十人，由固山额真英俄尔岱、宗室拜尹图前往增援。十一日，从前线返回的额色黑向皇太极报告这次敌军的确很多，并建议让济尔哈朗带领一半部属重返前线增援。但皇太极决定由济尔哈朗留守盛京，而自己亲征。他下令各部兵马立即到都城集结，准备于十一日动身，不料，因情绪过于紧张而患上"鼻衄"（具体的症状是鼻子出血不止，这种病很可能是高血压的一种并发症），不得不休息三日。可军情紧急，皇太极在十四日早晨带病统领大军西进。临走之前，阿济格与多铎自告奋勇要做先锋，劝皇太极在后面缓慢前进，以免

过急。皇太极慨慷说道："行军制胜，利在神速。朕如有翼可飞，当即飞去"，遂日以继夜地向前线进军，由于行军急速，他的鼻子继续流血不止，严重时竟然要用碗来接血，三日之后才稍缓。经过六天的急行军，一行人马于十九日来到松山附近，驻于戚家堡。

清军实际已经倾巢而出，至于具体的参战人数，官书却失载。而根据《明季北略》等书留下来的记录，参战清军总数为二十四万，有学者对这个数字表示怀疑，理由是八旗在逐鹿关外的全盛时期，总兵力不过十二万。这个说法显然忽略了随军参战的大量奴婢，由于皇太极在此战中已在国内进行总动员，再加上助战的蒙古诸部，兵力非常有可能超过二十万。而明军实际参战之人约十三万，加上锦、松、杏三地的二万多守军，总数超过十五万人。两者比较，清军兵力占优。

决战前夕，皇太极在与诸王、贝勒、大臣举行军事会议时笑道：但恐敌人闻朕亲至，会悄悄逃跑，倘若敌兵不逃，朕必令你们破此敌，如"纵犬逐兽"，他与众人经过一番商议，派遣大学士刚林、学士罗硕到前方阵地找到多尔衮与豪格两人，要他们命令英俄尔岱、拜尹图以及科尔沁土谢图亲王、察哈尔琐诺木卫寒萎等人及其部属，先往高桥驻营，然后等皇太极的精兵一到，便合围松山、杏山之敌。这个计划的要点是断敌退路，但选择的地点却是高桥这个众所周知的地方，似乎已经失去了出敌不意的作用，因而多尔衮、豪格、英俄尔岱、拜尹图等人加以反对，理由是作战多日的前线清军已"微有损伤"，"若再速战，恐力不及"，假若抽调部分人马前去高桥，万一敌军为形势所迫而从锦州、松山两个方向一齐杀出来，对乳峰山上与锦州城外的清军进行内外夹击，后果不堪设想。到那个时候，高桥驻军即使回援，也是远水难救近火。故此，他们上书建议皇太极暂时把援军留在松、杏附近，这样才对前线清军有利。皇太极尊重前线将领的意见，放弃了抢占高桥的计划，他不无遗憾地说："朕今于松山、杏山之间驻营，敌人必速遁，恐不能多所斩获。"

不久，清朝援军来到松山附近，苦战多日的前线将士遥遥望见皇太极的御前仪仗与前队旗纛正在移营，"皆踊跃吹呼"，士气大振。这时，明军在松山城北的乳峰山冈驻扎，并让步兵在乳峰山与松山城之间掘壕设立七营，而骑兵驻于松山东、西、北三面。根据《崇祯实录》、《国榷》等史籍的记载，在皇太极未到松山之前的十七日，已有三千清军骑兵奉命迅速占据了不设防的长岭山，扬言欲围困松山。洪承畴不想与对方打山地战，遂按兵不动。而清军由于兵力过少，也难以截断明军退路。当皇太极到来后，形势完全有利于清方，这位皇帝乘势对明军展开包围，于八月十九日指挥军队插入松、杏之间，设立的军营自乌欣河、南山至海，要将大路截断。据说皇太极曾经登山观察敌情，乍见明军井然有序，赞叹道："传言

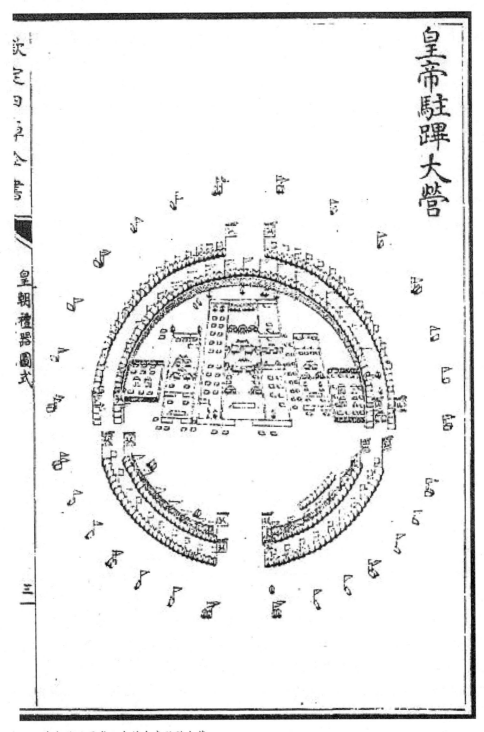

▲《皇朝礼品图式》中的皇帝驻跸大营。

说洪承畴善于用兵，果真如此。难怪我军诸将对其有所忌惮。"经过一番细看之后，发现明军"大众集前，后队颇疏"，猛然醒悟过来："此阵有前权而无后守，可破也！"于是分派人手揣度各处地形的高低，在断敌退路的同时突然掘起壕来。原来，松、杏地区虽然周围丘陵起伏，但山下地形稍为开阔，清军即使兵力占优，亦难以将敌人围得水泄不通，只能采取补救措施，调兵挖掘壕沟，企图凭此困死敌人。

明军本来已经调整了运输线，选择笔架山作为补给的枢纽地点，假使高桥被清军占领，在一段时间内亦不致断粮。想不到皇太极放弃了占据高桥的计划，直接在明军的眼皮底下对其展开包围，这一下歪打正着，无形中切断了从笔架山通往松、杏地区的粮道。

对于清军的包围行动，蒙在鼓里的明军最初没有作出反应，等到洪承畴明白过来时已经太迟了。谁都知道粮道一断，部队支撑不了多久，要想有活路，肯定要想方设法突破这个包围圈。经过准备，数位明军总兵奉命在二十日黎明带领部属反攻清军的前锋汛地，企图打通粮道，但一时"胜负未分"。有部分明军乘隙奔往塔山，而清军前锋兵与镶蓝旗护军紧跟不舍。其后，阿济格、博洛与内大臣图尔格也赶来了，一直追到塔山一带为止。在这次追击中，清军意外发现笔架山储存着粮食，当即占领该地，缴获"积粟十二堆"，不但破坏了明军这个新的补给枢纽

地点，而且使己方的粮库得到补充，可谓"一举两得"。清军留兵驻守笔架山，再从每牛录抽调一人，将粮食运往前线。

笔架山一失，集结在松、杏地区的明军只能靠营中的余粮度日了。

现在清军不但牢牢控制了长岭山，而且占据王宝山、债儿山、灰窑山，还有部分人马沿山而下，一直进至海边。从壮镇台、刘喜屯、向阴屯等地到南海口，都有军营。他们从十九日起到处掘壕，企图彻底断绝通往松山之路。根据《明季北略》等书的记载，有的壕沟上面宽达一丈二尺，深八尺、下面非常狭隘，仅可容趾。真是"马不能度、人不能登"。若有人坠下，因无处下足，也不能跃上来。壕沟从松、杏地区周围的丘陵一直通向海口，长达三十里，共有三道，周围有兵把守。当然，上述记载难免夸大其词，而这些壕沟也不太可能像《清实录》记载的那样在两天内迅速完成，它应该有一个逐渐完善的过程。

明朝援军虽然实力犹存，却陷入了困境，致使军心开始不稳，有部分将领想逃跑。二十日晚上，洪承畴把在乳峰山上与松山城之间设立的七个步兵营，全部撤回松山城附近。此举意味着，持续多日的山地战以明军的彻底失败而告终。此后，主要战场又重新转移到平坦的谷地。

二十一日早晨，明军全力突围，力求打通返回宁远之路。特别是那些久驻边境的士卒，敢于深入、勇于战斗，一下子斩获九个首级，夺取了清军的大旗。

皇太极预感到会有一场血腥的恶战，他早就指示部队：如果敌人来犯，要等他们靠近才迎击，如果距离尚远，我军就匆忙出战，会使士卒疲于奔命，与败阵无异。可明军反扑时的凶狠程度还是出乎意料，为此他不得不承认："南兵（指明军）异于他时"，竟然一度产生退却的想法，但被孔有德等人阻止，遂凭壕死守。其中镶红旗的汛地成为明军的重点袭击目标，为了守住防线，皇太极亲自带着数人往来指挥，命令士卒布阵，多次拒敌于壕沟之外。最后，明军只有数千人突围逃往杏山，大部分人抱憾而回。

战斗暂告一段落。皇太极回营之后，传谕诸将：今夜敌军必定逃遁，因此左翼四旗护军统领鳌拜、阿济格尼堪、韩岱、哈宁噶等人应各率部属至右翼汛地排列，右翼四旗护军及骑兵、蒙古兵、前锋兵也要紧挨着排列，一直到海边为止，各部要各守汛地，敌兵有百人逃跑，则以百人追击，敌兵有千人逃跑，则以千人追击，如敌兵过多，则紧蹑其后，直抵塔山。

然而，洪承畴不打算乘夜逃亡，他想集中力量，以求一逞，何况到目前为止，明朝援军的伤亡还不大。他与众人商讨下一步何去何从时说：敌军分为新、旧两部，轮流攻守，我军既出，亦利速战，各位将军当各救本部与之力战，我将亲自敲响战鼓，以激励士气，"解围制胜，在此一举"。可惜的是，洪承畴这番慷慨陈词却打动不了多少听众，因为军中一些将领已怀去志，由于粮草缺乏，这些人不太愿

意战斗，都表示想回宁远就食。到了薄暮时分，张若麒劝洪承畴道：我军连胜，再接再厉，亦不是难事，可松山的余粮已不足三日之用，如今敌人不但包围锦州，而且围困松山，将帅们既欲暂回宁远补充粮饷之后再战，似乎应该答应他们的请求。张若麒是兵部派到军中督战的，他既与洪承畴唱反调，无疑会让下属无所适从，进一步削减了部队的凝聚力。于是，有的将领扬言明日再战；有的则声称要在今晚突围；还有的反对匆忙行事，想徐图再举。各人有各人的想法，难以取得一致意见。最后，洪承畴发了火，下了一道死命令，称：往日诸君俱矢志报效，今正当其时，虽粮尽被围，但宜明确告知军中的官吏与士卒"守亦死，不战亦死，如战或可侥幸于万一，我决意孤注一掷，望诸君尽力而为"。他制定的作战计划是：以大同、蓟镇、密云三镇兵马为左路，以宁远、山海关、怀来三镇兵马为右路，打算在初更时分一齐出击。谁知，当各将回营备战时，大同总兵王朴因胆怯竟然抢先率部逃跑，此举马上引起了连锁反应，宁远总兵吴三桂亦弃营"宵遁"，接着密云总兵唐通、山海关总兵马科、蓟州总兵白广恩等人所在的部队随波逐流地向宁远方向直奔，全军在黑夜中顿时乱作一团，不少人自相践踏，遍地都是丢弃的弓箭、盔甲。此时此刻，丘民仰亲眼看见松山各营之内的"数万粮米"，被败兵"践踏如泥"。

兵败如山倒，一股股逃生的明军在夜色的掩护下乱哄哄地从封锁线的间隙穿

松锦之战(公元1640—1642年)

比例尺 四十万分之一

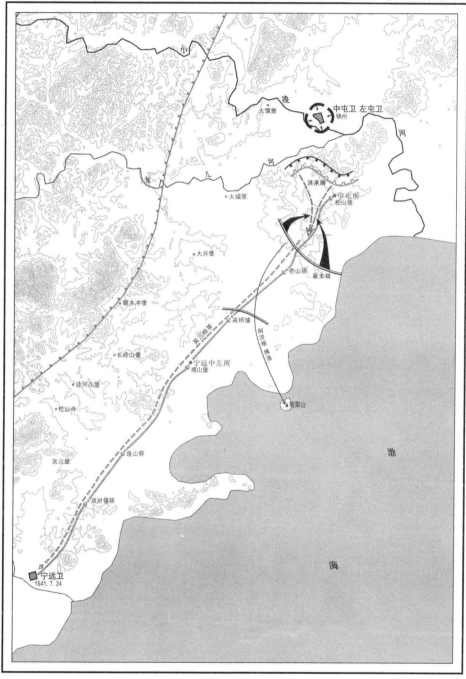

▲松锦之战作战示意图。

过，有的人在逃亡途中看见前方有火光，以为是敌军正在拦截，又忙不迭地往回跑，结果反而中了埋伏，死于非命。清军骑兵固山额真公艾度礼、护军统领鳌拜、阿济格尼堪、哈宁噶等人携同前锋兵、镶蓝旗蒙古梅勒章京喇玛辖下部队与镶蓝旗护军兵相继展开追击。接着，护军统领布善、公杜尔祜、穆尔祜、骑兵固山额真叶臣等人看见部属的侧后翼再无敌兵威胁，亦跟随着众人参加追击行动。

皇太极根据形势的变化，尽量调遣更多人马参与追击。这位亲临一线的君主很重视杏山与塔山地区，因为这两处是松山至宁远的必经之地。他下命蒙古固山额真库鲁克达尔汉阿赖、察哈尔毛海，各率所部将士，埋伏于杏山附近的大路，截击逃往杏山的明兵，并吩咐他们不许远追，若无谕旨，亦不许擅还。不久，又让正白旗蒙古固山额真伊拜与镶白旗梅勒章京谭拜率兵前往增援。为了十拿九稳，他派遣国舅阿什达尔汉与多尔济达尔汉诺颜前往视察库鲁克达尔汉阿赖等人在杏山的驻营之地，并事先叮嘱阿什达尔汉等人，如果发现驻营之地不太妥善，应当另择其他地方移营。至于杏山附近的桑噶尔寨堡，则由博洛率兵驻扎，进行拦截。同时，他紧急调动驻扎于乳峰山、锦州城附近的部分清军参加追击，命令多尔衮、罗托、公屯齐等人率领四旗护军以及蒙古科尔沁部首领土谢图亲王之兵，从锦州大路前往塔山，准备拦腰攻击经过此地的逃亡之敌。多尔衮奉命先行出发，然而姗姗来迟的科尔沁部首领土谢图亲王却派人到御营奏称不熟悉路径，不知怎样走。皇太极怒骂道：你们过去曾经到过中后所，也来过此地，最近又在锦州城驻兵两个月，怎能说不知，这是有意推诿、佯作不知而已。遂大声呵斥，严令土谢图亲王马上执行任务。其后，正黄旗骑兵镇国将军巴布海、护军统领图赖各率所部兵前往塔山拦截。而阿济格尾随而至，他的任务是带兵攻击逃往塔山的敌兵，倘若察觉敌兵试图越过塔山，则会合巴布海、图赖等人向着宁远、连山方向跟踪追击。

为了防止明军败兵流窜到笔架山，达尔堪、幸达理、纳林等人奉命率领铳炮手到此地加强防卫，保护粮糗。当皇太极得到情报知道张若麒从小凌河口乘舟逃遁，立即派遣镶黄旗蒙古梅勒章京赖护与察哈尔部琐诺木卫寨桑旗下的巴特玛率兵前往追击，又命正红旗固山额真谭泰率骑兵四百，火速往小凌河以西、直抵海滨，以绝其归路。此外，正红旗骑兵梅勒章京多济里、前锋统领吴拜等人亦先后奉命追击逃兵。

上述接受任务的部队都是分批陆续出发的，整个行动从夜间一直持续到黎明。这是因为皇太极不想让他们在同一时间一齐进行追击，以免松山防线的兵力过于空虚，从而让滞留在原地的残敌乘机溃围而出。

到了二十二日，越来越多的清军参与围、追、堵、截。能够突破封锁线的明军不多，其中王朴、吴三桂带着残兵败将历尽千辛万苦逃入杏山。张若麒、马绍愉等人脱离大部队，从小凌河口乘渔舟出海，也逃回了宁远。但别的人就没这么幸运了，有的下落不明，有的半途受阻。洪承畴在前一天晚上得知全线崩溃的消息，曾经留三分之一的部属守城，而令三分之二人马出外转战于尖山、石灰窑等处，可已不能突破重围，只得暂时移屯海岸，不料竟然被泛涨的海潮淹没，唯有二百人得以脱身，史称统军总兵白广恩孤身返回松山。拼命突围的曹变蛟带着步骑兵先后多次冲击镶黄旗护军统领鳌拜与正黄旗骑兵镇国将军巴布海、张屯等人的汛地，俱告失败，最后竟然有一半人马在二十二日夜间鬼使神差地突入了御营，惊动了营中的皇太极。当时，清军主力已经四散追击溃敌，负责守卫御营的兵力不多，具体负责宿卫的右翼大臣与侍卫也多数没有在岗位上，只有巴里坤、遏必隆、巴世塔等少数侍卫拼死击退了明军，迫使中箭受伤的曹变蛟逃回松山。事后，清军在曹变蛟所部驻于乳峰山的旧营地内搜获到一门红夷炮、三门法贡炮、二百四十门将军炮以及一批鸟铳。同一天的晚上，塔山周围也不平静，多尔衮、阿济格所部包围了四座明军堠台，后来在汉军固山额真刘之源、梅勒章京吴守进、墨尔根侍卫李国翰等人的援助之下，动用十门红衣炮将之尽数击毁，生擒明军副将王希贤、参将崔定国、都司杨重镇，另外杀死守备二员与都司一员。

高桥这个著名的战略据点始终是焦点。皇太极判断躲进杏山的明军逃兵还会继续向后撤，他在此后数日之间多次派兵埋伏在杏山侧后的高桥与桑噶尔寨堡，甚至亲自到现场指示，先后成功围剿了数以千计的明军散兵游勇。王朴、吴三桂也想离开杏山，返回宁远，他们没有走小路，而是不顾危险硬从高桥闯过，拼命与多铎等人的伏兵厮杀，得以在二十六日这一天杀出了一条血路，可是，前面仍然步步惊心，在途经桑噶尔寨堡、塔山等地又相继受到博洛、多尔衮、罗托、公屯齐、巴布海、刘之源等人的袭击而死者甚众。最后，王朴、吴三桂与残部闯过了一道又一道的鬼门关，奔回了宁远。拾回性命的还有马科、李辅明等人，他们也狼狈不堪地跑回了宁远。唐通暂驻杏山，后来于九月八日撤返。

白广恩选择的逃亡路线不同于王朴、吴三桂、马科、李辅明，而是"反其道而行之"。他本来向西突围不出而受困于松山，不久因奉洪承畴之命，与都司雷起鳌等人东进小凌河、企图乘虚袭击清军老营，但他却采取避战之策，取道国王碑、锦昌、大胜关等地，兜了一个圈子从蒙古诸部的地盘穿过辽河河套，巧妙避开了皇太极布置在杏、塔地区的重兵，成功地经小红罗山返回宁远。

在前后数天的时间里，漫山遍野都是逃亡的明军。由于清军在大路以及周边的丘陵地带封锁甚严，很多明军败卒拥向海岸，不巧碰上海潮大涨而遭受飞来横祸。据研究，渤海辽东湾顶部的潮差可达2.7－2.8米,而史载当时的海潮竟然宽达四十余里,自杏山迤南的沿海到塔山一带,赴海而死者多如牛毛,劫后余生的只有少数人。古书称:"海中浮尸,多如雁鹜"。据清朝官书统计,共斩杀五万三千七百八十三人,获得九千三百四十六副甲胄,夺得七千四百四十四匹马以及六十六匹骆驼。而清军的损失低得惊人,只是在"昏夜"中误伤八名将士与二名厮卒,"余无挫衄者"。不过,根据《八旗满洲氏族通谱》的记录,八旗军在连场大战之中也损失不少将领,其中有名有姓的就有前锋统领劳萨、镶黄旗护军统领绰哈尔、镶红旗副都统孟库鲁等十多人。顺便提一下,还有一位叫佛洛的牛录章京在济尔哈朗率兵围锦州时携带三人逃往宁远,投靠吴三桂,当清军在松锦决战中取胜后,佛洛迫于形势又重新跑了回来,这个例子表明清军之中也有意志不坚、临阵动摇者。

大规模的野战虽暂告一段落,可是松锦地区的战事仍未结束。滞留在松山城里的文武官员除了洪承畴与曹变蛟之外,还有巡抚丘民仰、兵备道张斗、姚恭、王之桢、副判袁国栋、朱廷榭、同知张为民、严继贤、总兵王廷臣、祖大乐等,他们都拒绝投降。大约二万明军困在这座长、宽约三百米的小城中,"兵马器械"消耗了十分之七,而且粮饷不继,势益穷蹙。清军乘战胜之机,照搬对付锦州的办法来重重围困松山。皇太极已在八月二十二日命令部分军队在松山城周围掘壕,并在城上

大炮的射程之外安营扎寨。随着追击行动的结束,越来越多的清军集结在城四周,包围圈也越来越严密。不久,皇太极因宠爱的宸妃病重而返回盛京,从此再没有回来,军中事务委托给杜度、多铎、阿济格、阿巴泰等宗室贵族,并按照轮流驻防的老办法留下一部分军队在前线。

明思宗对援锦大军的惨败痛心疾首,他还企图保住松山城,曾经下旨要洪承畴继续留在松山死守,而丘民仰则要突围返回宁远,以收拾残局。可是仅靠松山守军之力,要想突围谈何容易,洪承畴曾经派遣特使冒险越过清军的封锁线,返回明军的控制区积极求援。在此前后,从前线逃回的四位总兵开始收罗残兵败将、整顿军队,其中,吴三桂召集了万名士卒与五千匹马,白广恩召集了五千名士卒与二千五百匹马,李辅明召集了五千名士卒与七百匹马,马科召集了六千五百名士卒与二千四百匹马,而关内毗临的阳和、怀来、通州、保定等地还有万余预备队。由于吴三桂实力最雄厚,而且他的部队还有不少家丁,战斗力为诸军之冠,故朝廷没有立即追究他的败退之责,反而赋予提督的重任,让他与临危受命出任总督的叶廷桂一起"徐图再举"。明思宗多次下令吴三桂等人出战,但他们都是找各种借口敷衍了事,不敢为松山解围。

包围松山的清军竭力防止洪承畴突围。比较典型的一次战事发生在九月下旬,镶黄旗"摆雅喇阿礼哈超哈"(汉语的意思为"护军骑兵")、正白旗、镶

白旗与汉军营成功阻止了有意选择在夜间一鼓时分出城明军步骑兵。在突围与反突围的较量中，战绩较大的是石廷柱所部，共斩首千余级，缴获五十七门将军炮、二百一十二杆鸟铳，一百五十七把腰刀与三十八副铠甲。时间很快到了十月，豪格、满达海所部到松山换防，继续围困。

这年的十一月，一位名叫汪镇东的宁夏镇标参谋官从松山城里跑了出来，奇迹般地于二十六日回到宁远，并向朝廷搬救兵，他上报了在前线亲眼目睹的事实：松山城周围遍布壕沟，沟里面立有木桩，木桩上面系着绳子，绳子上面有铃，而铃的旁边还放着狗，确保城里的人插翅难逃。转眼之间已是十二月，终于传来了三千明军援兵将要从关内到来的消息，洪承畴抓住一线希望出兵六千响应。突围的明军仍然选择夜间出城，他们在袭击正红旗护军营与正黄旗蒙古营时遭到弓箭与火炮的反击而死亡四百二十余人，但剩余的人还是闯了出去，朝着通往杏山的道路狂奔，可惜途中遇到伏击而损失了五百七十余人，从而被迫重返松山。然而城门早已关闭，穷途末路的三千明军在不得已的情况下向清军投降。而传闻中的关内赴援之兵只是驻扎在宁远而没有前进。

又是一年过去了，松山城里的粮食将要耗尽，守军望眼欲穿的援兵始终没有消息，在濒临绝境的情况下，副将夏承德秘密与清军统帅豪格联系，表示愿意做内应。1642年(明崇祯十五年，清崇德七年)二月十八日夜，八旗军左右翼按照约

定竖起云梯登上城南，在夏承德所部的接应之下控制了整座城，俘虏了百余名明军官员与三千零六十三名士卒，其中包括总督洪承畴、巡抚丘民仰、总兵王廷臣、曹变蛟、祖大乐、游击祖大名、祖大成、白良弼（总兵白广恩之子）、兵备道张斗、姚恭、王之祯，此外还有副将十员以及一批游击、都司、守备、红旗、千总、把总等，缴获了一大堆物资，当中包括一万三千三百副甲胄、九百五十张弓、三千把刀、四副鞍，而大小红夷炮与鸟铳的总数达到三千二百七十三。特别要注意的是甲胄的数量比较多，这可能反映了洪承畴的嫡系部队具有很高的披甲率。

皇太极得报后，下令将洪承畴与祖大乐送来盛京，其他的官员与士卒要就地处决。丘民仰、王廷臣、曹变蛟、张斗、姚恭、王之祯等十四名文武官员与八千零七名士卒（当中包括二千一百八十名蒙古兵）就这样惨遭屠戮，只有夏承德及其部属（共有男子妇女幼稚共一千二百四十九人）得到赦免。其后，清军拆毁了松山城。

松山失陷前后，明朝进行了一次救援行动。原来，在锦衣卫任职的祖泽溥为了挽救父亲祖大寿而变卖家产，拼凑了一支兵力过万的军队，在明思宗的支持下于1642年（明崇祯十五年，清崇德七年）二三月间会同吴三桂、白广恩、李辅明等人，分为左右两翼，一部分驻于塔山，一部分进攻清将阿济格镇守的高桥，欲打通前往松山与锦州之路。可是，士气低落的

明军一碰到清军两翼前锋兵的拦截，又不战而退，竟让尾随在后的清军一路追到连山，至少损失了三十名士卒与三十匹战马，另有一名百户被生擒。救援行动就这样虎头蛇尾地结束了。

松山既破，这令已经被清军掘壕围困了一年的锦州守军不免有兔死狐悲之慨，再加上粮尽援绝，万般无奈的祖大寿只能选择投降。他宣布愿意接受清朝的招抚，派遣使者进入清营磋商有关事宜，想仿照十一年前大凌河城的投降仪式，与清军将领再次进行"盟誓"。谁知竟遭到清军将帅的强硬回复："我方围困此城，旦夕可取，有何顾虑，谁要与你盟誓？你欲降则降，不降则已，谁强要你投降。"唾面自干的祖大寿不敢多言，于三月初八打开了

城门，放清军入城。根据《摄政亲王起居注》的记载，从盛京重返前线的多尔衮在取城后重提旧事，当面向祖大寿说起锦州守军曾经从城头向清军的营地放炮，为此而使得清军"存身无地"。祖大寿张惶失措地回答：果有此事？如那时炮弹打中王的马，那怎么得了……多年以后，多尔衮在回忆起这段逸事时笑着对身边的人说，当时两雠相敌，唯恐打不中对方，祖大寿言不由衷，"诚为可笑"。

当时，锦州前线的清军统帅济尔哈朗与多尔衮等人由于与锦州守军对峙过久而心怀不忿，在得城时企图将所有来降者"尽加屠戮，不留一人"。 远在盛京的皇太极却有不同意见。他在得报后指示要对归降的七千锦州守军进行甄别，凡是祖

▲祖大寿墓老照片。

大寿部下之人，可留下性命，其他人"悉诛之"，特别是那些来自山海关的士卒与蒙古人，俱要查出处斩。这样一来，祖大寿的四千多嫡系部属才能免于一死。

皇太极不杀降而复叛的祖大寿是投鼠忌器，主要的原因有二：一、祖大寿有很多旧部在清朝当官，对其进行宽大处理可以笼络人心；二、宁远守将吴三桂是祖大寿的外甥，留着祖大寿对将来招抚吴三桂有用。但是，皇太极没有重用祖大寿，只是将其"恩养"起来。实际上，这时的祖大寿年已七旬，即使重披戎衣在战场上也发挥不了很大的作用。不过，皇太极鉴于祖家军的核心人物祖大寿已经投降，开始重用原属祖家军的大凌河降官了。此前在长达十年的时间里，这些人一直没有带兵出征，只是参与清朝的一些内部政事，现在松锦决战既已胜利，皇太极终于允许这些人出任八旗军职了。在这一年的六月，清朝重新整编了汉军，将四旗增编为八旗。在这次整编中，大凌河降官得到大量任用。虽然在八位汉军固山额真中，原是大凌河降官的只有正黄旗祖泽润一人，但在十六位梅勒章京中，原是大凌河降官的却有五人，分别是正黄旗的祖可法、镶黄旗的祖洪泽、正白旗的裴国珍、正蓝旗的祖泽远、镶蓝旗的张存仁。必须说明的是，大凌河降官集团在八旗军中的地位比不上努尔哈赤在世时归降的汉臣，后一类人可简称为"天命（努尔哈赤主政时的年号）降官集团"。在八位汉军固山额真之中，天命降官及其后裔占了七位，分别

是镶黄旗的刘之谦、正红旗的吴守进、镶红旗的金励、正白旗的图赖、镶白旗的石廷柱、正蓝旗的巴颜与镶蓝旗的李国翰。而在十六位梅勒章京中，天命降官及其后裔占了七位，分别是正黄旗的张大猷、正红旗的王国光、镶红旗的郎绍贞、正白旗的屯泰、镶白旗的何济吉尔、正蓝旗的刘仲金、镶蓝旗的曹光弼（其中，屯泰与曹光弼为候补）。不过，大凌河降官集团虽然比不上天命降官集团，但又胜于永平降官集团。在八位汉军固山额真之中，永平降官集团没有一人，而在十六位梅勒章京中，永平降官集团占了两人，分别是镶黄旗的马光辉与镶红旗的孟乔芳。

连续夺得松、锦两城的清军缴获了大批火器弹药，又积极筹划攻打塔山与杏山。多尔衮、豪格率右翼军、两翼护军与运载火器的汉军来到塔山城，将红衣大炮排列于城西，在四月初八发起攻击，当仗打到次日中午，城墙已被汉军固山额真金砺、吴守进、梅勒章京孟乔芳所部的炮弹轰得塌下了二十余丈。镶红、镶蓝二旗兵由崩塌处登上，遂克其城，将城内七千明军全部歼灭。清军将要在十多天后攻打早已被壕沟围困的杏山，而炮兵又会发挥无与伦比的作用。皇太极事前通过谕旨来指导炮兵部队的战术，他要炮兵在举炮射击时，不可瞄准城上的墙垛，而应瞄准城墙中间，这样才更容易令城墙完全崩塌，而步兵也更容易登城，假若只有部分地方破损，不许步兵骤然而进。二十一日黎明，清军移炮于杏山城北面先攻城外的墩台，

大决战相比，有过之而无不及。明末著名的历史学家谈迁认为"自辽难以来，悬师东指，决十万之众于一战，惟杨镐与洪氏。镐分兵而败，洪氏合之亦败。其失并也"。洪承畴在战前坚决拒绝陈新甲分兵四路为锦州解围的意见，就是吸收了杨镐在萨尔浒大决战中因分兵而惨败的教训。既然明军这一次能够集中兵力，怎么还会在松锦大决战中失败呢？这就要具体问题具体分析了。首先，洪承畴欲用关外镇压农民军的那一套战法来对付清军，难以达到预期的效果，而他积极倡议的车营在实战中亦被证明是纸上谈兵。在这种情况下，一位有远见的统帅应该及时更新装备、改变战法，以适应新的形势。如果洪承畴真的能做到这一点，明军就不会由于因循守旧而先后两次受阻于乳峰山，以致束手无策了。话又说回来，明军即使更换装备与采取新的战法，也不一定能够在山地战中打败清军的轻装步兵，然而总比无所作为要好一些。其次，明军悬师深入，最忌粮道被对手切断，大同监军张斗为此曾经建议抢占长岭山这个制高点，监视长岭山以北地区，防止清军由此绕道而切断明军后路，但洪承畴似乎不想在

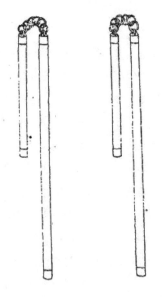

漢軍連枷棒

▲八旗汉军连枷棒。

一天之后，再将红衣炮列于堞台之前，轰击杏山城，很快就把城墙击毁了二十五丈余。就在清兵正欲登城的紧急关头，守将为了活命而慌忙开门投降。清朝俘获二千五百七十六名男子、四千二百六十二名妇幼、二匹骆驼、二十二匹马、五头牛、七头骡、一百四十四石米谷、二千七百四十六副甲。而到手的红夷大炮与鸟铳。其总数为八百六十二。

历时两年的松锦大决战终于落幕了，明军遭遇的失败与二十多年前的萨尔浒

其他地方卷入一场新的山地战之中，故不予理会，结果真的被对手出其不意地"包了饺子"。难怪朝鲜的《仁祖实录》评价道："洪军门（指洪承畴）年少自负，不听群言，以致于败。"就像谈迁所指出的那样"先发者制人，后发者制于人"，洪承畴如果不能迅速越过乳峰山，那么就应当适时退回杏山以保持主动，可他偏偏举棋不定，继续滞留在战场上进退失据，结果处处受制于人而一败涂地。如果清军不是从洪承畴这个"运输大队长"的部队中缴获了粮食与火药等急需的物品，皇太极不太可能会将围困锦州与松山的时间延续得那么久，而攻打塔山与杏山也不会那么

顺利，战果也不会那么丰硕。由此可知，尽管洪承畴饱读诗书，但那些文化程度不高的清军统帅们比他强多了。例如济尔哈朗、多尔衮等人选择乳峰山作为阻击阵地，竟然令人多势众的明军无处着力，这招"四两拨千斤"可谓是战术上的画龙点睛之笔。因为清军骑兵没有绝对把握阻止明军的同类兵种沿着大路向前推进，而步兵在平原上与明军步兵中的火器手对抗时胜算不大，即使出动楯车也难以确保不被明军的红夷大炮摧毁。唯有出奇制胜，充分发挥八旗兵擅长使用弓箭的特点，利用山丘与树丛做掩体，在躲避明军弹丸的同时，尽量与对方耗时间，以便拖慢对方前进的步伐，争取时间等候援兵的到来。至于皇太极，他能够迅速从后方来到前线，轻而易举地完成了断敌退路的军事行动，这种雷厉风行的作风更是让慢条斯理的洪承畴相形见绌。

无独有偶，后来的一些清朝皇帝也将萨尔浒大决战与松锦大决战相提并论。例如乾隆皇帝专门评论道"太祖一战而皇基开，太宗一战而帝业定"，并特别赞扬"我太宗大破明师十三万，擒洪承畴，式廓皇图，永定帝业"。可见，清军大捷于松山，活捉洪承畴，已经成了清朝开国史的重要标志。

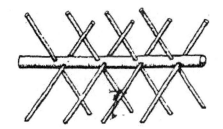

▲八旗汉军的鹿角。

令人啼笑皆非的是，明朝君臣得知松山失陷之后，误以为洪承畴已经殉国，明思宗让礼部在京城东郊设棚，准备亲自哭祭。朝廷又为洪承畴建祠于正阳门东月城。根据《广阳杂记》的记载，祠中配祭的还有以忠义著称的三国名将关羽，可见朝中君臣是将洪承畴与关羽相提并论的。后来，洪承畴投降的消息传来，这座祠也就改祭观音了。洪承畴是被俘五十多天后才屈服的，时间是五月五日。关于他降清的详细过程，坊间传闻很多，摘录如下：

《啸亭杂录》记载洪承畴起初拒绝投降。奉命前去相劝的范文程在谈话其间注意到洪承畴会用手拂去衣服上面的尘埃，据此，他回来向皇太极汇报时说：洪承畴必不愿死，此人既然如此爱惜自己的衣服，更何况自己的身体呢？皇太极便亲自探视，并解下御用的貂裘披在洪承畴的身上，说："先生得此衣不再寒冷吧？"洪承畴瞠目而视，良久才叹息道："真命世之主也！"遂叩头投降。

《甲申朝事小纪》里面还有一种说法：皇太极摆出高姿势，主动释放不愿投降的洪承畴返回明朝。洪承畴在半途中却碰到前来取骸骨的家人，得知明朝误以为自己已经殉国。他明白如果一旦生还，必将不容于满朝文武，肯定会有不测之祸，遂"俯首恸哭"，返回投降了皇太极。

后来，一些流言蜚语在清廷的文人之间传播，例如清初的毛奇龄说洪承畴有断袖之癖，因而皇太极投其所好，命优人前去诱惑，从而轻而易举地收降了他。到了

清末民初，根据民间传说写成的《清史演义》，则绘声绘色地描述皇太极故意派美貌的庄妃前来劝降，终于让"好色"的洪承畴拜倒在石榴裙下。上述种种说法，不过反映了某些文人的龌龊心理与低级趣味，距离事实不啻于十万八千里。

这些记载的主题都离不开皇太极成功招降洪承畴。按照中国古代很多文人的政治文化观，英明君主的身边必定要有文才出众的谋臣辅佐，一起开创伟业，成就"千古佳话"。比如刘邦有张良、刘备有诸葛亮、李世民有魏征、朱元璋有刘伯温等等。皇太极的身边多数是一些文化程度不高的起起武夫，如今遇上进士出身的洪承畴，按理应该是"如鱼得水"。况且，明思宗不能放手使用洪承畴，而皇太极却知人善任，难道不正好说明皇太极比明思宗高明得多吗？《啸亭杂录》就是按这样的思路来写的，书中记载皇太极对洪承畴的归降是非常高兴，当即给予重赏，并在宫中演戏庆贺。军中诸将感到不理解，他们认为洪承畴不过是一个囚犯，皇太极的接待过于隆重了。皇太极反问："大家栉风沐雨而辛苦奔波，到底为了什么？"众人回答："欲得中原。"皇太极笑道："我辈好像瞽者（盲人），洪承畴好像向导，盲人获得向导，岂能不贺。"众人乃服。

这些文人的记载有真有假，其中有些内容明显是过于渲染皇太极对洪承畴的重视程度了。事实上，皇太极收降洪承畴之后，在相当长的一段时间里只是让他坐冷

板凳。尽管当时清臣张存仁发觉洪承畴"欣欣自得，侥幸再生"，因而上书建议清廷将其"酌加任用"。然而，皇太极不但没有给予洪承畴一官半职，反而将其编入直属皇室的包衣牛录之中，成为一名身份低微的奴仆。反观在锦州、松山、杏山等处归顺的明军，有不少人被正式编入了汉军八旗，例如夏成德所部被编入正白旗汉军，夏成德之弟夏景梅还成了一个佐领。这在某种程度上反映了满洲贵族重武轻文的思想，这种思想显然与文人们一厢情愿的记载有重大区别。总的来看，皇太极似乎更愿意把洪承畴当作一个典型，用来做政治宣传。毕竟能招降洪承畴这样大的官，是用兵以来头一次。张存仁说得好：洪承畴的投降在政治上影响很大，"使明国之主，闻之寒心，在廷文臣，闻之夺气，盖皇上特为文臣之归顺者开一生路也"。

洪承畴降清难免会泄露明朝的一些军事机密。例如朝鲜虽然被迫降清，但仍然通过海路与明朝保持秘密的联系，后来终于被清朝发觉，致使朝鲜国

王不得不下令逮捕本国涉事之人，以求自保。朝鲜史籍认为，向清朝泄密者正是作为当事人的洪承畴，因为他过去出任明朝的蓟辽总督时，不止一次派遣手下乘船来过朝鲜。朝鲜的《沈阳启状》就记载过一则史料：洪承畴手下一名姓倪的人士乘汉船来过朝鲜的宣川，并获得大米五百斛、

▲降清的洪承畴在多年后终于官运亨通。

人参五百斤以及一些土产，双方还有文书往来。这位倪姓人士特别指出，人参可用来做军需品，而他的上司洪承畴也曾经售买人参，以作军饷之用。同时，朝鲜船只多次来到明朝进行贸易，并曾在登州、宁远等军事据点出售人参。由此可知，洪承畴及其部属曾经染指人参买卖，这种买卖与降清的朝鲜有关，故很难说是合法的。回顾历史，六七十年前李成梁把持辽东军权之时，就插手参、貂等奢侈品的买卖，为此处心积虑地在关外女真诸部中扶持自己的代理人努尔哈赤，可惜弄巧成拙，从"养寇自重"变成"养虎为患"，祸及子孙。到了毛家军打着抗金的旗帜盘据皮岛之时，仍旧介入走私人参的活动中，既让光复失地的伟业染上了一些铜臭味，也让军中不少义士沦为了生意人。最后，当洪承畴在总督任上时也未能免俗，就像常言所说的"常在河边走，哪能不湿鞋"。如果说人参买卖间接促成了女真的统一与八旗军的创立及发展，那么，这种买卖反过来长期腐蚀了辽东明军的战斗意志，加速了这支军队的堕落。

松锦之役结束后，明朝苦心经营的宁锦防线已经被摧毁了一半，共失去锦州、松山、塔山与杏山这四座重镇，而剩下的宁远等数座重镇已经危机四伏，不得不全线转入防御状态。从此以后，辽东驻军再也不敢使用"且筑且屯"的方式徐徐恢复失地，朝廷再也没有能力组织十多万大军出关拒敌，孙承宗、袁崇焕等人在二十年前提出的"主守关外"的战略受到了前

所未有的严峻考验。甚至有人认为，明朝的败亡之势由此已经昭然若揭。迫于形势，明思宗破天荒地酝酿着要与皇太极议和，此举在政治上意味着明朝可能会承认清朝在关外的霸权。

议和的过程一波三折。兵部尚书陈新甲本来就是受到"议和派"骨干杨嗣昌的赏识而步步高升的，并不排斥议和。当洪承畴在松山被清军围困之时，无计可施的陈新甲私下里派遣辽东宁前道副使石凤台前往前线与清军联系，要求和谈。明思宗知道后非常生气，认为这有辱国家。虽然杨嗣昌已因追剿起义军不力而自杀身亡，但是陈新甲的所作所为还是受到大学士谢升等部分朝臣的支持。由于明朝迟迟无法拼凑援军解救前线被围将士，束手无策的明思宗在与阁臣商议之后，定下"姑缓北兵（指清军）、专力平寇（指起义军）"之策，允许谢升、陈新甲主持议和之事，派遣马绍愉与参将李御兰、周维庸前往宁远，准备与清朝谈判。明思宗事前一再叮嘱，凡是与"议和"有关之事都要严格保密，以免泄露风声，遭到朝中"主战派"的反对。

清朝的日子也不好过。久驻于外的前线部队给后勤造成相当大的压力，为此时常要从国中抽调大批人员进行"糇粮转运"，以致影响了正常的社会生活秩序，再加上由于"去岁遇霜甚早"，粮食收成不太理想，经济不容乐观。皇太极在此前赶赴前线参战时，不止一次带着部分人马打猎以补充军粮，幸亏缴获了明军的大量

辎重，才让后勤的压力有所缓解。既然明朝肯主动派人来求和，清朝经过几次试探，也就同意了。到了三月中旬，马绍愉等人来到锦州，向清将阿济格递上一道明思宗写的"敕谕"，内容是这样的：

"据卿（指陈新甲）部（指兵部）奏，辽沈（指清朝）有休兵息民之意，中朝（指明朝）未轻信者，亦因以前督抚各官未曾从实奏明。今卿部屡次代陈，力保其出于真心。我国家开诚怀远，似亦不难听从，以仰体上天好生之仁，以复还我祖宗恩义，联络之旧，今特谕卿便宜行事，差官宣布，取有的确信音回奏。"

显而易见的是，这篇御文并非写给皇太极，是写给陈新甲，原因是死要面子的明思宗不肯降低身份与"外夷"直接对话。皇太极收到这篇"敕谕"，对明思宗以天朝上国自居而"鄙视他人，口出大言"的行为很反感，一度对"敕谕"的真实性产生怀疑，因而召来洪承畴对文章后面印着的"皇帝之宝"进行鉴定。洪承畴看后说"此宝扎果真"，同时提到皇太极在1632年（明崇祯五年，后金天聪六年）出征察哈尔时在张家口与明朝地方官员议和一事，已被明朝皇帝知道，只因为朝中主战派的反对，故将涉事的地方官员撤职。但洪承畴认为明朝此次请和，"决非虚语"。皇太极据此表示愿意和明朝进一步谈判。经过一段时间的磋商，双方最终确定在1642年(明崇祯十五年，清崇德七年)五月间于盛京正式讲和。这时松山、锦州、塔山与杏山已经被清军夺取。

为了表示诚意，皇太极下令暂缓进攻宁远，退师三十里。到了六月初，谈判结束。马绍愉等人在离开时带回了皇太极给明思宗的一封信，信中除了重弹努尔哈赤主政时期"七大恨"的老调，还涉及两国互派使者、互通声息、互相遣返叛逃者等一般性事务，其中最令人关注的是讲和的条件与两国的划界。皇太极要求明朝每年交出黄金万两、白金百万，而清朝则给予人参千斤、貂皮千张。讲和之后，明朝以宁远双树堡中间的土岭为国界，清朝以塔山为国界，并以"连山为适中之地"，作为两国的"互市"之处。海上的分界线则从宁远双树堡中间的土岭至海上的黄成岛，黄成岛以西属于明朝，黄成岛以东属于清朝。为了表明诚意，两国皇帝应举行仪式，"亲誓天地"，或者"各遣大臣代誓"也行。清朝申明以九月为最后的期限，如果到时仍不能达到和平协议，就兵戎相见。

马绍愉等人返回后，将清朝意见转达兵部。为了避免让朝中的主战派抓住把柄，明思宗多次告诫陈新甲不要将和谈之事外泄，可偏偏出了意外，陈新甲的家仆误将一份放置于书桌的和谈绝密材料当作普通塘报，竟让人传抄于外，结果闹得朝中人尽皆知，掀起了轩然大波，以致遭到给事中方士亮的上书弹劾。明思宗看见方士亮的奏章后大怒，以为陈新甲故意出卖自己，对其下了一道圣旨加以谴责。陈新甲拒绝承担所有的责任，不肯认罪，最后被逮捕入狱。那时，朝中的大部分大臣都熟悉宋金战争的历史，认定宋朝是因议和而失败，故始终顽固地拒绝与清朝和谈。如果哪一位大臣敢于支持议和，就完全有可能替皇帝背黑锅，被官场上的政敌视为秦桧之类的奸臣而在世间留下污名。此前，支持议和的大学士谢升因对明思宗的处事方式有所不满，曾经公开发牢骚道："人主以不用聪明为尚，今上太聪明，致天下坏尽。" 所谓"人主"与"今上"，就是指想把议和责任推卸给臣下的明思宗。其后，明思宗以泄露和谈机密为由罢了谢升的官。这次为了处置陈新甲，明思宗传召大学士周延儒入殿商议，谁知周延儒竟敢冒着得罪皇帝的危险，对议和一事缄口不言，使彼此不欢而散。经过考虑，明思宗决定彻底中止与清朝的议和，并处死陈新甲以及参与此事的职方郎中张若麒，而马绍愉则撤职。朝中一些了解内情之人知道陈新甲是替罪羊，想伸出援手，其中大学士周延儒、陈演等人劝明思宗道："根据国法，敌兵不迫近京城不杀大司马（指兵部尚书）。"明思宗强硬地回复：我多位亲属遭到敌兵的"戮辱"，这些乃是陈新甲策划无方的结果，其罪行已超过了敌兵迫近京城。最后，陈新甲于七月二十七日被斩首。

九月的期限很快就过了，等得不耐烦的皇太极决定第五次调集军队入关抢掠，给明朝一点颜色看。然而清军内部存在不同的声音，汉军固山额真李国翰、佟图赖、祖泽润与梅勒章京祖可法、张存仁等人在稍早之前上奏反对，他们认为入关抢掠的初衷是欲使军中大量贫穷的士卒富裕，但实际上抢掠行动"便于将领而不便于士卒，便于富家而不便于贫户"，因为将领有很多随从，而富家养马甚众，所以能携带比较多的战利品。可是贫穷的士卒"不过一身一骑"，能够携带的东西有限，他们即使参与入关抢掠也没有什么益处，"既负皇上盛意"，又恐"误了天时"，不能耕种家中的田地，反而得不偿失。他们建议皇太极乘松锦大捷的余威，马上直取燕京（明朝的首都北京），以"控扼山海"，促成大业，否则明朝的首都会被"流贼劫掠殆尽"，到时，姗姗来迟的清军恐怕捞不到什么油水。皇太极阅读完毕奏章，答复道，"取燕京如伐大树，须先从两旁斫削，大树自倒"，在没有取得宁远等关外四城的情况下，不可能攻克山海关，如今明朝"精兵已尽"，我军只要深入明境四处抢掠，会令"彼国势日衰"，当时机成熟，燕京自然唾手可得，但耗费的时间要长一点。对于皇太极而言，当务之急是通过入关抢掠的方式尽快逼明朝签订城下之盟，即使耽误了国内的经济生产也在所不惜。

清军在这一年的十月动身了，为首的是多罗饶余贝勒阿巴泰、内大臣图尔格，随行的有一批满洲、蒙古、汉军固山额真以及护军统领、梅勒章京，此外，外藩蒙古的察哈尔、喀尔喀、科尔沁诸部亦来助战，总计人数达到十余万人，其中八旗兵约有五万。临行前，皇太极在亲自送别时作了训话，他交待出兵的原因是由于自己屡次欲与明朝议和，无奈"彼国君臣不从"，从而将战争的责任推给对方，并判断清军进入明境时可能会遇到前来求和的明朝使者，因而特别叮嘱出征将领要这样答复："我等奉命来征，唯君命是听，尔如有言，应向我君而言，必须要我君下令班师，方可退兵。"万一遇上流寇（指关内的起义军），皇太极认为应以善言抚慰，要将流寇的产生归咎为明朝施政无能，并解释"我国征明，亦正为此"。同时要"申戒士卒，勿误杀彼一二人，致与交恶。如彼欲遣使见朕，即携其使来，或有奏朕之书，尔等即许转达"。此外，他还就"公平分配战利品"与"防火"等军纪问题作了再三的"晓谕"。

这时，明朝国内很多地方连续数年遭遇饥荒，在一些重灾区，出现了"禾稼不收，人皆相食，或食草根树皮，饿死者什之九"的惨况。长期的内乱使得无数老百姓离乡背井，致使昔日良田如今"榛芜遍野"。为了应付辽东的战事，朝廷已不止一次加派田赋，并将之统称为"辽饷"，总数达到九百万两左右。到了1637年（明崇祯十年，清崇德二年），出于镇压关内起义的需要，每年又增饷二百八十万，号称"剿饷"。但这还不够，有人在1639年（明崇祯十二年，清崇德四年）建议每年加派"练饷"，增至七百三十万。因而，"辽饷""剿饷"与"练饷"被人们叫做"三饷"，增收饷银的数目达到一千六百余万，为平时财政收入的一倍以上。此外，还有其他名目的

赋税。官府的搜刮加重了民众的负担，越来越多雪上加霜的穷苦之人被迫加入到起义队伍之中。各地的反明起义一再掀起高潮，使明军的行动屡受挫折。张献忠、罗汝才于1639年（明崇祯十二年，清崇德四年）重新树起义旗，转战在湖广、四川等地，先后攻克了襄阳等一系列城池，杀死襄王朱翊铭与贵阳王朱常法等宗室贵族，使得明军督师杨嗣昌因追剿失败而自杀身亡。此后，张献忠等人活动在河南、安徽等地，对江南造成潜在的威胁。流亡在陕西、湖广与四川三省交界山区的李自成乘明军专注围剿张献忠之机，于1640年（明崇祯十三年，清崇德五年）六七月间突然经郧、均之地进入正在遭受严重旱灾的河南，争取到大批饥民的依附，到了年底，队伍迅速从千余人发展到十多万，于次年正月打下洛阳，捕杀福王朱常洵与南京兵部尚书吕维祺等人，随后，他又联合罗汝才所部攻打开封，在前两次失败之后，于1642年（明崇祯十五年，清崇德七年）五月发起第三次围攻，夺取了开封周围的三十余座州、县，但围城到了九月的时候，竟被狗急跳墙的明军掘开黄河大堤，以致万余人被淹没，乃拔营而去。开封虽然没有失陷，可城中百万户皆没于洪水之中（逃出没顶之灾的只有周王以及巡抚、巡按等二万人），事实上无异于毁灭。至此，明朝在中原的统治土崩瓦解。由于陕西总督孙传庭与总兵左良玉等大批能征惯战的将领被起义军牵制在关内各省，因而北部边线只能采取被动的防御政

策。为了应付塞外的威胁，朝廷多年来对长城沿线的军事部署不断进行调整，在辽东、蓟州、宣府、大同、太原、延绥、宁夏、固原、甘肃等九个军事重镇的基础上，先后逐渐分化出二十个军事重镇。就以蓟镇为例，已分化出昌平、蓟州、永平、山海、遵化、通州等镇，还有部分区域划入密云镇当中。这些新设的军镇总是根据时局的发展而产生变动，比如山海镇曾经在天启年间与辽东镇分化出的宁远镇合并，后来很快又重新分开，最终使关内、关外隶于不同的总兵管辖。在清军第五次入关前夕，关内、关外已设立两督，朝廷又于昌平、保定增设两督，于是千里之内有四督臣。宁远、永平、顺天、保定、密云、天津则分设六巡抚。宁远、山海、中协、西协、昌平、通州、天津、保定也分设了八位总兵。总之，明朝军事重镇的辖区越分越细，官员越设越多，反映了画地为牢的消极防御思想正左右着人们的头脑，造成了明军没有统一指挥，各自为战的不良后果。就像《明史》所评价的"星罗棋置，无地不防，而事权反不一"。

皇太极在阿巴泰所部刚出发不久又命多铎、阿达礼率兵前往宁远附近立营，一面牵制辽军，一面伺机"捉生（从敌占区抓活口）"，同时，以"大清国皇帝"的名义招降宁远守将吴三桂，还动员吴三桂的舅舅祖大寿写了信。但吴三桂无动于衷。十一月初四，多铎等统兵万余从家门山南下，分作三路驻于宁远城北的王宝山、城南的曹庄与海口等地。守城明军在人数上处于劣势，能战的只有三千精锐骑兵，可吴三桂敏锐地察觉到清军犯了分散部署的错误，决心集中力量攻其一路，他在战前向军队动员道："奴众我寡，非用命死战，以一当十，难以取胜。"出击的日子定在初五，守军于凌晨五点突袭了驻于王宝山的那一路敌人，用射箭与刀砍的方式打得对手纷纷落马。从曹庄、海口以及家门山老营赶来增援的敌军也受到明军预备队的拦截。最后，清军"个个拉尸"，"踉跄奔溃"地往后撤。明军追了十余里，直到芹菜沟才收兵回城，其战绩报告称毙伤清军难以统计，"夺获豹尾纛旗二杆、夷马十六匹、弓箭等器不计其数"。有趣的是，清军也宣布胜利，多铎于十九日返回盛京后上奏说击败宁远的骑卒，获七十二匹马，三十七副甲，三十九把弓，十七个撒袋，二十五把腰刀。

不管谁胜谁败，多铎的牵制任务已经完成。阿巴泰所部分为左、右两翼顺利突入塞内。左翼军于1642年(明崇祯十五年，清崇德七年)十一月初五从界岭口毁边墙而入，打败驻扎于台头营的二千五百名明军，获得四百三十二匹马。右翼军接连攻陷石城关与雁门关，于初八日经黄崖口进入长城之内，斩明军守备一员，击溃城内之兵，向蓟州前进。蓟州总兵白腾蛟本已率部前往桃林拦截清军左翼兵，得知右翼兵入塞的消息后，慌忙带着骑兵回防，可在城外的遭遇战中失败，而马兰峪总兵白广恩率三千骑兵与三千步兵赶来增援，也受挫而回。清军在夺取蓟州的过程中生擒一员参将、阵斩三员游击，夺取六百三十六匹马。

进入明境的清军迫不及待地搜刮财物，战火已经波及迁安、三河、平谷、永平等地。左右两翼军在蓟州会师后，分掠真定、香河等地，于闰十一月初八克霸州，打死兵备佥事赵辉、同知丁师义、前常镇道李时苞，随后攻略了文安、长芦等地，很快就从京畿地区南下山东，于十二日进入临清。这座城市过去从未被清军攻克过，里面"巨贾云集"，拥有"货宝亿万万"，号称"富甲海内"，现在被掠取殆尽。不久，清军又拿下阜城，杀死知县李大成，其后连克景州、河间，杀死参议赵珽、知府颜允绍、知县陈三，劫得从扬州解往京城的数十万银两，于二十二日兵临东昌城下，因遭到总兵刘泽清的抵抗而改道向西，进攻冠县。二十五日，清军开始在山东分散开来，四处掳掠，他们分作五道，在孔有德、巢丕昌、祖洪基等人的率领下流窜到莘县、馆陶、高唐诸郡县进行抢夺。在接下来的两天里，又攻击了海丰、张秋，向西一直打到了大名。到十二月上旬，沭阳、沂州、丰县、蒙阴、泗水、邹县、长垣、曹县、濮县等地纷纷告急，清军的零星骑兵甚至打到了青州。很快，临淄、阳信、滨州等城失陷了，其中临淄知县文昌时全家大小一齐自焚，阳信知县张予乡亦不屈而死。只有济宁守军击退了进犯者。

为了拦截清军，明朝兵部陆续从各地调遣了近四十万军队，还冒险多次从关外调兵，蓟辽督师范志完的标兵营与右翼镇总兵李辅明的部属先后回援。最后连吴三桂也率领万余人于闰十一月十八日入关。明军虽多，可是乌合之众占了大部分，其中还有不少是清军的手下败将，刚刚从松锦前线逃回的白广恩、唐通、李辅明、马科等人都相继操刀上阵，唯有王朴因在松山之战中首先逃跑而被朝廷秋后算账，已于1642年(明崇祯十五年，清崇德七年)五月伏诛。

进入山东的清军已对兖州造成威胁。为了保护坐镇该城的鲁王朱以派，李辅明率一千五百名关东骑兵疾驰五百里前往该地。但鲁王认为李辅明所部军纪不佳，便以兖州守军有足够的能力自保为理由拒绝让其入城。这支风尘仆仆的援军刚走，清军就于十二月初八这一天杀到了，以迅雷不及掩耳的速度破了城，杀死知府邓蕃锡、兵备王维新、副将丁文明等人。鲁王被俘后以弓弦自缢。此外城破时死亡的还有乐陵王朱以泛、信阳王朱弘福、东原王朱以源、安丘王朱弘槠等人。成为俘虏的明朝宗室与王府家人约有千名，皆被斩首。清军其后分作两路，一路经山东莱州、登州直抵宁海及海州，一路渡过黄河，回至莒州、沂州。明思宗督促蓟辽督师范志完、关蓟总督赵光抃堵截来犯之敌，可是明军援兵徘徊于河间等地，大多观望不战，只有山东总兵刘泽清等少数将领表现较为积极，他在安丘打退了前来骚扰的敌人。

清军不久又分为左右翼，左翼大军沿青州、德州、沧州、天津来到北京附近的三河县，历时三月抵达密云。右翼大军沿东平、广平、彰德、真定、保定而经北京之北，历时三月也抵达了密云。朝廷严令各督抚不要纵敌回巢，可惜偏偏在这个时候，湖广等省告急，襄阳、荆州、承天等地接连被起义军攻陷，无意中在第二条战线上帮了清军一个大忙。打算前往湖广督师的大学士吴甡有鉴于在黄河以南作战的左良玉集团跋扈恣睢，难以号令，遂向朝廷请调精兵三万随行。兵部经过研究，认为暂时抽不出这么多的预备部队，只有等清军出塞之后，才可以从迎击清军的部队中调出一万人供吴甡差遣。故此，不少朝中人士暗中只盼清军快点离开，哪里还敢自找麻烦去挡对方的路。在吴甡即将上疆场的情况下，另一位大学士周延儒不得已，也自请督师与清军作战。明思宗大喜，予以嘉奖。可是，周延儒离京后便躲进了通州，他平日里只与幕僚饮酒娱乐，时不时给朝廷发章奏捷，只想等清兵自行离去后再班师回朝。当然，清军撤回时并非一帆风顺，而是在1643年(明崇祯十六年，清崇德八年)四月份与赵光抃率领的吴三桂、唐通、白广恩等将领在怀来螺山打了一仗。尽管参战的明军总兵达到八位，可是却纷纷败走，惟有步营两监军御史冒险留在战区附近。事后，御史蒋拱辰掩过饰非，向朝廷捷捷。更有甚者，镇驻关口的内监太监孙茂林所部竟然故意不放炮，任由清军顺利通过，朝廷后来查明，

孙茂林的部下皆得了清军的重贿，他们凡是放一名清军出塞，即可得五两银子。这生动地说明了明军的腐败程度。

清军左右两翼合力进攻墙子岭，于五月一日出边，在六月份返回了盛京。根据清军的战报，在八个多月的作战行动中连败各路明军三十九次，生擒五员总兵、五员兵备道、一员郎中、一员科臣、五员副将、八员参将、四员游击，皆诛之。其他的总兵、副将、参将、游击等官在战斗中被屠戮者无数。攻克兖州、顺德、河间三府，十八州，六十七县，共八十座城。另有一州五县归顺。生擒兖州府鲁王、乐陵王、信阳王、东原王、安丘王、滋阳王及管理府事宗室等约千人，皆诛之。共俘人口三十六万九千，驼、马、骡、牛、驴、羊等牲畜三十二万一千多头。夺取黄金一万二千二百五十两、白银二百二十万五千二百七十余两，各种绸缎五万二千二百三十匹，各种缎衣、裘衣共一万三千八百四十件。还得到了貂、狐、豹、虎等一批动物的皮毛。

明朝又一次损失惨重，明思宗照例对相关官员进行问责。范志完、赵光抃这两位督臣以逗留不战等罪于同年十二月在西市问斩。巡抚马成名、潘永图，总兵薛敏忠，副将柏永镇等也被处死，其他人则多数不予追究。由于范志完是周延儒的门生，因而周延儒也未能置身事外，他后来又涉及贪赃等罪，最终被明思宗撤职，勒令自尽。

接二连三的胜利促使皇太极重新评估

天下的局势，准确地判断明朝有"必亡之兆"。因为明朝境内"土贼蜂起，或百万，或三四十万，攻城略地，莫可止遏"，加上清军的夹击，势必使明军难以招架。更重要的是，清军第五次入关的惊人战绩让皇太极一再高度评价松锦大决战带来的影响，他认为明朝过去所恃的精兵有三支，分别是祖大寿辖下部队、锦州与松山守军、洪承畴率领的各省援兵，可是这三支精兵如今皆已败亡殆尽，即使召募新兵，亦仅可滥竽充数，岂能执行防御及作战的任务？他清楚地了解明朝的将领与士卒，不但不能与清军对敌，反而在自己的国境之内肆意剽掠，残害百姓，同时又"行贿朝臣，诈为己功"，而"朝臣专尚奸谗，蔽主耳目，私纳贿赂，罚及无罪，赏及无功"。综上所述而得出的结论是："明之必亡"的迹象已昭然若揭！此时此刻，皇太极早已不满足称霸关外了，而是已经水到渠成地酝酿着进军中原、争霸天下的大计。历史的发展就像他估计的那样，清军第五次入关结束之后仅仅过了数月，明朝的首都北京就于1644年（明崇祯十七年，清顺治元年）三月十八日被李自成的农民军攻陷。走投无路的明思宗在皇宫后面的煤山自缢身亡，从此意味着这个历时二百七十六年的王朝寿终正寝。全国处于四分五裂的状态，残明势力与各地的起义军仍然争斗不休，而称雄关外的清军也终于有机会加入逐鹿中原的行列，而且由于自身的实力超群，拥有极高的胜算。可是，皇太极不能亲自看到期待已久

的这一刻，因为这位君主于1643年（明崇祯十六年，清崇德八年）八月九日晚上突然去世，终年五十一岁。在此前两年，他已感到自己身体的衰老，特别是在松锦大决战前夕，竟因精神过于紧张患上鼻衄以致一连数天流血不止，当他从松锦前线返回后，心爱的宸妃不巧又病逝，最终由于心伤过度而昏迷，也使长期积劳成疾的身躯雪上加霜。种种原因促使这个君主再也支撑不住而离开了人世，据《山中见闻录》的记载，他是因"痰疾"死亡的。

皇太极作为一位承前启后的清朝君主，在他执政期间，力图恢复祖先的故地，着意经营黑龙江地区，成功招抚了当地的一批部落民族，并从1634年（明崇祯七年，后金天聪八年）起到1643年（明崇祯十六年，清崇德八年）为止，多次出兵征伐呼儿哈部、索伦部、呼尔哈部，为统一黑龙江上游地区付出了艰辛的努力。虽然这些征伐的规模远远比不上对明朝的战争，动用的兵力通常不过数以千计，但毕竟统一了原本分散的边疆诸民族，也使大批归顺的人口被迁到盛京编入旗籍，从而壮大了八旗的实力。而留下来的原住民一度被统称为"新满洲"，以示和清朝的隶属关系。正如皇太极自诩的那样："自东北海滨（指鄂霍次克海），迄西北海滨（指贝加尔湖）"，以至"斡难河（指鄂嫩河）源"，其间的"使犬、使鹿之邦"，以及"产黑狐、黑貂之地"，那些'不事耕种、以渔猎为生"的部族，还有蒙古的厄鲁特部落等等，"远迩诸

国"，全部臣服。皇太极在1639年（明崇祯十二年，清崇德四年）六月以"诸国归附，教令统一"为由，下令把明朝以前颁发给哈达、叶赫、乌拉、辉发以及一些蒙古部落的敕书，全部集中于盛京皇宫的笃恭殿之前，一一焚毁，显示清朝将要取代明朝统治关外的决心。

皇太极还巧妙地利用朝鲜与漠南蒙古作为间接渠道，尽量将人参、貂皮等关外土特产销到明朝境内。特别是在1632年（明崇祯五年，后金天聪六年）之后，他间接通过鞑靼右翼诸部在宣府、大同地区与明朝进行贸易往来，实际上已经破坏了明朝长期推行的经济封锁政策。经过努尔

哈赤与皇太极两代人的努力，清朝不但最大限度地掌握了关外参、貂等奢侈品的资源，还能成功地把它们卖出去，从而通过这种垄断生意获得尽可能多的利润。在疆域不断扩大的同时，皇太极制定了对经济有利的政策，颁布"离主条例"，推广"编户为民"，采取各种方式解放奴隶，提高劳动者的积极性，使农业与畜牧业得到了一定的发展，有力地支持着对明战争的继续进行。

在政治上，皇太极注意巩固皇权，抑制权贵，积极在社会各阶层中提拔人才（例如他上台仅三年，便开始通过考试录取官员，以补充政府部分职位）。他纠正了努尔哈赤的一些过火政策，改善了汉官与汉人的待遇，还联络蒙古，将后金由单一的民族政权发展为几个民族联合的政权。他还虚心吸取汉人的先进文化，参照明朝官制对国家机构进行改革，从1636年（明崇祯九年，后金天聪十年）三月起设立了内三院（分别是内国史院、内秘书院、内弘文院），而在其中办公的满族人、蒙古人、汉人称为大学士、学士，这

神威大将军礮圖

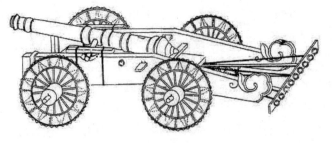

▲清朝崇德八年制造的红衣大炮。

些人相当于皇帝的秘书，能够直接参与制定国家的军政大权，逐渐取代了八和硕贝勒议政的旧制。此外，六部、都察院与负责蒙古事务的理藩院也先后成立，吸收了更多蒙古人、汉人参与执政，使这个政权具有满、蒙、汉贵族地主联合的性质。而在嫡系部队八旗军中，也相继编成了蒙古八旗与汉军八旗，使之能容纳不同民族，为共同的目标作战。

如果按照努尔哈赤于1583年（万历十一年）从建州地区起兵的时间来算，这个政权已经持续了六十载，前后经历两代君主，在争霸辽东的过程中积累了丰富的执政经验。皇太极死后，继位者是年仅六岁的第三子福临，辅政的是多尔衮与济尔哈朗两人，但实权掌握在多尔衮手中。清朝没有因为皇太极的死亡而改变对外的扩张政势，而逐鹿中原的国策更加受到执政者的重视。清朝著名谋臣范文程曾经一针见血地说过："明之劲敌，惟我国与流寇耳。如秦失其鹿，楚汉逐之，是我非与明朝争，实与流寇争也。"清朝逐渐把关内的起义军当作最大的敌人。各地的起义军虽然经过十七年的努力颠覆了明朝，但在大多数时候处于流动作战的状态，真正建立根据地的时间并不长。就以他们当中实力最强大的李自成为例，直到1642年（明崇祯十五年，清崇德七年）冬，才开始在河南省的控制区内派遣地方官吏，而中央政权设立在湖北襄阳（改称襄京）的时间还要推迟至1643年（明崇祯十六年，清崇德八年）春。当明朝在1644年（明崇祯十七年，清顺治元年）三月灭亡时，李自成政权成立的时间还不足两年，各方面的建设还显得很粗疏，其巩固程度与前后持续数十载的清朝相比更是不可同日而语。历史给了清朝前所未有的机遇，就等着八旗军开进中原坐收渔人之利。而未来的入关角逐之路，还需要这支军队在疆场上浴血争取。

尾声 神话终结

随着皇太极的死去，持续数十年的辽东战局已接近尾声，可是残酷杀戮的痕迹却长期遗留下来，直到数十年后仍比比皆是。例如，康熙年间一位名叫王一元的文人撰写了《辽左见闻录》，其中记录了自己在昔日战场遗址上的所见所闻，据说仅在铁岭一地"掘土数寸，即有刀镞"，而"甲胄、骷髅诸物，处处皆然"。无独有偶，松锦大决战结束四十多年后，一位名叫任震旦的清朝御史在1685年（清康熙二十四年）的奏书中还说道"松山等处，白骨暴露如山"，建议朝廷"立义冢掩埋"。

到底有多少明军将士战死于关外？现在已经难得其详。据不完全统计，仅仅在万历、天启年间阵亡的总兵就有十五人以上，即死于抚顺的张承荫，萨尔浒之役的杜松、刘铤、王宣、赵梦麟，开原的马林，沈阳的贺世延、尤世功，浑河的童仲揆、陈策，辽阳的杨宗业、梁仲善、朱万良，西平堡的刘渠、祁秉忠。而战火在崇祯年间漫延到关内，死的总兵也不少，例如著名的有遵化的赵率教，永定门的满桂、孙祖寿等人，其后，旅顺的黄龙，皮岛的沈世魁、金日观，宁远的金国凤，松山的杨国柱、曹变蛟、王廷臣等，皆一一殉国。至于副将以下的死者，已难以计算。另外，卢象升、洪承畴等文官督臣，在关内追剿起义军立下显赫功绩，可与清军作战，非死即俘。

清军的嫡系部队是八旗军，八旗军的核心力量是满洲八旗，满洲八旗主要由满族组成，而满族的前身是女真族。对于关外女真人强悍的战斗力，朝鲜人是这样描述的："胡性能耐饥渴，行军出入，以米末少许调水而饮，六七月间，不过吃四五升，虽大风雨寒冽，达夜露处。马性则五六昼夜决不吃草，亦能驰走。女人之执鞭驰马，不异于男。十余岁儿童，亦能佩弓箭驰逐。少有暇日，则至率妻妾畋猎为事，盖其习俗然也。"关外白山黑水地区的恶劣自然环境，造就了他们吃苦耐劳的品格。长期的渔猎生涯让他们成为了天生的猎人，形成了好勇斗狠的尚武精神。在古代社会，贫困落后的游牧或渔猎部落，经常使用武力对富庶的农耕地区进行抢掠，这已经成了这些部落的一种生产方式，就像上山打猎一样平常，所不同的是，猎取的对象不再是野兽，而是人。而明末女真人无论有多么冠冕堂皇的借口，他们对辽东的战争，最主要目的之一就是经济掠夺。正如史籍所说的，八旗军"出兵之时，无不欢跃，其妻子亦皆喜乐，惟一多得财物为愿。如军卒家有奴四、五人，皆争偕赴，专为抢掠财物故也"。这种经济掠夺给农耕地区造成了惊人的破坏，使得人心惶惶。由于明朝军队不能御敌于国门之外，致使 "女真满万不可敌"之类的传言，在世间广为散播。

皇太极自豪地说过："我国士卒,初有几何?因娴于骑射,所以野战则克,攻城则取。天下人称我兵曰:'立则不动摇,进则不回顾'。"他曾经对这支军队克敌制胜的根本原因进行过思考，试图总结历史教训。《清太宗实录》记载了一件有意思的事，这位君主于1636年（明崇祯九年，清崇德元年）十一月召集诸王大臣到翔凤楼，先让内弘文院的官员把《金史》中的《金世宗本纪》阅读了一遍。接着，他以古讽今，意味深长地指

出："金熙宗和海陵炀王主政期间仿效'汉人之陋习'，'耽于酒色'，享乐无度。到了金世宗即位，惟恐子孙仍效汉俗，便屡次以'无忘祖宗'为训，要本族之人'衣服语言、悉尊旧制，时时练习骑射，以备武功'。可惜后世之君渐渐松懈，忘记金世宗的告诫，荒废了'骑射'

▲康熙戎装图。

之技，以致金哀宗在位期间，终于'社稷倾危，国遂灭亡'。"皇太极据此借题发挥地说："以前，朝中有一两个儒臣屡次劝朕改满洲衣冠，仿效汉人的服饰制度，见朕不从，便以为朕不纳谏。朕打个比喻，比如大家在此聚集，穿着汉人的'宽衣大袖'，左边佩箭，右边佩弓。忽然遇到硕翁科罗巴图鲁劳萨挺身突入，大家能抵御么？若果荒废'骑射'之技，崇尚汉人的'宽衣大袖'，那么与'左撇子'何异？这类人即使用餐时割肉而食，动作也

要比别人慢。"他最后总结道："朕发此言"，实为子孙万世着想，惟恐"日后子孙忘旧制、废骑射以效汉俗"。

必须说明的是，皇太极的言论因缺乏逻辑思维而犯了一个以偏概全的常识性错误，因为并非所有的汉人都穿"宽衣大袖"，这类服饰主要流行在明朝的官绅阶层当中，而普通老百姓在日常生活中多穿短衣窄袖，至于边关的明军将士，更是以紧身的戎衣为主。皇太极专门拿明朝官绅阶层的服饰来说事，反映了他一直以来存在的轻视文人的思想。同时，皇太极多次提及的"骑射"这个词，最容易引起歧义，从字面上看，它至少有两种意思，其一是骑马或射箭，其二是骑着马射箭。《清太宗实录》记录皇太极对射箭很重视，说过"我国武功，首重习射"，他下令贝勒大臣的子弟应该以"角弓羽箭习射"，"幼者当令以木弓柳箭习射"，并多次在教场下令将士站着演射，此外，他还会到马馆，"观赛马"。可见在现实中，不一定非要骑着马射箭才能引起皇太极的注意，无论是射箭还是骑马，只要有一样精通，都有得到嘉奖的可能。但

▲乾隆戎装图。

是，如果军中的将士精通"骑着马射箭"的技艺，就会享受比步兵更好的待遇。例如八旗军中精锐的护军与前锋两大兵种，只由满人与蒙古人出任，而骑术稍逊的汉人不能染指。即使皇太极死后，这种情况也迟迟没有改变，直到康熙年间，朝廷在调整部队的薪酬时，还规定京旗前锋、护军每月可领四两饷银，普通骑兵为三两，步兵的饷银仅为普通骑兵的一半。由此可知，清朝统治者长期以来最看重那些擅长骑着马射箭的人。

皇太极的言论给后世带来了深远的影响。后来，清朝统治者将之概括为"国语骑射"（所谓"国语"，就是提倡满语），作为一项国策长期在本民族之中推行，主要目的是为了保持满人的民族特色。顺治、康熙、雍正、乾隆等多位清帝都身体力行，以作表率。清廷长期规定在满洲八旗的基层组织中挑选"披甲兵丁"时，要先比试满语的水平，然后比试"步射"与"骑马射箭"的技艺，其至满人在参加科举考试时，也需要进行"国语骑射"的测试。常用满语的好处容易理解，因为有助于加强本民族的凝聚力。至于"骑射"，由于常常与传统的狩猎活动联系在一起，受到统治者的重视也不奇怪。清廷为此专门建立了皇家猎苑——木兰围场，后世登基的不少清帝每年都亲率八旗精兵来这里骑马射猎，以示不忘祖训。

自皇太极之后，多位清朝皇帝都把皇太极评论金世宗的话奉为圭臬。必须明确

的是，金世宗自诩的"骑射"，是"骑着马射箭"的意思。例如宋朝史籍《北盟录》记载"女真善骑，上下崖壁如飞。精射猎……"骑马射猎的方法后来被女真人用于行军打仗。北宋使者马扩在《茆斋自叙》记录了他亲眼目睹金朝开国皇帝阿骨打率领部下采用骑马射箭的方式"打围（即围猎）"，并亲耳听到阿骨打自夸道"我国中最乐无如'打围'，其行军布阵大概出此"。然而，细究起来，金朝最广为人知的精锐步、骑兵是"铁浮屠"与"拐子马"，这些部队注重的是近身肉搏，而并非远距离射箭。那么，金世宗为何唯独对"骑射"如此推崇备至呢？这可能受到汉人书籍潜移默化的影响。据《战国策》、《史记》等经典记载，战国时期赵武灵王虚心学习他人长处，让本国军民改穿游牧部落的服装练习骑射，历来被视为是一个成功的军事改革家，而"胡服骑射"的典故早已脍炙人口。古代汉人常常把塞外的匈奴、鲜卑、突厥、契丹以及后来崛起的蒙古等游牧民族与关外兼营渔猎、采集、农业或畜牧的女真民族混为一谈，将之统称为"胡"、"虏"，既然匈奴、鲜卑、突厥、契丹、蒙古在打仗时均以"骑射"见长，由此及彼，女真自然也应该标榜"骑射"了。号称"小尧舜"的金世宗本来就熟读各种汉籍，受到汉文化的深刻影响，似乎难免从心理上把自己的祖先归于"胡虏"之类，从而格外热衷于"骑射"了。他作为外来的征服者，绝对不可能良莠不分地全盘照抄被征

服者的文化，因而有意强调保持本民族的特色，也是理所当然的事。皇太极的思想与金世宗很相似，他一方面在满人中推广儒教，另一方面极力主张维护本民族的语言、服饰，并提倡"骑射"，以弘扬尚武精神。正如后世的康熙皇帝所言的"汉人学问胜满洲百倍"，可"满洲以骑射为本"，也足以自傲，都反映了同一心理。

既然，几个世纪之前的金代女真人已被认定为精于"骑马射箭"，那么，认定金代女真人为祖宗的满人也必须要精于"骑马射箭"了。清人编撰的史书都常常

▲清兵射箭老照片。

把八旗军在关外屡获大捷的原因笼统地归功于拥有过人的"骑马射箭"之技，也就是旧调重弹的"骑射"。例如，在清代中期奉乾隆帝之命而编撰的《钦定满洲源流考》不忘收录《北盟录》与《茆斋自叙》中关于金朝女真人善于骑射的记载，又宣称清太祖的哲陈之役、裴优之役、萨尔浒之战与清太宗降服朝鲜、松山杏山之捷，皆因八旗军"咸用少击众，一以当千"，同时也得益于"骑射之精"。然而，回顾八旗军在关外的征战史，会发现"步射"所起的作用比清人津津乐道的"骑射"要大。努尔哈赤统一女真诸部时，立下了最大功勋的是步兵弓箭手，而非精于"骑射"的轻装骑兵。在萨尔浒与松锦两次大决战中，步兵弓箭手同样在山地战中发挥了不可替代的作用。即使在平原地区作战，依靠刀、枪等近战兵器强行突阵的重装骑兵，其表现也比发射弓箭的轻装骑兵要抢眼。由此可知，经过众口一词的以讹传讹，"骑射"的作用已经被提升到了不恰当的高度。

顺便提及，一些把满洲八旗军誉为"女真满万不可敌"的人，是将十二世纪的女真与十六七世纪的女真混为一谈，犯了张冠李戴的错

误。事实证明，这种说法与史实有悖。八旗军攻打明朝辽东地区时，几乎在每一场重大战役之中，都动用了数以万计的兵力，最明显的例子是萨尔浒大决战，八旗军出动了五六万以上的人马，依靠集中兵力战法，逐个击破了分散而进的几路明军。就算压轴的松锦大决战，他们到最后也是凭人数上的优势才得以围歼敌人。尽管如此，这支军队却在人多势众的时候打了不少败仗，著名的有宁远之战、宁锦之战、广渠门之战等等。可见，"女真满万不可敌"的说法是何等荒谬。由此就形成了一个悖论，一方面，八旗军的的确确在辽东争霸战中占了上风，另一方面，这支军队凭着"骑射"而无敌的神话也在这场战争中破灭了。

具体问题具体分析。相比较明军而论，八旗军在辽东争霸战中胜出的原因主要有以下几点：

一、动员更彻底

兵民合一的八旗制度使清朝能够以最快的速度从和平状态转入战时状态，最大限度地将国家的人力、物力动员起来满足战争的需要。而明朝在开国之初便对辽东地区采取了与关内大部分地区迥然不同的统治制度，进行军事化管理，设立了辽东都司这个军事机构，管辖二十五个卫与两个州。到了明代中后期，随着商品经济的兴起，土地兼并的浪潮破坏了辽东的军屯。世代戍边的军人大量逃亡，使辽东地区原有的军事组织逐渐丧失了战斗力，不得不转而依靠募兵作战。朝廷每年需要筹集巨额的军饷养兵，而军费逐渐超过了国家正常的税收水平，使财政入不敷出，造成了沉重的负担。提高田赋因"有违祖宗之法"而经常受到朝野内外舆论的批评，在实施过程中受到强大的阻力，根本不可能最大限度地将国家的人力、物力动员起来。

二、制度更优胜

八旗军采取五五制，每三百人（后来改为二百）设一位"牛录额真"，每五牛录设立一"甲喇额真"，每五位"甲喇额真"设立一个"固山额真"，做到等级分明，井然有序。八旗军中每一旗大约有二十五个牛录，共七千五百人左右。虽然不是每一个牛录都是三百人的整数，有的多一些，有的少一些，但其制度还是显得脉络分明，有迹可寻。相反，明军的总兵、副将、参将、游击、守备、指挥等等都属于临时差遣的性质，没有品级，也没有明确的人数限制。明军实行营伍制后，各营的人数参差不齐，有的过千、有的过万。总兵及其下级将领同时拥有以"营"为单位的直属部队，而各个不同军营的编制也不一样，五花八门。例如有的采取主将、把总、哨长、队长、什长、伍长的编制，有的采取主将、中军、千总、把总、管帖的编制。有时，总兵管辖的营兵人数不一定比下级将领多，其军事制度显得杂乱无章。

三、指挥更有效

努尔哈赤与皇太极经常亲征，调动部队如臂使指，得手应心。当这两位君主不能亲临前线之时，亦常委托得力将领统兵出外，并极少在后方遥控指挥。而八旗军的各级将领乃清一色的武夫，不存在"以文统武"的现象。世袭管理八旗旗务的全是努尔哈赤的子侄，因而带有浓厚的"家务"色彩，使八旗军具备部落兵制的特点，绝对不可能发生上级不认识下级，下级也不认识上级的事，指挥效率很高。反观明朝末期在宫中深居简出的多位皇帝，从未有一人尝试过亲征，遇到重大战事便让文官在前方指挥武将，按照"以文统武"的传统政策办事，使得军中存在文武不和的隐患。前线的文官还受到朝中内阁大学士、兵部尚书等人的遥控指挥，因为内阁、兵部等机构能够染指军事决策。此外，皇帝宠信的太监有时也会奉旨出京履行监军之责，得以介入军事指挥。总之，明朝的军事指挥机构如"叠床架屋"般重复设置，呈现出政出多头的缺陷。到后来，由于处处设防的思想作祟，明朝军事重镇的辖区越分越细，官员越设越多，造成没有统一指挥，各自为战的后果。朝廷经常从关内派遣官员与抽调部队到辽东前线，致使本地官员与外来官员、本地将士与外来将士互不熟悉，这种临时拼凑起来的"将不识兵、兵不识将"的军队彼此怀有戒心，难以做到一致对外。就像《明史·赵光抃传》所言：将士不相习，猝遇大敌，先胆落，故所当辄败。

四、经验更丰富

清朝的诸贝勒或八大臣等高级军官经常率领部分精锐士卒潜入明朝境内侦察敌情，力图了解对手防线的虚实与熟悉战区的地形路径，并伺机发动突袭，进行"捉生"（抓获活口，以搜集情报），由此，这些人在实践中积累了丰富的战斗经验，培养出极佳的临阵判断与执行能力。虽然明军也会派遣斥候远哨，但带队者多数是把总、红旗等低级别的军官，而高级军官极少参与。尽管明朝拥有很多熟读兵书的文官，又不缺乏武艺高强的武将，然而这些统军将帅的实践经历与清朝的高级将领相比存在较大的差距。

五、兵种更协调

八旗军征战辽东之初，已经产生了多个兵种，即是"长厚甲"兵、"短甲"兵与"精兵"。努尔哈赤规定"长厚甲"兵在战时要冲杀在第一线，"短甲"兵则紧跟在后面，而"精兵"作为预备队全部呆在阵后待命，一旦发现那个地点出现不利于己方的战斗态势，就快马加鞭前往接应。史书没有确切地说明这三个兵种究竟是骑兵还是步兵，也许在他们当中，既有骑兵，也有步兵，但以骑兵为主。可将之基本划分为两大部分，即"营兵"与"巴雅喇"。"营兵"包括"长厚甲"兵与"短甲"兵两大部分。"巴雅喇"则是"精兵"的女真名称，而汉语通常称之为"护军"。后来，护军之中分出一支女真语叫做"葛布什贤超哈"的部队，成为"前锋"，负责哨探。到了皇太极在位期间，又从营兵之中正式分出了步、骑兵，并规定凡是跟随固山额真的行营马兵，要称为"骑兵"（女真语叫做"阿礼哈超哈"），而独立成营的步兵仍旧叫"步兵"（女真语叫做"白奇超哈"）。另外还在"汉军"之中组建了使用红衣大炮的炮兵（女真语之中叫做"乌真超哈"，即是"重兵"的意思），承担攻坚任务。各兵种在战时各司其职，能够很好地互相配合，协调作战。八旗军的对手明军也拥有不同的兵种，比较著名的有四川白杆兵与关宁骑兵。可惜各支部队的作战风格不尽相同，很难做到编制一致。明军统帅如走马观花般换人，而他们的军事思想又各有特点，仅以车营为例，熊廷弼、孙承宗与洪承畴等人在不同时期所练的兵，其编制与武器装备各不相同。因为关外各支部队的兵种并非整齐划一，所以在战时就八仙过海，各显神通了。

六、武器更精良

八旗军的武器装备比较精良，以他们穿戴的铁甲为例，每一张甲片都经过数名工匠的反复锻打，无论是硬度还是坚韧性，在同类产品中都是首屈一指。而辽东战争初起时，明军装备的铁甲相形见绌，由于军械制造机构管理不善，致使很多产品粗制滥造，甚至由不合格的"荒铁"制成，质量过不了关。一些甲衣的样式不完整，令将士得到保护的部位只有胸与背，身体其余的地方裸露在外。后来，明军吸收了经验教训，努力提高制造铠甲的工艺，但总体水平仍没有超过八旗军。至于当时最先进的红衣大炮，后金本来并不拥有，皇太极通过俘获的明军永平炮手，成功组建了第一支西式炮兵部队，其后又随

着孔有德、耿仲明所部的来归，得到了更加先进的火器铸造与使用技术，不但彻底打破了明朝在火炮技术上的垄断局面，而且还有后来居上之势。

七、兵力更集中

八旗军在辽东争霸时一直非常重视集中兵力作战。就以萨尔浒与松锦两次大决战为例，在前一次决战中，参战明军号称四十七万，但真实的兵力约在八万以上，十万以下，由于轻敌而分兵四路出塞，每路多则二三万，少则一两万，最终被五万至十万的八旗军采取"凭尔几路来，我只一路去"的战法，集中优势兵力各个击败。在后一次决战中，明军参战总数超过十五万。而倾巢而出的清军总数可能已经超过二十万（根据《明季北略》等书留下来的记录，参战清军总数为二十四万），因而得以凭优势兵力取胜。

八、赏罚更分明

八旗军各级将领在每一次战事中都要对所属士卒的表现进行考察，并上报给诸贝勒，有功则赏、有罪则罚。君主有时也派遣亲信到前线查核。下级人员如果认为战功受到上级官员的瞒报，可直接向君主投诉。若有贝勒被手下之人举报处事不公，经君主查证属实的，必重罚该贝勒，并准许举报之人另择新主。八旗军注重"赏不逾时"，有功者除了升官发财之外，还可被赠与"巴图鲁"的尊称。努尔哈赤主政时，凡是勇冠三军、立有战功的宗室贵族与将领都可被赠与这一尊称。到皇太极在位时，军中的小卒亦可以获得这

个崇高的称号，此举有助于鼓舞士气。对于违反军纪者则加以各种处罚，而且执行得比较严厉。例如，皇太极在追究滦州、永平、遵化、迁安等关内四城失陷的责任时，将四大贝勒之一的阿敏囚禁起来，一直到死。而明朝的赏罚制度从表面上看很严密，将士立功有机会升迁或得到赏银。对于违法乱纪者也要军法处置。不过，由于纲纪败坏，冒功滥赏的行为比较多，有时到了离谱的地步，例如宁锦大捷之后，把持朝政的阉党领袖魏忠贤在论功行赏时将数百名文武官员增秩赐荫，就连自己尚在襁褓之中的重孙亦授予伯爵。唯有在前线统兵作战的袁崇焕只增一秩。军队的战功一般由文官加以查勘再上奏朝廷，前线的军法从事之权也通常由督臣掌握，武官极少能够染指。尽管明朝处心积虑地重用文官，并以种种手段牵制武将，但到了崇祯年间仍然出现了桀骜不驯的武将集团，例如祖家军的首领祖大寿不但在后金首次入关时带着勤王之师擅自从京畿地区撤出关外，而且在大凌河战事结束后拒绝入京朝见皇帝，可朝廷投鼠忌器，没有对其进行处罚。而在关内与起义军作战的左良玉，仗着部属人多势众，竟然多次违背督帅的军令。朝廷亦不敢追究其责任，以防发生哗变。祖家军与左良玉集团都属于明朝数一数二的精锐军队，可跋扈至此，难怪朝代要灭亡了。

九、士气更高昂

最后一点非常重要。每遇大战，八旗军士气高昂；相比而言，在日益腐败体制下的明军，则士气不振，一遇对手的适当压力，就会出现大规模溃逃，最后导致全军败北，将最终的胜利拱手让给清军。

当然，八旗军不是毫无缺陷，其防御与水战的能力均较为逊色，可整体水平仍在明军之上。不过，仅靠八旗军自身之力，要想称霸关外困难很大，故自后金出兵辽东以来，就非常重视对蒙古诸部与明军的招降，并将归附者重新整编，以协助八旗军作战。尽管这支由满、蒙、汉组成的军队并非不可战胜，但其战绩却绝非侥幸得来，整个辽东战争史已清楚地说明了这一点。

主要参考书目

《金史》。

《辽史》。

《元史》。

《万历野获篇》。

《清朝文献通考》。

《明实录》。

《清太祖武皇帝实录》。

《清太祖高皇帝实录》。

《清太祖文皇帝实录》。

《满文老档》。

《崇祯实录》。

《摄政亲王起居注》。

《明史》。

《大清会典》。

《八旗通志》。

《八旗满洲氏族通谱》。

《清史列传》。

《清史稿》。

《崇祯长编》。

《东华录》。

《国榷》。

《三朝辽事实录》。

《督师纪略》。

《烈皇小识》。

《国史唯疑》。

《辽左见闻录》。

《明经世文编》。

《幸存录》。

《明季北略》。

《纪效新书》。

《练兵实纪》。

《正气堂集》。

《神器谱》。

《两朝平攘录》。

《万历武功录》。

《边事小记》。

《车营扣答合编》。

《武备志》。

《西法神机》。

《火攻挈要》。

《三才会图》。

《全辽志》。

《开原图说》。

《九边图志》。

《筹辽硕画》。

《石匮书后集》。

《明史纪事本末》。

《东华录》。

《廿二史劄记》。

《圣武记》。

《啸亭杂录》。

《清耆献类征选编》。

《沈阳启状》。

《燃藜室记述》。

《建州纪程图记》。

吴晗辑：《朝鲜李朝实录中的中国史料》，中华书局1980年版。

中国第一历史档案馆：《清初内国史院满文档案译编》，光明日报出版社1989年版。

辽宁大学历史系：《清初史料丛刊》（1－13册），辽宁大学出版社1979－1983年版。

潘喆、李鸿彬、孙方明编：《清入关前史料选辑》（1－4册），中国人民大学出版社1984年版。

刘厚生：《旧满洲档译注》，吉林文史出版社1993年版。

台湾"中央研究院"历史语文研究所：《明清史料》甲编、乙编、丙编、丁编，北京图书馆出版社2008年版。

台湾"中央研究院"历史语文研究所：《明清史料》戊编、己编、庚编、辛编，中华书局1987年版。

孟森：《明清史论著集刊》，中华书局1959年版。

王钟翰：《清史杂考》，人民出版社1957年版。

张晋藩、郭成康：《清入关前国家法律制度史》，辽宁人民出版社1988年

刘小萌：《满族的部落与国家》，吉林文化出版社1995年版。

孙进己、孙泓：《女真民族史》，广西师范大学出版社 2010年版。

孙进己：《女真史》，吉林文史出版社1987年版。

顾诚：《明末农民战争史》，光明日报出版社2012年版。

《文集》编委会：《顾诚先生纪念暨明清史研究文集》，中州古籍出版社2005年版。

薄音湖：《明代蒙古史论》，致琦企业有限公司1998年版。

李洵：《下学集》，中国社会科学出版社1995年版。

孙文良、李治亭：《明清战争史略》，江苏教育出版社2005年版。

王景泽：《清朝开国时期八旗研究》，吉林文史出版社2002年版。

杨海英：《洪承畴与明清易代研究》，商务印书馆2006年版。

杜家骥：《八旗与清朝政治论稿》，人民出版社 2008年版。

李治亭：《吴三桂大传》，江苏教育出版社2005年版。

刘谦：《明辽东镇长城及防御考》，文物出版社1989年版。

王志宏：《洪承畴传》，红旗出版社1991年版。

汤陈盛：《论洪承畴军事作战的理论与实际——以松锦之役为例》（台湾

"中央大学"历史研究所硕士论文),网址:http://www.docin.com/p-60421023.html。

赵现海:《明代九边长城军镇史》,社会科学文献出版社2012年版。

谭其骧:《中国历史地图集》,中国地图出版社1982年版。

乌兰:《〈蒙古源流〉研究》,辽宁民族出版社2002年版。

[美]魏斐德:《洪业:清朝开国史》,江苏人民出版社1995年版。

[美]杜普伊:《武器和战争的演变》,军事科学出版社1985年版。

[日]和田清:《明代蒙古史论集》,商务印书馆1984年版。

《日本学者研究中国史论著选译(第6卷·明清)》,中华书局1993年版。

致　　谢

本书在写作过程中得到很多人的鼎力支持，特别是王晓明先生，专门制作了十幅军事形势图，在此谨致谢忱。